GRA

HEINZ PRÜLLER

GRAND PRIX STORY 2002

CRASH-KURS

NP BUCHVERLAG

Bibliografische Information Der Deutschen Bibliothek
Die Deutsche Bibliothek verzeichnet diese Publikation in der
Deutschen Nationalbibliografie; detaillierte Daten
sind im Internet über http://dnb.ddb.de abrufbar.

Bildnachweis:
Agence de Presse ARC SA 33, 35 oben links, Mitte links, unten rechts, 36, 37, 38 unten alle, 74 oben links, 75, 76 oben links, 78 oben rechts, 79 oben, 113 unten alle, 114, 115 unten links, 118 oben, unten rechts, 119 oben, unten großes Foto und Heidfeld, 120 unten, 153 unten links, 154 oben, unten Porträt Fisichella, 157 Jacky Ickx, 159 ganz oben, unten rechts, 160 unten; AP Photos 35 unten links, 38 oben, 39 unten, 73 oben rechts, 76, 77, 78 oben links, 119 unten H. H. Frentzen, 155 unten rechts, 157 unten rechts, 160 oben links; Jaguar 160 oben rechts; Reuters 34, 35 Mitte rechts, 74 unten, 115 oben, unten rechts, 154 unten Unfall Jordan, 157 Alain Prost, 159 unten links, Umschlag vorne Melbourne Grand Prix/Joe Mann; Sutton Images 155 oben; GEPA Pictures 74 oben rechts, 79 unten, 80; Toyota 113; Honda/LAT 158, 159 Mitte; LAT 116, 117; Austria Press Agentur/EPA Photo 120 oben; Kicker Umschlag hinten oben; Pressebilddienst Herbert Sündhofer Umschlag hinten Mitte. Es konnten nicht alle Urheber und deren Rechtsnachfolger recherchiert werden. Im Falle geltend zu machender Urheberrechte ersucht der Verlag um Kontaktaufnahme.

ISBN 3-85236-204-X

Niederösterreichisches Pressehaus
Druck- und Verlagsges.mbH
NP BUCHVERLAG
St. Pölten – Wien – Linz

www.np-buch.at
verlag@np-buch.at

Gestaltung: Valentin Demetz-Wille, verlagsbüro wien
Herstellung: Niederösterreichisches Pressehaus
Druck- und Verlagsges. m. b. H.
Gutenbergstraße 12, 3100 St. Pölten

INHALT

London, Oktober 2002

Liebe Leser, liebe F-I-Fans!

Heinz Prüllers Grand Prix Story kenne und lese ich seit 1971 jedes Jahr. Heinz hat mich schon in vielen Rollen auftreten lassen. Als aktiver Rennfahrer, als Formel-I-Teamchef, als Freund und Fan der österreichischen Champions Rindt, Lauda, Berger und zuletzt als FIA-Präsident – ich hoffe als guter Präsident.

An Schumacher und Ferrari: Meine Gratulation zu ihrer außergewöhnlich erfolgreichen Saison 2002!

Für 2003 müssen wir alles tun um die Formel I wieder spannender und auch billiger zu machen, aber die Show für die Fans muss bleiben – das weiß auch Heinz, der schon rund 600 Grand Prix im Fernsehen übertragen hat. Er kennt den Formel-I-Zirkus, den Background und die Insider-Stories. Darum wie jedes Jahr: Viel Spaß beim Lesen.

Max Mosley

VORWORT VON MAX MOSLEY

FEDERATION INTERNATIONALE DE L'AUTOMOBILE

Le Président

London, Oktober 2002

Liebe Leser, liebe F-1-Fans!

Heinz Prüllers Grand Prix Story kenne und lese ich seit 1971 jedes Jahr. Heinz hat mich schon in vielen Rollen erleben lassen. Als aktiver Rennfahrer, als Formel 1 Teamchef, als Freund und Fan der österreichischen Champions Rindt, Lauda, Berger und zuletzt als FIA Präsident – ich hoffe als guter Präsident.

An Schumacher und Ferrari: Meine Gratulation zu ihrer aussergewöhnlich erfolgreichen Saison 2002!

Für 2003 müssen wir alles tun um die Formel 1 wieder spannender und auch billiger zu machen, aber die Show für die Fans muss bleiben – das weiß auch Heinz, der schon rund 600 Grand Prix im Fernsehen übertragen hat. Er kennt den Formel-1 Zirkus, den Background und die Insider-Stories.

Darum wie jedes Jahr: Viel Spaß beim lesen!

8, place de la Concorde, 75008 Paris
Tél. : +33 1 43 12 44 55, Fax : +33 1 43 12 44 66

SO FUHREN SIE 2002

Scuderia Ferrari Marlboro

1 Michael Schumacher (Deutschland) 2 Rubens Barrichello (Brasilien)

West McLaren Mercedes

3 David Coulthard (Schottland) 4 Kimi Räikkönen (Finnland)

BMW Williams F 1 Team

5 Ralf Schumacher (Deutschland) 6 Juan Pablo Montoya (Kolumbien)

Red Bull Sauber Petronas

7 Nick Heidfeld (Deutschland) 8 Felipe Massa (Brasilien)
8 Heinz-Harald Frentzen (Deutschland)

Benson & Hedges Jordan Honda

9 Giancarlo Fisichella (Italien) 10 Takuma Sato (Japan)

Lucky Strike BAR Honda

11 Jacques Villeneuve (Kanada) 12 Olivier Panis (Frankreich)

Renault

14 Jarno Trulli (Italien) 15 Jenson Button (Großbritannien)

Jaguar Racing with Cosworth

16 Eddie Irvine (Irland) 17 Pedro De la Rosa (Spanien)

Arrows Cosworth

20 Heinz-Harald Frentzen (Deutschland) 21 Enrique Bernoldi (Brasilien)

Minardi Asiatech

22 Alexander Yoong (Malaysia) 23 Mark Webber (Australien)
22 Anthony Davidson (Großbritannien)

Toyota

24 Mika Salo (Finnland) 25 Allan McNish (Schottland)

SCHUMI: CHAMPION OHNE GRENZEN

Silvesterparty am Indischen Ozean. Romantischer Sternenhimmel, das Kreuz des Südens, gedämpfte Dschungelgeräusche, aber auch am Strand von Malindi (Kenia) allgegenwärtig die Formel I. Gegen Mitternacht tritt Michael Schumacher auf seinen Chef und Gastgeber zu: „Kann ich dich eine Sekunde sprechen?“ Natürlich, nickt der mächtige Herr – und schon fliegt er, von Schumi gestoßen, samt blütenweißem Anzug in seinen eigenen Swimmingpool.

Die „happy family“ lacht, stößt auf ein erfolgreiches, gesundes Neues Jahr an. Und drei Tage später, als Michael Geburtstag feiert, folgt die Revanche des Teamchefs: Er lässt für seinen Fahrer eine ganz spezielle Geburtstagstorte backen – mit Elefanten-Shit. „Weil die Afrikaner drauf schwören. It means good luck“, sagt er scheinheilig.

Schumacher hat – im letzten Moment gewarnt – den Elefantenmist dann doch nicht gegessen. Aber Glück hat die Torte dennoch gebracht: Am Ende dieses Jahres war er Weltmeister.

Die Silvesterparty, die ich schon in meiner Schumacher-Biographie „Wunderkind und Weltmeister“ erzählt habe, war 1993/94, der Teamchef hieß Flavio Briatore (damals Benetton, jetzt Renault) und Michaels WM-Titel war sein erster von bisher fünf.

Ohne Magie und ohne Zauber, aber mit totaler Professionalität, Ehrgeiz, Speed und Einsatzfreude und einer ungebrochenen Rennleidenschaft.

Im Jahr 2002 hat er alle Grenzen niedergerissen, Rekorde zerschmettert, die allerletzten „weißen Flecken“ auf seiner Formel-I-Landkarte ausgelöscht. Schumacher gewann den letzten Grand Prix, in dem er noch sieglos gewesen war, wenngleich dank umstrittener Ferrari-Stallregie und unter mehr Pfiffen als Applaus – Spielberg in Österreich.

Dafür triumphierte er zum ersten Mal auf Ferrari in Hockenheim und holte nach elf Jahren in Spa seine erste Poleposition, die ihm ausgerechnet auf seiner Lieblingsrennstrecke noch gefehlt hatte.

Vorm Start in den belgischen Ardennen war ein Ex-Rivale, Nigel Mansell, mit hochgeworfenen Armen, alle zehn Finger gespreizt, auf Schumacher zugelaufen. Die Geste des Engländers signalisierte: „Gewinn heute deinen zehnten Grand Prix – dann hast du unseren gemeinsamen Weltrekord von neun Saisonsiegen endgültig übertroffen!“

Der Deutsche tat wie geheißen. Ein paar Tage später flatterte ihm ein Gratulationsbrief von Mansell auf den Tisch: „Aber bitte, lass mir wenigstens noch meinen Rekord von 14 Polepositions im Jahr 1992.“

Vorläufig, ja. Genau wie Ayrton Sennas Weltrekord an Trainingsbestzeiten. Hier führt der unvergessene, mythische Brasilianer gegen Schumacher im Phantom-Duell noch 65:50. Aber wie lange noch?

Aber alle anderen Bestleistungen gehören Schumacher; spätestens seit 2002:

- Schnellster WM-Titel: nach elf von 17 Rennen (bisher Nigel Mansell 1992, nach elf von 16).
- Fünfter WM-Titel, mit dem er den legendären Weltrekord von Juan Manuel Fangio egalisierte.
- Die meisten Saisonsiege (11), bisher Mansell (1992) und Schumi selbst (1995, 2000, 2001 mit je neun).
- Die meisten Punkte in einer Saison (144), bisher ebenfalls Schumacher (123 Punkte 2001).
- Der größte Vorsprung auf den WM-Zweiten (67 Punkte vor Rubens Barrichello), bisher ebenfalls Schumacher (58 Punkte vor David Coulthard 2001).
- In allen 17 WM-Läufen nicht nur im Ziel, sondern sogar immer auf dem Siegespodest.

Und, natürlich, die Team-Weltrekorde: Mit 15 Ferrari-Doppelsiegen ist Schumacher-Barrichello das siegreichste Duo der Grand-Prix-Geschichte. Und mit total 221 Punkten hat Ferrari 2002 genauso viele WM-Punkte herausgefahren wie der Rest der Formel I – alle anderen Teams und Fahrer zusammen!

Die Formel Schumi. Formel fad. Formel gähn. Formel schnarch. Die Gegner stöhnen, die Show leidet unter der totalen Ferrari-Dominanz. Die TV-Einschaltquoten, sogar in Deutschland und Italien, sinken. Wozu aufdrehen, wenn man schon vorher den Sieger kennt?
Mit den österreichischen Ski-Superstars war es immer umgekehrt. Je öfter „Kaiser Franz“ Klammer und später Hermann Maier triumphierten, umso größer war die Begeisterung vor den Fernsehgeräten, fieberten und zitterten die Fans mit ihren Seriensiegern mit. Auch deshalb, weil sie meist dramatisch gewannen: bei der Zwischenzeit noch zurück, dann Aufholjagd, in Sturzgefahr, mit letztem Risiko.
Schumacher dagegen spielt mit Barrichello bei 300 km/h ein bissel Schach oder Monopoly, je nachdem, und die heute längst perfekte TV-Technik verflacht zusätzlich: Die Onboard-Kamera lässt das frühere Stahlgewitter eines Grand Prix oft aussehen wie ein Video Game oder Playstation Nummer 17.

Das ist unfair und ungerecht zu sagen, aber vielen der (bis jetzt) 64 Schumacher-Siege fehlt das Heroische. Wenn Jochen Rindt nach einer 300-km-Motorenschlacht die Brillen abnahm, war sein Gesicht geschwärzt von Dreck, Staub, Öl und Reifengummifetzen. Er kam immer von der Front. Jackie Stewart erweckte nach gefährlichen Regenrennen oft den Eindruck, er wäre direkt heruntergestiegen vom Mount Everest. Nigel Mansell simulierte Zusammenbrüche. In Gerhard Bergers Augen wetterleuchtete das Rennen noch stundenlang. Mika Hakkinen sah sogar als Sieger oft aus wie eine Wasserleiche ...

Schumacher schwitzt auf dem Siegerpodest nicht einmal, weil er die beste Kondition von allen hat und das beste Auto. Schumi und Ferrari sind zu gut, zu perfekt. Das ist nicht ihr Fehler, sondern die Schuld ihrer geschlagenen, oft gedemütigten Gegner. „Den Kannibalen" hat man schon den Radchampion und Seriensieger Eddy Merckx genannt – wegen seines unstillbaren Hungers nach immer neuen Siegen. Den hat Schumi auch.
Michael ist kein Ikarus, der Gefahr läuft, der Sonne zu nahe zu kommen und daher abzustürzen: Bei all seinen Gipfel- und Himmelstürmen immer mit beiden Füßen fest auf der Erde.
Das Sportpublikum vergöttert seine Champions, wartet aber gleichzeitig gierig drauf, wer sie als erster vom Thron stürzt: Juan Pablo Montoya? Kimi Räikkönen? Oder gar Ralf?

Aber: Wenn der Rennverlauf mancher Grand-Prix-Rennen an Dramatik verliert, muss man die Formel-I-Backstage suchen, den Hintergrund nach vorne kehren. So betrachtet, war auch die Saison 2002 aufregend genug. Sie endete – wegen der außergewöhnlichen Reformdiskussionen – genauso spannend, wie sie zumindest für mich hinter den Kulissen begonnen hatte:
Mit Niki Laudas verblüffendem Selbstversuch im Jaguar-Formel-I-Auto, Gerhard Bergers unglaublicher Zeitreise zu Ferrari und Michael Schumachers Ferrari-Skiferien in Madonna di Campiglio.

ZEITREISE FÜR LAUDA UND BERGER

Schon allein die Ankündigung ist eine Sensation: „Ich setze mich selber einmal ins Jaguar-Cockpit und drehe ein paar Runden!", überrascht mich Niki Lauda mitten im Winter. „Erstens, weil ich wissen will, wie die heutigen Formel-I-Autos funktionieren. Und zweitens, damit ich besser verstehen kann, was meine Piloten Eddie Irvine und Pedro de la Rosa für Aussagen machen."

Laudas „Comeback“ mit 52, also 17 Jahre nach seinem endgültigen Rennfahrer-Rücktritt, elektrisiert die Formel I. In Valencia lauern 20 TV-Stationen auf den „Selbstversuch“ des dreifachen Weltmeisters, viele wetten schon auf seine Rundenzeiten. Kein PR-Gag, keine gemütliche Demo-Fahrt.

„Pedro, zeig mir genau deine Bremspunkte“, bittet Lauda seinen spanischen Piloten, fährt auf der Geraden genauso schnell wie der Profi: 283 km/h, dann dreht er sich. „Aber die Telemetrie beweist, ich bin in die Kurve genauso schnell reingefahren wie Pedro.“
Enttäuscht, Niki? „Nein, überhaupt nicht. Enttäuscht wäre ich nur, wenn ich mich nicht gedreht hätte.“ Weil dann seine Piloten gesagt hätten: „Zu wenig riskiert.“ Jetzt aber staun en Pedro und Eddie: „Was für ein mutiger Chef.“

Dagegen die stille Gerhard Berger-Sensation: Der BMW-Rennchef ist – zwischen TV-Auftritten und Übersee-Grand-Prix – einen Tag und eine Nacht bei Ferrari! Nicht irgendwo, sondern im Herzen des Formel-I-Superteams. Ein Spionagetrip? Techno-Transfer? Eine geheime Allianz gegen die stumpf gewordenen Silberpfeile?
Nichts davon. „Ein rein privater Besuch“, lächelt Gerhard, der 1987–89 und 1993–95 Ferraris Nr. 1 war und mit 96 Grand-Prix-Starts für die legendäre Squadra noch eine Zeit lang Ferraris fleißigster F-1-Pilot bleiben wird – Schumacher (94) holt ihn erst in Imola ein.
„Luca Montezemolo und Jean Todt haben mich schon lang eingeladen: Schau doch wieder einmal bei uns vorbei. Jetzt hab ich mir Zeit genommen – und bin glücklich darüber. Unglaublich, wie nett die waren. Wirklich traumhaft. Sie haben mich empfangen und behandelt, als wäre ich ihr Fahrer – und nicht der Hauptgegner, der jetzt BMW macht. Ich hatte überallhin Zugang, mir alles anschauen können“, erzählt mir Berger über seine fantastische Zeitreise.
Unheimlich emotionell – und alles total offen. „Wenn ihr etwas Geheimes oder Revolutionäres habt, räumt's das bitte weg oder deckt es zu“, sagte Gerhard, aber Todt, Ross Brawn, Rory Byrne wehrten lächelnd ab: „Kein Problem, Gerhard.“
Der Tiroler, der mit BMW den aktuell stärksten Formel-I-Motor hat, spaziert sogar in die geheime Motorenabteilung. „Die Ingenieure am Prüfstand trifft halb der Schlag, als ich hinter ihnen vorbeigehe, aber ich hab alle beruhigt: Wäre mir nie eingefallen, Ferrari Ideen wegzustehlen. Nur als man mir das neue Auto zeigen will, sag ich danke, aber besser nicht ...“
Berger dreht die Zeit wirklich 10 und mehr Jahre zurück. „Alles ist genau wie früher. Die gleichen Gesichter, die Cafeteria, der gleiche Capuccino, Mittagessen im Montagna, alle haben sich gefreut, nirgendwo muss ich bezahlen. Dann chauffiert

mich Jean Todt in Fiorano um die Teststrecke, mit Enzo Ferraris Wohnhaus, wo jetzt Schumacher sein Zimmer hat – und geschlafen hab ich, wie früher, in der Villa von Jean Todt."

Die heutigen Ferrari-Piloten: beide nicht da. „Wahrscheinlich wissen sie von meinem Besuch bis heute gar nichts. Und ich selber rede jetzt mit dir zum ersten Mal darüber."

Ferrari und Berger: In einer Zeit, da oft nur noch verschlüsselt, mit Geheimcode, gefunkt wird, Autos in den Boxen hysterisch abgedeckt werden, beweist diese Aktion zweierlei: Das immer noch gute Verhältnis Berger-Ferrari. Und dass die oft als eiskalt verteufelte Formel I mehr Herz hat, als viele glauben – speziell bei Ferrari.

Frage an Berger: „Revanchierst du dich jetzt an deinen Ex-Chefs Todt, Brawn & Co. mit einer Gegeneinladung ins geheime BMW-Headquarter nach München?"

„Nein – weil die ja nie BMW gefahren sind ..."

Gerhards Schützling Juan Pablo Montoya teufelt mit dem Snowboard über die tief verschneiten Hänge im Südtiroler Grödnertal – und den großen Schumacher treffe ich bei der viertägigen Ferrari-Skiparty in Madonna di Campiglio. Wie immer: das netteste Fest im ganzen Formel-I-Zirkus.

Aber natürlich auch Gelegenheit zu einem exklusiven TV-Interview mit Michael Schumacher. Über den Winter, seine Vorbereitungen und seine Hoffnungen für 2002. Der Superstar unplugged: Und eigentlich hat alles, was er mir prophezeite, gestimmt.

„Michael, die für uns wichtigste Frage zuerst: Wie sehr geht dir dein langjähriger Hauptgegner Mika Hakkinen bereits ab?"

Schumacher: „Er fehlt mir. Weil er für mich ein ganz großartiger Konkurrent war – nur manchmal zu schnell. In gewissem Sinn macht Mikas Pause mein Leben jetzt ein bisschen leichter, andererseits kommen junge Fahrer auf, die das Niveau wieder steigern, wir werden das noch herausfinden. Nur eines ist klar: Mika Hakkinen wird mir, uns, allen immer fehlen. Er ist ein großartiger Charakter und wir hatten wirklich großartige Konkurrenzkämpfe."

„Zurück zu dir. Was hast du alles über den Winter gemacht, wie dich vorbereitet?"

Schumacher: „Ich bin nach Mauritius gegangen, mit der ganzen Familie, und da ist man halt ständig ohne T-Shirt. Ich hab die erste Ferienwoche ein bisschen weniger Sport gemacht und da merkt man schnell, wo sich die kleinen Speckpolster ansetzen, und darum lief ich Ruckzuck gleich wieder ins Fitnessstudio, damit sich nicht irgendwo etwas ansetzt, was nicht dorthin gehört – das ist der Grund, warum ich nie gestoppt hab. In Mauritius hab ich viel Fußball gespielt, bin viel Rad gefahren, im Fitnessstudio gewesen mit Corinna. Jetzt im Winter ist es schwierig mit dem Radfahren, also beschränkt sich das auf Fußballspielen in der Halle, im Urlaub. Ich hab in Norwegen auch Skilanglauf jetzt angefangen, das erste Mal, auch sehr interessant, und mich ansonsten unten in meiner Kraftkammer weiter ausgetobt. Das sind so meine Tätigkeiten. Im Sommer, wenn ich zuhause bin, kommen noch andere Sachen dazu – wie Badminton. Aber im Winter bin ich in Norwegen ein bisschen eingeschränkt, weil nicht so viele Möglichkeiten da sind. Jetzt bin ich mit dem Hubschrauber nach Madonna di Campiglio reingeflogen."

„Dein Comeback nach dem Silverstone-Beinbruch von 1999 hat sehr viele bewegt, jetzt auch die Comebackversuche von Hermann Maier nach seinem schweren Motorradunfall. Fühlst du mit?"
Schumacher: „Das kann man nachempfinden, gar keine Frage. Wobei ich glaube: Was dem Hermann passierte, ist noch um eine ganze Ecke schlimmer gewesen, die Schwere des Unfalls und die Konsequenzen – insofern kann ich alles verstehen und bin eigentlich überrascht, dass er jetzt schon soweit ist, aber es braucht einfach Zeit. Mein Unfall ist schon zweieinhalb Jahre her und ich hab jetzt erst, seit drei, vier Monaten, keine Beschwerden mehr – wo alles wieder so ist, wie es früher war. Es dauert halt unheimlich lang."

„Und dann hast du plötzlich deine Winterferien abgebrochen und dich in Fiorano in ein Auto gesetzt – früher als programmiert? Weil du schon ungeduldig warst?"
Schumacher: „Die Pause war zu lang. Es war sicherlich sehr schön, sehr intensiv mit der Familie, gar keine Frage, aber das Autofahren vermisst man dann einfach. Der Grund war ganz einfach: Ich wollte mir selber bestätigen, dass ich immer noch imstande bin, ein Rennauto zu fahren. Wenn man so lange aus dem Cockpit draußen ist, macht man sich schon Gedanken. Der andere Grund: Mir war schon langweilig, nicht im Auto zu sitzen. Ich war zu lange weg, ich wollte wieder fahren, also hab ich Jean Todt angerufen und gefragt. Ist eine Chance, dass ich ein Auto testen kann?"

„Das war alles – oder auch Neugier auf das neue Auto, bevor es am 6. Februar vorgestellt wird?"
Schumacher: „Natürlich, ich konnte gleichzeitig sehen, was der letzte Stand unseres neuen Getriebes war – und anderer Teile fürs neue Auto. Aber der Hauptgrund: Ich war ganz einfach heiß drauf, wieder das Auto zu fahren."

„Was ist für dich am neuen Ferrari wichtiger? Mehr Leistung oder mehr Zuverlässigkeit, Haltbarkeit?"

Schumacher: „Dass die Performance besser sein wird, war klar – damit bin ich zufrieden. Die große Frage, wenn du in neue Ideen investierst, ist immer die Standfestigkeit. Und als wir das erste Mal testeten, hatten wir ein paar Probleme, die wir über den Winter lösen konnten. Ich war happy, als ich in Fiorano fuhr, zu sehen: Diese Probleme sind weg. Denn diese Art von Getriebe war für uns wirklich etwas komplett Neues. Sehr gut, dass wir damit so viele Runden drehen und soviel Erfahrung sammeln konnten."

„Wie gut wird der neue Ferrari?"
Schumacher: „Sicherlich sehr gut, gar keine Frage, er wird in gewisser Hinsicht eine Messlatte werden, aber ich gehe davon aus, dass Teams wie Williams-BMW uns das Leben schwer machen. Die waren letztes Jahr sehr stark, die haben sicher noch viele Entwicklungsmöglichkeiten im aerodynamischen Bereich – und ich denke, dass sie den noch finden und ausnützen werden. Insofern sehe ich die schon ein sehr, sehr großes Wort um die WM mitreden."

„Williams-BMW gefährlicher als McLaren, weil die Silberpfeile die Reifen gewechselt haben?"
Schumacher: „Das genau ist der Punkt. Die Reifenmarke ist eine Unbekannte für McLaren, von daher ist es für mich ein bisschen schwierig vorauszusehen, wie schnell man sich drauf einstellen kann. Es braucht einfach eine gewisse Zeit, auch wenn die Zeiten jetzt schon gut sind, aber es sind doch sehr viele Faktoren, die merkt man erst über eine Zeit von ein paar Monaten, und wenn man ein Manko hat, das man nicht innerhalb einer Saison gleich abstellen kann, sondern erst später – das ist interessant zu beobachten."

„Dein Gegner Nummer 1: in der Familie, also Ralf?"
Schumacher: „Mitunter, ja. Sein Teamkollege ist Montoya, er und Ralf werden mir sicherlich das Leben schwer machen, das werden die Zwei sein, die den meisten Druck machen."

„Spannend wird's auf jeden Fall?"
Schumacher: „Das kann man annehmen."

„Und der gefährlichste Außenseiter, dem man alles zutrauen kann?"
Schumacher: „Räikkönen, würde ich mal sagen, der die jüngste unbekannte Größe ist, die man noch abschätzen und analysieren muss."

„Ganz ehrlich – wie kann sich ein Champion wie du nach so vielen Erfolgen immer wieder neu motivieren?"
Schumacher: „Das war für mich nie ein Problem. Wenn du überlegst: In der ganzen Welt gibt es nur 22, vielleicht 24 Männer, die imstande sind, diese Autos schnell zu fahren – also musst du schon sehr zufrieden mit dir sein, da dazuzuge-

hören. Noch dazu in einem Topteam, das ist das Beste, was du haben kannst. Und rund um mich vier Räder zu haben – das ist mein Leben. Ich hatte immer vier Räder rund um mich, das, was ich immer gewollt hab. Rennfahren ist also für mich keine Frage der Motivation, sondern, was ich immer am liebsten mache. Ich liebe das.“

„Du bist drauf und dran, heuer alle restlichen Formel-I-Rekorde zu brechen – wer sind deine größten Herausforderer? Viele sagen: Montoya ...“
Schumacher: „Die größte Challenge kommt von meinem Bruder Ralf und seinem Teamkollegen. Natürlich ist da noch McLaren, aber mit kleinem Fragezeichen, weil sie die Reifenmarke gewechselt haben und niemand weiß, wie rasch sie sich darauf einstellen können. Aber diese zwei Teams werden die größte Gefahr sein. Mit dem Zusatz: BMW ist heuer in der besten Position, in der sie je gewesen sind, auch wenn sie ihre Chancen und Hoffnungen runterspielen, dass ja nicht zuviel Druck entstehen kann. Ich glaub, die werden sehr stark sein und uns eine Menge Schwierigkeiten machen.“

„Und was ist mit David Coulthard, der jetzt als Nummer 1 seines Teams seine große Chance sieht? Wird er gefährlicher als früher?“
Schumacher: „Ganz ehrlich, ich hab mich in den letzten fünf Jahren oder so überhaupt nicht geändert, was meine Motivation oder meine Konkurrenzfähigkeit betrifft. Du lernst immer ein bissel dazu, aber du wirst nicht plötzlich um mehrere Zehntelsekunden schneller. Ich wüsste auch nicht, wie das jetzt mit David passieren sollte. Hängt immer von der Technik ab, welche Maschine du rund um dich kriegen kannst, damit sie dich schneller macht. Das ist das ganze Geheimnis, und ich weiß nicht, ob es David zusammenbringt oder nicht. David bleibt David, er ist ein starker Rennfahrer, eine Challenge für mich, kein Zweifel, darum hab ich ja auch das McLaren-Team erwähnt.“

„Dazu gehört aber auch Kimi Räikkönen ...“
Schumacher: „Ganz klar. Wie weit die Herausforderung von Räikkönen kommt, wie weit von Coulthard, wird für alle eine sehr uninteressante Frage sein – genauso natürlich für mich.“

„Du hast immer bestätigt: dein Ferrari-Vertrag läuft bis 2004. Ist es möglich, dass du danach zu einem anderen Team wechselst?“
Schumacher: „Ist das wirklich eine ernste, seriöse Frage? Die Wahrheit ist: Ich bin bei Ferrari wirklich in einer Traum-Konstellation. Es gibt nichts im ganzen Fahrerlager, für das ich Ferrari eintauschen würde. Wir haben ein so wunderbares Team: Nicht nur, weil wir so konkurrenzfähig sind, sondern auch der menschliche Punkt. Ich hab das schon sehr oft gesagt. Es ist sehr wichtig, so viel Konkurrenzfähigkeit zu finden, aber diese Art Menschlichkeit, persönliches Ver-

hältnis rund um mich mit allen Leuten in Schlüsselpositionen, auch Mechanikern – das lässt alles keine Wünsche offen."

„Auch länger als bis 2004?"
Schumacher: „Ja. Ich kann sogar voraussehen, dass ich noch zehn Jahre oder so bei Ferrari bleib ... nicht wirklich realistisch, aber was immer meine Zukunft sein mag: Sie wird immer mit Ferrari zu tun haben, mit niemand anderem."

„Denkst du mit 31 schon manchmal was du nachher machen wirst? Oder wie lang du überhaupt noch Rennfahren willst?"
Schumacher: „Nein! Ich hab noch nicht angefangen, dran zu denken. Man hat mich schon gelegentlich gefragt, aber ich sehe das noch zu weit weg von mir. Da ist noch kein Bedürfnis, jetzt schon dran zu denken, was ich nachher mach. Weil vier Räder immer rund um mich sein werden. Wie lang ich das noch tun kann, werden wir schon noch herausfinden."

„Niki Lauda ist in Valencia auch wieder eingestiegen und hat mit dem Jaguar ein paar Runden gedreht. Könntest du dir das in zwanzig Jahren auch vorstellen – Comeback mit 52?"
Schumacher: „So zum Spaß auf jeden Fall. Ich hoffe, dass ich dann aber nicht ganz so langsam sein werde wie der Niki ... 15 Sekunden wären mir ein bisschen viel. Aber ich hoffe, es hat ihm Spaß gemacht und er hat das herausfiltern können, was er da erfahren wollte – und darum ging es ihm ja letzten Endes."

„Der Österreich-GP bleibt im Kalender, das einzige Rennen, das du noch nie gewonnen hast?"
Schumacher: „Statistik hab ich noch nie so wichtig genommen, das magst du jetzt anreden wollen, aber ich sehe das ganze global, um die WM zu fahren. Ob ich jetzt das eine oder andere gewonnen oder nicht gewonnen hab ... ich werde es versuchen, gar keine Frage, und ich werde auch heuer wieder drangehen, aber wenn es nicht sein soll, dann ist es eben so, dann muss ich das hinnehmen."

„Die Schumi-Fans würden sich jedenfalls freuen?"
Schumacher: „Ich mich auch ..."

„Ferrari hat jetzt zwei Testfahrer, zu Badoer noch Luciano Burti. Wirst du immer über alles informiert, was Ferrari ausprobiert, checkt, testet?"
Schumacher: „In all den Ferrari-Jahren war nie der geringste Moment, dass ich dachte, es war komplett falsch, was das Team macht oder das Team glaubte, was dann große Streitereien zur Folge gehabt hätte ... und dass wir hätten sagen müssen: Das Team glaubt das, ich glaube das, das Team muss entscheiden – das war nie der Fall! Wir haben immer alles diskutiert und waren immer sofort gleicher Meinung. Was das Team glaubt, ist grundsätzlich immer auch meine Meinung

und umgekehrt. Daher hat das Team immer richtig entschieden – meine Meinung – auch ohne mir immer alles zu sagen. Es ist ein großes Team, geleitet von Jean Todt, unter Luca Montezemolo – diese Männer brauchen nicht immer mich für alle Entscheidungen. Die wissen schon, was sie zu tun haben."

„Rubens Barrichello hat sich leise beklagt: Er genieße bloß zu 30 Prozent die Aufmerksamkeit von Ferrari, er möchte heuer wenigstens auf 50 Prozent kommen?"
Schumacher: „Das ist nicht wahr. Rubens ist ein sehr wichtiger Teil unseres Teams. Von daher, was ich selber sehen kann, wenn wir zusammenarbeiten: Das Team unterstützt ihn genauso wie mich. Kein Zweifel. Ferrari ist ein so großes Team, die haben schon die Möglichkeiten, zwei Fahrern Autos zu geben. Wenn du schaust, wie oft ich schon das T-Car – das so genannte dritte Auto – im Qualifying oder im Rennen verwendet habe und imstande war, genau das gleiche rauszuholen wie aus meinem Rennauto, dann muss wohl klar sein: Es geht nicht ums Material, das auf irgendeine Art verschieden sein könnte. Ferrari unterstützt Rubens zu 100 Prozent, ist absolut happy mit seiner Arbeit, ich genauso, wir haben ein gutes Verhältnis, arbeiten gut zusammen. Manchmal sind da Probleme, aber um sich besser kennen zu lernen, vielleicht verschiedene Ansichten auszusortieren – dafür brauchst du Streit. Wir hatten das in der Vergangenheit. Seither ist die Situation sehr klar, sehr gut und ein gutes Arbeitsverhältnis."

„Ferrari und Manchester United, ihr habt mit Vodafone jetzt den gleichen Sponsor. Werdet ihr eure Rollen tauschen, David Beckham im Ferrari Cockpit und Schumi im ManU-Fußballdress? Zumindest bei einem Training?"
Schumacher: „Nein, von dieser Idee hab ich noch nichts gehört. Vielleicht haben es die Zeitungen erfunden. Ich will auch nicht weiter ins Fußballgeschäft einsteigen. Ich liebe Fußball, aber nur zum Spaß. Genau wie Ski fahren."

Und weil gerade die große Kitzbühel-Woche läuft, frage ich Michael: „Wer, glaubst du, gewinnt die Abfahrt auf der Streif?"
Schumacher: „Da überfragst du mich, ich weiß ja gar nicht, wer da alles teilnimmt."

„Die einfachste Antwort wäre: Ein Österreicher."
Schumacher: „Wirklich? Dann sage ich: Ein Deutscher."

Und später, als wir Mikros und Scheinwerfer ausschalten, sagt Schumacher lächelnd: „Beinahe hätte ich gesagt: Sven Hannawald. Aber der ist ja Skispringer ..."

Eine wahrhaft prophetische Analyse gibt mir Ferraris Rennchef Jean Todt, als wir über Barrichello sprechen:

„Rubens hat für Ferrari gute Arbeit geleistet. Es ist ja offensichtlich, dass es nicht sehr leicht ist, Schumis Teamkollege zu sein. Man kann die Zusammenarbeit immer noch verbessern. Die Strategie wird in den Rennen 2002 sehr wichtig sein – und die hängt wieder sehr von den Startpositionen ab. Ein Pilot, der versuchen will, vor Schumacher zu sein, muss schon sehr viel Mut und Klasse aufbringen – und davon gibt es momentan nicht allzu viele in der Formel I."

„Und wenn sich Schumi entschließt, nach seinem Vertragsende 2004, weiter für Ferrari zu fahren, würden Sie Ihren Rücktritt Ende 2004 neu überdenken und korrigieren?"
Todt: „Wer weiß, was 2004 passiert. Sogar für mich schwer vorauszusagen. Eines ist sicher: So lange ich Motorsport betreibe, werde ich bei Ferrari bleiben – natürlich, wenn mich Ferrari will.
Das gleiche mit Schumi: 31 Jahre, viermal Weltmeister, wer weiß heute, wie sein Leben in drei Jahren ausschaut? Ich bin älter, hab einen anderen Job, aber vielleicht bleib ich bis 2010 oder 2015, aber noch ist nichts entschieden, außer dass wir noch viele Jahre Rennen gewinnen wollen."

Ferrari, das einzige Team, das schon beim WM-Start 1950 dabei war, also in voller Blüte. Alain Prost dafür am Ende.

Vor zwei Jahren in der Wiener Staatsoper als „Motorsportler des Jahrhunderts" gefeiert – jetzt muss er zusperren: trauriges Schicksal von Alain Prost! Das Handelsgericht von Versailles hat die Liquidation des französischen Formel-I-Teams angeordnet. Zwar gibt es noch zwei Wochen Galgenfrist, aber Alain selber resigniert: „Ich hab bis zuletzt gekämpft – jetzt sehe ich keine Chance mehr!"
Der vierfache Weltmeister, 51fache Grand-Prix-Sieger, hat mir oft bestätigt: „Es wäre für mich so wichtig gewesen, mein Team am Leben zu halten! Aus persönlichen Gründen – und aus Respekt vor mir selber. Damit nicht später einmal die Leute sagen können: ‚Der Prost war zwar ein genialer Rennfahrer, aber als Teambesitzer hat er versagt?' Genau das. Ich wollte den gleichen Respekt wie früher als Pilot! Und dafür hab ich schwer gearbeitet."
Frage: „Und wie siehst du deine Tätigkeit im Vergleich zu Lauda bei Jaguar und Berger bei BMW?" Darauf Prost: „Die haben einen hundertmal leichteren Job als ich!"
Was hat der Mann, der noch 1993 Weltmeister war, in 199 Grand Prix 33-mal Poleposition, 41-mal die schnellste Runde gedreht und 2.712 Runden oder 12.616 km geführt hat, bloß falsch gemacht? Dass seine Statistik als Teamchef gegen seine eigenen Rennerfolge so verblasst? 1997 noch mit dem Mugen-Honda-Motor,

dann drei Jahre mit Peugeot, zuletzt 2001 von Ferrari angetrieben, reichte es in 83 GPs nur zu 35 WM-Punkten – den letzten durch Jean Alesi in Hockenheim.
Die Prost-Fieberkurve, seit er 1987 das Ligier-Team gekauft hat, war dramatisch: Von Jarno Trullis Sensationsführung in Zeltweg 1997 bis zu den zwei mörderischen Unfällen von Burti 2001 – und 110 Millionen Franc Schulden laut Alain. Angeblich aber doppelt soviel. „Trotzdem nur ein Klacks für die Formel I", sagt Prost verbittert, „aber keiner hat mir geholfen, Renault und Peugeot haben mich im Stich gelassen." Über beide hat Prost freilich öffentlich geschimpft: über Renault noch als Rennfahrer (daher seine Flucht zu McLaren-Porsche und Lauda 1984), über Peugeot-Motoren als Teamchef.
Dem Superstar Prost hat man viel Kritik verziehen, dem Geschäftsmann Prost Misserfolge nicht mehr. Staatsnahe Sponsoren stiegen aus, nach dem 11. September scheiterten Verhandlungen mit arabischen Investoren. „Seit Monaten", bilanziert der erste und immer noch einzige französische Formel-I-Weltmeister, „krieg ich so viele Rückschläge, dass das Ende jetzt für mich fast eine Erleichterung ist. Aber das ganze ist eine totale Niederlage für Frankreich!"
Logische Konsequenz: Damit fährt Heinz-Harald Frentzen, der bis zuletzt auf Prost gehofft und gewartet hat, 2002 für Arrows, obwohl dort eigentlich Jos Verstappen schon unter Vertrag steht. Vor Gericht wird man weiterstreiten.

„Heinz-Harald, deine Fans hatten schon um deine Formel-I-Karriere gezittert, und jetzt stehst du in Melbourne doch wieder am Start. Hast du auch gebangt?"
Frentzen: „Ich bin schon davon ausgegangen, dass ich heuer Formel I fahre, aber es war nicht ganz klar. Dann hab ich mich von Tom Walkinshaw überzeugen lassen. Eine gute Mannschaft, die Basis stimmt – man kann schon was daraus machen."

„Was ist gut am Arrows, was muss noch verbessert werden?"
Frentzen: „Wir hatten reine Anfangsprobleme, deswegen auch nicht so viele Testrunden drehen können."

„Weil gleich am ersten Tag zweimal der Heckflügel gebrochen ist?"
Frentzen: „Ich hatte so etwas noch nie gehabt, aber auch gar keine Zeit, mich zu schrecken. Ich war noch nie in der Situation. Aber erstaunlich, wie schnell das passiert – und wie schnell man die Kontrolle verliert. Aber es ist eine große Herausforderung für mich, Arrows zu helfen. Deswegen habe ich sie auch angenommen."

„Und wenn nicht Arrows – hätte es auch Minardi sein können?"
Frentzen: „Mit Minardi hab ich nie konkret geredet."

„Amerika wäre auch ein Thema gewesen, hattest du von dort Angebote?"

Frentzen: „Ja, hatte ich."

„Aber du wolltest in der Formel I bleiben, weil du noch etwas beweisen wolltest?"
Frentzen: „Das ist Ansichtssache ..."

Last Exit Arrows also für den sympathischen Deutschen, Vorhang auf für alle.

MELBOURNE: DER FLIEGENDE RALF

Der Countdown läuft – erstes Formel-I-Training in Melbourne! Von den Fans heiß ersehnt, von den Teams mit großer Spannung. Es knistert in allen Boxen. Michael Schumacher beginnt seine Jagd auf die fünf WM-Titel von Fangio – mit Juan Pablo Montoya als Herausforderer Nr. 1? Wie stark sind die großen Ferrari-Herausforderer wirklich? „BMW hat brutal viel getestet", verrät Gerhard Berger, „mehr als je zuvor. Fast 20.000 Kilometer seit 7. Januar! Aber fast nie im direkten Vergleich mit Ferrari und McLaren."
In England wird bereits Alarm geschlagen: „Falsche Aerodynamik. – Williams baut ein neues Auto spätestens für Mitte der Saison." Was Jubilar Frank Williams – beginnt seine 25. gemeinsame Saison mit Patrick Head – dementiert: „Wir brauchen kein neues Auto. Wir hatten nur bei Testbeginn noch nicht alle Teile am Auto. Zum Beispiel: 23 verschiedene Flügel probiert. Erst der 24. hat dann gepasst." Und Berger, vor drei, vier Wochen noch „echt beunruhigt": „Wir haben auf alle Erkenntnisse bei den Testfahrten reagiert – beim Chassis, beim Motor und bei der Aerodynamik."
Eines ist schon klar: Der neue BMW-Motor ist eine wahre Rakete. Hier die – geheimen – PS-Werte im Power-Krieg der Formel I: BMW 868–870, Ferrari 850, Ford 830, Mercedes 825, Honda 810 PS. Nach so vielen Jahren unverändertem Motor-Reglement quetschen die Formel-I-Giganten kaum mehr viele zusätzliche PS aus ihren V10-Motoren, aber BMW hat das mit dem brandneuen Motor geschafft. Und Niki Lauda hat seinen Cosworth-Technikern auch befohlen; „Wir brauchen 840 PS!"
Aus alt mach neu – oder umgekehrt. Der aktuelle Formel-I-Trick in Melbourne. Vorwärts in die Vergangenheit oder zurück in die Zukunft. Dass Ferrari zum Saisonauftakt nicht mit seinen neuen Boliden antritt, ist seit zwei Wochen klar. Aber neu und überraschend ist: Ferrari schickte nicht irgendwelche zwei Vorjahrsautos für Schumacher und Barrichello, sondern hat in Fiorano zwei alte Autos nachgebaut – genau nach den Spezifikationen von 2001!

Schumis Siegerauto von Suzuka im Oktober 2001 steht in Melbourne als Ersatzauto in der Box.
Schon fragen viele im Fahrerlager: „Ist Ferrari so ängstlich – oder so arrogant?"
„Die Strategie mit den alten Autos ist ein Fehler", kritisiert Montoya. „Würde sich das Williams-BMW erlauben, stünden wir in Melbourne nur auf dem 10. Startplatz."
Was steckt überhaupt hinter der Ferrari-Abrüstung? McLaren-Chef Ron Dennis hat schon vor Wochen eine „Klarifizierung" des technischen Reglements gefordert, „denn ein Team agiert da in der Grauzone." Geht's ums neue Ferrari-Getriebe aus Titan? Die revolutionäre Einheit Motor-Getriebe ist es nicht, mit dem gemeinsamen Ölkreislauf hat Jaguar schon 2000 experimentiert – eher erfolglos.
FIA-Chefinspektor Jo Bauer: „Ich hab den neuen Ferrari noch nicht auf der Strecke gesehen, mir aber beim Testen in der Box genau angeschaut. Mir wäre nichts Verbotenes aufgefallen."
Die Antwort muss Schumi mit dem Gasfuß geben.

Tagesgespräch in Melbourne ist aber auch der kleine Rennstall Minardi – den ja der Australier Paul Stoddart vor einem Jahr erworben hat. Jetzt hat er wieder sein Bankkonto erleichtert und fünf Boeing 747 für eine Million Pfund pro Flieger gekauft. Vier für Holiday-Charterflüge nach Europa, einen für sein Formel-I-Team.
Teambesitzer Stoddart, seine Ingenieure, seine Mechaniker, wenn sie wollen auch seine Piloten, fliegen also im eigenen Jumbo zu den Rennen. In Melbourne wurde das Minardi-Team bereits wie ein Staatbesuch empfangen – die halbe Regierung war ausgerückt und Stoddart grüßte aus dem Cockpit mit der australischen Flagge.
Das Underdog-Team Minardi mit eigenem Flugzeug. Wenn das McLaren-Chef Ron Dennis gewusst hätte ...

Die Formel I als Haifischbecken – diesmal total. In der Unterwasserwelt von Melbourne, in einem riesigen Aquarium, bestand Ralf Schumacher ein nasses Abenteuer: 10 Minuten als Taucher zwischen fünf Haien, beschützt von seinem Betreuer Daniel Dobringer, dem Wasserski-Champion, und einem Tauchlehrer. Die Waterworld komplettierten Mantas und unzählige Fische, die Ralfs Frau Cora vorher noch fleißig fütterte.
Mark Webber drehte gleichzeitig mit einem Militärflugzeug ein paar Loopings über Melbourne, die jährliche Mutprobe für Formel-I-Neulinge. Webber, 2001 noch Gegner von Patrick Friesacher in der Formel 3000, ist einer von vier, „aber

bei Minardi bin ich quasi erst im Basislager des Mont Everest.“ Ein riesiges Nostalgiefoto in den Magazinen: Der 7-jährige Mark schiebt Jack Brabhams alten Formel-I-Wagen, mit dem Traum: „Eines Tages fahr auch ich Formel I.“
Allan McNish (32) ist der älteste Debütant, saß aber schon mit 19 als Testpilot im McLaren. Bei Toyota hofft er auf den (späten) Durchbruch. „Aber wir Schotten haben Geduld. Wir haben auch ewig auf eine Slalom-Olympiamedaille warten müssen ...“
Takuma Sato (Jordan) gilt bereits als der beste Rennfahrer, der je aus Japan kam, auch wenn die Australier spotten: „Das heißt etwa so viel wie: Der beste Skifahrer aus der Sahara.“ Und der jüngste von allen ist der kleine Brasilianer Felipe Massa (19) bei Sauber: Babyface und Linkshänder – wie Ayrton Senna.
Neue Zierfische im Haifischbecken ...

„Wenn's so weitergeht, ist Schumacher heuer wieder im August schon Weltmeister!“ Alptraum-Vision der Ferrari-Konkurrenten nach dem Qualifying-Doppelsieg in Melbourne – Barrichello um 0,005 vor Schumi. „Toll, mit den alten Autos!“, gratuliert Niki Lauda. Und Gerhard Berger: „Ich hab immer gesagt, Ferrari ist WM-Favorit. Wir werden alle sehr hart arbeiten müssen.“ Kann wirklich nichts die „rote Lawine“ stoppen? Wahrscheinlich nur ein Defekt!
Ein „neuer Barrichello“ hat Poleposition: „Ich hab super getestet, fahre stärker denn je und will vor allem nimmer über Stallorder jammern, keine Fragen mehr beantworten, ob ich gewinnen kann, darf oder will. Das Leben ist viel zu schön, um sich zu ärgern“, sagte Rubens in alle TV-Kameras. Seine vierte Poleposition – „und jedes Mal hat mir der Himmel geholfen.“ Mit einer Regen-Lotterie im Qualifying.
Aber darf der Brasilianer überhaupt gewinnen?

„Da glauben offenbar viele Leute, sie hätten meinen Ferrari-Vertrag gelesen“, Rubens Barrichello dementiert, dass er Michael Schumacher auch heuer kampflos vorbeilassen muss.
„Ich bin erst im Basislager für den Mont Everest“, bremst der Australier Mark Webber, Formel-I-Debütant bei Minardi, vor seinem ersten Grand Prix.

Die Jaguars nur in der vorletzten Startreihe – da schrillten alle Alarmsirenen! Wer ist schuld, was für Sofortmaßnahmen? „Mir war klar, was in Melbourne passiert“, stöhnt Niki und listet auf. Wie eine Serie von Attentaten. „Radträger schlampig gefertigt, verbiegen sich, sie neu zu gießen, kostete sechs Wochen. Vorderräder laufen auseinander. Falsche Aerodynamik, weil der Windkanal in Kalifornien falsche Daten liefert. Kein Wunder, wenn man dauernd rein und raus muss – Tausende Flugkilometer von unserem Werk.“

Formel I, streng geheim. Beim spanischen GP 2001 verhandelten Niki Lauda und Gustav Brunner wegen Cosworth-Motoren für Minardi. „Tut mir Leid, aber ich kann dir keine verkaufen", sagte Lauda, fragte Brunner aber beim Weggehen: „Willst du nicht zu Jaguar kommen, unser neues Auto bauen?"
Brunner bedauerte: „Ich bring's nicht übers Herz, Minardi zu verlassen." Fünf Tage später rief Ove Andersson an. Brunner unterschrieb, eine Blitzaktion, für Toyota, baute ein Superauto – und Lauda plagt sich jetzt mit einem Flop.

Sabotage? Lauda verneint. „McLaren hatte vor einem Jahr das gleiche Problem: falsche Daten vom Windkanal. Adrian Newey war schon ganz verzweifelt. Ab 1. April haben wir wenigstens unseren eigenen Windkanal. Nur 20 Minuten von unserer Fabrik."
Ein SOS-Programm läuft an: Unerbittliche Chassis-Tests auf den Prüfständen von Ford in Köln und Lommel, Aerodynamik-Tests in Lurcy Levis. Und 24 Stunden pro Tag im Windkanal.
Wie rasch es hilft? Brunner sagt mir: „Niki tut mir Leid." Mir auch.

„Die alte Dame", grinst Michael Schumacher, „ist also doch noch ziemlich rüstig und flott!" Auch mit dem Vorjahrs-Ferrari, nicht mit der neuen „roten Diva" F 2002, ist Schumi 2,5:1-Wettfavorit für den GP in Melbourne. Und Niki Lauda stöhnt: „Wenn Michael heute Nacht mit dem alten Auto allen um eine Sekunde davonfliegt und überlegen gewinnt, müssen sich alle Konstrukteure der neuen Autos fragen: Was haben wir für Mist gebaut?"
Die Ferrari-Show war bisher für Niki „atemberaubend", aber auch eine Wetterfrage: Melbourne war bisher regnerisch, windig, ungewohnt kühl. Und jeder weiß: Je kälter, umso besser funktionieren die Bridgestone (Ferrari) – je heißer, umso schneller werden die Michelin (Williams, Jaguar, ab jetzt auch McLaren). Dabei wollten die Franzosen mit asymmetrischen Rillenreifen in den WM-Saisonauftakt steigen: „Laut Reglement nicht verboten." FIA-Präsident Max Mosley ist gegenteiliger Meinung. Worauf die Franzosen zurückzogen – nicht schon im ersten Rennen Reifenkrieg.
Bei Williams-BMW entbrennt das Stallduell: 15-Millionen-Dollar-Mann Ralf Schumacher gegen 3-Millionen-Dollar-Mann Montoya – den großen Herausforderer.
Und der mögliche nächste Ferrari-Pilot klopft schon an die Tür: Felipe Massa (19), Linkshänder wie Senna, Brasilianer wie Barrichello, im ersten Training sensationeller Achter mit dem Sauber, 35 fehlerfreie Runden auf total fremder Strecke. Angeblich hat er schon einen Vorvertrag mit Ferrari. Was Peter Sauber nicht sehr energisch dementiert: „Davon weiß ich offiziell nichts, aber bei

Raikkönen hab ich immer gesagt: Den verkauf ich nie. Bei Massa sag ich das erst gar nicht – wir haben nur einen Vertrag 2002."
Massa ist nicht der einzige Neue, der verblüfft: Toyota hat immer tiefgestapelt – plötzlich war Mika Salo Sechster. „Unser Ziel", sagt Gustav Brunner, „hieß nur: qualifizieren. Und möglichst nicht als Letzter."
Melbourne heute Nacht – sind die Schatten von 2001 verflogen? Damals starb ein Streckenposten nach der mörderischen Kollision Villeneuve-Ralf Schumacher. Der Kanadier: „Ich hatte das ganze Jahr Rückenprobleme." Und die Narben auf der Seele? „Die werden sicher nie ganz verheilen." Jetzt ist der Kurs besser abgesichert. „Aber 100-prozentig sicher", weiß Michael Schumacher, „können Autorennen nie sein."

So stehen die Wetten für den ersten GP 2002:
M. Schumacher 2,5:1, Montoya 4:1, R. Schumacher 4,5:1, Coulthard 6:1, Barrichello 9:1, Räikkönen 10:1, Fisichella und Heidfeld 4:1, Villeneuve und Trulli 51:1, Button 71:1, Massa und Irvine 81:1, Sato und Panis 101:1, Frentzen 126:1, Salo und Webber 151:1, De la Rosa 201:1, McNish 301:1, Bernoldi und Young 501:1

Alle Schutzengel der Formel I sind schon beim Saisonauftakt im Einsatz – und machen Überstunden. Millionen TV-Fans halten den Atem an, als Ralf – nach perfektem Start – gegen Barrichellos Heck prallt und wie ein Flugzeug aufsteigt. „Gott sei Dank hab ich die Gasse des Kiesbetts getroffen, ich war schon ziemlich angespannt, wartete, was passiert und hatte nur Angst, gegen den Reifenstapel oder die Mauer zu prallen."
„Ich war nur noch Passagier, hab mich auch genauso gefühlt wie in einem Flugzeug. Ich hätte meine Citation nicht schöner landen können. Aber, ganz ehrlich: Ich hab mich schon ziemlich geschreckt." Ralf Schumacher, nach seinem Furcht erregenden Auffahrunfall gegen Pole-Mann Rubens Barrichello, 300 Meter nach dem Start, bei rund 230 km/h.
Das Wichtigste: Ralf ist unverletzt. Die blauen Flecken wird sein Betreuer Daniel Dobringer, der Wasserski-Champion, schon wegkriegen – wie er schon Ralfs Muskelverspannungen nach dem Crash im Januar in Estoril behandelt hat. Damals krachte der Kerpener wegen Bremsdefekts mit 310 km/h in den Reifenstapel ...
Zweite Frage: Wer ist schuld?
Barrichello und Schumacher müssen gleich nach der Kollision zu den Sportkommissären, wo sie einzeln einvernommen wurden.
Dann das Urteil; „Racing Accident", ein ganz normaler Rennunfall – wird nicht weiter verfolgt.

Es war in gewissem Sinn die Parallele zu Schumachers Vorjahrsunfall in Melbourne, als ihn Jacques Villeneuve ins Heck rammte – damals war es der Kanadier, der wie ein Flieger aufstieg. Das wegfliegende Rad verletzte einen Streckenposten tödlich. Diesmal war der Himmel gnädig.

Ralf Schumacher zum Unfallhergang: „Normal ist Rubens Barrichello ein ruhiger Fahrer. Aber wenn er in der Startaufstellung vor Michael steht, hat er offenbar starken Druck, weil er meinen Bruder schlagen will. Dann fährt er wie mit Scheuklappen, kreuzt zu oft die Fahrbahn, was ich ja auch noch verstehen kann. Ich versuche zu überholen, er versucht, seine Position zu verteidigen, das finde ich eigentlich okay. Nur: Gleichzeitig blocken und bremsen – das ist zu viel ..."

Niki Lauda als Neutraler gibt Barrichello die Schuld: „Er hat sich direkt vor die Nase von Ralf gesetzt und gebremst." Nun ist einmal Kreuzen absolut erlaubt, zweimal die Fahrspur wechseln aber nicht. Hans-Joachim Stuck verteidigt den Brasilianer: „Barrichello hat eineinhalb Mal die Spur gewechselt. Von links nach rechts, dann halb zurück in die Mitte. An sich hat, wie im Straßenverkehr, der Hintermann Schuld, wenn er auffährt. Aber es kommt auf den Bremspunkt an, und für meine Idee von den Bremslichtern ist Melbourne wieder ein starker Anlass."

Formel-I-Autos legen in einer Sekunde 90 Meter zurück, also 9 Meter in einer Zehntelsekunde. Stuck: „Man hat aber nur zwei Augen, muss gleichzeitig nach rechts, links und außerdem in den Rückspiegel schauen – da wären große Bremslichter hilfreich."

Barrichello selber ist sich keiner Schuld bewusst; „Ich hab nicht die Fahrbahn gekreuzt, und außerdem wäre Ralf auch ohne mich nie um die Kurve gekommen, weil er zu schnell war."

Was der Williams-BMW-Pilot natürlich ganz anders sieht: „Mit Michael wäre das nie passiert. Er ist kein Zick-Zack-Fahrer, deutet zwar auch öfter an, bleibt aber auf seiner Seite. Das ist eben der Unterschied zwischen einem vierfachen Weltmeister und einem, der keiner ist ... Wäre alles glatt gegangen, wäre ich mit Michael Rad an Rad in die erste Kurve gegangen."

Michael Schumacher, der knapp dahinter lag, hütet sich vor voreiligen Aussagen: „Ich muss mir erst alles genau angucken, bevor ich urteile. Aber grundsätzlich bin ich in einer blöden Situation. Ralf ist mein Bruder, Rubens mein Teamkollege. Am liebsten wäre mir, die zwei würden sich das alles selber miteinander ausmachen ..."

Wie groß war Michaels Sorge um seinen Bruder? „Es hat so wüst ausgesehen, dass ich mich gleich über Funk erkundigte. Aber dann sah ich Ralf zum Glück schon laufen."

Wie knapp er an einem Überschlag war, weiß Ralf vielleicht selber gar nicht: „Ich hatte keine Zeit, mir darüber Gedanken zu machen." Rennleiter Charlie Whiting

(im Kontrollturm der Rennleitung) und sein Stellvertreter Herbie Blash (an der Startlinie) mussten auch schnell handeln, als sich der Staub der Massenkollision lichtete und das halbe Feld aufgerieben war. „Niemand war verletzt, die Strecke war frei – wir brauchten nur bis Kurve 11 zu warten, bis wir das Safety-Car auf die Strecke schickten.“ Da waren alle Teams bereits über Funk informiert: Keine roten Abbruchflaggen – nur Neutralisation für ein paar Runden.
Kimi Räikkönen hat in dieser Phase den skurillsten Boxenstopp: „Mir war ein Wrackteil unters Auto geraten, außerdem hatte ich einen Stein zwischen Rücken und Cockpitwand bekommen – den mussten wir beim Boxenstopp erst herausfischen.“ Danach fährt der Finne zu seinem ersten Podestplatz, als einer der Jüngsten der Formel-I-Geschichte. Eine gelungene Premiere für die Silberpfeile – sein Teamkollege Coulthard rutscht als Führender in die Wiese – Getriebedefekt.
Und dann gibt es – völlig unerwartet – für Eddie Irvine und Jaguar 3 WM-Punke für Platz 4 – bestes Ergebnis seit Rang 3 in Monte Carlo. „Reines Glück“, sagte Lauda, logisch wie immer, „aber Irvine hat bestätigt, dass er Autos ins Ziel bringen kann. Nur – an unseren Strategien, die sofort beginnen müssen, ändert das nichts.“
Der Aufstand der Kleinen! Ein ausfallsreiches Rennen wie Melbourne spült immer auch die Underdogs nach vorn. Wer hätte schon gedacht, dass Neueinsteiger Toyota gleich im ersten Rennen einen WM-Punkt macht und Mark Webber – einer der vier F-1-Neulinge – im Minardi sogar Fünfter wird? Lauter heimliche, aber keineswegs stille Sieger. Unbeschreibliche Szenen, die sich in den Boxen abspielten. Minardi sammelte von allen Nachbarteams Sekt- und Champagnerkisten, als Webber trotz Differentialschadens ab halber Distanz den zwei WM-Punkten entgegenfuhr.
„Die letzten zwei Runden wagte ich kaum noch zu atmen. Es war unglaublich, wie mich die Fans anfeuerten, am Gitter hochkletterten – als hätte ich gerade die WM gewonnen“, freut sich der frühere Formel-3000-Fahrer und Benetton-Testpilot. „Zwei Punkte gleich im ersten Rennen – dabei wäre schon Platz 10 ein Riesenerfolg gewesen.“ Jack Brabham und Alan Jones, zwei australische World Champions, hatten ihn noch mit Tipps versorgt.
Teambesitzer Paul Stoddart ist zu Tränen gerührt: „Ein erfüllter Traum. Genau aus diesem Grund sind wir in der Formel I. Solche Tage sind es wert, dass wir Tag und Nacht arbeiten, in der Welt herumfliegen und viel Geld reinstecken.“ Für Minardi: die ersten Punkte seit Marc Gene (6.) am Nürburgring 1999. Dabei hat Stoddart sein neues Auto erst vor einer Woche präsentiert – Zwischenstation in Kuala Lumpur auf dem Flug nach Melbourne.
Minardis Gegner um Platz 5 war Toyota. Kaum jemand hatte dem „Giganten aus Fernost“ zugetraut, dass er sein erstes Rennen beendet. „In unserem 5-Jahres-Plan sind Punkte erst 2003 vorgesehen.“ Aber dann fuhr Salo ein beherztes, klu-

ges Rennen – das Duell mit Webber verlor er freilich durch einen Dreher auf einem Ölfleck. Nachher jubelten die Japaner zwar viel leiser als Minardi in der Nachbarbox, waren aber nicht weniger happy. Teamchef Ove Andersson fiel seinem Technikdirektor Brunner um den Hals – und alle großen Toyota-Bosse waren in der Box Augenzeugen der Sternstunde.
Brunner: „Ein Traumergebnis, wir sind alle überglücklich, aber die Basis hat von Anfang an gestimmt." Wie prophezeit: Toyota ist seiner Marschroute weit voraus!

Gleich nach der Siegerehrung in Melbourne surrt Kimi Raikkönens Mobiltelefon. Allerdings in der Handtasche seiner Mutter, denn der Formel-I-Wunderknabe muss ja noch von TV-Interview zu TV-Interview. Also nimmt Mama Räikkönen die ersten Glückwünsche des prominenten Anrufers entgegen, natürlich auf finnisch – es ist Mika Hakkinen, Kimis „Formel-I-Onkel", wie man den zweifachen Weltmeister seit einem Jahr nennt. Seit er seinen jungen Landsmann dem McLaren-Chef Ron Dennis vorgestellt und damit die Fäden für eine Weltkarriere geknüpft hat.
Hakkinen und Mama Räikkönen haben über Erfreuliches zu plaudern: Der für 20 Millionen Dollar freigekaufte Ex-Sauber-Pilot sprang gleich in seinem Premierenrennen für McLaren-Mercedes aufs Podest. Als einer der jüngsten Piloten der Formel-I-Geschichte, wie die Statistik zeigt. An der Spitze dieser Wertung freilich unverändert Ralf Schumacher: Der Kerpener war genau 21 Jahre, neun Monate und 13 Tage alt, als er 1997 in Buenos Aires in seinem erst dritten Grand Prix zusammen mit Jacques Villeneuve und Eddie Irvine auf dem Podest stand – freilich nach Kollision mit seinem damaligen Jordan-Stallkollegen Giancarlo Fisichella ...
Dafür war Räikkönen der 50. Pilot der Formel-I-Geschichte, der gleich in seinem ersten GP einen WM-Punkt erkämpft hat – vor genau einem Jahr in Melbourne. Auch als einer der Allerjüngsten, aber Statistik lässt ihn kalt. „Ich will dieses Jahr meinen ersten Grand Prix gewinnen!", lässt Kimi keinen Zweifel an seinem Saisonziel. „Und natürlich so viele WM-Punkte wie nur möglich."
Dabei helfen ihm sein Team, seine Eltern, seine bildhübsche Freundin Jenny, die Miss Scandinavia von 2000, sein englischer Coach und Fitnesstrainer Mark, den er von Hakkinen übernommen hat – und natürlich Mika selber, der sich im Winter regelmäßig bei Mark erkundigte: „How is Kimi doing – wie geht es ihm?", fragte er gleich beim ersten Test. Über Mark laufen jetzt die meisten Telefongespräche Hakkinen – Räikkönen, auch wenn Kimi natürlich längst selbstständig, erwachsen genug ist für seinen Job. Und die große Challenge, den Silberpfeil zu fahren, wie Hakkinen von 1993 bis 2001 – insgesamt 131 von seinen 161 Grand Prix. Die Schuhe, in die Räikkönen gestiegen ist, sind groß.

„Der härteste WM-Gegner, den ich je hatte, aber auch der netteste!", hat Michael Schumacher oft über Hakkinen gesagt. Und noch im Winter befragt, ob ihm Hakkinen jetzt schon abgehe. „Ja! Und er wird mir dieses Jahr noch mehr abgehen." Aber Mika macht Babypause. Als ihn McLaren-Testpilot Alexander Wurz vorm Abflug nach Melbourne in Monte Carlo traf – Mika im schwarzen Mercedes, Erja neben sich, der kleine Hugo, natürlich angeschnallt, im Kindersitz – war die Formel I kein Thema. Wurz: „Mika wirkte echt happy, so, als ob ihm nichts abgehen würde."
Finnische Formel-I-Insider kennen die freundschaftliche Rivalität Hakkinen-Räikkönen: „Wenn Kimi in der WM hinter David Coulthard zurückfällt, denkt Mika wahrscheinlich an ein Comeback. Aber wenn Kimi den Schotten schlagen kann, dann eher nicht – Mika würde auf gar keinen Fall langsamer sein wollen als Kimi ..." Und die Formel I ist für Hakkinen, außer am Telefon mit seinem Nachfolger, momentan sowieso weit weg. Als Mika zur stürmischen Geburtstagsparty seines 60-jährigen Vaters (pensionierter Hafendirektor von Helsinki) auftauchte, bemerkten seine Freunde: „Er hat zugenommen."

David Coulthard, trotz seiner elf GP-Siege immer noch eine „unerfüllte Symphonie", kommt mit seinem neuen Stallkollegen gut aus. „Danke der Nachfrage." Aber geht ihm Mika ab? „Wenn ich nein sage, wäre das unfair – und wenn ich ja sage, auch nicht korrekt. Mein Ziel ist nicht, einen netten Teamgefährten zu haben, sondern zu gewinnen! Hakkinen ist ein lieber Kerl, wir hatten eine tolle Zeit, im Kampf gegeneinander auf der Rennstrecke wie privat – vielleicht kommt das alles wieder. Wenn nicht, trinken wir halt miteinander ein paar Biere in der Rascasse-Kurve, wenn wir uns wieder in Monte Carlo treffen ..."
Aber wer kennt schon genau die finnische Situation bei Mclaren-Mercedes? Offenbar existiert eine geheime Ausstiegsklausel nach einem Jahr – danach jedoch eine mehrjährige Option gleich für fünf Jahre! Räikkönen ist die Zukunft von McLaren-Mercedes, hat sich nahtlos eingefügt schon ins gigantische Testprogramm: 17.500 Kilometer, wie Norbert Haug verrät, fleißiger war nur Williams-BMW mit mehr als 20.000 Testkilometern. Aber die Silberpfeile waren die Winter-Champions.
„Und unser Finne war schon sehr gut", freute sich Haug, „6.000 Kilometer, teils mit dem neuen, teils mit dem alten Auto, das sind 20 Grand-Prix-Distanzen – und kaum ein Dreher!"
Die „Silberpfeile" haben eine „aggressivere Einstellung" für diese Formel-I-Saison angekündigt, und die hatte Teamdirektor Ron Dennis – von Skiferien aus Colorado (USA) kommend – bereits auf dem Flug nach Melbourne. Er hatte genau zur Ankunftszeit ein wichtiges Business-Meeting in Melbourne angesetzt,

erfuhr aber dann, dass der Flieger um diese Zeit nicht in Melbourne landete, sondern zuerst in Sydney – und machte deshalb der Crew die Hölle heiß. Die Airline musste ihn mit drei First-class-Gratistickets nach freier Wahl beruhigen.
Wohin aber geht 2002 die Reise von McLaren? „One step to victory – nur noch ein Schritt zum Sieg", steht auf den Sportschuhen aller Teammitglieder. „Wem das eingefallen ist, weiß ich selber nicht", lächelt Motorgenie Mario Illien. Dafür werben die Vizeweltmeister der letzten drei Jahre mit ganzseitigen Anzeigen in den australischen Zeitungen: „Wir haben den besten Blick auf unsere Konkurrenten, nämlich im Rückspiegel!"
Mark Webber ist der erste Australier seit Alan Jones 1986 in Monza, der WM-Punkte holte, kurioserweise ebenfalls vom 18. Startplatz. Seine erstaunliche Fahrt auf Platz 5 erinnerte viele TV-Zuschauer – und Millionen Australier – an die sensationelle Olympia-Goldmedaille von Steven Bradbury im Short-Track-Rennen von Salt Lake City: Auch er profitierte von einer Massenkarambolage, allerdings auf Eis.
„Aber selbst wenn ich einmal den GP von Australien gewinnen sollte – so stürmisch werde ich wohl nie mehr gefeiert", gesteht Webber spätnachts bei der stürmischen, feucht-fröhlichen Minardi-Party in Melbourne. Da gratuliert auch der große Schumacher.

Die 10 jüngsten Podest-Fahrer

Kimi Räikkönen ist einer der jüngsten Fahrer, die je auf ein Formel-I-Siegerpodest geklettert sind. Nur Schumi II, de Angelis waren bei ihrer ersten „Stockerlfahrt" noch jünger.

Ralf Schumacher	21 Jahre, 9 Monate, 13 Tage	3. in Buenos Aires 1997
Elio de Angelis	21 Jahre, 10 Monate, 7 Tage	2. in Rio 1980
Bruce McLaren	21 Jahre, 10 Monate, 19 Tage	3. in Aintree 1959
Kimi Räikkönen	22 Jahre, 4 Monate, 17 Tage	3. in Melbourne 2002
Jos Verstappen	22 Jahre, 5 Monate, 10 Tage	3. in Budapest 1994
Michael Schumacher	23 Jahre, 2 Monate, 19 Tage,	3. in Mexiko City 1992
Alexander Wurz	23 Jahre, 4 Monate, 26 Tage	3. in Silverstone 1997
David Coulthard	23 Jahre, 5 Monate, 29 Tage	2. in Estoril 1994
Chris Amon	23 Jahre, 9 Monate, 18 Tage	3. in Monte Carlo 1967
Emerson Fittipaldi	23 Jahre, 9 Monate, 23 Tage	1. in Watkins Glen 1970
Nick Heidfeld	23 Jahre, 10 Monate, 21 Tage	3. in Interlagos 2001
Jochen Rindt	24 Jahre, 1 Monat, 24 Tage	2. in Spa 1966
Niki Lauda	24 Jahre, 10 Monate, 19 Tage	2. in Buenos Aires 1974
Gerhard Berger	26 Jahre, 8 Monate, 2 Tage	3. in Imola 1986

Die 10 besten F-1-Debütanten

Mark Webber ist der 51. Formel-Pilot, der in seinem ersten Grand Prix in die WM-Punkteränge fuhr. Rückblickend die letzten zehn Fahrer, die das geschafft haben:

Mark Webber	5. in Melbourne 2002
Kimi Räikkönen	6. in Melbourne 2001
Pedro de la Rosa	6. in Melbourne 2000
Jacques Villeneuve	2. in Melbourne 1996
Eddie Irvine	6. in Suzuka 1993
Johnny Herbert	4. in Rio 1989
Jean Alesi	4. in Le Castellet 1989
Alain Prost	6. in Buenos Aires 1980
George Follmer	6. in Kyalami 1973
Arturo Merzario	6. in Brands Hatch 1972

Michael Schumacher relaxt am Barrier-Reef, ist auch Hausgast beim Motorradchampion Doohan – und wechselt rechtzeitig zum Akklimatisieren nach Malaysia.

Noch nicht mit seinem neuen Privat-Jet. „Ist sich um zwei Tage nicht ausgegangen", erzählt Michael Niki Lauda. „Ich krieg den Flieger erst, wenn ich wieder zurück in Europa bin." Darauf Lauda: „Ich hol mir jetzt aus Amerika meinen neuen Lear-Jet." Schumi: „Wieso keinen größeren Flieger?" „Weil ich sparen muss", grinst Lauda.

SEPANG: BMW-REBELLEN AUF DEM PRÜFSTAND

Was Formel-I-Fans und Touristen immer interessiert: Wo steckten die Grand-Prix-Piloten zwischen Melbourne und Kuala Lumpur? Auf welchen geheimen oder exotischen Inseln haben sie relaxt oder trainiert? Michael Schumacher, wie schon öfter, auf der kleinen Insel Langkawi, sodass schon Gerüchte aufkamen, er hätte dort ein Haus gekauft. Dazu Michael: „Würde ich bei all diesen Stories hinhören, hätte ich allein in Italien schon zehn Häuser." In Langkawi hat der Ferrari-Superstar viel mit dem Fahrrad trainiert, „das ich immer dabei habe." Teamkollege Barrichello radelte in Sao Paulo. „Das ist sicherer, als in der Stadt zu laufen ..."

Und die anderen? Coulthard war in Thailand, Räikkönen dagegen auf der Insel Bali, Ralf Schumacher auf einen Sprung zuhause in Salzburg, ehe er sich in

Malaysia mit Kajakfahren und Klettern wieder ins Training stürzte, Montoya in Port Douglas tauchen und in Singapur einkaufen, Trulli auf den Malediven, Button am Great Barrier-Reef, Fisichella in Monte Carlo trainieren, Sato in Langkawi, Irvine bei seiner Tochter Zoe (5) in Macao, De la Rosa in Langkawi, Salo und McNish auf der Insel Pandor, eine Stunde von Kuala Lumpur, Villeneuve bei seiner Freundin, einer Ballett-Tänzerin, in Kopenhagen, Panis in Grenoble, ehe die beiden BAR-Piloten zu drei Tagen Einkaufsbummel in Singapur wieder zusammentrafen, Heidfeld und Massa waren für Sauber-Petronas-Aktionen in Malaysia unterwegs, Bernoldi auf Bali, Frentzen bei Frau und Kind zuhause in Monaco, Webber feierte in Australien noch tagelang seinen sensationellen 5. Platz und Yoong lief Wasserski.

Recht spannend, das Leben von Formel-I-Piloten. „Rennfahrer haben ein schwieriges Leben", hat Enzo Ferrari immer gesagt. „Wirklich ein schwieriges ...?"

Ehe der Formel-I-Zirkus in Kuala Lumpur einfällt, ist ein Musical über die „Siamesischen Zwillinge" der große Hit: wochenlang ausverkauft. Man darf schon gespannt sein, welche „Formel-I-Zwillinge" die Story des Wochenendes schreiben werden: Die Schumi-Brüder aus Kerpen oder die Ferrari-Zwillinge Schumi-Barrichello, die 2001 einen Doppelsieg schafften, obwohl sie eine Minute im Boxenchaos nach dem Wolkenbruch in der 4. Runde verloren – oder vielleicht gar die blau-weißen Zwillinge Ralf und Juan Pablo ...?

Im TV flimmert pausenlose Reklame für das Rennen, das Bernie Ecclestone dem Staatschef Dr. Mahathir vertraglich bis 2005 garantiert hat. Aus Feuer, Gluthitze taucht ein roter Rennwagen auf, dazu der Text: „Das heißeste Rennen des Jahres!"

Dr. Mahathir ist gerade rechtzeitig von seiner mehrwöchigen Abenteuer-Expedition aus der Antarktis zurückgekehrt. Sonntag werden sich manche Piloten wünschen, lieber am Südpol zu sein. Allerdings: Laut Statistik gab es fünfmal in den letzten sechs Jahren am 17. März einen Wolkenbruch. Und weil Bernie so seine Beziehungen hat: immer zur Zeit des Rennens.

40 Grad Hitze und 100 % Luftfeuchtigkeit in Kuala Lumpur! Wetterchaos beim zweiten WM-Lauf – oder Schumi wieder als Regengott?

„Alle Teams haben schon ihre Regenreifen montiert – früher als die Trockenreifen", verraten die Rennchefs der zwei Reifengiganten. Total: je 1.700 Pneus! Ein paar wurden eingespart.

Dafür hat Michelin Hunderte asymmetrische Reifen in der Box. „Nach unserer Auffassung sind diese Pneus nicht irregulär, sollen die Teams entscheiden, ob sie es riskieren wollen. Wenn's die FIA erlaubt ..."

König Michael V.: Seinen fünften WM-Titel fixierte Schumacher früher als je ein Formel-I-Pilot vor ihm – bereits am 21. Juli in Magny-Cours, im 11. von 17 Rennen.

„Nach dir, Michael." „Nein, du zuerst, Rubens." Oder: „Wo, bitte, geht's da zum Ziel? Und was erzählen wir nachher den Leuten?" Schumacher / Barrichello sind mit bisher 15 Doppelsiegen das erfolgreichste Formel-I-Duo aller Zeiten. Aber Millionen Fans hätten lieber echte Zweikämpfe gesehen.

Österreich-Siegerehrung: Mehr Pfiffe als Applaus für Ferraris Stallorder. Michael (links) ist der geschenkte Sieg fast peinlich, Rubens fragt: „Was kann ich dafür?" …

… worauf ihm Michael höflich, mit Verbeugung, den Siegespokal überreicht und den Brasilianer auf die oberste Stufe des Siegerpodests schubst …

… was nicht nur den österreichischen Bundeskanzler verwirrt, sondern auch den brasilianischen Präsidenten: „Wieso muss ich im TV die Deutsche Hymne hören, wo doch Barrichello gewonnen hat?" Max Mosley entschuldigt sich später bei der österreichischen Regierung …

… aber die FIA verdonnert Ferrari zu einer Million Dollar Strafe. Nicht wegen der Stallorder, sondern wegen des Chaos bei der Siegerehrung. Barrichellos Leibchentausch (im Dress von Fußballweltmeister Brasilien) störte natürlich keinen.

Saisonstart mit Massenkarambolage: Pole-Mann Barrichello und Ralf Schumacher (schon in der Luft) krachen gleich nach dem Start in Melbourne zusammen. Michael, der aufs Gras ausweichen muss, hält sich in der Schuldfrage diplomatisch zurück: „Der eine ist mein

Bruder, der andere mein Teamkollege ..." Die heutigen Piloten vertrauen bei solchen Unfällen dem lieben Gott und dem Carbonfiber-Chassis. Frühere Rennfahrergenerationen hatten Gott allein.

Klassenfoto 2002: Oben: Webber, Yoong, Villeneuve, Panis, Fisichella, Sato, Frentzen, Bernoldi. Mitte: Trulli, Button, McNish, Salo, Irvine, De la Rosa. Unten: Räikkönen, Coulthard, M. Schumacher, Barrichello, Montoya, R. Schumacher, Heidfeld, Massa. Unteres Bild: Focus auf die Neuen. Oben: Webber, Sato. Unten: Davidson, Massa, McNish.

Das Foto-Finish von Indianapolis: Schumacher von Barrichello um 40 cm besiegt – Absicht, Irrtum oder Zufall? In den USA hat der Ferrari-Kommandostand mit Jean Todt und Ross Brawn jedenfalls nicht eingegriffen – und war selbst überrascht.

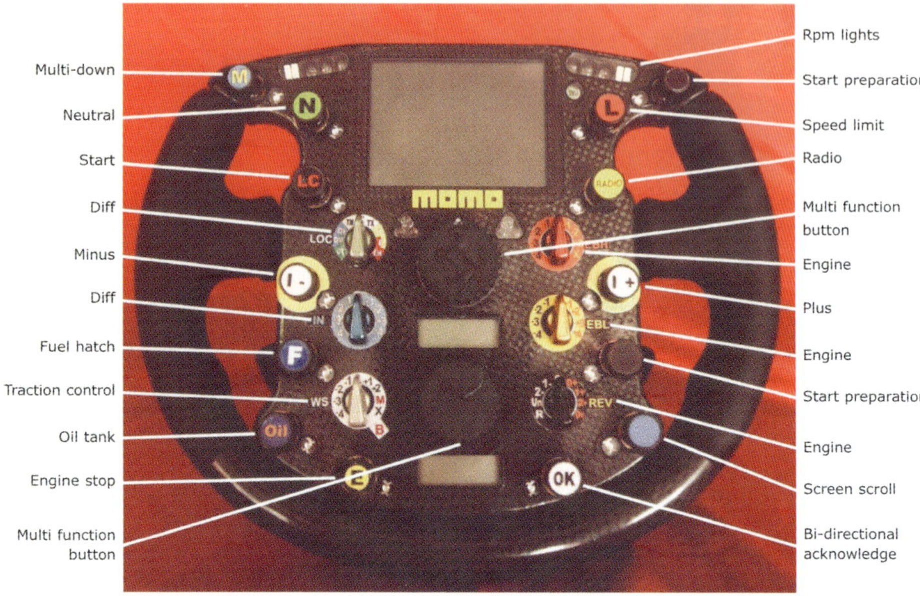

Schumis Büro. So sieht der Arbeitsplatz des Champions aus. Aber die verwirrend vielen Knöpfe und Schalter im Ferrari werden oft umgetauft oder umlackiert. Unten: Präsident Luca Montezemolo dankt seiner Truppe – die Rennabteilung umfasst bereits 800 Mann.

Erklärung zum Bild links:

Wie das Cockpit eines Kampfflugzeugs: Der Arbeitsplatz von Michael Schumacher und Rubens Barrichello im Ferrari F 2002, der „roten Diva", dem besten Formel-I-Auto unserer Zeit. Die Grand Prix Story erklärt die wichtigsten Schalter und Knöpfe.
Oben rechts und links die Lichtsäulen (rote Lichter), die dem Fahrer anzeigen, wann er schalten muss. Beidseitig, damit er auch in den Kurven alles sehen und reagieren kann.

In der Mitte: Display für alle wichtigen Informationen: Rundenzeiten, Sektorzeiten, Geschwindigkeiten etc. leuchten automatisch auf - jederzeit abrufbar sind sämtliche Temperaturen etc.

Links: M = Mixture = Benzingemisch, N = Neutral, Leerlauf,
LC = Launch Control = Startkontrolle, E = Engine = Motor. Rechts: L = Limiter = Geschwindigkeitsbegrenzer für die Boxengasse (60 km/h im Training, 80 km/h im Rennen, außer in Monte Carlo), Radio = Boxenfunk.

Die unteren Drehschalter: Parameter für Traktionskontrolle, Startkontrolle, Kupplung, Differential etc. Stabilisator und Bremskraftverteiler dürfen nicht elektronisch am Lenkrad, sondern nur mechanisch verstellt werden.

Ferrari fährt, wie mir Jean Todt schon in Melbourne verraten hat, weiter mit den alten Autos. Barrichellos Crash-Wagen (Startkollision) wurde in drei Tagen repariert.

Formel-I-Backstage mit mehreren Überraschungen: McLaren-Hauptsponsor West hat einen neuen Besitzer, Imperial Tobacco – und zum viertgrößten Tabakkonzern der Welt gehört auch BAR –, also sind Coulthard und Villeneuve indirekt sogar Teamkollegen. Und Jean Alesi ist überglücklich über seine 224 Testrunden mit dem Silberpfeil: „Ich könnte ewig weiterfahren, will gar nimmer aussteigen." Norbert Haug lobt: „Jean hat binnen drei Tagen sehr viel zur Reifenentwicklung beigetragen."
Eddie Jordan hat über Nacht seinen technischen Direktor Egbal Hamidy (Iran) gefeuert. Sein Nachfolger arbeitet bereits: Henri Durand, zuletzt bei Prost. Erst ein Saisonrennen, und schon zweimal Köpferollen – vor Hamidy wurde schon Niki Laudas Jaguar-Technikboss Steve Nichols entlassen. Dr. Ing. Wolfgang Reitzle: „Unglaublich – der neue Jaguar ist ja langsamer als der alte ..."
Auch BAR hat schon einen neuen technischen Direktor, der in Brackley sitzt. Inzwischen hat sich Villeneuve vom Schreck eines weggebrochenen Heckflügels – ihm zum dritten Mal passiert – schon erholt.

„Von jetzt weg kann es nur noch aufwärts gehen!“, hofft Nick Heidfeld, der in Kuala Lumpur noch nie die Zielflagge gesehen hat. In Malaysia ist der Sauber-Pilot total ausgebucht, schließlich ist es das Heimrennen des Petronas-Teams. Heidfeld begeistert, wie schon voriges Jahr, seine vielen Fans, versuchte sich sogar als Lokführer, und die Sauber brausten zwischen begeisterten Menschenmassen durch die Straßen.
Peter Sauber hat nach der Massenkollision von Melbourne aus der Schweiz neue Teile einfliegen lassen. Die Prognose des Teamchefs: „Unser Ziel ist ein Auto in den ersten fünf Startreihen. Wenn wir zwei Autos unter die Top-ten der Startaufstellung bringen, darf ich mit WM-Punkten rechnen.“ Nick Heidfeld sicher auch.

Aber im Formel-I-Zirkus rechnet man nicht immer nur in WM-Punkten. Ein paar private News?
Ralf Schumachers Frau Cora wird Business-Lady: Sie plant in der Festspielstadt Salzburg eine eigene Boutique aufzumachen ... Familienzuwachs bei Irvine: Seine Schwester Sonia ist heuer noch nie dazugekommen, ihren speziellen Grand-Prix-Ball zu organisieren – jetzt weiß man auch warum: Sie bekam ihr erstes Kind, eine Tochter, die Megan getauft wird. Onkel Eddie Irvine: „Ich freu mich schon, wenn sie groß genug ist, um mit mir Jet-Ski zu fahren.“ Dauert noch etwas, Eddie. Michael Schumachers erstes Weltmeisterauto, der Benetton-Ford von 1994, wird über Internet versteigert: an den Meistbietenden. Dem glücklichen Gewinner gehört dann auch ein Rennoverall und die komplette Teamkleidung von damals. Noch eine Internet-Vision: In Malaysia haben die Fans genau zehn Tage Zeit, um die „Formula One Queen“ zu wählen.
Heimliche Überraschung: Mika Hakkinen, der Champion mit Babypause, hat jetzt nach 13 Jahren seinen Vertrag mit Manager und Exweltmeister Keke Rosberg gelöst! Heißt das: Endgültiges Ende für Mikas Rennkarriere? Kein Comeback? „Im Gegenteil“, frohlockt ein Teamchef, „jetzt ist Hakkinen viel leichter und billiger zu kriegen als vorher – mit dem beinharten Rosberg als Manager!“

Als auf der malerischen, exotischen Sepang-Strecke das Training beginnt, heißt das Motto: „Zur Hölle und zurück“ – bei 40 Grad! Extra-Luftlöcher in den Chassis, in den Helmen, sollen die Fahrer kühlen, alle Trinkflaschen sind gefüllt. Sauber-Betreuer Joe Leberer: „Die Fahrer trinken am Sonntag bis zum Rennen 3 bis 4 Liter, verlieren bis 2,5 Liter Flüssigkeit. Und der Puls am Start, normal 170, steigt in der Gluthitze auf 190.“ Nur einer schwitzt nie – Michael Schumacher, der seine Poleposition in Malaysia jedes Jahr um 2 Sekunden verbessert hat: 1:39,6 – 1:37,3 – 1:35,2. Und diesmal?

Ferrari hat bisher alle Malaysia-GP gewonnen, total 46 von 48 mögliche WM-Punkten ergattert – und nur Ferrari- und McLaren-Piloten standen in Sepang bisher auf dem Stockerl. „Diesmal rechne ich auch stark mit Williams!", gibt Schumacher zu. „Und ich hoffe: In der ersten Kurve sind diesmal alle ein bissel vorsichtiger."
Der Start-Crash von Melbourne ist immer noch ein heißes Thema. Barrichello verriet mir: „Ich hatte Ralfs Reifenspuren auf meinem Helm, musste daher den Helm wechseln, aber ich suche deswegen Ralf nicht, um mit ihm zu reden." Michael, diplomatisch: „Der eine ist mein Bruder, der andere mein Teamkollege. Also sag ich besser nicht, wer schuld war."
Finanziell hatte das Sauber-Team den größten Schaden: 375.000 Pfund für zwei zerknitterte Autos.
Der große Formel-I-Poker in Malaysia! „McLaren hat nach vorn geblufft, Ferrari hat nach hinten geblufft – und mittendrin stecken wir", analysiert Gerhard Berger den ersten Trainingstag. Ausgerechnet der coole Finne Kimi Räikkönen rast bei Tropenhitze zur Bestzeit vor Coulthard und Michael Schumacher.
„Ich spüre keinen Druck, die Bestzeit gibt mir nur Mut und Selbstvertrauen. Ich hoffe, ich kann sie wiederholen. Was ich von mir noch am meisten verbessern muss, ist das Qualifying – eine Frage der Routine. Aber schon meine schnellste Rennrunde in Melbourne hat mir gezeigt: Ich hab genug Speed, um sie alle zu schlagen – auch die Ferrari!" Räikkönen ist wortkarg, emotionslos – und ohne seine Freundin Jenny, die Miss Scandinavia. „Wir waren auf Ferien in Bali, dann musste Jenny nach Finnland zurückfliegen. Sie arbeitet dort für ein Indoor-Kart-Zentrum."

Räikkönen macht Coulthard die Nr.-1-Position bei den Silberpfeilen streitig. Freilich – Coulthards Bolide ist erstes Hitzeopfer: Auspuff durchgebrannt, Feuer im Heck, trotzdem 2. Platz. David – seit heuer Linksbremser – über Kimi: „Er kann von mir lernen, ich von ihm, wie er an Dinge herangeht, mit neuen Ideen und der Unschuld der Jugend."
Hat Ferrari den Reifenvorteil verloren, McLaren durch den Wechsel zu Michelin profitiert? Schumi: „Wir haben noch sehr viel Arbeit vor uns." Norbert Haug: „Wir haben bei den Reifen eine halbe Sekunde gefunden, die findet man beim Motor nicht – sogar wenn du plötzlich 50 PS mehr hast!"

Nächtlicher Tropenregen hat den wenigen Reifengrip von der Strecke weggespült, prompt rutschen beide Ferrari aus. Und McLaren-Wetterspion Dr. Herbert Pümpel, vom Innsbrucker Flugwetterdienst, hängt pausenlos am Radar: „Man muss aufpassen wie ein Haftelmacher. Jede halbe Stunde kann der nächste Wolkenbruch kommen."

Ich rede hinter der Ferrari-Box gerade mit Bernie Ecclestone, als Rubens Barrichello herauskommt. „Na, hast du in Melbourne dein Bremslicht nicht eingeschaltet?“, feixt Bernie, und Rubens grinst zurück: „Schon, aber irgendwer hat nicht hingeschaut ...“

Michael Schumacher hofft, „dass beim Start alle vorsichtig und intelligent genug sind.“ Aber: Was ist, wenn sich die Startkarambolage von Melbourne wiederholt? Drohen Strafen? Eddie Irvine hat 1994 bei einem Start-Crash vier Autos eliminiert. „Seither“, verrät mir sein Vater, als Ex-Gebrauchtwagenhändler an Schrott gewohnt, „kann ich mir keinen Start mehr anschauen.“ Er stellt sich auch morgen wieder, wie immer, in die dritte Kurve. Aus Aberglauben.

Irvine wurde damals für drei Rennen gesperrt. Jetzt, in Malaysia, ein anderer, seriöser Vorschlag: „Wer einen Start-Crash verursacht, startet beim nächsten Mal aus der letzten Reihe!“ Darüber diskutierten die 22 Piloten 45 Minuten – ohne Beschluss.

„Einmal“, erklärt ihnen Safety-Boss Charlie Whiting, „dürft ihr die Spur wechseln, öfter nicht. Aber wenn's ein bissel mehr ist: auch o.k. Ihr müsst nur aufpassen!“ Also Warnung, aber keine Verbote. Am Start Zickzack fahren, um die Gegner zu irritieren – das hat's immer gegeben. „Oder will man, dass die Fahrer beim Spurwechsel den Blinker rausgeben?“, grinst Gerhard Berger – in 210 GP nur zweimal in Startkollisionen verwickelt. Dagegen die heutigen Piloten?

„The hottest race in the world“ – der Slogan des GP von Malaysia. Bei 40 Grad bekommen manche Sehnsucht nach Schnee und Eis, sogar Bernie Ecclestone. „Die Nachtslaloms, die ich schon gesehen habe, waren alle fantastisch. Vielleicht sollten wir das auch für die Formel I überlegen!“, sagt er mir.

Der klassische Monaco-GP als Nachtrennen? „Warum nicht? In Amerika fahren sie schon lang Autorennen bei Flutlicht, vor allem Ovalrennen. Schreib halt: Man hat den Bernie gesehen, wie er schon Glühlampen gekauft hat ...“

Michael Schumacher bleibt der König von Malaysia. Vierter Start, vierte Poleposition, aber zum ersten Mal mit Glücks-Tattoo! Ehefrau Corinna schenkte ihm vorm Qualifying sechs geheimnisvolle chinesische Schriftzeichen, die der Superstar auf dem rechten Oberarm trug – und die genau zwei Tage lang halten sollten – bis nach dem Rennen: „Liebe, Kraft, Freundschaft, Energie, Lächeln und Träume.“

Kraft und Energie für die mörderische Hitzeschlacht, Freundschaft und Lächeln für Ferrari, Träume vom fünften WM-Titel? „Viele haben schon in Melbourne gejammert, wie fad diese WM werden kann, weil Ferrari und ich zu überlegen sind. Aber ich hab euch alle gewarnt: Diese WM wird noch sehr, sehr spannend und ausge-

glichen – und ganz schwierig zu gewinnen“, sieht sich Schumi bestätigt – zumindest in Asien. Kein Zweckpessimismus: Die Williams-BMW, vor allem Montoya, werden 2002 noch sehr gefährlich, aber Schumi hatte ja prophezeit: „Diesmal stehen in Malaysia nicht nur Ferrari- und McLaren-Piloten auf dem Stockerl.“
Aber die wirklichen BMW-Spezialstrecken, hat Gerhard Berger längst angekündigt, kommen ja erst. Die blauweißen Boliden, anfangs in den schnellen Kurven noch sehr nervös, laufen plötzlich wie auf Schienen. Und Montoya (2.) findet ein besseres Setup als Ralf Schumacher (4.). Die Silberpfeile stürzten in die 3. Reihe ab: Räikkönen vor Coulthard.

Gepokert und gewonnen? Ralf, nach Melbourne zu Frau und Kind nach Salzburg geflogen, aber schon eine Woche in Malaysia wieder im Kajak- und Klettertraining, war nie ausgegangen, sondern hatte immer nur mit zwei Freunden im Hotel Black Jack gespielt. „Samstag war ich noch 60 Euro hinten, jetzt hab ich alles zurückgewonnen. Ich glaub, ich muss jetzt öfter gambeln ...“ Vielleicht sogar um den WM-Titel?
Freilich – so gut gerüstet wie Michael scheint keiner: Staubtrocken schält er sich nach jedem Einsatz aus dem roten Cockpit. Wie viel Grad braucht er eigentlich in der Sauna, um überhaupt zu schwitzen – 140? Als ihn ein deutscher TV-Reporter wegen der Hitze fragt, grinst Schumi: „Schau dich an: erst eine Frage – und du bist schon pudelnass ...“
Was nur erstaunt: Schumi, in Malaysia von Jahr zu Jahr um zwei Sekunden schneller, bleibt erstmals 0,2 unter seinem Poleposition-Rekord. Wahrscheinlicher Grund: aus Vorsicht die Reifen könnten in der Gluthitze verschmoren, die harten Pneus gewählt.
Im Rennen ist alles möglich! Sogar ein Wolkenbruch wie 2001 in der 4. Runde. „Das Wetter entscheidet mit“, weiß Schumacher, „ich gib keine Prognose ab.“

Williams-BMW hat das Rennen am Simulator genau durchgespielt: „Die 2-Stopp-Strategie ist über knapp zwei Stunden unwesentlich schneller, aber nur um ein paar Sekunden. Aber riskanter: Was ist, wenn’st nach dem Boxenstopp im Verkehr steckst, aufgehalten wirst?“
Um ja sicher zu gehen, splitten Berger – und Frank Williams – das Risiko: Ralf Schumacher mit einer Ein-Stopp-Strategie, Montoya auf zwei Stopps. „Aus zwei Gründen“, verriet Berger. „Erstens wollten wir verhindern, dass sich die beiden als Stallrivalen gegenseitig bekämpfen und aufhalten. Zweitens: für uns eine Doppelchance.“
Die Taktik wird schon am Morgen fixiert, beide Piloten sind happy. Und Berger wird später sagen: „Wie Ralf mit dem vollgetankten, schweren Auto so tolle

Rundenzeiten fuhr, war sensationell.“ Und, mit Logik: „Ich wundere mich nur, warum kein anderes Team die gleiche Taktik verwendet ...“

Aber ehe sich diese Strategie bewähren kann, gibt es Herzklopfen:
Michael Schumacher zieht gleich nach dem Start nach rechts, Montoya ist zwischen den beiden Ferraris eingeklemmt, aber vorn – wie seine Bordkamera beweist: „Ich hab Michal genug Platz gelassen, aber sein Ferrari hat untersteuert, wir kollidierten – ein typischer Rennunfall“, ärgert sich Montoya. Die drei Sportkommissare (ein Inder, ein Malaye, ein Tscheche) beschließen die Strafe, die Montoya auf Platz 9 zurückwirft.
„Diese verdammten Idioten!“, flucht Juan Pablo Montoya, im heilige Zorn, ins Bordmikro. Williams-Rennleiter Dickie Stanford, an der Boxenmauer, tut alles, um seinen renitenten Star zu besänftigen: „O. K., Juan, bleib ruhig, reg dich nicht auf, du hast bloß eine kleine Strafe kassiert – musst einmal durch die Boxengasse fahren.“ „Aber warum ich?“, tobt Montoya, fragen alle – auch Niki Lauda. „Das hab ich überhaupt nicht kapiert! Entweder werden beide bestraft, also auch Schumacher – oder gar keiner!“
Der außergewöhnliche, zum ersten Mal verhängte Penalty für Montoya (keine 10-Sekunden-Stopp-and-go-Strafe!) ist revolutionär. Aber Renndirektor Charlie Whiting hat den Piloten angekündigt: „Wenn wieder ein Startcrash passiert, kommt vielleicht eine ganz andere Strafe ...“ Aber alle sind sich einig: Da waren schon viel schlimmere Startunfälle als gestern – und keiner hat sich aufgeregt.
„Das ist Rennsport und kein Kindergarten“, sagt Gerhard Berger, „ich finde die Bestrafung nicht in Ordnung. Aber als ich am Monitor aufflammen sah: Untersuchung gegen Startnummer 6, da schwante mir schon Unheil.“ Frage an Schumacher: „Wie hätte man den Crash verhindern können?“ Michael: „Nur, wenn wir beide gar nicht gestartet wären.“ Darauf großes Gelächter.
„Vielleicht hätte mir Juan mehr Platz geben können, aber er beschloss, das nicht zu tun und wir berührten uns. Das ist Rennsport. Nur ein kleiner Touch, aber ich musste an die Box. Und was die Strafen betrifft, so sollten sie in Zukunft etwas gleichmäßiger sein.“ Aber es war ein ganz normaler Racing Accident, Rennunfall, „und das“, freute sich Montoya, „hat Michael ja auch in der offiziellen FIA-Pressekonferenz bestätigt.“
Schumi musste sich einen neuen Frontflügel abholen, dann starteten er und Montoya ihre furiose Aufholjagd durchs ganze Feld, Michael sogar vom letzten Platz aus.
Aber Lauda ist auch vom Sieger tief beeindruckt: „Super gefahren, keinen Fehler gemacht, für mich der Mann des Rennens!“ Ralf Schumacher gewinnt vor den beiden Streithansln überlegen seinen vierten GP: Zweiter Montoya, Dritter

Michael. Ralf: „Montoya und Michael tun mir Leid. Aber in Melbourne haben andere von meinem Pech profitiert ..."

Das heißeste Rennen der Formel-I-Geschichte hat viele Hitzeopfer – wie die unnötige Jordan-Stallkollision Fisichella-Sato. Und wie befürchtet, zerplatzen viele Hoffnungen: Motorschaden bei Coulthard, bei Räikkönen („Ich wäre sicherer Zweiter geworden."), beim lange führenden Barrichello, der offenbar nie Glück hat – und Button (Renault) schleppt seinen sensationellen Renault auf Platz 4 ins Ziel – gebrochene Radaufhängung.
Großartig Sauber: Nick Heidfeld Fünfter, der brasilianische Wunderknabe Massa Sechster. Sauber, bisher in Kuala Lumpur nie im Ziel, hat seinen „malaysischen Fluch" besiegt. Dabei hätte Heidfeld nach einem Superstart fast David Coulthard überholt, „aber er schmiss mir die Tür zu, dann attackierte ich so hart ich konnte. Das Auto war großartig, stark und haltbar, und sogar als mich Michael und Montoya einholten, war ich imstande, um meine Position zu kämpfen. Man hofft immer auf mehr, aber Rang 5 ist ein tolles Ergebnis, wir haben das Maximum herausgeholt."
Bei Heinz-Harald Frentzen lief schon am Start alles schief – wie in Melbourne. Diesmal versagte die Startautomatik, „was sehr enttäuschend war, nach unserer guten 11. Startposition. Aber wenigstens konnte ich den Arrows endlich über eine volle Renndistanz fahren, wenngleich es für mich ein einsames Rennen war. Ich konnte den A 23 mit anderen Autos vergleichen, unser Renntempo war gut – schade nur wegen des verpatzten Anfangs." Frentzen endete dort, wo er begonnen hatte – als Elfter.

Alle Teams bohrten Löcher in ihre Cockpits, um Auto und Piloten zu kühlen – außer Williams-BMW. Die blau-weißen Raketen liefen mit 140 Grad Öl- und 125 Grad Wassertemperatur perfekt, führen jetzt erstmals in der Team-WM. Und Schumi I, Montoya, Schumi II sind nur durch 4 Punkte getrennt. Wie ahnte Michael? „Diese WM wird noch spannender, als alle glauben ..." Auch wenn er zugibt: „14 Punke nach zwei Rennen mit dem alten Auto – damit hätte ich nicht gerechnet."
Und Ralf mit seinem ersten Saisontriumph, seinem vierten GP-Sieg nach Imola, Montreal und Hockenheim 2001? „Ein wunderbarer Tag, alles lief perfekt. Mein Auto war fantastisch zu fahren, speziell nach dem Tankstopp, und die Reifen waren super." Wie sagte doch Mercedes-Rennleiter Norbert Haug? „Bei den Reifen kannst du sehr rasch eine halbe Sekunde gewinnen, aber bei den Motoren sicher nicht – nicht einmal bei einem Unterschied von 50 PS."

Bei BMW wird gefeiert, bei Jaguar räumen sie die Scherben weg. „Würdest du", frage ich Niki Lauda, „jetzt mit Gerhard Berger Teams tauschen wollen"? Niki: „Das geht leider nicht im Leben. Aber ich gratuliere dem Gerhard. Ich werde mich sehr anstrengen müssen, um überhaupt in seine Nähe zu kommen!"
Dazu Berger später: „Ich gebe Niki das Kompliment zurück. Ich wollte nur, ich hätte mich als Rennfahrer mehr angestrengt, um ihm näher zu kommen ..." Seine Augen leuchten im Abendregen von Kuala Lumpur: „Mein schönster Tag, seit ich bei BMW bin. Und der erste BMW-Doppelsieg überhaupt in der Formel I."
Denn sogar in Laudas Comebackjahr 1982, als Nelson Piquet in Montreal vor Ricardo Patrese gewann, saß Piquet in einem Brabham-BMW, Patrese in einem Brabham-Ford. Damals noch erlaubt, heute aber vom Reglement verboten.
BMW führt jetzt zum ersten Mal in der Konstrukteur-WM, bleibt aber bescheiden: „Das Ziel war, Ferrari näherzukommen." Aber, wie Berger verrät, hat man über den Winter mehr als 20.000 Kilometer getestet – absoluter Rekord in der Formel I, mit drei Autos. „Der Aufwand war gigantisch, nicht nur finanziell, hat sich aber bezahlt gemacht."

Die großen Verlierer von Kuala Lumpur sind die Silberpfeile: Zwei eindeutige Motorschäden.
Was ist los mit den Silberpfeilen – nur noch die dritte Kraft in der Formel I? Die originell gemeinte Foto-Werbung („unsere Piloten haben den besten Blick auf die Konkurrenz – im Rückspiegel") kommt als Bumerang zurück. Wie schon 1983 bei Renault: Damals buchten die Franzosen vorm WM-Finale in Kyalami in allen wichtigen Gazetten der Welt ganzseitige Jubelinserate als „erster Turboweltmeister der Geschichte" – den Titel holte aber damals nicht Alain Prost, sondern Nelson Piquet auf Brabham-BMW.
Jetzt, so sieht es aus, läuft die Konkurrenz aus München den Stuttgartern den Rang ab. Ein Duell wie in den 30er-Jahren zwischen Mercedes und Auto-Union, den Schwaben gegen die Sachsen? Die stolzen Silberpfeile nur noch auf Platz 3? „Sieht momentan so aus", sagt Haug zerknirscht, „das sind die Fakten. Wir haben uns nicht mit Ruhm beklettert."

BMW, das ist klar, hat den stärksten Motor, Mercedes unter dem Verbot von Beryllium, das Ferrari angezündet hat, besonders zu leiden – oder gibt es andere Ursachen? Ron Dennis hat sich jahrelang über Ferrari-Bestzeiten bei den Wintertests geärgert: „Sollen die anderen ruhig die Winterchampions sein, sich schon vor Saisonbeginn als Weltmeister feiern lassen – wir gewinnen dafür die echte WM." Diese Saison hat McLaren die (reduzierten) Wintertests dominiert, aber wo steht das anglo-deutsche Team jetzt?

Auch in der Tabelle der Geschwindigkeiten nicht weit vorn. Räikkönen, in Melbourne noch mit der absolut schnellsten Rennrunde, diesmal nur auf Rang 6, Coulthard auf Rang 15, aber das kann die 1-Stopp-Strategie gewesen sein. Vom Topspeed her fehlten Coulthard (nur 19.) und Räikkönen (gar nur 20.) nahezu 14 km/h auf Montoya und immerhin noch 8 km/h auf Ralf Schumacher, der genauso viel Sprit mitschleppte wie die McLaren.
Voriges Jahr um diese Zeit ein 2. und ein 3. Platz für Coulthard, ein 6. für Hakkinen, aber jetzt schon drei Ausfälle und nur ein 3. Platz von Räikkönen in Melbourne, nach spannendem Duell mit Montoya. In Kuala Lumpur ging der Motor des Finnen schlagartig hoch: „Ohne Ankündigung, ohne Vorwarnung" – nachdem 9 Runden vorher Coulthard in der Box verschwunden war. „20 Meter später bin ich schon gestanden. Ich glaub, ich wäre leicht Zweiter geworden", sagt mir Kimi, als er das Fahrerlager verlässt. Um bei der turbulenten Party seines Exteams Sauber im „Hard Rock Cafe" von Kuala Lumpur seinen Frust runterzuspülen. „Drei Ferrari-Motoren in den WM-Punkten", freut sich Peter Sauber zu Recht voll Stolz.

„Wir haben Gott sei Dank", rechnet Haug, „in unserer Teambilanz mehr Doppelsiege als Doppelausfälle, aber ich will damit keinen Sieg in Brasilien am Ostersonntag ankündigen, sondern nur ganz bescheiden versprechen: Wir kommen wieder in die Gänge. Manchmal ist in der Formel I halt alles verhext, ein Knoten im System." Denn: „In Melbourne habe ich gehört, außer Ferrari gewinnt kein Team 2002 einen Grand Prix, jetzt höre ich das gleiche von BMW ... Die Formel I ist sehr schnelllebig. Aber unsere Performance und Leistung kommt schon noch." McLaren-Mercedes, das weiß man aus der Geschichte, hat auf Niederlagen und Ohrfeigen noch fast immer extrem schnell reagiert.

Mansour Ojjeh, der 30-Prozent-Besitzer von McLaren, und Gerhard Berger, der BMW-Motorsportdirektor, fliegen gemeinsam von Malaysia zurück nach Europa – in Ojjehs Privat-Superjet. Der eine als Doppelsieger mit 16 WM-Punkten, der andere mit leeren Händen.
Heißes Thema auf dem Heimflug? „Überhaupt nicht", lächelt Berger, von 1990 bis 1992 (mit Ayrton Senna) selber McLaren-Pilot. „Erstens haben Mansour und ich viele andere gemeinsame Interessen – und zweitens wäre McLaren-Mercedes momentan ein sensibles Thema ..."

Die Stallorder bei Ferrari noch nicht. Dafür die Stallrivalität bei Williams-BMW. „Zwei schnelle, erfolgshungrige Siegfahrer im gleichen Team – geht das gut?", frage ich Gerhard Berger, der selber in seiner aktiven Zeit heftige Stallkriege erlebt hat, auch Wut und Ärger über Teamorders. Als BMW-Direktor wacht er nun über die Rivalität zwischen Montoya und dem jüngeren Schumacher.

Wo lauert Gefahr? Wer hat welche Stärken? Wo verbergen sich Schwächen? Unser, wie ich glaube, offenster Dialog über den heißen Zweikampf in Blau-Weiß.

Berger: „Wir haben die stärkste Fahrerpaarung in der ganzen Formel I, aber natürlich ist dazu zu sagen, dass bei dem einen oder anderen Rennen der eine dem anderen Punkte wegnimmt oder dass man vielleicht auch im späteren Saisonverlauf Stallorder verhängen muss, wenn man sieht: Okay, einer hat noch eine Titelchance, der andere hat sie vielleicht nicht."

„Sind da nicht extreme Auffassungsunterschiede zwischen Williams und BMW?"
Berger: „Grundsätzlich ist unsere Philosophie, den Dingen absolut freien Lauf zu lassen und mit den Fahrern ein Verständnis zu haben, bei dem auch der Teamgedanke wirklich eine Rolle spielt."

„Aber wir alle wissen: Rennfahrer können sehr sensibel sein. Die spüren ganz genau, für welchen der beiden das Herz eines Formel-I-Teams schlägt?"
Berger: „Okay, aber das muss man sich als Fahrer erarbeiten. Das ist einfach Teil der Arbeit. Ganz klar: Wenn Montoya öfter und lieber bei seinen Mechanikern im Werk sitzt, dann wird er dort, in diesem Bereich, Vorteile haben. Wenn aber Ralf das Rennen gewinnt, kann der Montoya im Werk sitzen, solang er will – es wird ihm keinen Vorteil bringen. Wenn aber Montoya dann das Rennen gewinnt, wird er eine starke Position haben."

„Vergleiche einmal für uns – zum ersten Mal – deine beiden Spitzenpiloten direkt miteinander. Wo sind ihr Stärken, wo ihre Schwächen? Wer ist von der Strategie her besser? Wer braucht mehr Sprit, wer weniger Bremsbeläge, wer kennt sich bei den Reifen besser aus?"
Berger: „Ich glaube, man braucht da gar nicht so sehr ins Detail gehen. Die beiden sind so grundverschieden. Montoya ist ein irrsinniges fahrerisches Talent mit unglaublicher Car-Control, was Ralf auch ist –, aber die Wagen-Kontrolle von Montoya, würde ich sagen, ist schon eine ganz besondere. Aber Montoya ist ein emotioneller Südländer, der in die Box kommt und mit viel Emotionen und vielen Worten seine Probleme beschreibt. Ralf ist ein ganz kühler deutscher Analytiker. Der kommt an die Box und schildert mit drei Worten ein Problem, das im Moment sein größtes ist – der verzettelt sich nicht in irgendwelche andere Probleme, sondern arbeitet sofort heraus, wo er den Hebel ansetzen muss, um schneller zu werden, und diskutiert dann ganz gezielt auf dieses Thema hin."

„Jetzt wissen wir aber, wie komplex die Formel-I-Technik ist."
Berger: „Stimmt. Bei einem Training wird man ja ständig mit vielen Problemen gleichzeitig konfrontiert. Das beginnt damit, dass die Pedale nicht genau passen, dass das Ansprechverhalten des Motors nicht richtig ist, dass die Traktion besser sein könnte. Dass das Auto vielleicht zu tief gesetzt ist, zusehr auf den Bodenwellen aufschlägt und dann untersteuert ... und da ist Ralf derjenige, der mit wenigen Worten auf diesen Problemfaktor kommt, der ihn – in diesem Moment – beim nächsten Mal Rausfahren schneller macht. Das Pedal macht ihn vielleicht nicht unbedingt schneller – also lässt er das einmal weg. Der Rückspiegel ist momentan vielleicht auch nicht so wichtig – macht er später, zu einem anderen Zeitpunkt. Aber die Traktion beeinflusst in diesem Moment ganz wesentlich die Rundenzeit, also geht er ganz gezielt auf dieses Thema los, ist daher sehr konkret mit seinen Aussagen und hat und wird darum im Verlauf einer Trainingssitzung, wenn er das Auto ändert, sukzessive immer schneller. Da arbeitet er mit der deutschen Gründlichkeit, gar keine Frage."

„Und Montoya, der Kolumbianer, mehr als ein schlampiges Genie?"
Berger: „Montoya arbeitet auch am Auto, aber der hat nicht dieses analytische Vorgehen und ist nicht so konzentriert auf eine Sache. Er versucht ständig, sich fahrerisch zu steigern, wogegen Ralf seine fahrerische Steigerung selbst dann erst im Qualifying einsetzt. In den Trainings davor sieht man bei ihm eigentlich nur, dass er versucht, seine Rundenzeiten über die Technik zu verbessern."

„Also genau, wie Niki Lauda früher immer seine Strategie angelegt hat?"
Berger: „Ich hab mit Niki nie gearbeitet, aber durchaus, ja. Und daher unterscheiden sich meine beiden Fahrer heute sehr. Aber auch wenn sie auf verschiedene Art und Weise vorgehen – unterm Strich muss man sagen, sind die beiden 2001 ähnlich stark gewesen. Es hat zwar letztlich Ralf mehr Siege, mehr Punkte auf dem Konto und abgerechnet wird am Schluss, also hat der Vergleich 2001 für Ralf gesprochen – ob es 2002 auch so sein wird, weiß ich nicht. Ab er eins ist für mich klar: Dass es ein Superduell zwischen den beiden geben wird. Interessant für die Fans, für die Zuschauer, für uns als Team."

„Ein Duell, das von der Boxenmauer deines Teams aus nicht beeinflusst wird?"
Berger: „Ich muss sagen: Vom Team aus kriegen beide das gleiche Material, die gleiche Unterstützung, sowohl technisch als auch psychologisch. Wir sind stolz, dass wir zwei solche Fahrer haben."

„War nicht voriges Jahr bisweilen ziemlich dicke Luft zwischen Ralf und Juan Pablo, zum Beispiel in Silverstone?"
Berger: „Das war ein typisches Problem, das entsteht, wenn Montoya und Ralf mit verschiedenen Strategien unterwegs sind, sodass es im Sinne des Team-

gedankens das Richtige gewesen wäre, dass einer den anderen vorbeilässt – zu einer gewissen Zeit. Das hat man aber nicht gemacht, und wir hatten es auch vorher nicht abgesprochen, und daher entstand eine kleine Diskussion. War aber eigentlich nicht schlimm, sogar ganz gut, dass sie entstanden ist, weil wir jetzt sahen, dass gewisse Probleme auftauchen könnten – und da sollte eigentlich schon vorher klar sein, wie man sie behandelt. Das wird in Zukunft auch so sein. Ich glaube, dass unseren Fahrern dieses Jahr ganz bewusst ist, dass das Team auch als Team eine Rolle spielt, auch Punkte bekommt, und dass auch wir darauf schauen müssen, dass wir nach jedem Formel-I-Wochenende das maximale Ergebnis fürs Team erzielt haben."

„Wieder mit manchmal verschiedener Boxenstopp-Strategie wie in Silverstone 2001, was ja den ganzen Ärger ausgelöst hat?"
Berger: „Ich glaub, Montoya war in England auf zwei Stopps, Ralf auf einen Stopp, daher ist Montoya dann irgendwann mit ziemlichem Speed auf Ralf aufgelaufen, Schumacher hat natürlich gewusst, dass das für ihn die Phase ist, wo er Montoya hinter sich halten muss – sonst geht seine Strategie nicht auf. Auch logisch, verständlich und in Ordnung. Montoya aber hätte zu diesem Zeitpunkt vorbei müssen und dann auch vielleicht die Chance gehabt, weiter nach vorn zu kommen und vielleicht noch den Vordermann zu erwischen. Natürlich alles – Wenn und Aber. Tatsache war jedenfalls, dass Ralf Montoya nicht vorbeigelassen hat, aber natürlich auch deshalb, weil er sein eigenes Rennen fuhr und für sich selbst gearbeitet hat, aber Tatsache ist auch, dass wir in Zukunft für solche Situationen besser gerüstet sein müssen und schon vorher wissen, was wir machen, wenn so etwas eintritt. Vor allem kann es Ralf genauso erwischen wie Montoya – und in einer solchen Situation geht's dann einfach um Prioritäten. Wenn einer nur den Teamkollegen schlagen kann, ist es nicht sinnvoll, die Positionen zu tauschen – weil jeder seine Strategie fahren muss. Wenn derjenige aber die Chance hat, einen Gegner abzufangen und noch weiter nach vorn zu kommen, dann muss der Teamgedanke eine Rolle spielen."

„Zurück zum direkten Vergleich. Wenn die beiden, Schumacher und Montoya, bei Zero starten, bei Null anfangen, mit noch nicht perfektem Auto – wer ist dann früher schneller?"
Berger: „In der Regel, würde ich sagen: Wenn die beiden ins Auto steigen, ist Montoya auf Anhieb schnell – egal, ob gutes oder schlechtes Auto. Das ist seine großartige Car-Control. Er lernt irrsinnig schnell neue, fremde Rennstrecken. Man muss aber dazu sagen: So richtig den Vergleich hatte man bisher noch nicht, weil Montoya erst das erste Jahr dabei war und viele Strecken erst lernen musste. Das kam noch dazu. Ab er ist auf Anhieb irrsinnig schnell, wie man in Suzuka gesehen hat. Doch dann, im Lauf dieser Trainingssitzung, kommt Ralf und macht einfach ganz kontinuierlich seine Schritte."

„Und mit einem schlechten Auto?"
Berger: „Wenn man beiden ein schlechtes Auto gibt, kommt wahrscheinlich Montoya besser damit zurecht. Aber dann wäre Ralf wiederum schneller damit, aus dem schlechten Auto ein gutes Auto zu machen."

„Wer startet besser?"
Berger: „Da wäre mir kein Unterschied aufgefallen. Beide starten okay. In vielen anderen Bereichen schätze ich beide gleich stark ein. Montoya ist beim Überholen aggressiver. Er hat tolle Reflexe, erinnert mich an Jean Alesi in seinen jungen Jahren."

„Auch immer noch an den Boxer Mike Tyson, wie du oft gesagt hast?"
Berger: „Das ist mehr sein Killer-Eindruck, den er oft erweckt."

„Wie sehr warst du in deiner eigenen Rennfahrerkarriere mit Stallorder konfrontiert? Hat sie dir geholfen? Oder hast du eher darunter gelitten?"
Berger: „Mit Stallorder ist man als Rennfahrer immer konfrontiert. Weil es gibt einerseits das Team, das seine Interessen wahrt, und andererseits dich, der als Sportler immer schaut, dass du selber zur Geltung kommst – schon bist du da und dort in Konflikt. Aber wenn man Profi ist und viel Geld verdient, muss man auch das Team im Blickpunkt haben und da oder dort einmal in den sauren Apfel beißen – sofern es nicht eine ganz gezielte Strategie gegen dich selbst ist. Genauso habe ich es immer gehandelt. Es war nie eine Strategie gegen mich, und wenn es im Sinne des Teams war ... dann hab ich schon immer gewusst, wer mich am Monatsende bezahlt."

„Eher in deiner McLaren- oder Ferrari-Zeit?"
Berger: „Wir haben das natürlich bei Ayrton Senna ein paar Mal gehabt, aber immer in der Phase, in der Ayrton Weltmeister werden konnte – und ich nicht mehr. Wir hatten das bei Ferrari ein paar Mal mit Jean Alesi, wobei die Teamorder meist zu meinem Vorteil war."

INTERLAGOS: DEM HIMMEL AM NÄCHSTEN

Der Williams-BMW-Doppelsieg von Malaysia zwingt Ferrari, den neuen F 2002 früher einzusetzen als geplant: Statt erst in Imola schon in Interlagos.
In Brasilien erleben wir die Weltpremiere der neuen Wunderwaffe F 2002. Aber nur für Schumacher, nicht für Barrichello. Ein heißes Thema?
„Ich bin kein Softie, trau mich schon, meine Meinung zu sagen. Klar bin ich enttäuscht, dass ich nicht den neuen Ferrari fahren darf, aber ich versteh es." Klare

Aussage von Rubens in den Boxen von Interlagos. Alle anderen Stories: „Barrichello will weg von Ferrari, Ferrari schmeißt Barrichello raus" – blühende italienische Zeitungs-Fantasie.

Schumacher im neuen F 2002 – mit den Augen nur 59 cm über dem Asphalt. Der flachste Formel-I-Renner aller Zeiten? Als Colin Chapman vor 40 Jahren mit dem Lotus 25 bzw. 33 den Rennwagenbau revolutionierte, sagte sein Pilot Jim Clark: „Ein Gefühl, als würde ich in eine Badewanne auf Rädern steigen." Gordon Murray baute 1986 den ultraflachen Brabham, den Niki Lauda fahren sollte – Bernie Ecclestone bot ihm 6 Millionen Dollar. Soviel kassierte damals Sean Connery für sein Comeback als James Bond 007 ...

Über die Stärken des neuen Ferrari spricht Schumi nur zögernd: „Ich bin zwei Renndistanzen in Barcelona gefahren – bessere Aerodynamik, mehr Leistung, besseres Getriebe." Aber ich höre – geflüstert – schon andere Geheimnisse des F 2002:

- Neue Launch-Control, weil Schumi zuletzt beim Start Probleme hatte.
- Direkte Verbindung von der Box ins Auto, um elektronische Veränderungen vorzunehmen.
- Ein kleinerer 115-Liter-Tank – das bedeutet: Entweder ist der Motor so sparsam oder Ferrari plant 2002 öfter zwei Boxenstopps – schon in Brasilien?

Schumi gibt zu: Der BMW-Doppelsieg von Malaysia hat Ferrari alarmiert. Zum Risiko gezwungen, den neuen 2002 früher als geplant (Imola) einzusetzen: „Wären wir so stark gewesen wie in Melbourne, wären wir mit dem alten Auto weitergefahren." Und wenn die Premiere schief geht? Ein Wechsel ins bewährte alte Auto ist laut Reglement erlaubt – sogar noch am Sonntag, aber Schumi will keinen Schritt zurück: „Nur bei einem Crash ..."

Das Fußball- und Formel-I-verrückte Land Brasilien begeistert sich zu Ostern in Interlagos für drei Piloten – und alle träumen von Nachfolgern für Fittipaldi, Piquet und vor allem Senna. Die „Boys from Brasil" genießen aber im ganzen Formel-I-Geschäft viel Sympathie. Rubens Barrichello im vielleicht wichtigsten Jahr seiner Karriere, Enrique Bernoldi noch im Schatten, aber auf dem Weg nach oben – und Felipe Massa, der Jüngste im Zirkus.

Da mischt sich südländisches Temperament mit deutscher Gründlichkeit, denn alle drei haben deutsche Teamkollegen: Michael Schumacher bei Ferrari, Heinz-Harald Frentzen bei Arrows, Nick Heidfeld bei Sauber. Und auch der vierte Deutsche, Malaysia-Sieger Ralf Schumacher, hat einen südamerikanischen Kollegen – Montoya. Offensichtlich ein guter Mix.

Jeder der drei Brasileros kommt mit anderen Emotionen, Erwartungen zum Heim-Grand-Prix auf dem „glühenden Kohlenhaufen“ Interlagos: Barrichello mit leeren Händen, noch null Punkten, „aber das motiviert mich eher noch mehr!“ Bernoldi erinnerte in Malaysia an seine Heldentat von Monte Carlo, wo er 44 Runden lang vor David Coulthard lag – diesmal hatte er einen rundenlangen Fight mit dem großen Schumi, der vom letzten Platz seine furiose Aufholjagd startete. Die TV-Zuseher staunten: „Schumacher hat mich überholt, ich ihn, das hat mir wirklich Spaß gemacht.“ Später ließ Bernoldi in der Hitzeschlacht der Benzindruck in Stich. Dafür erkämpfte das Sauber-Wunderkind Massa in seinem erst zweiten Grand Prix nach fehlerfreier Fahrt, erstmals über eine fast 2-Stunden-Distanz, einen sensationellen 6. Platz. Der erste Brasilianer 2002 in den WM-Punkten, früher als Barrichello – wer hätte das gedacht?

Rubens hatte freilich sehr viel Pech. In Melbourne, aus der Poleposition die mörderische Startkarambolage mit Ralf Schumacher, über die der große Michael nicht urteilen mag, „weil der eine mein Bruder ist, der andere mein Teamkollege“, – aber Rubens hatte nach Ralfs „fliegendem Start“ dessen Reifenabdruck auf dem Helm, musste daher für Malaysia den kaputten Helm austauschen, überraschte dort alle mit seinem tollen Finish im Qualifying und verdrängte Ralf in letzter Sekunde vom dritten Startplatz. „Ein bisschen so, wie es Senna oft gemacht hat“, lächelte Rubens. Schon 2000 hat er, nach seinem bisher einzigen Grand-Prix-Sieg in Hockenheim, unter Tränen dem lieben Gott und Senna gedankt.
In Malaysia hatte Rubens nach Bestzeit im Warm-up, ungewöhnlich bei Ferrari, zwei Motorschäden. Einen Freitag, einen im Rennen, nach 24 Runden in Führung. Er brauchte lang, um seine Enttäuschung abzuschütteln. „Zweiter wäre ich geworden, Sieger eher nicht, dazu waren wir gegen Williams-BMW nicht schnell genug.“ Immer öfter gerät „Rubinho“ in ein Schumacher-Sandwich, wie 2000 in Barcelona, wo Michael vorm Boxenstopp noch schnell Rubens vorbeischleuste – worüber Ralf nicht gerade entzückt war ...
Die zwei Ferrari-Piloten – wie gut verstehen sie einander jetzt? „Voriges Jahr beim Österreich-GP hatten wir eine nicht ganz klare Situation“, erinnert sich Schumacher, damals auf Boxenbefehl in der Zielkurve von Barrichello auf Rang 2 vorbeigelassen. Rubens Gesichtsausdruck sagte damals alles, er selber nur wenig: „Bevor ich öffentlich rede, muss ich erst in mein Herz und meine Seele hineinhorchen.“
„Aber danach“, sagt Schumacher heute, „hat Rubens die Annäherung und Einstellung des Teams verstanden. Jetzt ist er mehr relaxed, hat ein besseres Verhältnis mit dem Team – und auch mit mir. Und er ist lockerer geworden. Auf der Strecke sieht man das nur schwer, aber außerhalb schon ...“

Barrichello ist jetzt in seinem dritten Ferrari-Jahr. Manche fragen: „Warum macht er es nicht so wie sein Vorgänger Eddie Irvine, steckt das viele Geld (7 Millionen Dollar) ein, preist Schumacher als den Allerbesten und sich als die Nummer 2 der Welt?“ Aber wahrscheinlich ist der brasilianische Ehrgeiz anders als der irische. Oder doch nicht? „An dem Tag, an dem ich in der Früh aufwache und das Gefühl hab, ich kann nicht mehr gewinnen, hör ich sofort mit dem Rennfahren auf!“, schwört Rubens. Er hat sehr früh mit dem Rennfahren begonnen, war in jeder Formel, jeder Kategorie, der Jüngste, immer und überall auch die Nummer 1 – bis er zu Ferrari kam. Das Umdenken war nicht einfach.
„Aber dieses Jahr bin ich besser vorbereitet als je, auch psychologisch. Ich hab aufgehört, mich danach zu richten, was andere denken, was ich tun muss, um sie zu schlagen, versteh mich mit meinen Ingenieuren so gut wie noch nie, ich liebe mein jetziges Leben ... und es wäre viel einfacher zu sagen: Ja, ich träume von der Weltmeisterschaft!“, hat Rubens unmittelbar vor dem WM-Start verraten. Dann kamen die Dämpfer.
Trotzdem: Der „neue Barrichello“ ist relaxter, aber nicht weniger ehrgeizig. „Die Geburt meines Sohnes Eduardo hat mein Leben komplett gemacht. Nie hätte ich soviel Emotionen erwartet. Seither bin ich ein noch glücklicherer Mensch, ein stabilerer, noch besserer Rennfahrer. Und ich ärgere mich nicht mehr über Kleinigkeiten so wie früher.“ Details wie Stallorder ... Wie schwierig war es wirklich, sich bei Ferrari zu integrieren? „Jean Todt liebt Michael“, sagt Rubens ohne Neid, „sie haben ein Vater-Sohn-Verhältnis. Aber mich mag er jetzt auch schon und respektiert meine Arbeit. Und ich lerne immer dazu, jeden Tag, nicht nur in der Formel I – das gilt fürs ganze Leben. Natürlich, ich kann von Michael viel lernen. Aber er vielleicht auch ein bisschen von mir. Aber ich möchte vor allem ich selber sein.“
Die Brasilianer fragen: Wo ist Michael besser, wo – vielleicht – Rubens? Sein Spruch, er möchte 2002 „der Stein in Schumis Schuhen“ sein, hat für Aufregung gesorgt. „Ich hab nicht direkt Michael gemeint, sondern alle“, sagt Rubens heute. Vergleiche sind schwierig. „Aber er macht vollen Gebrauch von der Telemetrie. Ich war sieben Jahre lang, bevor ich zu Ferrari kam, naiv wie ein Kind. Damals sagten mir die Teamchefs oft erst fünf Minuten vorm Start: Heute fährst du eine 1-Stopp- oder 2-Stopp-Strategie. Bei Ferrari reden wir jedes Wochenende schon ab Freitag drüber – auch jetzt in Interlagos ...“

Bevor er zu seinem Heim-GP abflog, testete Barrichello noch letzte Woche – in Barcelona – zum ersten Mal den neuen Ferrari. Er war ganz neugierig und begierig drauf, denn bis dahin hatte außer Schumacher nur Luca Badoer, der Ferrari-Testpilot Nr. 1, die neue „rote Diva 2002“ ausprobiert. „Michael und Luca haben

mir natürlich erzählt, wie das neue Auto ist." Ein vielsagendes, dünnes Lächeln. „Aber ich wollte schon noch selber testen, bevor Burti einsteigt." Luciano Burti, der zweite Ferrari-Testpilot – auch ein Brasilianer.
Wenn Barrichello nach Interlagos kommt, muss er alle bisherigen Saisonenttäuschungen vergessen – und auch den bitteren Motorschaden von Brasilien 1999 – wo er mit dem damaligen Stewart-Auto sensationell in Führung lag. „Das hat mich bisher am härtesten getroffen." Aber wenn man im TV sieht, wie Barrichello in der ersten Kurve aus dem Cockpit heraus seinen Fans zuwinkt, ist das keine Show. „Ganz ehrlich: Ich erkenne beim Vorbeifahren viele Gesichter, viele Freunde – ich bin ja fast direkt hinter der ersten Kurve aufgewachsen. Interlagos war quasi mein Kinderzimmer ..."

Vom Tellerwäscher zum Grand-Prix-Star – ein brasilianisches Märchen. Auch das gibt's in der Formel I. 1999 half ein 17-Jähriger hinter den Boxen bei Benetton aus, wusch Teller ab, servierte Herrn Briatore und den Piloten Wurz und Fisichella – und durfte sich zum Dank für ein paar Fotos ins Fisichella-Cockpit setzen.
Sein Name: Felipe Massa, in seinem ersten richtigen GP in Malaysia sensationell Sechster geworden. Mit 20 der Jüngste im Zirkus, aber vielleicht der talentierteste von allen. „Kommender Weltmeister!", attestieren alle der neuen Peter-Sauber-Entdeckung.
Aber wieso Tellerwäscher? Familienfreund Ricardo, der in Sao Paulo fünf große Restaurants leitet, besorgte 1999 das Catering für Benetton – und in der Box bzw. im vornehmen VIP-Paddock Club half Felipe aus. Heute ist Ricardo der Manager des jungen Rennfahrers mit der himmelstürmenden Karriere.
Die Plastikfabrik seines Vaters (180 Mitarbeiter) zu übernehmen, hat Felipe nie interessiert ...
Jetzt muss er nicht mehr abwaschen, wird selbst als Star behandelt, aber hart arbeiten muss er trotzdem. „Felipe" heißt auf portugiesisch „das Jahr des Pferdes", „Massa" auf italienisch Pasta, also Teigwaren.
In der Sauber-Box in Interlagos: natürlich Felipes Eltern und Geschwister, alle schon sehr aufgeregt, aber nichts gegen die Invasion in der Arrows-Box von Enrique Bernoldi: 25 Familienmitglieder, um den „Wahl-Salzburger" anzutreiben, zu seinem ersten WM-Punkt zu peitschen. In Malaysia hat er sich schon mit dem großen Schumi duelliert, ihn sogar zurücküberholt: „Ein Riesenspaß!"
Und jetzt: Heim-Grand Prix zu Ostern. Die Bernoldi-Großfamilie – Großgrundbesitzer in Curitiba mit Zehntausenden Rindern – ist extrem gläubig. Enriques persönlicher Betreuer, Christoph vom Arlberg, ein Neffe des Ex-Slalomstars Falch, erzählt: „Als Enrique und seine Mutter neulich im Auto von Graz nach Wien fuhren, haben sie sich hundert Mal bekreuzigt."

„Wieso, wer ist da am Steuer gesessen?“ – „Ich, aber eh langsam und vorsichtig.“ Nicht wie die brasilianischen Taxichauffeure, von denen man ja längst weiß: Jeder Einzelne, Namenlose, ein neuer Senna.

Michael Schumacher hält im Brasilien-GP einen einzigartigen Rekord. Bisher zehnmal gestartet, zehnmal im Ziel. Seit 1992 mit folgenden Platzierungen: 3, 3, 1, 1, 3, 5, 3, 2, 1, 2 – total 60 WM-Punkte. Und: Seit zehn Jahren wurde der Brasilien-Sieger auch immer Weltmeister – mit einer einzigen Ausnahme: David Coulthard 2001.

Alles, glaubt man, hat man in der Formel I schon gesehen, und dann kommt immer wieder etwas Neues. Wie der bizarre Unfall im Aufwärmtraining. Enrique Bernoldi, Barbara Schetts Freund, gerät auf die Randsteine, der Arrows dreht sich, kracht gegen die Leitplanken, stoppt mitten auf der Straße und fängt Feuer. Bernoldi: „Ich kann ja nicht sofort aussteigen, weil dauernd Autos an mir vorbeizischen – sie hätten mich überfahren können.“ Dann stoppt, mit quietschenden Bremsen, das zwei Tonnen schwere, 500 PS starke Ärzteauto mit dem Ex-Formel-I-Piloten Alex Ribeiro am Steuer. „Da müssen schon eine halbe Minute die roten Abbruchflaggen heraußen sein“, denkt Ribeiro. „Mein Job bei Unfällen ist immer: anhalten, raus aus dem Auto, schnell zum Unfallwagen, Zündung ausschalten, Lenkrad abnehmen und die Gurten öffnen – damit Prof. Watkins eingreifen kann.“ Im gleichen Moment, da Ribeiro seine Tür aufstößt, kommt der Sauber von Nick Heidfeld herangeschossen, „links, weil rechts kein Platz ist“, und kracht, Bremsen blockiert, Räder weggebrochen, voll gegen die offene Autotür.
Heidfeld: „Ich fahre direkt hinter Schumachers Ferrari und sehe überhaupt keine Flaggen. Vielleicht ist mir die Sicht versperrt – vielleicht sind überhaupt keine Warnflaggen da.“
Wilde Szenen: Bernoldi springt aus seinem brennenden Arrows und Heidfeld karamboliert mit einem Ärzteauto. Es hätte Tote geben können – wie 1971 in Buenos Aires, als Jean Pierre Beltoise seinen Matra (ohne Sprit liegen geblieben) an die Boxen schob und mit Ignazio Giuntis Ferrari zusammenprallte. Seither ist Anschieben auf Rennstrecken verboten. Und in Monte Carlo kollidierte der abgeschleppte Japaner Inoue mit einem Streckenauto.

„So nahe dem Himmel war ich noch nie!“ Alex Ribeiro, strenggläubiger Ex-Formel-I-Rennfahrer, Seelsorger der brasilianischen WM-Fußballer 1994 und Chauffeur des „Doctor's Car“ von Prof. Sid Watkins, erlebt in Interlagos ein wahres Osterwunder – aber Millionen TV-Zuschauer sind geschockt. „Hätte ich meine Autotür nur einen Moment früher geöffnet und wäre ausgestiegen – ich wäre jetzt tot.“

Der Brasilien-Zwischenfall kostet Peter Sauber 250.000 Franken Reparatur, aber Heidfeld wird von jeder Schuld freigesprochen. Die FIA-Sportkommissäre befinden nur: Nächstes Mal müssen wir die Flaggenposten woanders postieren – damit sie jeder sehen kann.

Vor zwei Jahren, als der berühmte Jahrhundertfußballer die Pokale überreichte, flüsterte ihm Michael Schumacher auf dem Siegespodest zu. „Wäre schön, könnte ich einmal mit Ihnen in einer Mannschaft kicken." Anno 2002 macht Pele seinen Antrittsbesuch auf dem „glühenden Kohlenhaufen" in Interlagos nicht in der Ferrari-Box, sondern bei Williams-BMW, umarmt Montoya betont herzlich und bleibt den ganzen Mittag, gut zwei Stunden lang. So lang, dass das Match Ferrari-BMW beinahe gar nicht angepfiffen wird ...
Dafür gibt es gleich nach dem Start einen Pressball oder ein Foul – was natürlich jeder anders sieht. Jedenfalls: Die angesagte Kollision! „Wenn's kracht, dann kracht's", hat Montoya, der Mann in Poleposition, in Interlagos, achselzuckend prophezeit. Es kracht auch in Brasilien, „aber das hab ich gar nicht gespürt", sagt Schumi nachher.
Die Kollision in Slow-Motion. Schumacher, mit der neuen, verbesserten Ferrari-Startautomatik, kommt besser weg als zuletzt, Rad an Rad schießen die beiden aufs Senna-S zu. Schumi: „Ich dachte, ich kann Juan-Pablo ausbremsen, aber er bremst sehr spät, kommt in der nächsten Kurve nach draußen, lässt mir aber genug Platz und ich komm vorbei. Ich weiß nicht, was dann passierte ..."

„Das wäre mein Tag, mein Rennen gewesen! Poleposition, schnellste Rennrunde – wäre nicht die Karambolage gewesen, hätte ich gewonnen!" Was natürlich jeder anders sieht: „Zweimal hat er mich geschnitten", beklagt sich Montoya bitter.
Dazu Michael: „Ich kreuzte nach links, damit er nicht die innere Spur nehmen kann, ließ ihm die äußere Spur. Ich weiß nicht, was ihn unglücklich macht." Denn Michael hat keinen Anprall gespürt: „Montoya sagt, er hat den Frontflügel verloren – keine Ahnung, wie er das gemacht hat. Mit meinem Ferrari ist jedenfalls alles in Ordnung."
Montoya, total frustriert: „Als Rennfahrer kann ich keine Bestrafung verlangen, aber nach allem, was mir in Malaysia passiert ist, wäre ein Penalty für Schumacher nur gerecht gewesen."
Wer ist wirklich schuld? Hören wir Ralf Schumacher, der vorher gehofft hat, „dass sich die beiden Herren uneinig sind, damit ich davon profitieren kann.": „Michael zog innen vorbei, Montoya wollte außen vor, hat sich dabei vielleicht ein bissel verschätzt. Nur: Ich glaub jedenfalls, Michael hat nichts absichtlich gemacht."

Für Niki Lauda ist alles klar: „Wer hinten drauffährt, wie Montoya, der ist selber schuld.“
Die Kollision beraubt Millionen TV-Fans eines spannenden Dreikampfes zwischen den Schumacher-Brüdern und Montoya, durch den Boxenstopp auf den letzten Platz zurückgeworfen, aber nach toller Aufholjagd noch Fünfter: „Das wäre mein Tag, mein Rennen gewesen, Poleposition, schnellste Runde im Rennen, ohne Karambolage hätte ich gewonnen.“
Barrichello vielleicht auch, aber noch vergisst keiner, wie rasch sich der Brasilianer vom 8. Startplatz nach vorn durchgeboxt hat, wie beeindruckend er sogar beiden Schumi-Brüdern davongeflogen ist: wie eine Rakete ...
Nicht nur Gerhard Berger in der Williams-BMW-Box vermutete: „Hat Barrichello ein extrem leichtes Auto mit wenig Sprit, ist er vielleicht sogar mit einer 3-Stopp-Strategie unterwegs?“ Auch Ralf Schumacher gibt zu: „Ich war ein bisschen verwirrt, weil Barrichello so viel schneller unterwegs war als wir. Wenn Barrichello dreimal an die Box muss, Michael aber nur einmal, wäre das recht außergewöhnlich, waren meine Gedanken. Daher: Michael mit zwei Boxenstopps? Wäre logisch, hätte ich mir auch gedacht, dass er zweimal Reifen wechseln muss. Darum hab ich meine Box angefunkt. Kommt Michael zweimal rein? Nein, hatte mein Team rasch ausgerechnet, der hat wohl die gleiche Strategie wie wir! Nur ein Stopp.“
Die Boxentaktik von Interlagos erlaubt erste Rückschlüsse auf die kommenden Rennen. Der neue Ferrari hat einen kleineren Tank als der Vorjahrswagen, fasst nur 85 kg Sprit = 115,3 Liter, weshalb viele fälschlich angenommen hatten: Schumi muss in jedem Rennen zweimal nachtanken. In Wahrheit tankte Michael in Brasilien nur einmal, sogar deutlich nach Halbzeit: in der 39. von 71 Runden. Sein Bruder Ralf im Williams-BMW kam erst in der 44. Runde an die Box, aber am längsten draußen blieben die Silberpfeile: Coulthard tankte erst in der 45., Räikkönen sogar erst in der 46. Runde, 25 Runden vor Schluss, konnte also fast zwei Drittel der Distanz mit einer Tankfüllung zurücklegen.

Freilich – Coulthards dritter Platz mit 55 Sekunden Rückstand kann das stolze McLaren-Mercedes-Team nicht glücklich machen. Wie sagt doch Ron Dennis immer? „Wir fahren, um zu gewinnen. Schon der 2. Platz ist nur der erste von den Verlierern.“ Coulthard kommt wenigstens zum ersten Mal 2002 – Qualifying und Rennen – unter die ersten drei. „Nett, dich wieder einmal bei uns zu sehen“, begrüßt ihn der Formel-I-Talkmaster. Auffallend nur: Coulthard schwitzt nach der Hitzeschlacht – neben dem staubtrockenen Michael und dem kaum gezeichneten Ralf – wie ein Gurkensalat.
Weil es im McLaren heißer ist als in anderen Cockpits? „Ich wollte, man hätte uns einen Stuhl zur Siegerehrung raufgestellt. Ich bin völlig fertig“, gibt Coult-

hard zu, „vor allem die Hymnen anzuhören, dauert für mich endlos. Warum kann man sie nicht in verkürzter Version abspielen ...? Außer natürlich, es folgt irgendwann 2002 wieder ‚God save the Queen'."

Michael steuert den neuen Ferrari zu einem tollen Premierensieg, aber leicht macht es ihm sein Bruder wirklich nicht: „Ich konzentrierte mich voll auf die Zielkurve: Ja genug Speed aufbauen, dass mich Ralf in den letzten Kurve nicht überholen kann – das war's."
Eine halbe Sekunde trennt die Schumacher-Brüder auf dem Zielstrich – aber richtig abgewunken wird keiner!
Der berühmte Pele, Fußballer des Jahrhunderts, steht mit der Zielflagge auf dem Podest und schaut in die falsche Richtung, als die Doppelsieger heranbrausen. Die ungewohnte schwarz-weiße Flagge hält er lässig in der Hand, eher wie ein Schiedsrichterassistent im Stadion, früher genannt „Outwachler".
Michael: „Ich hatte keine Zeit, drauf zu achten, was Mr. Pele macht." Also winkt er sich im Cockpit quasi selber ab. Und Ralf kennt sich „überhaupt nimmer aus, ich hab Michael fast noch überholt, aber dann sehe ich in der ersten Kurve schon die doppelten, gekreuzten Flaggen der Streckenposten ..."
Weil der legendäre Pele in Interlagos verabsäumte, die Schumacher-Brüder bei ihrem Doppelsieg abzuwinken, sondern eher wie ein Linienrichter bei der Abseitsanzeige auf dem Podest stand, taucht bei vielen Formel-I-Fans die Frage auf: War der Brasilien-GP korrekt beendet oder nicht?
Hermann Tomczyk, oft als FIA-Sportkommissär im Einsatz und auch in Interlagos dabei, erinnert sich: „Wir hatten vor ein paar Jahren bei einem Tourenwagenrennen auf dem Nürburgring eine strittige Situation: Duell an der Spitze, ein Fahrer beendete als erster die volle Renndistanz, wurde aber nicht abgewunken, sondern der andere kassierte eine Runde später die Zielflagge als Erster – und beide dachten, sie hätten gewonnen. Damals war es im Reglement noch nicht ganz klar, aber seither ist es festgeschrieben: Gewonnen hat, wer als Erster die volle Renndistanz absolviert hat – unabhängig ob abgewunken oder nicht."
Was im Ernstfall sogar eine Frage von Leben oder Tod sein konnte: Beim klassischen 1.000-km-Rennen auf dem Nürburgring fuhr der deutsche Erwin Bauer irrtümlich noch eine zusätzliche Runde, als das Rennen für ihn schon beendet war – und verunglückte tödlich.
Aber der Schumi-Doppelsieg hat keine Schatten. „Warten wir ab, ob der neue Ferrari wirklich eine wunderschöne rote Königin ist – oder nur ein grüner Frosch", hat Ralf vorm Rennen gelächelt, was ihm prompt einen kritischen Seitenblick seines Bruders eintrug. Nach dem brüderlichen Duell korrigiert sich der nur knapp geschlagene Ralf: „Also vielleicht keine Königin, aber auch kein Frosch."

IMOLA: SENNA-DRAMA – DER LETZTE AKT

Der jährliche Kreuzgang der Formel I nach Imola – wo 1979 Niki Lauda sein letztes Rennen vor seinem ersten Rücktritt gewonnen, 1989 Gerhard Berger seinen Feuerunfall überlebt hat, aber 1994 auch Ayrton Senna und Roland Ratzenberger ums Leben gekommen sind.
Jetzt, unmittelbar vorm GP von San Marino, wird das traurigste Kapitel beendet. Letzter Akt der Senna-Tragödie: Die italienischen Behörden haben den Unglückswagen acht Jahre nach dem Unfall an Williams zurückgeschickt. Acht Jahre! So lange hat es auch gedauert, ehe die italienische Justiz den Unfall-Lotus von Jochen Rindt 1970 freigab; er steht heute in einer Garage in Monza.
Und das Senna-Wrack? „Haben wir sofort, nachdem wir es zurückerhielten, total vernichtet", verrät mir Williams-Technikdirektor Patrick Head. Genauso verfuhr Colin Chapman 1968 mit dem Formel-II-Lotus, in dem sein zweifacher Weltmeister Jim Clark in Hockenheim ums Leben gekommen war. Dieses Wrack wurde in der Lotus-Fabrik vollkommen zerstört: „Seine Evidenz restlos vernichtet, weil Chapman nie mehr daran erinnert werden wollte, dass der beste Fahrer der Welt in seinem Auto gestorben ist", wissen Lotus-Zeitzeugen noch heute.

Und bei Williams – jetzt ähnliche Motive? Gewissensbisse, obwohl die Verantwortlichen vor Gericht genauso freigesprochen wurden wie seinerzeit Colin Chapman?
„Nein, wir wollten nur absolut sicherstellen, dass dieses Auto nicht in 10 oder 20 Jahren plötzlich bei irgendeiner Versteigerung auftaucht, weil vielleicht jemand damit Geschäfte machen will: Das Auto, in dem Senna ums Leben kam."

Jetzt macht ein anderer, leidenschaftlicher Südamerikaner Schlagzeilen. Juan Pablo Montoya, ohne Kompromisse, ohne Angst, exotisch und charismatisch – der dunkelhäutige Kolumbianer kratzt am Schumi-Mythos! Auf seinem Helm eine Karikatur: ein Skelett, um das Blitze zucken. Der Mann steht immer unter Strom. Fährt Rennen, um zu überholen. Darum hat ihn ja auch Bernie Ecclestone in die Formel I holen lassen. Zu Williams-BMW, aber bald zu Ferrari?
Neben Schumi, statt Schumi, nach Schumi, der bestätigt: „Ich fahre bis Ende 2004." Als Teamkollegen sind die beiden undenkbar. „Ich hab mit Montoya lang drüber geredet. Fantasie und Wahrheit in der Formel I: Wo Rauch ist, muss auch Feuer sein."

Donnerstagabend in Brisighello, im prachtvollen alten Theater. Montoya erhält – unter unglaublichem Ansturm der Tifosi – die heiß begehrte Lorenzo-Bandini-

Trophy für die größte Fahrerentdeckung des Jahres. Bandini? Zeltweg-Sieger 1964 auf Ferrari, 1967 in Monaco verunglückt.
„Die Trophy“, sagt mir Montoya mit seiner leisen, sanften Stimme, die überhaupt nicht zu seinem Rambo-Image passt, „ist für mich eine tolle Auszeichnung.“
„Was weißt du von Bandini?“
„Ferrari-Pilot, ein toller Kämpfer, genauso ein Fighter wie ich.“
„Du würdest genauso zu Ferrari passen – ein Typ wie Regazzoni, Gilles Villeneuve?“
„Die Tifosi lieben dich schon jetzt?“
„Italiener und Südamerikaner sind einander sehr ähnlich. Gleiche Leidenschaften. Aber: Ich hab einen Vertrag bei Williams, bin dort momentan sehr happy, aber wer weiß, was später noch alles kommt ...“
Ich sehe ihn, auch wegen des Südamerika-Marktes, ab 2005 bei Ferrari. Aber nicht vorher.
Bei Williams-BMW kassiert Montoya etwa 3 Millionen Dollar pro Jahr – ein Sechstel von Ralf Schumacher! Der neue Vertrags-Poker beginnt. Montoya wird nicht so blöd sein, zu sagen: Ferrari interessiert ihn nicht. Aber – wie wichtig ist Geld?
Montoya: „Manche Piloten fahren fürs Geld, manche für Siege. Ich jedenfalls, um zu gewinnen! Und mein Ziel in Imola und nachher: Schumi und Ferrari besiegen – wie schon in Monza! Wäre im Ferrari-Autodrom besonders toll. Und wenn das nicht geht: Punkte holen.“ Der Beweis, dass Montoya schon heuer an den WM-Titel denkt.

Ich zeige ihm Bernie Ecclestones Formel-I-Illustrierte mit der Schlagzeile: Welcher Schumacher wird heuer Weltmeister? Juan Pablo grinst sanft.
„Und – was sagst du dazu?“ „Vielleicht stimmt’s nicht ...“ Denn echte Williams-BMW-Strecken kommen noch, und Montoya macht kaum mehr Fehler.
Auch Rad an Rad mit Schumi? „Ich wünsche mir nur, dass die FIA künftig fair entscheidet und nicht immer nur mich bestraft. In Interlagos hat Schumacher schon 150 m vor der Kurve gebremst.“

Montoya privat? Freundin Connie, die Studentin aus Madrid, macht im Sommer ihre Anwaltsprüfung, Vater Pablo, Architekt aus Bogota, baut gerade in Miami ein Shopping Center. Vorbei die Zeit, da ein Montoya-Freund die beiden gratis mit seinem Blumenflieger von Bogota nach Miami mitfliegen ließ. „Nur der Pilot hat uns gehasst – der hat immer die Air-Condition auf eiskalt gestellt.“ Ein Schumi-Fan?

Unglaublich, aber gibt's wirklich noch Statistiken, in denen Schumacher nicht Poleposition hat? Nicht bei den WM-Titeln (Fangio 5), nicht bei den Trainingsbestzeiten (Senna 65), nicht bei Ferrari – dort ist immer noch Gerhard Berger ewiger Rekordmann mit 86 Rennen für die Italiener. Aber jetzt in Imola holt Schumi den BMW-Rennchef ein, übertrifft ihn zwei Wochen später in Barcelona und ist dann der fleißigste Ferrari-Pilot der Geschichte.

Schumi (seit 1995) und Berger (1987–89 und 1993–95) haben beide ihre Meriten für Ferrari: Michael wird von den Tifosi vergöttert, seit er Ferrari vom bösen Fluch befreit und nach 21 Jahren bitterer Niederlagen und Enttäuschungen den WM-Titel nach Maranello zurückgeholt hat, aber auch Berger hat seinen historischen Platz: Weil er die zwei längsten Misserfolgsserien der Ferrari-Geschichte beendet hat – einmal 37, einmal sogar 58 Rennen ohne Sieg!

Durststrecken, die man sich heute gar nicht mehr vorstellen kann. Aber es vergingen nach Michele Alboretos Nürburgringsieg 1985 wirklich 37 Rennen, ehe der neuverpflichtete Berger 1987 in Suzuka gewann. „Grazie, Berger!", dankte ihm Enzo Ferrari am Telefon. Und nachdem Alain Prost 1990 in Jerez gewonnen hatte, musste Ferrari sogar 58 Rennen (!) warten, bis der von McLaren zurückgeholte Berger 1994 in Hockenheim triumphierte.

Weshalb sich die Frage aufdrängt: War ein Ferrari-Team Schumacher-Berger wirklich so unmöglich? „Überhaupt nicht", verrät der heutige BMW-Rennchef. „Es war sogar nahe dran." Jean Todt hatte die Fäden gezogen: „Gerhard, ich kann nicht verstehen, warum ihr zwei nicht gut miteinander auskommen solltet. Rede doch einmal mit dem Michael!"

Berger wäre, als Schumi kam, auch wirklich beinahe bei Ferrari geblieben. „Aber ich bestand darauf, dass Ascanelli mein Renningenieur sein muss – und daran ist es letztlich gescheitert. Aber", gibt Berger heute zu, „die letzten zwei Jahre bei Benetton hätte ich mir sparen können."

Und so egalisiert jetzt Schumacher den Ferrari-Weltrekord von Berger. Nur die F-1-Buchhalter streiten: Fährt er in Imola seinen 95., 96. oder gar schon 97. Ferrari-Grand-Prix? Denn in Magny-Cours 1996 ist Schumi während der Aufwärmrunde ausgefallen, in Silverstone wurde das Rennen nach seinem Unfall abgebrochen und neu gestartet. Für die offizielle FIA-Statistik ist Schumi in Magny-Cours nicht gefahren, in Silverstone aber schon.

Michael, darauf angesprochen, ist sichtlich gerührt: „Das bedeutet für mich sehr viel. Als Beweis des großen Vertrauens, das ich in mein Team habe, aber auch Ferrari in mich hat. Ich glaube, es ist ein sehr großes Kompliment – zumindest für mich, dass ich imstande bin, solang fürs gleiche Team zu fahren – und dass sie immer noch glücklich mit mir sind."

„Ein paar Leute haben mich allen Ernstes gefragt: Ist euer Motorhome dieses Jahr kleiner geworden?“, wundert sich BMW-Motorsportdirektor Dr. Mario Theissen in Imola. Natürlich ist es immer noch das gleiche wie 2001, aber jetzt überstrahlt von McLarens 8 Millionen Euro teurem Märchenschloss aus Alu und blaugetöntem Glas. Nur: Zu feiern gibt es bei den Silberpfeilen nach dem misslungenen Europa-Saisonauftakt nichts.
„McLaren Castle“ oder „Schloss McLaren“: So nennt die Formel I die neueste Attraktion im Fahrerlager, das durchgestylte Motorhome der Exweltmeister, aus getöntem Glas und Aluminium. Ron Dennis hat es drei Jahre lang mitkonstruiert. „Aber das ist nicht der Grund, warum wir nicht mehr gewinnen – nicht das ganze Team hat daran mitgearbeitet, sondern nur ich allein.“ Kostenpunkt: Acht Millionen Euro. Und McLarens gigantische neue Fabrik „Paragon“ wird dann der nächste Hit.

Peter Sauber hat wieder einmal Grund zur Freude: Imola war der 150. Grand Prix des Schweizer Teams. Schon den 100. GP hatte Nick Heidfelds heutiger Boss in Imola gefeiert – den 50. übrigens in Interlagos. Aber es gibt diesmal vorm Rennen weder Trinksprüche noch Champagner noch eine große Party, sondern eine süße Überraschung: 150 Panettone vom Sponsor „Credit Suisse“ für alle Teammitglieder und Freunde. Nick Heidfeld bedankt sich mit dem bestmöglichen Startplatz Nr. 7 – gleich hinter den drei großen Teams.
Kimi Räikkönen kommt nicht nur als Testsieger von Valencia (1:12,453) ins Imola-Autodrom, sondern auch als Verlobter: Die Spatzen zwitschern es längst von den Boxendächern, und sogar die McLaren-Geheimagenten bestätigen bereits: Der stille Finne (22) heiratet demnächst seine Freundin Jenny Dahlman (20), die Miss Scandinavia.
„Ich bin sehr glücklich“, sagt der offizielle Kimi – er hat seiner jungen Lady bereits einen Weißgoldring mit Diamanten geschenkt.
Große Liebe also Kimi und Jenny, zweite Liebe Schumacher und Fußball. Ehe im Ferrari-Autodrom die ganze Action losgeht, spielte Michael noch im Stadion von Siena mit seiner Formel-I-Truppe gegen die Auswahl der italienischen Popstars – was aber mit der neuen Senna-CD nichts zu tun hat. 28 Tracks, darunter „You can fly very high“, und dazwischen Sprüche des legendären Ayrton

Rubens Barrichello fährt und kämpft bereits um seinen neuen Ferrari-Vertrag! „Die nächsten zwei Rennen werden für ihn sehr wichtig sein“, weiß sein Manager Federico de la Noche, eigentlich ein Computerspezialist. „Im Juni, habe ich Ferrari bereits mitgeteilt, muss ich die Entscheidung des Teams für die nächste Saison wissen. Wir haben auch andere Möglichkeiten, und Rubens hat noch sehr

viele gute, schnelle Jahre in der Formel I vor sich.“ In Imola fährt Barrichello nicht nur erstmals den neuen Ferrari, sondern auch zum ersten Mal mit neuen Rennschuhen – noch um 20 Gramm leichter.
„Die Ferrari sind so zuverlässig, dass sie sicher ins Ziel kommen – die brauchen diesmal nicht den Segen des Himmels“, sagt der legendäre Pfarrer von Imola, der entgegen seinen sonstigen Gewohnheiten die Boliden von Schumacher und Barrichello diesmal nicht segnet.
„... aber dann ist mir das Talent ausgegangen und ich hab den Motor abgewürgt“, entschuldigt sich Michael Schumacher nach seinem Dreher im verregneten Freitagtraining.
„Montoya kratzt Schumi!“ berichtet „Gazetta dello Sport“ auf der Titelseite über die Kampfansagen des Kolumbianers.
„Montoya ist ein Angreifer. Aber ich hab auch schon bewiesen, dass ich überholen kann.“

Formel-I-Sicherheitschef und Renndirektor Charlie Whiting rüttelt in Imola die Formel-I-Piloten auf, redet bei der traditionellen Fahrerbesprechung nicht, wie sonst immer, die üblichen fünf Minuten, sondern diesmal 30 Minuten lang beinhart Klartext und Fraktur.
„Das war notwendig, nach den vielen Zwischenfällen beim Start. Benützt euer Hirn, habe ich den Fahrern eingeschärft!“
Schumacher und Montoya hören still und wortlos zu: keinerlei Kommentar. Aber dann erleben Millionen TV-Fans den ersten Start 2002 ohne Zwischenfälle, ohne Rempler, ohne Karambolagen. Freilich auch ohne geniale Strategien.
Michael Schumacher und sein „Angstgegner“ Montoya sehen einander während des ganzen Imola-Rennens nie, weder im Verlauf der 62 Runden noch auf dem Siegerpodest – das ist die eigentliche Sensation bei der Europa-Saisonpremiere! Nach den turbulenten Überseerennen zum „Hassduell“ hochgespielt, blieb der voll Spannung erwartete Zweikampf diesmal aus – warum? Montoya wirkte im Ferrari-Autodrom unerwartet zahm.
Gar nicht so kämpferisch wie sonst immer.
Die Gründe? „Einfach, weil für mich nicht mehr drin war als der 4. Platz“, sagte Montoya leise. „Im Warm-up war mein Auto noch sehr gut, aber dann im Rennen nicht mehr richtig ausbalanciert. Ich hatte zu kämpfen, aber diesmal mehr mit dem Auto.“ Und nicht mit den Gegnern – deshalb hat der Kolumbianer diesmal auch zum ersten Mal kein Auto überholt! Einmal hat er es probiert – gegen Barrichello in der ersten Kurve. Der Brasilianer drängt nach links, dort war aber schon Ralf Schumacher, dem später beim Anbremsen ein Rad blockierte, „aber das hat im TV dramatischer ausgesehen, als es wirklich war.“

Montoya jedenfalls liegt knapp hinter, fast neben Barrichello – und steckt zurück! „Siehst du Juan“, sagt ihm nachher Renndirektor Charlie Whiting, „hättest du dich schon bei den letzten Rennen so verhalten, hättest du dir weder einen Flügel abgefahren noch hätten wir dich bestrafen müssen ...“

Rubens Barrichello freut sich über sein bisher tollstes Formel-I-Wochenende: Nach gigantischem Duell mit Schumi nur knapp an der Poleposition vorbei, schnellste Runde im Warm-up, schnellste Runde im Rennen, nur 17,9 Sekunden hinter dem Superstar im Ziel – und genauso lang dauert sein verpatzter zweiter Boxenstopp, weil links hinten die Radmutter klemmte. Der Brasilianer, erstmals im F 2002, kommt beim ersten Rendezvous mit der „roten Diva“ perfekt zurecht. Er MUSS wohl auch 2003 bei Ferrari bleiben, denn spätestens seit Imola gilt der alte Fußballerspruch: Never change a winning Team.

Die Renntaktik ist in allen Teams praktisch identisch. Nicht fantasievoll, aber logisch: drei Boxenstopps, aber ein extrem langer erster Turn, bis etwa halber Distanz, gefolgt von zwei kurzen Turns.
Ralf hat in Imola (ein Zufall?) absolut synchrone Boxenstopps mit Michael. Die beiden Brüder stoppen immer gleichzeitig. „Unsere Strategie war gut, wir haben rausgeholt, was möglich war“, bilanziert Ralf nachher. Mit Barrichello und Montoya ist es fast genauso.
Dagegen fährt Coulthard den längsten ersten Turn und den kürzesten dritten – sogar um eine Runde weniger als geplant, weil Schumacher den „Silberpfeil“ 7 Runden vor Schluss genau vor den Boxen und der Haupttribüne überrundet – ein bisschen peinlich.
Jetzt kämpft das stolze Team gegen die Comeback-Truppe von Renault nur noch um den 3. Platz in der Konstrukteur-WM. Als die Franzosen in die Formel I zurückkehrten, sagten viele Insider: „Für Renault ist jedes Ergebnis ein Erfolg, aber Mercedes kann es sich nicht leisten, gegen Renault zu verlieren.“ Genauso dachte offensichtlich auch Ron Dennis. Als in Interlagos Coulthard/Räikkönen das halbe Rennen an Button und Trulli nicht vorbeikamen, erst bei den Boxenstopps an den Blau-Gelben vorbeigeschleust wurden, winkte Dennis lässig ab: „Renault? Für mich überhaupt kein Problem. Das sind ja nur fahrende Schikanen.“
In Imola kommt Button (5.) vor Coulthard (6.) ins Ziel, was bei Renault gewisse Schadenfreude auslöst: „Vielleicht hätte sich Mr. Dennis doch mehr um seine Rennautos als um sein neues Motorhome kümmern sollen.“
So ist McLaren kein Gegner mehr für Ferrari, bald auch kein ebenbürtiger mehr für Williams-BMW? Die Truppe um Ron Dennis und Norbert Haug: Die Ver-

lierer im Reifenkrieg? Die Gründe, warum McLaren im Winter von Bridgestone zu Michelin gewechselt ist, wird keiner je offiziell zugeben, sind aber klar: Mercedes wollte das deutsche Motorenduell mit BMW unter gleichen (Reifen-) Voraussetzungen austragen, und Ron Dennis hat es schon immer gehasst wie der Teufel das Weihwasser, mit Ferrari etwas gemeinsam zu haben oder gar etwas teilen zu müssen – und wenn es die Reifen sind.
Damit hat McLaren freilich das Feld komplett der Konkurrenz überlassen, Bridgestone arbeitet Tag und Nacht für Ferrari (wovon auch andere Japaner-Teams profitieren). Und Michelin mit Williams und McLaren? Die beiden britisch-deutschen Teams haben verschiedene „Fenster“ für die Performance ihrer Reifen. Aber Jaguar-Boss Niki Lauda hat in Imola ausgerechnet: „Die Bridgestone-Reifen sind momentan drei Zehntel pro Runde schneller als die Michelin!“

Ferrari e Schumi, amore mio! Noch kaum verebbt ist der Jubel der Tifosi über Ferraris ersten Imola-Doppelsieg seit 20 Jahren, dem „verbotenen“ Sieg von Didier Pironi über Gilles Villeneuve 1982, was den tödlichen Stallkrieg auslöste. Zwei Jahrzehnte später: ein Doppeltriumph ohne den geringsten Schatten, wozu man dem „General“ Jean Todt gratulieren muss.
Jetzt sprengen Schumi & Co. alle Grenzen. Imola – ein Meer in Rot. „Ganz ehrlich – ich hab es mir schwieriger vorgestellt zu gewinnen“, verrät Schumi.
Wer soll das Superauto F 2002 schlagen können? „Keiner kann das!“, prophezeit Schumis-Exchef bei Benetton, Flavio Briatore. „Der neue Ferrari scheint mir unbezwingbar.“ Niki Lauda, selber zweifacher Ferrari-Weltmeister, ist genauso beeindruckt: „Der neue 2002 ist schnell und zuverlässig, mein Kompliment!“

Kein Wunder, dass die Schöpfer des „Wunderautos“ in Imola mit dem Himmel um die Wette strahlen: Rory Byrne, der Konstrukteur, muss sogar zu Michael Schumacher aufs Podest. „Er ist einzigartig, sehr motiviert und ein großartiger Mensch“, lobt ihn Michael, „ich habe fast während meiner gesamten Formel-I-Karriere mit ihm zusammengearbeitet.“ Dabei wollte der geborene Südafrikaner eigentlich schon mit der Formel I aufhören, plante Familienleben und Tauchschule in Thailand, aber die Herausforderung – und Liebe zu Ferrari – war doch stärker. Aber kaum jemand weiß, wie viel Herz Rory Byrne in den F 2002 investiert hat: „Während ich dieses Auto für Michael und Rubens baute, hatte ich höchstens fünf Tage Ferien ...“ Paolo Martinelli, dem Motorchef, und den anderen ging es wohl ähnlich.
Luca Montezemolo, von seinem Landgut binnen 20 Minuten ins Autodrom geflogen, widmet den Sieg seiner Tochter Guia (11 Monate) und verspricht die große Feier.

Aber dann, knapp eine Stunde nach der Siegerehrung, öffnet plötzlich der Himmel seine Schleusen – und das Ferrari-Autodrom versinkt fast im Regen. Was wäre gewesen, wenn ... es noch während des Rennens plötzlich geregnet hätte? „Wären wir vielleicht noch schneller gewesen", lächelt Technikdirektor Ross Brawn. „Erinnere dich ans Regentraining vom Freitag. Wir hatten verschiedene Strategien ausgearbeitet, für alle Situationen. Und wir hätten unsere Taktik sogar kurzfristig, während des Rennens, noch umstellen können."
Klar: Wenn Schumi mit seiner ersten Tankfüllung 31 Runden fahren konnte, genau die Hälfte der 62-Runden-Distanz, dann hätte der 115-Liter-Tank auch für die zweite Rennhälfte gereicht. Aber der Computer besagt: Wegen der kurzen Boxenzu- und ausfahrt ist in Imola eine Zwei-Stopp-Strategie um 8 Sekunden schneller. Ross Brawn lächelt amüsiert: „Vielleicht dein Computer", sagt er geheimnisvoll.
Mit welcher Taktik auch immer: Schumacher war in Imola unschlagbar! Psychisch, körperlich, technisch. „Das ganze Package war perfekt, vor allem aber meine Reifen. Bridgestone hat einen tollen neuen, beständigeren Reifen hervorgezaubert."

Drei Zehntel sind das Äquivalent für 10 Liter mehr oder weniger Sprit in den Tanks. Das erklärt alles. Auch den deutschen Motorenkrieg. Dr. Mario Theissen bleibt cool: „Wir haben unser erklärtes Saisonziel nie korrigiert oder verändert – Platz 2 in der Team-WM!"
Und der, glaubt auch Gerhard Berger, ist realistischer als der zweite Platz in der Fahrerwertung.

BARCELONA: DIE EWIGEN FLÜGELKATASTROPHEN

Das große Renault-Ziel für 2002 heißt: 4. WM-Platz. Darauf steuert Flavio Briatore unbeirrt hin – mit Erfolg. „Und viel mehr Arbeitsaufwand als vor zehn Jahren mit Schumi bei Benetton. Mit mehr Reisen, viel mehr Tagen in der Fabrik. Aber das Rezept bleibt immer gleich: Gute Leute engagieren, alle müssen happy sein und ihr Bestes tun – und der Top-Manager geht mit gutem Beispiel voran ..."
Der stets braungebrannte Flavio, Playboy und Businessmann, Bernie-Intimus und Renault-Bannerträger, früher Skilehrer („aber mit Schumi hab ich mit dem Skilaufen aufgehört"), ein rätselhafter Typ, immer mit den heißesten Models an seiner Seite. – Stimmt das Klischee? „Mein Motto ist: Work hard and play hard. Den Rest dichten die Medien dazu. Aber: Wir sind in einem knallharten Geschäft. Wer da nicht Druck wegnimmt, macht Fehler."

Sein traumhaftes Bungalow-Strandhotel „Lion in the Sun“ in Kenia kennen alle im Formel-I-Zirkus. Im Winter lädt Briatore seine Renault- Piloten von heute und morgen auf eine harte Trainingswoche ein. „Nicht nur, um sie besser kennen zu lernen, sondern auch um die Hackordnung zu kapieren.“ Im Sommer holt er sie alle in seine sensationelle Disco „Milliardär“ auf Sardinien. „Aber diesmal jeden einzeln.“

Als Benetton-Teamchef, gleichzeitig Manager, agiert Briatore sowieso lang in einem „magischen Viereck“: mit Fisichella (den er zu Jordan abgeschoben hat), Trulli (mit einem 2-Jahres-Vertrag), Button (den er an BAR weiterreicht) und Alonso (der 2003 vom Testfahrer zum Stammpiloten avanciert). Oder eher: Teufelskreis?

„Vergleich für uns die vier Piloten“, bitte ich Flavio.

„Also: Fisichella und Trulli sind genau gleich: vom Speed her, in ihrem Ehrgeiz, ihrer Einstellung zum Rennsport. Trulli war anfangs 2002 fürchterlich angespannt, jetzt ist er viel stärker geworden, schneller, besser und lockerer, macht Scherze mit den Mechanikern, lacht viel mehr als früher – den Erfolg sieht man. Button verlässt uns, aber den behalten wir immer in guter Erinnerung. Alonso müssen wir erst richtig entdecken, aber ich weiß schon: Der ist ein Killer! Ob ein großer oder kleiner Killer, sehen wir 2003.“

Gezielte Frage: „Wenn man alle vier auf ein völlig unabgestimmtes Auto loslässt, wem gelingt es als erstem, ein perfektes Setup hinzubringen?“ „Fisichella und Trulli.“ „Und wenn man sie alle in halbfertige Autos setzt und losbrausen lässt?“ „Dann ist Fisi der Schnellste.“

Und Flavio selber hat sich geschworen: „Diesen Winter fange ich wieder mit Skifahren am. Am besten in Kitzbühel.“ Klar – Glanz und Glitter, große Welt und Seitenblicke.

Für Renault, haben anfangs viele spekuliert, ist jeder Punktegewinn in der Formel I ein Erfolg – aber Mercedes darf es sich nicht leisten, gegen Renault zu verlieren. Grundsätze, die jetzt ins Wanken kommen.

Das tolle Comeback von Renault – zwei vierte Plätze, ein fünfter Rang, schon erstaunliche 8 WM-Punkte – ist ein Highlight der Formel-I-Saison 2002. Grund genug, den Technischen Renault-Direktor Jean-Jacques His zu fragen: „Bist du selber davon überrascht?“

His: „Ja und nein“; sagt der Franzose, „aber eigentlich nicht wirklich. Wir arbeiten sehr hart für den Erfolg und sind genau in unserem Zeitplan und unserer Marschtabelle.“

Kurzer Blick in den Rückspiegel: „In Brasilien haben Button und Trulli das halbe Rennen erfolgreich gegen die McLaren gefightet, in Imola hat Renault zum

ersten Mal einen Silberpfeil geschlagen – als Button vor Coulthard ins Ziel kam. Wird das das Prestigeduell um den dritten WM-Rang?"
His: „Wir haben unser Ziel für 2002 nie versteckt, immer öffentlich verraten: Platz 4 bei den Konstrukteuren. Daran hat sich nichts geändert."

„Um die Motoren wird im Power-Play der Formel I immer ein ganz großes Geheimnis gemacht. Manche Konstrukteure wollen nicht einmal den Öffnungswinkel ihrer Triebwerke verraten. Stimmen die 111 Grad bei Renault?"
His: „So ungefähr ... mehr kann ich dir nicht preisgeben. Und extrem exotisches Material verwenden wir auch nicht. Aber wir haben immer, von Rennen zu Rennen, kleine Verbesserungen, Schritt für Schritt."

„Der Renault-V10 ist der mit Abstand flachste Motor der Formel I mit dem möglichst tief gelegenen Schwerpunkt. Die Konkurrenz wollte ja diese Philosophie kopieren, Honda vor allem – und ist zurückgeschreckt. Warum wohl?"
His: „Je größer der Öffnungswinkel, umso stärker sind die Vibrationen. Und zwar steigen sie nicht linear an, sondern in einer ganz scharfen Kurve. Das haben auch wir erst in Griff kriegen müssen."

„Du giltst nicht nur für die Franzosen als Motorengenie. Happy bei Renault?"
His: „ Absolut! Aber ich war auch früher happy bei Ferrari ..."

Williams-BMW tritt in Barcelona mit verbesserter Aerodynamik und neuen Aufhängungsteilen, an, „um wieder an Ferrari heranzukommen." Jeder Formel-I-Pilot hat schon Tausende Runden in Barcelona gedreht, sodass jeder den Kurs schon blind fahren könnte? Falsch – der „Circuit Catalunya" ist immer wieder eine neue Herausforderung, technisch enorm schwierig, weil herangewehter Industriestaub den Asphalt rutschig macht, weil der Wind dauernd dreht – manchmal knapp über dem Boden die Vorderflügel anströmt, dann wieder in 80 cm Höhe die Heckflügel. Das allein kann Unterschiede bis zu 2 Sekunden ausmachen!
Barcelona und die Flügel, die ewige Drama-Story der Formel I. 1969 verlor Jochen Rindt auf der Montjuich-Strecke auf voller Fahrt den Heckflügel, der Lotus stieg auf, überschlug sich – Gehirnerschütterung und Nasenbeinbruch. Seine ersten Worte, als ich ihn damals mit Bernie Ecclestone im Krankenhaus besuchte: „Jetzt weiß ich, was Jim Clark in Hockenheim bei seinem Unfall noch gefühlt oder gespürt hat – nichts. Das geht alles viel zu schnell." Und: „Hast du mein Startgeld kassiert, Bernie?"
Im Büro des spanischen Automobilpräsidenten Fabregas steht heute noch eine kleine, vergoldete Leitplanke, eingraviert die Worte: „Many thanks, Jochen Rindt." Denn: „Ohne die doppelten Leitplanken wären heute sicher zwei Grand-Prix-Fahrer weniger – Graham Hill und ich."

1975 verunglückte Rolf Stommelen, sensationell in Führung, fast an der gleichen Stelle, weil auch ihm der Heckflügel brach. Und später in Riverside nochmals, diesmal tödlich.
Und auch im Formel-I-Training 2002 schon wieder Schock und Horror: Beiden Minardi-Piloten, Webber und Yoong, brechen schon Freitag die Frontflügel weg – ein Alarmsignal. Paul Stoddart packt die Trümmer in einen seiner Jets, fliegt in die Fabrik nach Faenza, um sie zu überprüfen. Im Morgengrauen ist er zurück in Barcelona. Um 10 Uhr crasht Webber, weil ihm bei 300 km/h auf der Zielgeraden der Heckflügel wegbricht. „Keine Chance, zu reagieren, noch irgendetwas zu tun“, gesteht Webber.
Zum Glück tobt sich der Minardi im Sand der Auslaufzone aus. Aber: Teamchef Paul Stoddart zieht beide Autos vom Start zurück!
„Die schwerste Entscheidung, die ein Teamchef treffen kann“, sagt mir der kleine, drahtige Australier. „Aber Leben und Sicherheit meiner Piloten haben Vorrang gegen alles.“ Oder, wie es Yoong formuliert: „Better safe than sorry – besser sicher, als jemand muss trauern.“
Und Mark Webber – ein gebranntes Kind. Drei alarmierende Salti mortale haben die Mercedes-Sportwagen vor fünf Jahren in Le Mans gedreht, bei zwei dieser Überschläge saß Webber im Cockpit. „Ich hab die Bäume schon von oben gesehen ... zum Glück kam ich wieder auf die Räder.“ Danach zog Mercedes seine Autos zurück.
„Materialfehler“, konstatiert Stoddart jetzt. „Denn wir haben am Computer simuliert, wie groß die Belastung für alle 17 Rennen der Saison ist – und den Wert, um ja sicher zu sein, sogar noch verdoppelt.“ Welch gigantische Kräfte wirken, wissen alle Techniker: bei 300 km/h drücken 450 Kilo auf die Heckflügel. Dazu die hohen Randsteine von Barcelona, die heftigen Vibrationen beim Anbremsen nach der langen Gerade – und deswegen schon bei den Testfahrten in Barcelona immer wieder Heckflügelbrüche. Bisher sind noch immer die Schutzengel mitgeflogen ..., aber man darf sie nicht überstrapazieren.
Minardi-Konsequenz? „Wir sagen sofort alle Testfahrten ab, analysieren alles und kommen mit sicheren Autos in zwei Wochen nach Spielberg.“

Er kommt zeitig früh, noch im Morgengrauen, marschiert schnurstracks zum Ferrari-Motorhome und ist am Nachmittag schon wieder weg. Überraschungsgast in Barcelona: Alain Prost! Der GP-Rekordsieger vor Schumi (51 Siege, vier WM-Titel), „Motorsportler des Jahrhunderts“, aber als Teamchef gedemütigt, ist „ganz privat“ in Spanien: eingeladen von Ferrari. „Und um mein Comeback in der Formel I vorzubereiten – aber in einem ganz anderen Job!“

Auch Sieger gehen manchmal zu Fuß. Erster in Malaysia, out in Suzuka. Gemischte Emotionen für Ralf Schumacher. Die BMW-Rakete im Heck war jedenfalls der stärkste Motor des Jahres: 19.050 U/min. und Qualifying-Weltrekordschnitt in Monza.

Charme in den Boxen: Cora Schumacher angespannt, Montoya locker mit Connie. Stahlgewitter auf der Strecke: Kollision der zwei Williams-Stars in Indianapolis.

Akrobatische Wagenbeherrschung: Montoyas „Car Control" ist einzigartig. PS-Geflüster zwischen Gerhard Berger und Ralf Schumacher: Der Vize-WM-Titel im Konstrukteurbewerb 2002 war für Williams-BMW ein toller Erfolg.

Steiniger Weg nach oben: Juan Pablo Montoya knallte serienweise
Poleposition-Runden auf den Asphalt, war aber manchmal auch

jenseits von schnell. 2002 war sein erstes Rennfahrerjahr ohne Sieg, doch der WM-Dritte gewann viel Respekt. Sogar von Schumi.

Nicht immer nur Glanz und Glitter: Coulthard mit dem Monte-Carlo-Siegerpokal, Räikkönen enttäuscht über viele Ausfälle und Defekte. In der Kurvenorgie des Fürstentums gelang McLaren-Mercedes der einzige Sieg.

Geplatzte Hoffnungen bei den Silberpfeilen, nicht nur links hinten. Der Wechsel von Bridgestone zu Michelin erfolgte zu spät – da hatte Adrian Newey das Auto bereits für die japanischen Reifen konstruiert. Voreiliger Werbespot: „Unsere Gegner sehen uns nur im Rückspiegel ...“

„Schloss Ron Dennis" oder die neue Bescheidenheit: McLarens Luxus-Mobilhome erregte überall Aufsehen, die Hakkinen-Family leider nur einmal: Mika, leider endgültig zurückgetreten, mit Erja und dem strammen Hugo in Monte Carlo.

Prost trifft seinen langjährigen Manager Julian Jakobi, der auch Ayrton Senna in Europa betreute, der jetzt den Montoya-Mythos schürt. Alain redet nicht öffentlich, plaudert aber, fast demonstrativ, mit Bernie Ecclestone – und mit alten Freunden. Vielleicht, um zu zeigen: mich gibt's immer noch.
Alain hat abgenommen, sieht müde aus, fast verbittert. Die Enttäuschung, dass er als Teamchef gescheitert ist, hat ihn ins Herz getroffen – weniger finanziell, mehr aus Ego-Gründen. Den Frust strampelt er sich fast täglich aus den Beinen: Prost wird Radrennfahrer!
Er fährt jeden Sonntag irgendwelche Seniorenrennen, trainiert sogar auf dem gefürchteten Mont Ventoux für die Tour de France der Hobbyrennfahrer – die er schon 1992 fast gewonnen hat. Damals machte Prost ein Jahr Formel-I-Pause, bis Ayrton Senna das Williams-Cockpit freigemacht hatte – dann kam er zurück, wurde noch einmal Weltmeister und trat dann endgültig ab.
Jetzt kommt er wieder, aber sicher nicht als Wasserträger oder Domestik ...
Und schon gar nicht als Testpilot. Prost und Jean Alesi, jetzt DTM-Superstar, haben zusammen genau 400 Grand Prix (!) bestritten – Alesi hat auch schon zweimal den McLaren-Mercedes getestet. „Und wenn man mich wieder braucht, bin ich immer dazu bereit!", lächelt Jean, auch er Stargast in Barcelona.
„Wie sehr geht dir die Formel I ab?" „Weniger das Fahren – 201 Rennen sind genug. Ich vermisse nur alle Freunde, die mich 15 Jahre lang begleitet haben. Aber es war Zeit, jungen Piloten Platz zu machen."

Spruch des Tages vom Freitag-Sensationspiloten Frentzen (ex-Prost) über das Absteigerteam Jordan: „Wenn dort Eddie Jordan weiter Leute rausschmeißt, muss er bald selber arbeiten." Frentzen vom Underdog-Team Arrows gilt als einer der besten Entwicklungspiloten der Formel I, seit er drei Jahre in Japan gelebt und nur Reifen getestet hat. Die gleichen, die heute am Arrows montiert sind ...

Heute gewinnen (oder verlieren) die Reifen. Wird es heiß genug für Bergers Michelin? Sind Ferraris Bridgestone wieder unschlagbar? „Superhirn" Ross Brawn verrät mir die Geheimnisse der unglaublichen Testarbeit.
Ferrari ist das absolute Nummer-1-Team von Bridgestone, seit McLaren zu Michelin gewechselt ist – ein falscher Schachzug, weil dort Williams-BMW auf ewig (gesamte Vertragsdauer!) das Entwicklungsteam Nr. 1 ist? Aber Mercedes wollte BMW mit den gleichen Reifen bekämpfen, und Ron Dennis hat es immer gehasst, mit Ferrari irgendetwas gemeinsam zu haben. Frage an den Supertechniker Adrian Newey: „Habt ihr geglaubt, ihr könnt Ferrari nur mit anderen Reifen besiegen?" Newey: „Heuer, haben wir gewusst, können wir Ferrari sowieso nicht schlagen!"

Dazu ein offenes Gespräch mit Ferraris „Superhirn“ Ross Brawn, wie er die Konkurrenzsituation gegen Williams-BMW und McLaren-Mercedes sieht – speziell nach dem Frontwechsel der Silberpfeile?
Brawn: „Für uns wäre es etwas leichter, wenn unsere Hauptgegner die gleichen Reifen hätten. So aber müssen wir jedes Mal eine Strategie gegen Michelin ausarbeiten – und gegen Williams und McLaren: entweder, um die anderen zu attackieren – oder Ferrari gegen unsere Gegner zu verteidigen. Aber das kriegen wir ganz gut hin.“

Ferrari ist natürlich das Nr.-1-Team von Bridgestone, die Reifen werden für Ferrari maßgeschneidert, aber keiner weiß: wie viel Reifen haben Schumacher, Barrichello, Badoer und Burti bis zum Frühjahr wirklich getestet?
Brawn: „Hunderte, vielleicht sogar schon Tausende! Auf jeden Fall: 30– 40 verschiedene Reifentypen. Je nach Konstruktion und Mischung. Davon haben wir sieben bis acht verschiedene Typen in den Rennen eingesetzt.“

Ferraris Boxenstrategie verblüfft immer wieder. „Wann entscheidest du normal, ob ein oder zwei Boxenstopps? Der Computer rechnet doch zumeist aus: zwei Stopps sind die schnellste Version?“
Brawn: „Nicht immer und überall. Im Freitagtraining sammeln unsere Computer immer alle Daten, damit wir daraus unsere Schlüsse ziehen können.“

Was alle Fans interessiert: „Wann fallen dir deine oft verblüffenden technischen Tricks oder Strategien ein? Lotus-Chef Colin Chapman, der Erfinder der Monocoque-Bauweise und des Ground-effects, hat mir einmal verraten, dass ihm die besten Ideen kommen, wenn er in der Badewanne liegt und Micky-Maus-Videos schaut ...“
Brawn: „ Interessant! Bei mir ist es ähnlich. Aber oft muss man auch stundenlang dasitzen, um ein Problem zu lösen. Und oft, wenn mich etwas schon länger beschäftigt, fällt mir im Schlaf die rettende Idee ein. Darum hab ich auf dem Nachtkästchen immer einen Zettel, damit ich mir sofort Notizen machen kann – dann schlafe ich sofort wieder ein.“

„War das neue Ferrari-Getriebe, das soviel schneller die Gänge wechselt, ein solches Halbschlaf-Problem?“
Brawn: „Über unsere neue Kraftübertragung gibt es sehr viele gute Stories, ein paar davon höchst interessant zu lesen. Die Wahrheit: Als ich zu Ferrari kam, war das Getriebe schon etwas altmodisch, aber wir hatten nie wirklich Gelegenheit, das zu korrigieren – denn jedes Jahr schien es schon zu spät, um mit dem neuen Getriebe zu beginnen. Jetzt hatten wir anfangs Probleme mit der Zuverlässigkeit – darum haben wir damit drei Rennen gewartet.“

„Die wichtigsten Details, bitte?"
Brawn: „Das neue Getriebe ist kleiner, leichter, schaltet schneller, ist integriert mit Motor und Hinterradaufhängung. Das Package ist wichtig – heute geht es in der Formel I um die richtige Kombination, möglichst ohne Kompromisse."

„Von allen deinen Geistesblitzen und technischen Ideen: Welche macht dich am meisten stolz?"
Brawn: „Immer das, was mir als nächstes einfällt ..."

Formel-I-Flamenco also in Barcelona: Michael Schumacher startet in Poleposition, und der Trainingsschnellste hat in Spanien seit 10 Jahren immer gewonnen. Und 2002 ist keine Ausnahme.
Kurz vor Trainingsende liegt noch Barrichello vorn, genau eine halbe Sekunde vor Schumacher. Aber dann geht Michael nochmals auf die Piste, zieht alle Register, steigert sich plötzlich um 0,8 Sekunden. Die Konkurrenz stöhnt und knabbert am Rückstand: Mindestens eine Sekunde. Ist die „rote Diva" F 2002 wirklich unverwundbar?
Nicht ganz: Sonntag hat Schumacher Hydraulikdefekt, aber nur im Warm-up – typisch für den Deutschen, der sich für den Ersatz-Ferrari entscheidet. Dafür kriegt Barrichello beim Start in die Informationsrunde den ersten Gang nicht hinein – elektrischer Defekt. Stinksauer geht er vom Auto weg. „Schade, dass Rubens ausfällt", bedauert Michael. „Jedes Problem findet immer nur sein Auto – er tut mit schon echt Leid."
So fährt Schumi unangefochten zum Start-Ziel-Sieg: Nach 10 Runden schon 9,3 Sekunden vorn, nach 20 Runden 17,9, erster Boxenstopp in der 26. Runde, zweiter in der 47. Runde, Vorsprung auf Montoya bis zu 40 Sekunden – erst im Finish lässt Schumi nach.
Alle Dramen spielen sich hinter ihm ab: Ralf demoliert in einer Kurve die Leitbleche unterm Frontflügel. Montoya bekommt beim zweiten Boxenstopp irrtümlich Grünes Licht zum Wegfahren, aber der Tankwart ist noch nicht fertig. Der Mechaniker versucht noch den anfahrenden Williams mit dem Körper zu stoppen, gerät mit dem Fuß unters Vorderrad – zum Glück passiert nichts.
Aber auch das Schreckgespenst der Flügelkatastrophen geistert wieder: Räikkönen, mit 324 km/h Schnellster auf der Geraden, verliert durch die Erschütterungen den Heckflügel: „Da spürst du nur: Plötzlich ist da etwas gebrochen." Für Coulthard: Dennoch kein Warnsignal. „Ich wusste, mir passiert so etwas nicht", sagt David später cool. „Mir ist noch nie ein Heckflügel gebrochen ..." Sein verbissener Fight gegen die Renault-Raketen motiviert ihn zusätzlich: Trulli und Button hätten genauso aufs Stockerl klettern können. Sensationell Sauber: Heidfeld und Massa auf Rang vier und fünf.

Und noch toller: Frentzens sechster Platz für Arrows. Der erste WM-Punkt nach einem Jahr, damals mit Jordan: Ist es Freude, Bestätigung, Genugtuung?
Frentzen: „Du weißt, ich spreche da nicht so gern drüber ... Der Punkt ist wirklich schön, aber das ganze Team ist ja geliftet worden. Die Motivation steigt, Potenzial ist vorhanden, das haben wir gesehen, wir können schon regelmäßig – oder gelegentlich – in die Punkte fahren. Die Möglichkeit ist da. Ich fühl sogar, dass das Auto in der Lage ist, mehr zu erreichen, wir müssen halt alle intensiv an einem Strang ziehen, in die richtige Richtung weiterentwickeln."

„Wenn du nach so wenig Testfahrten im Freitagtraining Zweiter, im Qualifying Zehnter und im Rennen Sechster wirst – führt das nicht die ganzen aufgeblähten Marathontests der anderen Teams ad absurdum?"
Frentzen: „Das spricht nur für uns."

„Dein Teamchef Tom Walkinshaw sagt: Jetzt seht ihr alle, warum wir in Frentzen investiert haben."
Frentzen: „Ich sage, es war überhaupt großartig. Das Team ist sehr happy, hat an all diesen Tagen wirklich super gearbeitet und den WM-Punkt voll und ganz verdient, und ich hab der Mannschaft gleich am Boxenfunk gratuliert."

„Jos Verstappen, einer deiner Vorgänger bei Arrows, hatte anfangs Probleme mit der Lenkung?"
Frentzen: „Ich weiß nicht, was früher das Problem war. Dieses Jahr jedenfalls hatten wir die ersten Rennen keine Servolenkung – und sie erst in Barcelona zum ersten Mal benützt. Die war schon beim Testen grundsätzlich okay."

„Ich weiß, du vergleichst deine Teams nicht. Aber was sagst du zu Jordan?"
Frentzen: „Wenn Eddie Jordan so weitermacht und noch mehr Leute rausschmeißt, wird er bald selber arbeiten müssen ..., aber kein weiterer Kommentar."

„Fühlst du dich als der große Arrows-Hoffnungsträger? 375 Grand Prix ohne Sieg und jetzt vielleicht der Mann, der Arrows ganz nach oben führen kann?"
Frentzen: „Die Frage ist schwer zu beantworten. Ich versuche einfach, meine Erfahrungswerte dem Team zur Verfügung zu stellen, das Auto vom Handling her zu verbessern – und das ist schon eine umfangreiche Arbeit. Ob da jetzt Siege rausspringen, kann ich jetzt noch nicht überblicken, aber bis dahin wird wohl noch ein langer Weg sein."

Das persönliche Umdenken: „Schwierig, sich von einem Grand-Prix-Sieger umzustellen auf einen Mittelfeldpiloten, der um maximal zehnte Plätze kämpfen muss – bis endlich in Barcelona der 6. Rang gelang?"
Frentzen: „Es macht mir Spaß! Ich bin immer noch sehr motiviert, auch wenn ich momentan nicht um Siege und Podestplätze fahren kann. Mein Ziel ist, das

Team weiterzubringen. Wenn ich nicht motiviert wäre, würde ich es auch nicht machen."

„Rennfahrer haben schon oft gesagt: Ein wirklich hart erkämpfter 6. Platz kann einem oft mehr geben als ein leicht errungener Sieg. Siehst du das auch so?"
Frentzen: „Ja, es gibt für uns eben diese kleinen Achtungserfolge, die wir erzielen können. Wenn wir ein oder zwei Zehntel durch irgendeine Modifikation gewinnen. Unserem Ziel wieder einen Schritt näherkommen oder wenn wir es schaffen, unsere Standfestigkeit zu verbessern – das sind unsere kleinen Erfolge, Etappensiege, die uns im Moment helfen, um weiterzukommen."

„An deinem persönlichen Lebensstil, Privat-Jet usw. hat sich ja nie etwas geändert? Der ist immer der gleiche geblieben, ohne kürzer treten zu müssen?"
Frentzen: „Ich kann mir immer noch leisten, meiner Frau Blumen nach Hause mitzubringen ..."

SPIELBERG: DIE KOMISCHE FERRARI-OPER

„Schumi, wir gratulieren dir schon zum WM-Titel!", feiern die Deutschen ihren Superstar – nach erst fünf von 17 Rennen! Und sogar im rennverrückten Ferrari-Land Italien kann man lesen: „Schumi zerquetscht die Formel I." „Siegt er wirklich die Formel I kaputt?", fragen die ersten schon im Frühjahr.
„Nein", dementiert Bernie Ecclestone, „weil alle Welt erwartet, dass einer daherkommt und Schumi vom Thron herunterstürzt!"

„Bernie – was erwartest du vom Österreich-GP?"
Ecclestone: „Wie immer eines der besten Rennen des Jahres! Am liebsten ein Regenrennen – das haben wir heuer noch nicht erlebt. Und das würde den Grand Prix noch spektakulärer machen."

„Aber dann wäre Schumacher ja noch überlegener, als großer Spezialist für Schlechtwetterrennen – da ist er sowieso unschlagbar?"
Ecclestone: „Genau – das ist das Problem. Bei Regen wäre Michael noch schneller ..."

„Wie siehst du die Saison? Zufrieden mit dem bisherigen Verlauf?"
Ecclestone: „Ja, sehr. Macht überhaupt nichts, dass Schumacher diese Saison so dominiert. Weil alle nur drauf warten, wer ihn als erster runterholt und besiegt."

„Und seine totale Überlegenheit stört dich nicht?"
Ecclestone: „Nein, überhaupt nicht. Wir hatten schon immer Seriensieger – wie

Ascari, Fangio, Clark, Stewart, Lauda. Und was war 1988, als McLaren bis auf Monza, wo Berger gewann, alle Rennen beherrscht hat? Die Frage war immer nur: Welcher von beiden gewinnt – Prost oder Senna? Aber wir hatten immer noch tolle Rennen, und keinem war langweilig."

Champions und Seriensieger – der Sport lebt immer von den Superstars, die das Publikum faszinieren. Als Annemarie Moser und Franz Klammer ganze Abfahrtswinter ungeschlagen blieben, Ed Moses hintereinander 51 Rennen über 400 m Hürden gewann oder Thomas Muster ohne Unterbrechung 41 Tennismatches auf Sand, als das österreichische Wunderteam in den 30er-Jahren jahrelang unbesiegbar war und die ungarische Wundertruppe in den Fünfzigern, als Real Madrid fünfmal hintereinander den Europacup gewann, Björn Borg Wimbledon beherrschte und Sven Hannawald als Erster alle vier Springen der Vierschanzentournee – da hat auch keiner gejammert: Sie siegen ihren Sport zu Tode.
In der Formel I – einem extrem technischen Sport – hört man das jetzt zum ersten Mal. Richtig müsste es heißen: Schumacher UND Ferrari. Aber was können die Sieger dafür, wenn es die Verlierer nicht besser zusammenbringen?
„Auf welchen Strecken", fragen wir Gerhard Berger, „könnten die Williams-BMW den Schumi-Ferrari noch am ehesten besiegen?" „Wenn wir einen Grand Prix auf der Autobahn fahren, dann umdrehen und wieder zurückfahren", grinst Berger – und denkt an seinen starken Motor.

Der A-1-Ring ist keine Autobahn, sondern eine herrliche Naturarena in drei Etagen, nur neun Kurven, keine Schikanen, genug Überholmöglichkeiten (2001 gezählte 100 Manöver!) – und im Gegensatz zu Barcelona ist die perfekte Ferrari-Aerodynamik nicht so wichtig. Und Schumi kämpft wieder gegen seinen „Fluch von Spielberg", als hätte Hollywood-Starregisseur Steven Spielberg, dessen Familie tatsächlich 1823 von dort über Leningrad nach den USA ausgewandert ist, den A-1-Ring verhext ...
„Aber irgendwann werde ich auch in Österreich gewinnen – schließlich bin ich ja noch nicht so oft bei euch gefahren." Auch Superstars und Seriensieger haben ihre Träume, ihre unvollendeten Symphonien: Karl Schranz hat nie eine olympische Goldmedaille gewonnen, Ken Rosewall niemals Wimbledon, Boris Becker nie ein Turnier auf Sand – und Schumi nie in Österreich. Bis jetzt.

Silbernes Jubiläum: Wir erleben den 25. Formel-I-Grand Prix von Österreich! 38 Jahre, 24 Rennen – was ist aus den Siegern von gestern und vorgestern geworden? Fünf sind verunglückt bzw. gestorben, 16 leben noch, fünf von ihnen kommen auch 2002 in die Steiermark zurück, drei davon als Fahrer. Die Zeltweg-Helden: Ihre Stories, ihre Schicksale.

LORENZO BANDINI *(1964 Sieger auf der Flugplatzpiste): 1967 in Monte Carlo verunglückt. Witwe und Schwester stifteten später die „Bandini-Trophy", die jedes Jahr in Imola an die größte Fahrerentdeckung des Vorjahres vergeben wird: 2001 Button, 2002 Montoya.*

JACKY ICKX *(1970 erster Sieger auf dem Ö-Ring): Rekordsieger in Le Mans, bei Paris-Dakar, TV-Kommentator, Monaco-Rennleiter – seine flotte Tochter Vanina fährt auch schon Autorennen.*

JO SIFFERT *(1971): Noch im gleichen Jahr in Brands Hatch verunglückt. Gebrochene Radaufhängung – der gleiche BRM-Defekt, den Helmut Marko überlebte.*

EMERSON FITTIPALDI *(1972): Wechselte in die USA, triumphierte in der Cart-Serie und in Indianapolis, überlebte Rennunfälle und einen Flugzeugabsturz: „Ein Zeichen vom lieben Gott, dass ich aufhören soll." Heute 56 und gesund.*

RONNIE PETERSON *(1973, 1978): Verunglückt 1978 in Monza, nach Beinbruch zu früh operiert – Embolie. Seine Witwe Barbro beging später Selbstmord. Tochter Nina-Louise, von Ronnies Bruder aufgezogen, ist heute mit einem schwedischen Rennfahrer liiert.*

CARLOS REUTEMANN *(1974): 1981 mit Williams fast noch Weltmeister geworden, dann Opfer des Falkland-Kriegs. Ging zurück nach Santa Fe, wurde Großbauer, Viehzüchter, Politiker, Gouverneur. Eines Tages argentinischer Präsident?*

VITTORIO BRAMBILLA *(1975): Genannt „Monza-Gorilla", berühmt geworden, weil er damals nach der Zielflagge gegen die Boxenmauer krachte: Totalschaden. Wurde nachher wieder Mechaniker, starb tragisch 2001: Herzinfarkt während der Gartenarbeit.*

JOHN WATSON *(1976): Später Lauda-Teamkollege bei McLaren, heute Autotester, TV-Job in den USA.*

ALAN JONES *(1977, 1979): „Dick und schnell", charakterisierte Lauda den bulligen Australier, erster Williams-Weltmeister 1978 – hat zu früh aufgehört. Fährt heute noch gelegentlich Tourenwagenrennen.*

***JEAN-PIERRE JABOUILLE** (1980): Mit Renault der erste Turbo-Sieger, Karriereende nach einem bösen Kanada-Crash, wechselte später als Rennchef zu Peugeot. 1994 holten die McLaren-Peugeot 42 WM-Punkte. Managt heute noch eigene Teams.*

***JACQUES LAFFITE** (1981): Musste nach Brands Hatch-Unfall 1986 (Beckenbruch) aufhören, später Sponsorbetreuer im Prost-Team, heute TV-Kommentator – und unverändert populär.*

***ELIO DE ANGELIS** (1982): Gewann das knappste Zeltweg-Finale aller Zeiten (0,050 vor Rosberg), Millionärssohn und hoch begabter Pianist. Verunglückt 1986 in Le Castellet mit dem extrem flachen Brabham, den Gordon Murray für Lauda gebaut hatte.*

***ALAIN PROST** (1983, 1985, 1986): Der einzige Dreifachsieger, mit 51 GP-Siegen Weltrekordler vor Schumacher, in der Staatsoper 1999 zum „Motorsportler des Jahrhunderts" gewählt, ging mit seinem eigenen Team pleite, verrät aber gelegentlich: „Ich komme zurück – in einem anderen Job."*

***NIKI LAUDA** (1984): Evergreen und ewige Legende, heute Jaguar-Oberbefehlshaber, einer der verantwortungsvollsten Jobs der ganzen Formel I.*

***NIGEL MANSELL** (1987): Letzter Sieger auf dem Ö-Ring, „nie wirklich zurückgetreten" und daher immer noch manchmal im Rennauto: englische Tourenwagenserie, Minardi-Doppelsitzerpilot etc., Chefredakteur bei Ecclestones F-1-Magazin, aber vor allem Golfer.*
„Und den Tippel, als ich 1987 auf der Ehrenrunde eine Eisenstange aufs Hirn bekam, hab ich heute noch ..."

***JACQUES VILLENEUVE** (erster Sieger auf dem A-1-Ring 1997), Eddie Irvine (1999) und David Coulthard (2001) fahren noch – Mika Hakkinen (1998 und 2000) tritt nach seiner Babypause zurück.*

Tribut an Jochen Rindt – die Foto-Dokumentation über unseren ersten Formel-I-Weltmeister hinter der A-1-Haupttribüne fasziniert die Fans. Darum auch ein kurzes Requiem für seinen ersten Teamchef, Rob Walker: Der Mann, der Jochen 1964 in Zeltweg das erste Formel-I-Auto, einen Brabham, gegeben hat, ist 84-jährig gestorben – jetzt, unmittelbar vor unserem 25. GP.

Walker, Ururenkel des legendären Johnny Walker, war oft in Österreich: Als Teamchef von Stirling Moss, Jo Siffert, Ricardo Rodriguez, Joakim Bonnier. usw. „Moss war der beste Fahrer der Welt. Wann immer er nicht gewann, konnte nur ich schuld sein." Und Siffert schlug 1968 mit seinem privaten Walker-Lotus die Werks-Lotus im englischen GP. Dann kam bald Rindt, über den mir Walker oft sagte: „Je mehr er gewann, umso netter ist er als Mensch geworden."
Walker selber war nicht nur Gentleman, sondern auch Abenteurer, fuhr in Le Mans, verlor seinen Privatpilotenschein, weil er mit seinem Flieger wie ein Hürdenläufer über eine englische Hindernisbahn hoppelte – und er duellierte sich noch manchmal auf offener Straße mit Grand-Prix-Fahrern. Er war der letzte „Independent", der letzte Chef eines privaten Formel-I-Stalls bis Walter Wolf – mit dem er dann auch noch zusammenarbeitete.
In Amerika staunte Rob Walker über die verspiegelte Decke im Schlafzimmer seines Hotels. „Typisch, die bequemen Amis. Haben sogar Spiegel überm Bett, nur damit sie zum Rasieren nicht ins Badezimmer gehen müssen ..."
Rob Walker und die Welt von gestern. Ein Lunch für Freunde auf seinem alten englischen Schloss. Jemand fragt nach dem prachtvollen Gemälde im Salon. „Ach", sagt Walker kurz, ohne aufzublicken, „das ist ein Breughel. Und im Esszimmer hängt noch einer."
Ein ziemlicher Gegensatz zu manchen ungehobelten Teamchefs, die schon den weltberühmten Placido Domingo brutal aus der Box geworfen haben, weil sie ihn nicht kannten.

Nicht nur Lauda und Berger haben in Spielberg ihren Heim-Grand-Prix, sondern auch der Mann, der das aufregendste neue Auto der Formel I baute: Gustav Brunner (51), Technikdirektor, Chefdesigner bei Toyota, stammt aus Köflach – nur 40 km vom A-1-Ring.
„Kann ich wenigstens zum Muttertag meine Mama sehen. Und meine Schwester, eine Pädagogin in Graz, hat mich alle zwei Jahre in Italien besucht – bei Minardi."
Wenn Brunner, HTL-Absolvent „und Schmalspur-Ingenieur" mit toller Ferrari-Erfahrung, das kleine Minardi-Team mit dem Giganten Toyota vergleicht? „Bei den Italienern war immer die finanzielle Frage: Was muss unbedingt sein? Bei Toyota dagegen: Was kann ich weglassen? Aber dafür ist die Verantwortung umso größer."
Toyota, momentan Nr. 3 auf dem Weltmarkt, will in fünf Jahren Formel-I-Weltmeister sein – und damit die absolute Nummer 1. Darum geht's momentan im Grand-Prix-Sport – darum sind so viele große Werke engagiert wie noch nie.

Nach fünf Rennen stehen beide Honda-Teams noch punktelos da, Mika Salo aber hat für Toyota schon zwei sechste Plätze erkämpft – für viele erstaunlich früh. Brunner: „Ein solides Projekt, ein stabiles Auto ohne große Probleme, einfach zu bedienen." Und gegen die Konkurrenz? „Beim Motor sind wir in der besseren Hälfte, beim Auto in der schlechteren. Es fehlt überall noch ein bissel. Aber die Formel I ist derzeit auf sehr hohem Niveau – und voller Geheimnisse ..."
Brunner ist aber nicht nur Technik-, sondern auch Fitness-Freak. „In Italien hab ich zur Mittagspause immer im Swimmingpool trainiert – jetzt halt ich mich mit Jogging fit. Oder mit Radfahren." Untermotorisiert war er nie. Noch bei Ferrari, 1996, gewann er eine Wette, dass Schumacher im letzten WM-Lauf noch Platz 2 in der Konstrukteur-WM herausfahren kann. Was aussichtslos schien, aber Schumi hat's geschafft.
Brunner gewann einen Vespa-Motorroller. Der steht jetzt in Florenz. Nach sechs Jahren mit nur 100 km ...

Gigantisches Powerplay in der Formel I! Die Traumgrenze von 900 PS haben die heutigen 3-Liter-Boliden zwar noch nicht erreicht, aber die BMW-Raketen halten schon bei 860 PS. Andere sind knapp dran, auch Toyota, aber noch darunter. Und zumindest drei Motoren drehen schon mehr als 18.000 U/min: BMW, Ferrari, Mercedes.

Viele Fragen, die Formel-I-Fans immer stellen – und hier sind die Antworten.

MOTOREN: Die meisten Spitzentriebwerke wiegen schon unter 100 kg, Toyota ist noch knapp drüber. Zylinderwinkel: bei Renault riskante 111 Grad, bei Honda 96, bei Mercedes von 72 auf 90 Grad vergrößert – das Standardmaß. Die Motoren bestehen aus Alu-Legierungen (spezifische Steifigkeit unter 40 Giga-Pascal). Kurbelwellen: natürlich aus Stahl, die luftgefederten Ventile aus Titan – diese Entwicklung hat Renault schon 1985 mit Ayrton Senna begonnen. Ventilfedern gibt es keine mehr.

GETRIEBE: Da ist Ferrari ein Quantensprung gelungen. Ross Brawn: „Schon als ich zu Ferrari kam, war das Getriebe immer ein Thema – aber für Neukonstruktionen war es jede Saison zu spät. Jetzt haben wir es endlich geschafft, aber mit anfänglichen Problemen beim Testen – darum die Premiere erst in Brasilien." Das Gewicht ist sensationell gering: nur 33 kg! Auch Toyota (38 kg) spart Gewicht, dagegen haben Williams und Mercedes fast Ackerschleppergetriebe. Die Materialien? Ferrari und Minardi Titan, Williams, McLaren, Sauber und Toyota Aluminium, Arrows Karbon – die anderen Magnesium.

LEBENSWICHTIGE TEILE: Die Lenksäule besteht aus Kohlefaser, Radaufhängungen aus Karbon, Achsträger aus Titan – bei manchen noch aus Stahl. Die Felgen (3,5 bis 4 kg) alle aus Magnesium. Reifendruck: 1,1 bis 1,2 bar, bei Regen ein Zehntel höher, damit die Oberfläche eine Spur mehr gewölbt ist, wodurch das Wasser besser abfließen kann.

„Es hat sich ausgezahlt, für diesen Grand Prix zu kämpfen!“, sind sich alle einig – nach dem Sensationserfolg von Spielberg bereits im Training. Die deutschen Fans schauen bereits bis Juli voraus. „Schumi – Weltmeister 2002 in Hockenheim!“, verheißen die ersten Transparente – das würde den Weltrekord von Nigel Mansell 1992 und Michael selbst 2001 (jeweils in Budapest) schlagen.

Einer outet sich unerwartet als Schumi-Fan: Damon Hill, ausgerechnet der frühere Erzfeind, Samstag Nacht beim Rockkonzert mit seiner Band „The Conrods“. Damon zelebriert seine Gitarren-Verrenkungen mit Schumi-Kappe und Schumi-T-Shirt samt Aufdruck: „World Champion 2002.“
„Wir haben eine Riesenhetz mit der Musik“, sagt mir Damon nachher, verschwitzt und atemlos, „und das Rennfahren geht mir überhaupt nicht ab.“ Der Weltmeister 1996 sitzt am Renntag nicht einmal in den Boxen, sondern bereits in einem Londoner TV-Studio: Dort kommentiert er für Sky den „Alpen-Grand-Prix“ – aber mit Bauchweh: „Was soll ich den Fans erzählen, wenn wieder keiner überholt?“ Keine Sorge, beruhige ich Damon, in Spielberg ist jedes Jahr eine Menge los.

Überraschungen wie schon im Qualifying durch Sauber. Nick Heidfeld bekommt zum 25. Geburtstag von Mercedes einen kleinen Silberpfeil geschenkt. Wäre ihm der echte lieber gewesen?
Das hat noch Zeit. Mercedes hat Heidfeld immer noch unter Vertrag, kann ihn jederzeit zurückholen. „Und auch Sauber hat für 2003 eine Option auf mich“, verrät „Quick Nick“.

Rubens Barrichello hat andere Wünsche. „Der geht sicher vorm Rennen in die Kirche und zündet fünf Kerzen an, dass ja ein Williams-BMW zwischen ihm und Michael liegt“, grinst Ralf Schumacher, „dann muss er den anderen Ferrari nämlich nicht vorbeilassen ...“

Der Brasilianer beherrscht Training und Qualifying, hat Poleposition und wird in den Wettbüros als 5:1 Außenseiter gehandelt. Warum ist Rubens plötzlich schneller als Michael?

„Weil der alter Ferrari ein giftiges Auto war, im Grenzbereich schwierig zu kontrollieren, das konnte Schumacher am Besten“, analysiert mir Niki Lauda. „Der neue Ferrari ist dagegen perfekt ausbalanciert, gutmütig, damit kann Barrichello genauso schnell fahren.“

Später wird mir ein Teamchef sagen: „Wenn du einen Vertrag als siebenter Zwerg von links unterschrieben hast, kannst du nicht plötzlich Schneewittchen spielen wollen.“

Stallorder, Stallregie – was später Millionen Formel-I-Fans fürchterlich aufregt, hat seinen Ursprung im Galopprennsport. Hier genau erklärt vom Ex-Amateurjockey, Ex-Autorennfahrer, heute Promi-Schneider und Lauda-Kappelerzeuger Lambert Hofer. „Lemmy the Tailor“, wie ihn Jackie Stewart immer genannt hat. Hofer nimmt eine Anleihe beim Galopprennsport, wie man die lange Tradition der Stallregien bei Autorennen beibehalten könnte, aber ohne die Wettfans zu verärgern.

„Beim Galoppen ist es so, dass sich ein Rennstall, der mit zwei oder noch mehr Pferden in ein Rennen geht, rechtzeitig vorher deklariert und die Wetter informiert: Pferd X ist mein Favorit, also unbedingt vor Pferd 2 ins Ziel zu bringen. Wenn der Jockey von Pferd 2 trotzdem eine Chance sieht, muss er sein Pferd zurückversetzen. Damit kennt sich der Wetter aus, kann seine eigene Entscheidung treffen und hat nachher nie das Gefühl, er wurde betrogen.“

Und wenn die Stallorder nicht befolgt wird? „Dann folgen strenge Strafen bis zur Disqualifikation.“ Stallorder, Stallwetten, sogar die Stewart-Begriffe, die schon vor 100 Jahren aus dem Galoppsport kamen, also keine Erfindung der Formel I sind.

Ferrari hat nur verabsäumt, sich rechtzeitig zu deklarieren: Unser Pferd Nummer 1 ist Schumacher, unser Pferd Nummer 2 Barrichello ...

Der Funkanruf aus der Ferrari-Box kam drei Runden vor der Zielflagge. Die beiden Ferrari kreisten einsam an der Spitze des Grand Prix von Österreich, ein Zwillingspärchen im Highspeed-Paarlauf, aber immer in der gleichen Reihenfolge: Barrichello vorn, der angehende Weltmeister Michael Schumacher dahinter. Am 12. Mai 2002 erleben wir also haargenau die gleiche Choreographie wie schon ein Jahr zuvor, auf der gleichen Strecke, im gleichen Rennen, nur ging es 2001 um Platz 2 und 3 hinter dem Sieger Mika Hakkinen, als Ferraris Formel-I-Napoleon Jean Todt sein Auto mit der Startnummer 2 anfunkte:

„Rubens, please let Michael pass for the Championship“ – lass bitte Michael vorbei für die WM. 6 statt 4 Punkte, wirklich der große Unterschied? Barrichello trotzte, aber gehorchte: In der Zielkurve ging er vom Gas und ließ den Superstar vorbei. 700 bis 800 Millionen TV-Fans dachten sich schon 2001 ihren Teil zum Thema „Stallregie“, litten vielleicht auch mit Barrichello, der seinen 2. Platz geopfert hatte, den Zuspruch von Todt relativ brüsk wegwischte, sich wortlos umdrehte und mit starrem Gesicht zur Siegerehrung aufs Podium kletterte.

Später gab er zu, wie schwer es ihm gefallen war, Schumi öffentlich den Vortritt lassen zu müssen. Ein paar Rennen später war Schumacher sowieso Weltmeister – 2001 genau wie 2002. Nur hätte niemand geahnt, was Boxenbefehle für einen Wirbel auslösen können.

Der Fluch und Segen der Stallorder. „Du darfst einem Rennfahrer das Gewinnen nicht verbieten, denn irgendwann einmal kommt das zurück!“, hat der Schweizer Peter Schetty, Ferrari-Rennleiter vor 30 Jahren, immer gewarnt. Schetty kommandierte damals ein kampfstarkes Ferrari-Trio mit Clay Regazzoni, Jacky Ickx und Mario Andretti – das war wie Löwe, Tiger und Leopard in einem Käfig. Und ohne jede Rangordnung.

Also nicht so wie bei den „Silberpfeilen“ in den 30er- und 50er- Jahren, als der legendäre Mercedes-Rennleiter Alfred Neubauer – Altösterreicher und Erfinder der Boxensignale – von seinen siegreichen Piloten 10 Prozent der Siegesprämie einstrich. „Diese Regelung“, sagte der heutige Mercedes-Sportchef Norbert Haug einmal in einer lockeren Minute, „würde mir heute auch gefallen ...“ Unter Neubauer galt jedenfalls die eiserne Regel der Stallregie: „Sobald wir 30 Sekunden Vorsprung auf den Dritten herausgefahren haben, darf an der Spitze nicht mehr überholt werden!“

Stallorder ist laut FIA, dem Automobil-Weltverband, auch in der Formel I nicht verboten, aber die Ethik und Glaubwürdigkeit des Wettbewerbs dürfe nicht angekratzt werden.

Und darum saugen sich die TV-Kameras so gern an den Protagonisten am Ferrari-Kommandostand fest: Rennleiter Jean Todt, der perfekt Backgammon spielen kann, und Technikdirektor Ross Brawn, der seit frühester Jugend leidenschaftlich (und erfolgreich) Schach spielt. Die idealen Männer, wenn’s darum geht, in der Box Strategien auszutüfteln und zu exekutieren. Zu diesem Zweck hat Brawn immer zwei Funkgeräte an seinem Gürtel festgeschnallt: „Rechts für Michael, links für Rubens.“
Beim Österreich-Grand Prix 2002 sehen Millionen Formel-I-Fans live im TV, wie Jean Todt drei Runden vor Schluss etwas kritzelt und den Zettel zu Ross

Brawn hinüberschiebt. Gleich darauf greift Brawn zu seinen Funkgeräten, knackt es in den Cockpits der beiden Ferraris. Beim führenden Barrichello, der das ganze Wochenende hindurch, in allen Trainings der Schnellste war, und bei Schumacher, der knapp zurückliegt, aber in der WM mit 44 Punkten schon haushoch führt – Barrichello, bis dahin Saison-Pechvogel, hat erst magere 6 ...

Der Funkdialog, an dem sich lange so viele Debatten entzündeten, spielt sich so ab:

Todt und Brawn: „Rubens, bitte mach Platz für Michael."
Barrichello: „Seid ihr wirklich ganz sicher, dass ihr das von mir verlangt?"
Todt und Brawn: „Ja, wir wollen das."
Barrichello: „Habt ihr mit Michael darüber gesprochen? Will er das auch?"
Todt und Brawn: „Ja – haben wir."
Barrichello: „Na gut – dann ist es auch für mich okay."

In der allerletzten Kurve – wie das Replay des Grand Prix 2001 – geht Barrichello vom Gas. Michael jedoch scheint überrascht und bremst, die beiden Ferrari-Piloten schauen sich an, wie Radsprinter, die sich im steilen Oval der Radrennbahn gegenseitig die Führung aufdrängen wollen. Dann kreuzt Schumacher als erster die Ziellinie, reckt die Faust wie nach so vielen Triumphen zum Himmel – doch dann schlägt ihm gellendes Pfeifkonzert von Zehntausenden Fans entgegen. „Für mich", gibt Schumi später zu, „ist das ein Schock!"
„Für mich nicht", sagt Barrichello. Die Siegerehrung ist ein einziges Chaos. Schumacher schenkt seinem selbstlosen Teamkameraden den Pokal, den er vom österreichischen Bundeskanzler Dr. Wolfgang Schüssel bekommen hat, komplimentiert Rubens, ein bissel verlegen, auf die oberste Stufe des Siegespodests, dazu erklingt die deutsche Hymne – worauf wieder der brasilianische Expräsident erbost anruft: „Warum muss ich die deutsche Hymne hören, wenn doch offenbar unser Barrichello gewonnen hat?" Wirklich glücklich ist keiner.

„Was regt's euch auf?", fragt mich Patrick McNally, der früher mit Lady Sarah („Fergie") liiert war und jahrelang unseren Österreich-GP im Auftrag von Bernie Ecclestone veranstaltet hat. „Früher hatte euer Rennen eine halbe Spalte in der International Herald Tribune und eine halbe Seite im Daily Telegraph. Jetzt, nach der Affäre wegen der Ferrari-Stallorder, wurde überall seitenlang über euren Grand Prix berichtet. Eine bessere Reklame gibt's gar nicht ..."

Ein falscher Sieger, ein moralischer Sieger, die gellenden Pfiffe: Was passierte beim manipulierten Zieleinlauf in den Ferrari-Cockpits wirklich – und was geht jetzt in den Köpfen der Fahrer vor? Mit Niki Lauda analysiere ich Ursachen, Ablauf und die Folgen der komischen Oper von Spielberg.

Keine Frage, die Stallorder-Entscheidung war absolut falsch, weil viel zu früh. „Wenn es im Finale und den WM-Titel geht – ja. Aber nicht schon im sechsten Rennen, überhaupt, wenn man sich den Punktestand ansieht. Michael sagt: „Man weiß nie, was noch passiert, aber man kann nie vom Schlimmsten ausgehen.“ Schumi beteuert, es habe vorher keine Absprachen gegeben. Lauda: „Das glaube ich ihm. Warum sollte man einen Fahrer schon vorm Start demoralisieren?“ Rubens hätte den Sieg wirklich wohlverdient. „Denn Schumacher hatte diesmal keine Chance, obwohl er wie ein Verrückter Gas gab, drei Runden vor Schluss noch Rundenrekord fuhr – und trotzdem hätte er nie gewonnen“, ist Lauda heute noch überzeugt.

Das verrückte Finale im Replay: Drei Runden vor Schluss begann Ross Brawn zu funken. Sofort wurde Barrichello um 0,6 langsamer. „Klar – ein solcher Befehl macht dich stinksauer, du bist nimmer so konzentriert“, ist für Lauda die logische Folge. Und dann? „Hätte ich genauso reagiert wie Rubens, mich erst ganz knapp vor der Ziellinie überholen lassen, um die Box zu ärgern – damit sie nicht wissen, ob ich auch wirklich gehorche.“

Aber wie mag sich – fern aller schöngefärbten offiziellen Aussagen und Kommuniques – Schumacher gefühlt haben? „Bei 300 km/h kannst du nicht nachdenken, ob es Sinn macht, was die Box befiehlt – erst nachher wird dir bewusst: Du hast nicht gewonnen – und bist trotzdem Sieger. Das kann ich nachvollziehen.“ Und Schumis gezeigte Gefühle – echt? „Ihm ist das ganze unangenehm“, spürte Lauda. „Er ist echt sauer. Erstens, weil er den Sieg geschenkt bekam, zweitens, weil er sich selber fragt: Warum hab ich nicht aus eigener Kraft gewonnen?“

„Das letzte Wort“, sagt ein hoher FIA-Mann noch in Spielberg, „ist noch nicht gesprochen!“ Der manipulierte Zieleinlauf hat ein Nachspiel, der Österreich-GP noch eine 72. Runde. Kaum sind die wütenden Pfiffe der Fans verklungen, fragen alle: Droht Ferrari eine Strafe?
Grundsätzlich: Stallorder kann nicht bestraft werden, „weil es nicht verboten ist, Teamorder zu geben.“ Streng verboten sind nur Absprachen zwischen verschiedenen Teams – wie 1997 in Jerez zwischen McLaren und Williams. Die Funksprüche wurden damals abgehört, was einen Riesenskandal auslöste.

Aber innerhalb des Teams – alles erlaubt, außer, was im heißen Paragraph 151 C des Sportgesetzes festgeschrieben ist. Denn der heißt, wörtlich übersetzt: „Jedes betrügerische Vorgehen oder illegale Verhalten, das der Ehrlichkeit des Wettbewerbs oder den Interessen des Automobilsports schadet, kann bestraft werden!"

Auf Spielberg umgesetzt, heißt das: Ein befohlener Positionswechsel macht ein Rennen unehrlich, beschweren sich alle, die auf den 5:1-Außenseiter Barrichello gewettet haben. Und dass die offensichtliche Manipulation „den Interessen des Automobilsports" nicht geschadet hätte, kann auch keiner ruhigen Gewissens behaupten.

Dieser Punkt hätte heikel werden können – die Stallorder nicht: „Es ist absolut legal, dass ein Team sich festlegt: Ein Fahrer kämpft um die Weltmeisterschaft, und der andere unterstützt ihn. Aber was das World Council nicht akzeptieren kann, ist jedes Arrangement, das in einen Rennverlauf eingreift und durch das Interesse des betreffenden Teams in die Weltmeisterschaf nicht gerechtfertigt ist."

Doppelzüngig also: Auf die Team-WM haben die umgedrehten Ferrari-Positionen natürlich keine Auswirkung (16 Punkte), auf die Fahrer-WM schon.

Durch die internationale Presse fegt ein Feuersturm der Entrüstung. Sogar die deutsche Bild-Zeitung empört sich über den „Sieg der Schande".

Michael Schumacher seufzt: „Bin ich froh, dass schon bald das nächste Rennen kommt – damit nicht mehr alle nur über Österreich reden ..."

Das schrieb A-1-Ring-Chef Hans Geist vor dem World Council-Meeting an FIA-Präsident Max Mosley:

„Das Verhalten der Ferrari-Fahrer war nicht korrekt und hat eine unerwartet strenge, erboste Reaktion des Publikums direkt nach dem Rennen ausgelöst. Unter anderem wurden über 2.000 Beschwerde-E-Mails direkt an uns gerichtet. Das Verhalten der Piloten auf dem Podium und bei der Pressekonferenz war sehr unprofessionell. Wir haben unsere Mitarbeiter monatelang trainiert, um dem hohen Standard der Formel I entsprechen, und dann ist das Protokoll von den beiden wichtigsten Proponenten der Formel I, dem Sieger und dem Zweitplatzierten, nicht eingehalten worden, was auch zu einer Demotivation unserer Mitarbeiter geführt hat, wodurch in Zukunft die Gefahr besteht, dass unser Formel-I-Event nicht mehr den hohen Qualitätsansprüchen gerecht werden könnte. Wir bitten, auch diese Seite bei der Behandlung des Falles zu berücksichtigen."

Genug heiße Themen, die ich den FIA-Präsidenten fragen kann. Max Mosley spricht zum ersten Mal über den manipulierten Zieleinlauf, seine Wiedergutmachung an Österreich, die möglichen Strafen.

„Max Mosley, Sie waren ja leider nicht in Spielberg ...?“
Mosley: „Gut, dass ich nicht bei euch war, aber ich habe alles im TV miterlebt. Und war natürlich enttäuscht vom Ergebnis. Barrichello war jeden Tag der Schnellste, hat den Grand Prix eigentlich gewonnen, aber jeder weiß auch, dass bei Ferrari Stallorder gilt. Jetzt warten wir auf den 26. Juni.“

„Warum solange? Damit Gras drüber wächst, sich alles beruhigt?“
Mosley: „Nein, weil erst am 26. Juni das World Council tagt. Es wäre übertrieben, alle Mitglieder aus der ganzen Welt zusammenzutrommeln – so dringend ist der Fall Ferrari auch wieder nicht.“

„Aber Sie haben schon reagiert?“
Mosley: „Ich habe eurem Bundeskanzler, Dr. Schüssel, der ja den Siegerpokal übergab, einen Brief geschrieben, in dem ich mich namens der FIA für die Vorfälle bei der Siegerehrung entschuldigte.“

„Aber bei Ihnen hat sich auch der brasilianische Staatschef telefonisch beschwert, dass die falsche Siegerhymne gespielt wurde?“
Mosley: „Er hat mir gesagt: Barrichello hat doch gewonnen, warum muss er sich dann als Sieger die deutsche Hymne anhören? Aber das muss sich das World Council erst alles anschauen.“

„Welche Strafen drohen jetzt? Punkteabzug fürs Team? Hohe Geldstrafen? Korrigiertes Ergebnis?“
Mosley: „Zuerst muss ein Beweis vorliegen, dass Ferrari überhaupt gegen das Reglement verstoßen hat. Erst dann kann man über Strafen reden. Aber theoretisch ist alles möglich.“

„Im GP-Zirkus hört man schon jetzt: Die FIA tut sich besonders schwer, gegen Ferrari vorzugehen, habe eigentlich noch nie gegen Ferrari entschieden.“
Mosley: „Vielleicht auch deshalb, weil Ferrari weniger als andere Teams gegen das Gesetz verstößt! Aber keine Angst: Wir sind neutral. Wenn Ferrari in Österreich etwas falsch gemacht hat, greifen wir ein – wie bei jedem anderen Team. Wir müssen auch nicht den Vorwurf hören, wir unternehmen nichts gegen Ferrari, aber wir lassen uns auch nicht in die Gegenrichtung schieben.“

„Haben Sie viele schlaflose Nächte bis 26. Juni?“
Mosley: „Nein, solange wir alles fair und richtig machen, klar entscheiden. Meine einzige Angst: Dass man Blödsinn macht – aber das werden wir nicht tun.“

MONTE CARLO: DIE KUGEL ROLLT AUF NUMMER DREI

„In Monte Carlo machst du dir als Rennfahrer mehr Gedanken als anderswo. Weil jeder Crash, jede Kollision schlimmere Folgen haben kann – keine Auslaufzonen!“ Soweit Michael Schumacher auf der Homepage von Ferrari – solange er selber im Fürstentum lebte, hat er nicht so geredet. Und das Dauerthema Stallregie? In Deutschland wird bereits gespottet: „Diesmal werden sich Schumi und Barrichello alles im finsteren Tunnel ausmachen, da kann keiner zuschauen oder mithören ...“
Schumacher, fünffacher Monaco-Sieger, und Barrichello, dreimal hier Zweiter, sind die Favoriten, aber läuft Rubens zur gleichen Superform auf wie in Österreich? „Michael wird diesmal von Anfang an deutlich motivierter sein als zuletzt in Spielberg“, prophezeit Niki Lauda. „Einen Schumi, der 30 Minuten in der Box relaxt, bis er das Training aufnimmt, sehen wir diesmal sicher nicht.“

Dafür vielleicht eine Sensation: Fährt zum ersten Mal in der modernen Formel-I-Geschichte der Monaco-Sieger ohne Boxenstopp durch – ohne Nachtanken und Reifenwechsel? Klar ist: In Monaco kann keiner überholen. Und wenn’s ein Spitzenfahrer schafft, nonstop durchzufahren, muss er unschlagbar sein! Die „Superhirne“ rauchen, füttern ihre Computer, entwickeln und verwerfen Strategien.
Schon Mika Salo (jetzt Toyota, früher Tyrrell) sorgte 1996/97 für Aufregung, als er nonstop durchfuhr – freilich bei leicht verkürzter Distanz. Juan Montoya hat in Spielberg nur getankt, aber nie neue Reifen montiert! Und Fisichella 2001 in Spa bloß die Hinterreifen gewechselt, aber nicht die vorderen. Michelin-Rennchef Dupasquier: „Die Sportkommissäre haben Montoyas Reifen in Spielberg ungewöhnlich lang kontrolliert – sie konnten gar nicht glauben, dass sie so lange hielten.“
Aber reicht der Sprit? Coulthard tankte 2001 in Monaco erst 13 Runden vor Schluss, fuhr also 65 Runden = 219 km mit einer Tankfüllung. Ralf Schumacher toppte diese Leistung 2001 in Montreal mit 51 Runden = 225 km. Heuer in Barcelona fuhr Coulthard mit der ersten Tankfüllung 46 Runden = 217 km, und in Spielberg kam Montoya erst nach 51 Runden = 221 km zum Tanken an die Box.
Monaco ist der kürzeste Grand Prix von allen – 262,860 km die volle Distanz – 25 bis 30 km zu lang für ein Nonstoprennen? „Bei Regen“, spekuliert Sauber-Technikchef Willi Rampf, „kann man in Monte Carlo ohne Nachtanken durchfahren. Im Trockenen eher nicht.“ Außer, Safety-Car-Phasen sparen Sprit – oder Ferrari experimentiert mit zwei verschieden großen Tanks!

Monte Carlo – die Kugel rollt! Auf die rote 1 (Schumacher) oder die rote 2 (Barrichello)? Oder gar auf die heißen Außenseiter von Renault? Jenson Button wird 50:1 gewettet, der Freitag-Schnellste, Jarno Trulli, sogar 66:1!

Jochen Rindt gambelte nach seinem Monte-Carlo-Sensationssieg 1970 die ganze Nacht im weltberühmten Casino. Ayrton Senna immer schon am Abend davor – er setzte beim Roulette unermüdlich auf seine Startnummer: 12 bei Lotus, 1 oder 2 bei McLaren. Und er gewann sechsmal, öfter als Schumacher (5) oder Prost (4).

Aber Ferraris früheres „Superhirn", Mauro Forghieri, der Niki Lauda zwei Weltmeisterautos baute, klagte immer: „Monte Carlo ist kein Autorennen, sondern ein Roulette." Und damit für Wetten ungeeignet. Als in den 30er-Jahren ein überlegen führender Wagen kurz vor Schluss mit Defekt ausfiel, schimpften viele: Skandal und Wettbetrug.

So wie zuletzt in Spielberg, als Ferrari den Zieleinlauf Schumacher-Barrichello manipulierte.

Bei den legendären Tripolis-Rennen kurz vorm Krieg konnte man als Zuschauer viel Geld gewinnen: Wenn die Seriennummer auf der Eintrittskarte mit der Startnummer des Siegers übereinstimmte.

Und in Monza gab es in den 60er-Jahren, als Rindt mit dem Rennfahren anfing, jedes Jahr den großen Hit: „Gran Premio Lotteria" für Formel-Junior bzw. Formel-III-Rennwagen. Die Fans wetteten wie beim Pferderennen, setzten oft Unsummen auf bestimmte Autos.

Als der englische Lotus-Pilot Peter Arundell gewann, wurde er von deutschen Feinden prompt verdächtigt: Sein Motor sei illegal – Hubraum zu groß. Die FIA literte den Motor aus, füllte den Tank voll, und Arundell fuhr sein Motor-Rennen nochmals, ganz allein auf der Strecke, als Geisterrennen, streng überwacht von den FIA-Kommissären – denn es ging um eine 1.000-Pfund-Wette. Und die große Ehre. Ergebnis? Arundell war sogar noch schneller, war rehabilitiert, sein Chef Colin Chapman steckte grinsend die 1.000 gewonnenen Pfund ein.

Schade, dass nicht auch Schumacher und Barrichello ihren Österreich-GP nochmals fahren können. Aber: Droht heute auch in Monte Carlo ein da capo in der letzten Kurve? Erleben wir einen richtigen Sieger oder einen falschen, wieder gellende Pfiffe oder neue Wettmillionäre?

„Ihr könnt alle sicher sein: Wir haben nicht vergessen, wie man gewinnt!", trompetet McLaren-Chef Ron Dennis während der längsten Durststrecke seit dem Comeback der Silberpfeile. 1997 elf Rennen hintereinander ohne Sieg – von Coulthard in Melbourne bis Coulthard in Monza. Jetzt auch schon sieben erfolglose Rennen – seit Hakkinens letztem Sieg in Indy 2001.

Dennis trompetet auf historischem Boden: Vor genau 100 Jahren, 1902, hat ein 60-PS-Mercedes das klassische Bergrennen Nizza-La Turbie gewonnen – den Vorläufer des heutigen Monaco-Grand Prix. Am Steuer saß Otto Hieronimus, geborener Kölner, Lehrling bei Benz, dann nach Österreich übersiedelt – wo er als Rennfahrer, Techniker, Autoindustrieller große Karriere machte.
Mercedes? Den Namen verdankt man dem damaligen Österreichischen Generalkonsul in Nizza, Jellinek, der in Stuttgart 60 Autos bestellte – aber unter einer Bedingung: „Nur, wenn ihr alle eure Wagen auf Mercedes umtauft – der Vorname meiner Tochter." Deren jüngere Schwester, Andree Mercedes Jellinek, war 2001 bei der 100-Jahr-Feier der Marke im Wiener Technischen Museum – hoch betagt, aber erstaunlich rüstig:
„Ich schau' mir alle Grand Prix im Fernsehen an. Mein Liebling ist Mika Hakkinen ..." Aber der macht ja Babypause.

Sieht „die kleine Schwester" das Ende der Silberpfeile-Niederlagen? Seit Mercedes wieder Formel I macht, verraten die Strategen aus Stuttgart, „verkaufen wir doppelt so viele Autos als früher. Und dreimal so viele in Silber."
Nur: Die silbernen Formel-I-Autos gewinnen weniger als früher die rot-weißen: 1998 großartige 9 Siege, 1999 und 2000 jeweils 7, 2001 nur noch 4, 2002 noch gar keiner. Droht jetzt ein totaler Misserfolg wie schon 1994–97, als die vielgerühmten Superautos 49 Rennen (!) lange sieglos blieben, ehe Coulthard in Australien 1997 das Gespenst von 50 Niederlagen en suite verscheuchte?

In der ersten Silberpfeil-Ära hat Mercedes dreimal in Monaco gewonnen: 1935 Fagioli, 1936 Caracciola, 1937 von Brauchitsch. In der zweiten Ära nie, weil Fangio und Moss im berühmten Rennen, 1955, als Ascari ins Meer raste, beide ausfielen. In der dritten Ära gewann Hakkinen 1998, Coulthard 2000 das Auto-Roulette von Monte Carlo.
Und jetzt – machen Sie Ihr Spiel, Nummer 3 und 4, Coulthard und Räikkönen. Eine echte Chance gegen die Ferrari und Williams? Aerodynamik-As Adrian Newey verteidigt das falsche Timing des Reifenmarkenwechsels: „Eine Entscheidung schon für die Zukunft. Dass wir heuer Ferrari schlagen können, hätten wir sowieso nie erwartet – egal mit welchen Reifen."

Die Kugel rollt, die wetten auf Button und Trulli stehen hoch, auch wenn der rasende Hotelier David Coulthard, dem ein Drittel des Hotels „Columbus" gehört, geringschätzig meint: „Es wird doch keiner glauben, dass die erste Startreihe morgen wirklich Trulli-McNish heißen wird ..."
Parties, Promis und PS: Die jährliche Story von Monte Carlo. Früher feierten

Teams und Fahrer nach dem ersten Training die halbe Nacht in der legendären „Tip Top"-Bar, die Playboy-Piloten kamen direkt aus „Rosie's Bar" zum Frühtraining – jetzt bebt und zittert unten am Hafen „Stars n Bars". Vor allem, wenn Eddie Jordan, wie Donnerstag Nacht, am Schlagzeug sitzt.
„Ich hab die englische Band V-10 eingeladen. Weil sie schon 1994 im Silverstone-Fahrerlager gespielt hat, als Damon Hill gewonnen hat. Und 1995, für Sieger Johnny Herbert. Jetzt hoffentlich für mich ein gutes Zeichen – dass meine Autos am Sonntag gewinnen!", schreit Eddie ins Mikro. Donnernder Applaus.

Andere kämpfen vor Gericht. Jos Verstappen – der trotz gültigem Vertrag für 2002 seinen Arrows-Platz an Heinz-Harald Frentzen verlor – hat Tom Walkinshaw auf 4,8 Millionen Dollar verklagt! Der Teamchef reagierte mit einer Gegenklage: 8 Millionen Dollar, weil Verstappen über seinen Stallkollegen Bernoldi öffentlich geschimpft und Walkinshaw deshalb (sagt er) einen Sponsor mit 8 Millionen Dollar verloren hat.
Geldsorgen in der Operettenkulisse von Monte Carlo. Im Fahrerlager höre ich PS-Geflüster: Weil Walkinshaw die Rate von 1,5 Millionen Dollar für die Cosworth-Motoren, fällig vor dem Monaco-GP, nicht bezahlt hat, hielt Jaguar die acht Motoren unter Verschluss – im Truck eingesperrt!
Die berühmte Konsequenz des Niki Lauda. Erst als „Major Tom" gerade noch rechtzeitig vor Trainingsbeginn seinen Scheck ausstellte, freuen sich die Arrows-Boys, bekommen Frentzen und Bernoldi ihre Motoren.
Und Gerhard Berger entdeckt sein Herz für Tiere: Auf dringende Bitten seiner herzigen Töchter hat der BMW-Motorsportchef jetzt endlich einen Hund angeschafft, einen Labrador, der „Lucky" heißt. Glücksbringer schon beim „Heimrennen" in Monte Carlo – wo die Williams-BMW bisher noch keine Zielflagge sahen?

Die Ferrari-Strategie für Monte Carlo wird schon vorm Rennen heiß diskutiert. Unglaublich, wie viele Interpretationen da in E-Mails, im Internet und in verschiedenen Publikationen zu lesen und zu hören sind – oft ganz einfach nur mangelhaft übersetzt. „Nie wieder Stallorder!" oder „Wir werden es genauso wieder machen wie in Österreich."

Was Präsident Luca di Montezemolo in Monaco wirklich gesagt hat? „Ich hoffe, dass wir so eine Art von Stallorder wie in Spielberg nie mehr verwenden müssen", aber so hat er schon unmittelbar nach der Farce vor zwei Wochen gesprochen. Und weiter, besänftigend schon fürs Rennen: „Wenn wieder Barrichello führt und Michael Zweiter sein sollte, dann darf Rubens diesmal gewinnen."

Der Brasilianer will sich seinen 30. Geburtstag durch Fragen wie „Darfst du wirklich gewinnen?“ nicht verderben lassen: „Ich möchte meinen Geburtstag genießen – ohne Konfusionen.“ Aber Michael hatte auch klargelegt: „Ich gebe mich noch nicht geschlagen – ich möchte das Rennen auch gern gewinnen!“

Als Prof. Jürgen Hubbert und Niki Lauda während des Monaco-Trainings in der überfüllten Boxenstraße zufällig aufeinander treffen, lächelt der Mercedes-Professor: „Niki, du gehst in die falsche Richtung. Deine Box ist viel weiter unten.“ Der Jaguar-Rennchef denkt vielleicht: Ihr seid ja auch nicht mehr die Nummer 1, weil laut Formel-I-Hierarchie die Boxen gemäss dem Klassement der Konstrukteur-WM vergeben werden, sagt aber nur: „Neuer Motor in Kanada, neue Aerodynamik in Silverstone.“
Darauf Hubbert, der Mann, der den Dreizack in die Formel I zurückgebracht hat: „Auch wir kämpfen, Niki. Rollen wir halt gemeinsam das Feld von hinten auf ...“

Wann endet die Negativserie der Silberpfeile?

Drei Tage nach ihren Boxenrendezvous bei der 60. Auflage des klassischen Auto-Roulette von Monte Carlo, sehen Prof. Hubbert und Lauda einander wieder: Bei der kleinen, intimen Siegesfeier im VIP-Zelt des Fahrerlagers.

Sogar der zweifache Weltmeister Mika Hakkinen hat seine „Babypause“ unterbrochen, um erstmals seit seinem „Urlaubsantritt“ wieder einen Grand Prix zu sehen. Mikas Anwesenheit in der Box der Silberpfeile – der Grund fürs Comeback der Silberpfeile? Oder nur Zufall?
„Purer Zufall“, lächelt Coulthard schon nach dem Qualifying und klatscht Mika auf den Bauch: „Du hast zugenommen, stimmt’s?“

Über die Fitness der (aktiven) Formel-I-Piloten hat Michael Schumacher erst in Monaco gesagt: „Wir alle verdienen soviel Geld, dass wir neben dem Rennfahren nicht arbeiten müssen – also haben wir Zeit genug, um ausreichend zu trainieren ...“

Ob Hakkinen je wiederkommt? „Ist noch völlig offen, aber ich hab ja noch ein paar Wochen Zeit, mir alles zu überlegen“, bestätigt Hakkinen, seine Ehefrau Erja neben sich, den kleinen Hugo (18 Monate) im Arm. Er hat, wie auch früher immer, allen Piloten Hallo gesagt, sich speziell mit seinem McLaren-Nachfolger Kimi Räikkönen länger unterhalten, der später zum sechsten Mal hintereinander ausfiel: „Lasst Kimi Zeit sich zu entwickeln, habt mit ihm Geduld – er ist ja erst 22.“

Abgesehen von Kimis Crash mit Barrichello hat Hakkinen das Monaco-Rennen aus der Box „wirklich genossen. Ich spür auch immer noch Spannung und Aufregung, wenn ich einen Grand Prix im TV sehe – mir schwitzen dabei immer noch die Hände."
Wann wir Hakkinen das nächste Mal in der Box sehen, ist noch sehr fraglich: „Keine Pläne." Und über die Situation seines Ex-Teams, behutsam und diplomatisch: „Von außen ist es auch für mich schwierig zu beurteilen, wie das Niveau der Autos wirklich ist."

Jedenfalls hat Ferrari zum ersten Mal 2002 kein Auto in der ersten Startreihe, McLaren-Mercedes dafür erstmals seit Budapest 2001 – auch damals war David Coulthard Zweiter. Der Mann in Poleposition: Juan Pablo Montoya!
Der Mann aus Bogota ist der neue König von Monte Carlo, das Qualifying superspannend wie jedes Jahr. Phasenweise ein Sekundenkrimi, die Williams-BMW lange Zeit nur durch eine Tausendstel Sekunde getrennt, am Ende zaubert Montoya eine Superrunde am Asphalt: Fast 4 Zehntel Vorsprung! Michael ist durch ein Staubkorn im linken Auge gebremst, Räikkönen durch seinen Magen – der Finne ist seekrank, baut deshalb einen Trainingcrash und zieht von seiner gecharterten Yacht in ein Hotel um.
Bislang haben 2002 nur die Schumi-Brüder gewonnen. Jetzt warten alle, ob Montoya diese Serie beendet. Nerven, Konzentration, Haltbarkeit sind im Kurvenkarussell alles. „Ich fahre immer, um zu gewinnen! Aber ob in Monaco oder später – ich kann drauf warten", trompetet Juan Pablo. Und, trotz der Glitzerwelt an der Cote d'Azur, „ich fahr nicht, um berühmt zu werden."
Die Ferrari-Stallorder: Diesmal überraschend kein Thema. Luca di Montezemolo hat schon 1974 die Startpositionen seiner zwei Ferrari-Piloten Lauda und Regazzoni umgedreht, um Fittipaldi (McLaren), besser abzublocken – diesmal ist überhaupt kein Eingreifen nötig. Startdramatik, Boxenstrategie, Rauch und Kollisionen – die traditionelle Story im Fürstentum.

Poleposition ist in Monte Carlo normal der halbe Sieg, aber nicht für Montoya: Um einen Hauch längere Reaktionszeit, leicht durchdrehende Räder – dadurch schießt Coulthard mit einem tollen Manöver in Front. Und leider fällt Montoya später mit Motorschaden aus – der erste 2002. „Wir haben die Motoren nicht zurückfrisiert", verrät Dr. Mario Theissen. Das Pech: Feuer in der Air Box, wahrscheinlich durch einen Kurzschluss im Kabelbaum.
Ralf immer hinter Montoya, hat links hinten Reifenschaden.
Die Tankstopp-Serie beginnt außergewöhnlich früh – angezettelt von Michael Schumacher. Weil er im Verkehr festzustecken droht, verlegt er seinen Stopp

deutlich nach vorne – McLaren macht es ihm rasch nach. Michael hat gehofft, „die Box könne mich auf Platz 1 vorschleusen, aber die Konkurrenz ist offenbar diesmal genauso gut."

Damit ist der Formel-I-Klassiker entschieden. Mit ein paar heißen Fragen fürs Millionen-Publikum.

COULTHARDS RAUCHWOLKEN – alarmierend oder nicht? Schumacher bemerkt sie nach ca. 30 Runden als Erster: „Hab ich auch sofort an die Ferrari-Box gefunkt." Der Rauch entstand, bestätigt McLaren Technikchef Newey, beim Umschalten von einem Öltank auf den anderen – der mit 15 Liter überfüllt war. „In der Box haben wir die Telemetrie-Daten genau überprüft: Alles in Ordnung – David kann beruhigt weiterfahren."

SATOS BÖSER UNFALL – heraufbeschworen durch Stallorder! „Fisichella ist schneller als du, lass ihn überholen", befiehlt Eddie Jordan dem Japaner über Funk. Sato: „Darauf hab ich im Tunnel sofort die Ideallinie freigemacht, glitt zur Seite, kam aber dabei auf die staubige, rutschige Spur neben der Ideallinie – und schon krachte ich gegen die Leitplanken", schildert Sato seinen Crash, 14 Tage nach Spielberg.

„Wenn ich 2002 nur irgendwo einen Grand Prix gewinne, dann am ehesten in Monte Carlo!", hat Coulthard prophezeit und recht behalten. Der Schotte realisiert nicht ohne Herzklopfen einen Start-Ziel-Sieg und schlägt Schumi um eine Sekunde. „Aber diese 6 Punkte", freut sich auch Michael, „sind für die WM viel wert."

Die lange Nacht von Monte Carlo! David Coulthard feiert im Schottenrock, Michael Schumacher genießt eine Sachertorte (mit Schlag) im VIP-Zelt, wo Motorengenie Mario Illien seinen „Doppelpack" live im TV erlebt – sein Motor gewinnt auch die 500 Meilen von Indy! Aber siegen die Silberpfeile weiter? „In Kanada sicher nicht, erst wieder in Ungarn im August", bremst McLaren.
Und dann schreiten Mansour Ojjeh und Ron Dennis, hoch elegant der eine, geschmeidig der andere, zum Galadiner des Fürsten.
Die Sonne lacht, der Stern funkelt wieder.
Für McLaren-Mercedes war der GP von Monaco – mit der „Sternstunde des Silberpfeils" – ein besonderes Rennen. Denn McLaren hatte hier 1966 mit Firmengründer Bruce McLaren (der auf Cooper-Climax hier 1962 selbst gewonnen hatte) im Cockpit seine Premiere: der erste von mittlerweile bereits 533 GP-Starts.

Mercedes-Motoren „bestritten" ihren 150. Grand Prix, für McLaren war es der 12. Monaco Sieg, für Mercedes, selbst die große Ära in den 30er-Jahren eingerechnet, erst der fünfte: weil Fangio und Moss mit den Silberpfeilen hier nie gewonnen haben. Dafür Fagioli 1935, Caracciola 1936, von Brauchitsch 1937 – dann erst wieder Coulthard 2000 und 2002, genau 100 Jahre nach dem ersten Mercedes-Sieg überhaupt.

Jahrestag auch für eine millionenteure Formel-I-Groteske! Vor genau einem Jahr – unmittelbar vor dem GP von Kanada – hat McLaren-Superhirn Adrian Newey gleichzeitig zwei gültige Verträge unterschrieben: einen für Niki Laudas Jaguar-Rennstall, einen, um weiter bei McLaren zu bleiben. Was plant er jetzt, nach dem Comeback der Silberpfeile?

„Adrian Newey, können die Silberpfeile auch in Montreal gewinnen? War Monaco schon die große Wende, das Ende der Krise, der Beginn einer neuen Erfolgsserie?"
Newey: „Sicher nicht. Wir wussten, dass der Stadtkurs unserem Auto ganz besonders liegt, und wir hatten auch einen Reifenvorteil. In Montreal werden wir nicht sehr konkurrenzfähig sein und sicher nicht gewinnen."

„Wo und wann am ehesten wieder?"
Newey: „Erst wieder in Budapest, im August. Weil der Hungaroring, ähnlich wie Monaco, sehr viel Abtrieb verlangt, und den hat unser Auto."

„Bis jetzt war ja einiges schief gelaufen. Weil sich McLaren in die Idee verrannt hatte, man könne Ferrari nur mit anderen Reifen besiegen?"
Newey: „Mir war von vornherein klar, dass wir Ferrari in diesem Jahr sowieso nicht schlagen können, egal mit welchen Reifen."

„Du hast für Williams und McLaren Siegerautos konstruiert, die in einem Jahrzehnt mehr als 70 Grand Prix gewonnen haben – wie lange baust du noch die Silberpfeile?"
Newey: „Ich habe – nach der Verwirrung um meine zwei Verträge mit McLaren und Jaguar vorigen Sommer – keinen neuen Kontrakt mehr unterschrieben! Es ist auch kein Termin für das Ende unserer Zusammenarbeit festgelegt. Mit Ron Dennis habe ich ein so gutes Verhältnis, dass wir nichts Schriftliches brauchen, so gut verstehen wir einander."

„Aber, aber. Man hört, dass McLaren neuerdings auch anderen Konstrukteuren Angebote gemacht hat, etwa Mike Coughlan von Arrows?"
Newey: „Es ist Rons Strategie, ein starkes Team von Konstrukteuren und Technikern für die Zukunft aufzubauen, um mich zu entlasten – damit ich weniger wichtig bin. Ich werde natürlich auch weiter alles überschauen und kontrol-

lieren, möchte aber auch Zeit finden für meine sonstigen Interessen, außerhalb der Formel I."

„Etwa Boote konstruieren, vielleicht sogar Flugzeuge?"
Newey: „Zum Beispiel. Und wer weiß, was sonst noch alles ..."

„In Kanada", weiß das anglo-deutsche Team, „haben wir keine Siegeschance. Das ist eine völlig andere Strecke als Monte Carlo – wo extrem viel Abtrieb verlangt wurde." Ron Dennis geht sogar so weit, zu prophezeien: „Montreal wird für uns wieder schmerzlich, das wird uns weh tun." Kein Zweckpessimismus, auch wenn Ferrari-Rennchef Jean Todt offen sagt: „Vor den Silberpfeilen hab ich immer Respekt – egal, ob sie gerade gewinnen oder nicht."

MONTREAL: PARTY BEI VILLENEUVE

Go west, young man! Michael Schumacher hat eine Woche frei – nach dem anstrengenden Monaco-Wochenende genießt er seine jährlichen Ferien auf einer Pferdefarm in Texas: Motorradtouren mit Freunden, Reiten mit seiner Frau Corinna, ohne alle PR-Aktivitäten und vor allem ohne TV-Kameras. Die Testarbeit für Kanada übernehmen Barrichello und Badoer in Silverstone, während Burti in Monza Reifen testet.

In Reitstiefeln, mit Cowboygürtel, kommt der Weltmeister nach Kanada. Der deutsche Old Shatterhand.

Kanada, das ist vor allem Villeneuve-Country. „Sonntagabend, nach dem Rennen, schmeiß ich in meinem Restaurant eine große Party für den Formel-I-Zirkus!", verrät Jacques Villeneuve. Wird der Hausherr des dreistöckigen mediterranen „Newtown" im Herzen Montreals wieder Frust spüren – oder kann er endlich seine ersten WM-Punkte 2002 feiern? Mit dem modifizierten BAR mit neuem Honda-Motor absolut möglich – und dem „Canadian Kid" auch zu wünschen. Das ganze Team schwärmt vom neuen Auto, und Jacques ist zufrieden mit dem neuen V10: „Nur in gewissen Drehzahlbereichen hat er noch Schwierigkeiten, das Gas anzunehmen."
Go, Canada, go!
„Ich freu mich, wieder zuhause zu sein, und auf meinen Heim-GP", sagt er. Aber die kanadischen Fans sind jetzt schon verrückt mit Jacques. „Im Namen des Vaters: Auf dem Circuit Gilles Villeneuve endlich seine Rückkehr zum Erfolg?", hoffen die Zeitungen. Der achte WM-Lauf, im Villeneuve-Country, weckt viele

Erinnerungen, hier hat Gilles Villeneuves, Enzo Ferraris Lieblingspilot, 1978 seinen ersten Grand Prix gewonnen – knapp vier Jahre später, in Zolder 1982, wurde Gilles tödliches Opfer des blutigen Stallkriegs mit Didier Pironi.
„Der schlimmste Unfall, den ich je gesehen habe", spürt Niki Lauda heute noch den Schock. Pironi überlebte Villeneuve nur um fünf Jahre, seine Frau gebar später Zwillinge – und nannte sie Gilles und Didier ...
Jacques selber hat sich in die Erbfolge-Diskussionen nie einspannen lassen. „Ich bin stolz darauf, der Sohn meines Vaters zu sein, aber als Rennfahrer möchte ich mit ihm nicht verglichen werden!" Sein Grundsatz, 1996 geprägt, gilt heute noch. Nur ein einziges Mal, 2001 in Melbourne, als er über den bremsenden Ralf Schumacher hinwegstürzte, gestand er: „Ich hab bei diesem Unfall an meinen Vater gedacht." Der – im Gegensatz zu Jacques – nie Weltmeister war. Nur: seit seinem WM-Titelgewinn 1997 fährt Villeneuve hinterher: 1998 noch WM-Fünfter mit 21 Punkten, 1999 null, 2000 dann 17, 2001 bloß 12, aber wenigstens zwei Podestplätze – aber 2002 noch null Punkte, als einer von nur sieben Piloten.

Aber allen fällt auf: Villeneuve kämpft unverdrossen weiter! Im Monaco-Training spulte er die meisten Runden von allen ab – was aber auch mit den Reifen zusammenhing: man musste sie 12–15 Runden lang einfahren, Villeneuve hat nicht vergessen, wie man Rennen gewinnen könnte – auch wenn sein letzter Sieg (Nürburgring 1997) fast schon fünf Jahre zurückliegt. Seine Reputation hat nicht gelitten. Sein Marktwert auch nicht – oder?
„Die großen Teamchefs wollen in Zukunft nur noch junge, billige Maschinen, die ihre teuren Maschinen fahren", hat der Kanadier schon 2001 beobachtet. Und der neue BAR-Teamchef David Richards wurde so zitiert: „Statt Geld in die Technik zu investieren, hat es das Team für seine Fahrer ausgegeben." Mir gegenüber relativierte Richards seine Aussage: „Was ich sagen wollte: Es wäre besser gewesen, sich zuerst um gute, schnelle Autos zu kümmern – und dann erst um die hohen Gagen. Aber ich verstehe: Craig Pollock war ja in Doppelfunktion – Teamchef und außerdem Manager von Villeneuve."

David Richards – der dem Popstar Joe Cocker wie ein Zwillingsbruder ähnelt – lebt auf einem wunderschönen, riesengroßen Landsitz zwischen Oxford und der Shakespeare-Stadt Stratford. In einem eigenen Paradies mit Familie und vielen Tieren: drei Hunden, sechs Pferden, unzähligen Enten: „Wir haben ja einen eigenen See."
Um die Labrador-Hunde kümmern sich Davids Töchter, die sechs Pferde reitet Mrs. Richards: „Keine Turnierpferde, meine Frau liebt aber die Jagd."

Jacques Villeneuve teilt die Tierliebe seines neuen Chefs. 1995 die erste Sternstunde: Jacques gewinnt sensationell die 500 Meilen von Indianapolis. Am gleichen Tag kaufen er und sein Freund und Manager Craig Pollock – früher sein Schuldirektor im Schweizer Internat – zwei Golden Retriever.
„Preis: je 1.500 Dollar", erinnert sich Jacques.
Die Villeneuve-Hündin heißt Bimbo, „weil sie so schön ist", der Pollock-Hund Dr. Max.
Als Ehrerbietung für FIA-Präsident Mosley? Leider stirbt Dr. Max sehr jung, aber Bimbo erfreut sich bester Gesundheit, wird heute von Craigs Kindern betreut. Und wann immer Villeneuve, der Rennfahrerstar, heim in die Schweiz kommt, wird er stürmisch und schweifwedelnd begrüßt.
Jacques, großes Kind mit 30. Aber was ist aus den vollmündigen BAR-Sprüchen („wir möchten gleich unser erstes Rennen gewinnen") geworden? Und was aus dem Honda-Slogan „The power of dreams"?

Den internationalsten Background bei Honda hat sicher Othmar Szafnauer: Die Dynastie seit 1700 weit verstreut über Deutschland, Österreich, Rumänien, die Wurzeln in Baden-Württemberg, der Urgroßvater Hufschmied in den USA, der Vater in Rumänien bei der Flucht vorm Ceaucescu-Regime erwischt, 14 Monate im Gefängnis – und Othmar, der spätere Honda-Rennsportchef, noch in Bukarest geboren ... solche Geschichten schreibt nicht nur, aber vor allem die Formel I.
Niemand kann sich in die Mentalität der Japaner hineindenken: ein alter Spruch aus der Formel I. Niemand auch – jahrelang – ins BAR-Honda-Team. Was ist das wirklich? Das ewige Streitobjekt zwischen Craig Pollock und Adrian Reynard? Bloßes Werbeinstrument als rasende Zigarettenschachtel? Villeneuves Privatteam? Oder Hondas Sprungbrett für eine goldene dritte Phase in der Formel I – nach Williams und McLaren?
Dazu sind freilich die PS zu dürftig. Honda hat BAR für anfangs 2002 einen Motor mit 98 kg Gewicht und 840 PS versprochen – in Wirklichkeit sind es nur 116 kg und 740 PS. Aber dann endlich eine gewaltige Steigerung: In Monza angeblich bereits 855 PS, aber das Gewicht nicht reduziert, weder vom Motor noch vom Getriebe.

Jetzt hat der charmante, clevere Craig Pollock mit schottischen und Schweizer Wurzeln immer noch 30 Prozent Anteil an BAR, kümmert sich aber nur noch um Villeneuve („das ist alles viel einfacher") und lebt auch in Jacques Monaco-Appartement, denn der Rennfahrer wohnt offiziell auf seiner Yacht „Bliss". Dort steht auch eine der drei berühmten Trainingsmaschinen, die sein Salzburger Physiotherapeut Erwin Göllner für ihn gebaut hat, um die Belastungen und Fliehkräfte auf allen Formel-I-Strecken zu simulieren. Die anderen zwei Geräte stehen in Salzburg und im Schweizer Chalet in Villars.

Villeneuve, neben Schumacher der einzige Weltmeister im Feld, trainierte zuletzt darauf wie an jedem rennfreien Wochenende – vier Tage permanent. Er kämpft um seine Zukunft. Laut Vertrag kann er natürlich bei BAR-Honda weiterfahren, wenn er will – als mögliche Alternative böte sich eigentlich nur Renault an, nicht nur wegen der französischen Sprache. Renault könnte einen absoluten Top-Piloten brauchen, Villeneuve ein starkes Team. Aber dort sind mit Button, Trulli und Alonso schon drei ehrgeizige, kampfstarke Piloten unter Vertrag.

Jacques privat? In seiner Box ist, wann immer möglich, seine amerikanische Verlobte Elly Green (21) aus Chicago, derzeit als Tänzerin am Royal Ballett in Kopenhagen engagiert. Mutter Joann, die nicht wieder geheiratet hat, lebt mit Jacques Halbschwester Jessica abwechselnd in Pra-Loup und in Monaco, und seine Schwester Melanie, die in New York Musical studierte, ist nach dem 11. September nach Montreal zurückgekehrt.
Und Jacques' Mutter Joann, die ich wie jedes Jahr in den Boxen treffe, lächelt: „Ich hab jetzt ein ganzes Orchester. Jacques spielt Gitarre, Melanie Klavier, Elly tanzt und Jessica beginnt morgen mit Tanzstunden. Ich selber spiele Geige ..."
Nochmals geheiratet hat Gilles' Witwe nicht mehr: „Es gibt nur einmal im Leben einen perfekten Partner – und den hatte ich ja schon." Vieles, das ihr weh tut: Zuletzt wurden Gilles Helme, aufbewahrt wie Reliquien, aus dem Haus in Kanada gestohlen.
Und wenn sie die zwei verschiedenen Welten von Gilles und Jacques vergleicht: „Früher war alles freundschaftlicher, jetzt ist alles perfekter."

In Montreal schmeißt Jacques Villeneuve Sonntagabend seine Party – sind auch die Schumi-Brüder in sein Restaurant „Newtown" eingeladen? Ralf sagt, wenn er von Villeneuve spricht, immer nur „der kleine Mann", und Michael sagte kürzlich, mit einem Villeneuve-Spruch konfrontiert: „Ich habe mir längst abgewöhnt, seine Aussagen zu kommentieren."
Jetzt sagt Michael, befragt, ob er ins „Newtown" kommen wird, grinsend: „Wenn ich eingeladen werde, ja." Villeneuves Reaktion: „Michael verdient genug Geld, um sich sein Essen selber zu zahlen, aber bitte, er ist jederzeit willkommen, natürlich eingeladen. Ich mache ihm gerne einen Tisch frei ..."
Fußball-WM und Formel I – der spannende Doppelpass! Wegen der Zeitumstellung können die GP-Piloten ab 4 Uhr früh sowieso nicht mehr schlafen, also schauen sie alle Fußball. Nicht nur Michael Schumacher. „Wir müssen zittern,

aber wir schaffen schon noch die nächste Runde", tippt Schumi. „Nur hatten wir gegen die Iren leider diese typisch deutsche Krankheit – gegen Schluss nachlässig zu werden." Da dachte Schumi wohl ans Champions-Finale Bayern München-Manchester United, nicht an die späten 90.-Minute-Tore von Gerd Müller ...
Aber ausgerechnet Eddie Irvine verpasst – als einziger Ire – den Ausgleich von Keane in der 92. Minute. „Ich hab 85 Minuten lang zugesehen, hab's aber dann nicht mehr ausgehalten – und bin raus auf die Straße. Vom 1:1 hab ich erst drei Stunden später gehört."
Traurig ist Olivier Panis: „Ohne Zidane läuft halt bei unseren Franzosen überhaupt nichts! Das 0:0, fürchte ich, war für uns schon das Ende."

Und wer wird Weltmeister? „Italien!" schwört Giancarlo Fisichella, glühender AS-Roma-Fan und der beste Kicker im Formel-I-Fußballteam. „Wie es momentan aussieht, sind wir sicher die Stärksten. Ins Finale kommen wir auf jeden Fall." Davon ist auch Jarno Trulli überzeugt.
Aber Barrichello und Massa warnen: „Vergesst unsere Brasilianer nicht!" 1994 in den USA gab es ja noch das große Duell: Wer holt als erster den vierten WM-Titel, Ayrton Senna oder die Fußballer? Die „Selecao", nachdem Senna verunglückt war – und den damaligen (und heutigen) Seelsorger der Brasilo-Kicker kennen auch alle Formel-I-Fans: Alex Ribeiro, Exrennfahrer mit dem Sponsor im Himmel („Jesus saves"), danach rasender Chauffeur des Formel-I-Doktorautos mit Prof. Sid Watkins – bis er heuer in Interlagos seine Wagentür öffnete, als gerade Nick Heidfeld heranbrauste ... in Japan und Korea lebt Ribeiro jetzt gefahrloser. Statt mit dem Lenkrad mit der Bibel in der Hand.

Vor Trainingsbeginn fiebern alle mit Argentinien-England. Und viele erinnern sich, wie der „Indianer" Carlos Reutemann vor 20 Jahren sein Cockpit im englischen Williams-Team verlor. Wegen des Falklandkriegs – nicht wegen Fußball.
Am Ende dieser superspannenden Fußball-WM werden drei Brasilianer im gelbgrünen Dress ganz besonders jubeln: Barrichello, Massa und Bernoldi.

Die Atmosphäre in Kanada: locker, lässig, fröhlich, aber das darf nicht täuschen. Hinter den Kulissen brodelt es. Heißes Thema: Abwerbung! McLaren-Mercedes hat dem Toyota-Motorchef Norbert Kreyer, der zusammen mit Ex-Ferrari-Mann Luca Marmorini den sagenhaften japanischen V10-Motor entwickelt hat, ein Angebot gemacht! Offiziell von den Silberpfeilen nicht zugegeben, aber von Kreyer bestätigt: „Jawohl, es gab dieses Angebot. Aber ich will bei Toyota bleiben, fühle mich in Köln sehr wohl – aber in der Formel I kann alles passieren ..."

Ing. Kreyer, früher bei Zakspeed, hat schon 1990 bei Toyota begonnen, aber mit Rallyemotoren, war dann bei VW, Ford und kehrte 1997 zu Toyota zurück – für die Projekte Rallye und Le Mans. Offiziell ist er Chef der Motorabteilung, und das bleibt er auch.

„Mario Illien, du gilts als das Motoren-Genie der Formel I. Deine Reaktion auf das Angebot von McLaren-Mercedes an den Deutschen Norbert Kreyer?"
Illien: „Vielleicht etwas überrascht, aber nicht enttäuscht. So ist das eben im Formel-I-Geschäft."

„Wie ist deine Vertragssituation mit den Silberpfeilen?"
Illien: „Mein Vertrag ist mit Mercedes abgeschlossen, nicht mit McLaren, und der wird immer wieder automatisch verlängert. Derzeit gilt er bis Ende 2004."

„Könntest du theoretisch auch für ein zweites Formel-I-Team Motoren beistellen?"
Illien: „Nein, ich hab einen Exklusivvertrag mit Mercedes."

„Im Digital-TV sieht man immer wieder die Drehzahlen: Schumacher/Ferrari sogar im Vormittagstraining von Montreal 18.056 U/min., Räikkönen ebenfalls Samstagvormittag 17.994, aber Williams-BMW hat man schon jenseits von 19.000 U/min. ertappt. Könntest du für Mercedes Zahlen nennen?"
Illien: „Nein – Drehzahlen und PS müssen geheim bleiben."

„Ist es fair zu sagen, Drehzahl etwa 18.500 und 20 bis 25 PS mehr als 2001?"
Illien: „So in etwa, ja."

„Du hast für heuer den Motor-Öffnungswinkel zwischen den Zylinderreihen von 75 auf 90 Grad geändert, war das Beryllium-Verbot für dich ein Handicap?"
Illien: „Ja, weil ich plötzlich mein ganzes Motorkonzept ändern musste."

„Kann man trotzdem sagen: Der stärkste Formel-I-Motor, den du je gebaut hast?"
Illien: „Ja, das stimmt."

Aber viele fragen in Montreal: Wo steckt Gustav Brunner – auch er abgeworben? Der Toyota-Technikboss, der Mika Salo heuer schon zu zwei überraschenden WM-Punkten verhalf, kommt bis auf weiteres nicht zu den Rennen, aber aus einem ganz speziellen Grund. Gustav sagt: „Am Rennplatz kann ich ja nicht mehr viel tun, darum arbeite ich jetzt schon in der Fabrik am neuen Auto für 2003!" Der neue Windkanal läuft schon seit zwei Monaten, und die ersten Teile werden bereits getestet.
Aber natürlich ist Brunner Tag und Nacht mit seinem Team vernetzt: via E-Mail, Fax und vor allem über Satellit! Jeden Abend, zwischen 18 und 19 Uhr, werden

Brunner in Köln und die Toyota-Truppe mit den Ingenieuren und Fahrern in Montreal zusammengeschaltet – für die tägliche große Video-Konferenz. Jules Verne in der Formel I oder George Orwells „Big Brother" 18 Jahre nach 1984 ...

Für viele von uns leuchtet die blau-weiße Sternstunde von Montreal 1982 wieder auf. Vor genau 20 Jahren gewann BMW hier seinen allerersten Grand Prix. Mit Nelson Piquet und dem sagenhaften BMW-Turbomotor im Brabham-Chassis. „Eine Woche vorher hatte sich Nelson in Detroit nicht einmal qualifizieren können! Das 575-kg-Auto mit dem riesigen 225-Liter-Tank war auf Buckelpisten kaum zu beherrschen", erinnert sich die Crew von damals:
Teammanager Herbie Blash – längst ein wichtiger Mann in der FIA.
Chefmechaniker Charlie Whiting – seit 1997 Renndirektor im Grand-Prix-Zirkus.
Rennmechaniker Eddie Baker – heute Ecclestones mächtiger TV-Boss. Und so weiter. Alle haben ihren Weg gemacht und waren schon damals Visionäre. Charlie weiß noch: „Wir planten nach Kanada 1982 strategische Boxenstopps zum Tanken und Reifenwechseln. Aber wegen Defekten usw. sind wir nie bis zum Boxenstopp gekommen – zum ersten Mal erst in Zeltweg."

Jetzt gelten andere Spielregeln bei BMW: Poleposition für Montoya, der heißblütige Kolumbianer startet neben Michael Schumacher aus der ersten Reihe – zum vierten Mal nach Suzuka, Malaysia, Interlagos, aber erstmals in Europa. Sein Frieden (oder Waffenstillstand?) mit Schumi dauert schon verdächtig lang. „Michael war zu aggressiv gegen mich", glaubt Montoya heute, „weil er dachte: Er muss seinen Bruder schützen gegen mich." Im Williams-BMW-Qualifyingduell hat Juan gegen Ralf auf 4:4 ausgeglichen.

„Ich fahre nicht, um berühmt zu werden oder mit Fahrerkollegen Freundschaften zu schließen, sondern nur um zu gewinnen!" Juan Pablo charismatisch-egoistisch, hat eine riesige internationale Fangemeinde, aber nicht im Formel-I-Feld. „Die Rennstrecken sind nicht der Platz, wo du dir Freunde schaffst. Ich verkehre auch mit keinem gesellschaftlich, will gar keinen Kontakt mit anderen Fahrern, verbringe höchstens mit einem ein bissel Zeit – Rubens Barrichello."

Gerhard Berger hat den Spruch geprägt: „Mich erinnert der aggressive Montoya immer an den Boxer Mike Tyson, der einen Gegner sogar ins Ohr gebissen hat."
Am Montreal-Wochenende geht Tyson in einem spektakulären Fight K.o.
Daher die originellste Frage nach dem GP von Kanada: „Herr Dr. Mario Theissen, kann man sagen, das war das zweite Tyson-K.o. an diesem Wochenende?"

Start ins große Abenteuer, Toyota erlebte eine erstaunlich gute erste Formel-I-Saison: nach drei Rennen schon zwei WM-Punkte. Die Japaner bedanken sich bei Gustav Brunner (Foto) und Mika Salo. Nur die Randsteine mochte der japanische Renner nie so gern.

Die Raubtiernummer begann zahm. Die Jaguars von Irvine und De la Rosa waren anfangs 2002 wahrscheinlich die schlechtesten Autos, gerade gut genug für die vorletzte Startreihe ...

... aber dann stürzte sich Niki Lauda in die Arbeit, stellte um, kämpfte und motivierte. Der Lohn war Eddie Irvines sensationeller dritter Platz in Monza, der Lauda wegen einer Wette 2.500 Dollar kostete.

Wenn sogar der Himmel droht und weint: das typische Bild von Silverstone. Während Renault dem Regen trotzt, braut sich für

Arrows-Chef Tom Walkinshaw Unheil zusammen. Nach 382 Rennen, ist zu befürchten, verschwindet Arrows aus dem Zirkus.

Viel mehr als nur Einspringer und Gastarbeiter: Heinz-Harald Frentzen gab Arrows kurzfristig nochmals Mut, holte mit zielstrebiger Entwicklungsarbeit und Kampfgeist zwei WM-Punkte, aber dann blieb die Arrows-Box bald leer ...

... während Frentzen schon Kurs auf Sauber nahm. In der Transferzeit glühten nicht nur die Telefondrähte, sondern auch Felipe Massas Bremsen. Jetzt hat Sauber die Mönchengladbach-Connection: Nick Heidfeld mit Frentzen.

Die Luft wird dünner in der Formel I, vor allem für kleine Teams:
Mark Webber in einem Kampfjet der Australian Air Force,
Alex Yoong als flotter Botschafter für Malaysia.

Der BMW-Motorchef reagiert schlagfertig ins TV-Mikrofon: „Nein, das war nur eine Punkteniederlage.“ Juan Pablo Montoya, aus seiner sechsten Poleposition gestartet, auf Platz zwei wie in Monte Carlo durch Motorschaden aus dem Rennen gerissen, Ralf Schumacher nach drei Boxenstopps wegen kaputter Tankanlage auf Platz 7 zurückgeworfen – keine WM-Punkte für die weiß-blauen Raketen, fast genau am 20. Jahrestag des ersten BMW-Triumphs mit Nelson Piquet, Brabham und dem gigantischen Turbomotor 1982 in Montreal.

Auch McLaren-Mercedes hat Tankprobleme bei Kimi Räikkönen: Der Finne bekommt nicht genug Sprit, weshalb ihn die Box anfunkt: „Gib weniger Gas, spar Benzin, du musst ins Ziel kommen.“ So verliert Räikkönen das Stallduell gegen Coulthard, aber Platz 4 ist seine erste Zielankunft seit Melbourne – nach acht Ausfällen in den letzten neun Rennen.
„Was ist der Negativrekord?“, hat sich Räikkönen schon erkundigt. Antwort: 22 Ausfälle hintereinander – von Andrea de Cesaris. „Das wird mir nicht passieren“, atmet der Finne auf.

Im deutschen Motorduell hat Mercedes in den letzten zwei Rennen 19 Punkte gemacht, BMW aber nur vier. Trotzdem: „Wir sind momentan nur die Nummer 3“, bleibt man bei den Silberpfeilen bescheiden, hat aber vorm Start verraten: „Wir haben sogar die Safety-Car-Perioden – in Montreal immer die längsten und meisten – in unsere Strategie miteinbezogen.“ Dann dauert diese Phase – ausgerechnet wegen des ausgefallenen Villeneuve – nur sechs Runden und kostet den dank seiner 2-Stopp-Strategie überlegen führenden Rubens Barrichello nicht nur seinen Vorsprung, sondern später auch den 2. Platz – und Ferrari damit einen Doppelsieg.

„Ich hätte sogar gewinnen können! Die Safety-Car-Phase war nicht notwendig“, ärgert sich Barrichello, aber für Renndirektor Charlie Whiting und Safety-Car-Pilot Bernd Mayländer ist die Entscheidung klar: „Der BAR-Honda steckte manövrierunfähig fest.“ Als später McNish quer zur Fahrbahn liegen bleibt, kann man den Toyota wegschieben.

Montreal-Geheimtipp Fisichella wird zum dritten Mal en suite Fünfter, aber alles überstrahlt von Michael Schumacher. Schade, dass Montoya 13 Runden vor Schluss ausfällt – es hätte noch zu einem spannenden Duell werden können. Zumal Michael Schumachers Reifen schon Blasen ziehen, speziell links hinten. „Gegen Montoya wäre es noch sehr knapp und spannend geworden. Aber man kann mir ja keine Schuld daran geben, dass sein Auto zusammenbricht“, sagt der

Ferrari-Star, der nach Montoyas Ausfall seinen 21-Sekunden-Vorsprung auf David Coulthard bis zur Zielflagge auf eine Sekunde reduziert. Sah vielleicht spannend aus, war es aber nicht. „Ich bin nur noch sicher ins Ziel gefahren."

Zu seinem 59. GP-Sieg, seinem 40. für Ferrari – und jetzt hat Schumacher vor dem Klassiker auf dem Nürburgring bereits 43 Punkte Vorsprung auf die beiden Williams-BMW, zu denen Coulthard fast schon aufgeschlossen hat. In drei Rennen (Magny-Cours) kann Schumacher theoretisch schon Weltmeister sein, aber er bremst noch die Euphorie, und auch Ferrari-Superhirn Ross Brawn stapelt tief: „Ich will weder rechnen noch spekulieren ..."

„Sehr unfair von Schumacher – gewinnt jedes Rennen. Irgendwann wird ihm das auf den Kopf fallen", blinzelt Gerhard Berger in die Abendsonne am St. Lorenz-Strom. Galgenhumor bei BMW, aber vorläufig noch verhaltene Triumphstimmung bei Ferrari. „Noch neun Rennen", bremst Schumi alle, die ihn jetzt schon als fünffachen Weltmeister feiern wollen.
„Aber wie ich schon 2000 sagte: Ab jetzt fahr ich nicht mehr um Siege und Titel – das ist nicht mehr wirklich meine Motivation –, sondern, weil mir das Rennfahren und kämpfen soviel Spaß macht." Erleben wir dafür am Nürburgring wieder Pulverdampf und Stahlgewitter, wie beim großen Bruderduell 2001 – oder eine Solo-Triumphfahrt von Michael? Einsam an der Spitze, allein in seiner eigenen Welt, eigenen Liga? Aber langweilig ist ihm dabei nie.

„Der Rennsport ist nun mal so. Ich hatte schon Rennen mit verdammt harten Zweikämpfen, aber auch Rennen, die nicht so eng waren. Es ist gar nicht immer das Gewinnen, das dir die meiste Freude macht. Manchmal hast du mit einem 2. oder 3. Platz mehr Befriedigung. Zum Beispiel in Malaysia, wo ich nach Boxenstopp als 21. ins Rennen zurückgekehrt bin und noch Dritter wurde. Die Aufholjagd hat mir mehr Spaß gemacht als andere Rennen, die ich leichter gewonnen hab. Monaco z. B. war auch eine große Herausforderung. Das wechselt oft. Das war schon immer so, zumindest, seit ich in der Formel I bin. Das sind keine Gokart-Konkurrenzen mehr."

Schumi, der Teamplayer, der große Mannschaftsspieler. Unübersehbar, wie Ferraris bestes Team aller Zeiten immer mehr zusammengeschweißt ist: Schumacher, sein Leutnant Rubens Barrichello, natürlich Rennchef Jean Todt (Generaldirektor und längst mit dem Kreuz der Ehrenlegion ausgezeichnet), Technikdirektor und „Superhirn" Ross Brawn und Konstrukteur Rory Byrne, der mit dem F 2002 den besten Ferrari der Geschichte gebaut hat, vielleicht sogar den perfektesten Rennwagen aller Zeiten, aktuell auf jeden Fall das stärkste Paket aus Chassis, Aerodynamik, Motor und oft aus Reifen – sie alle sind bei Ferrari bis Ende 2004 unter Vertrag.

„Unser Geheimnis“, hat Schumacher immer beteuert, „ist die Stabilität. Wir haben bei Ferrari eine Langzeit-Verbindung mit einer beständigen Arbeitsbasis mit hoch qualifizierten Menschen. Das ist es, was unseren Erfolg ausmacht.“ In Montreal geht Michael noch einen Schritt weiter, dankt zum ersten Mal öffentlich „unseren Testpiloten Luca Badoer und Luciano Burti, unseren Testingenieuren, der ganzen Testtruppe. Ich muss ihnen ein Riesenkompliment machen. Diese Leute arbeiten das ganze Jahr, sind aber immer im Schatten – doch ohne sie wäre vieles nicht möglich gewesen.“
Vor allem mit Badoer – der Schumacher über die geringsten Details oder Materialtests in Fiorano oder Mugello informiert, mit dem er fast täglich telefoniert – funktioniert alles perfekt.

Den Erfolg sieht man in der Statistik: Seit 28 Rennen (Indy 2000) ist der Deutsche ununterbrochen an der WM-Spitze. Aber noch verblüffender als diese Siegesserie ist die Ausfallquote: nur zweimal in diesen 28 Rennen! Und beide Male war die 24. Runde die Angstrunde für Schumi und Ferrari: Sowohl 2001 in Imola (Radaufhängungsschaden nach Reifendefekt links vorn) als auch in Hockenheim (defekte Benzinpumpe nach Boxenstopp). Nur zweimal in 28 (!) Rennen – wie ist das möglich?

Den Schlüssel zu diesem Geheimnis hat Ross Brawn (47), der durch seinen Vater, einen Firestone-Reifeningenieur, zum Rennsport gekommen ist, „dafür einen Job in der Atomindustrie aufgab“, bei Arrows einstieg, dann bei Jaguar mit dem XJR 14 den ersten Sportwagen mit Formel-I-Technologie entwickelte – und damit prompt die Sportwagen-WM 1991 gewann. In jenem Jahr, in dem Schumi in der Formel I debütierte, ehe die beiden bei Benetton zusammentrafen und der Hobbygärtner, Weinexperte und glühende Manchester-United-Fan von Ferrari engagiert wurde, offiziell, „um unsere Qualitätskontrolle zu verbessern.“

„Superhirn“ Ross Brawn über die verblüffende Zuverlässigkeit der roten Renner: „Ferrari hat eben eine gesunde Paranoia vor Defekten.“ Und, was nur wenige wissen, Geheimwaffen: gewisse „Backup“-Systeme im Auto, die es Schumacher ermöglichen, im Fall von gewissen technischen Problemen auf ein Reservesystem umzuschalten – und vielleicht etwas langsamer fertig zu fahren, aber dafür sicher ins Ziel zu kommen.

Diese Notsysteme hatte Brawn schon 1994/95 für Schumacher bei Benetton entwickelt, aber jetzt bei Ferrari perfektioniert. Und die Konkurrenz schläft? Brawn: „Ein paar andere Teams dürften auch schon solche Systeme haben, aber ich weiß natürlich nicht, auf welchem technischen Stand, und wie perfekt sie funktionieren." Dazu kommt manchmal auch Glück: Wie bei Schumachers Motorschäden im Warm-up – oft im Reserveauto.
Hören wir dazu noch einmal Ross Brawn:
„Das Tolle an Michael ist nicht bloß allein sein Fahren, sondern auch, wie er jeden Tag mit den Ingenieuren redet und zusammenarbeitet. Und sein Fortschritt, seine Einstellung, sein Verständnis über all die Jahre. Als Fahrer ist er ganz außergewöhnlich, hat keine Schwäche, gewinnt immer mehr an Erfahrung, hat die richtige Einstellung, alle Fähigkeiten. Er versteht sich sehr gut mit den Ingenieuren. Wir arbeiten sehr hart, haben auch viel Spaß miteinander – die Balance stimmt."

Sagte Ross Brawn. Aber nicht zwischen Montreal und Nürburgring, sondern bereits 1994, in Michaels erstem Weltmeister-Triumphjahr! Seither ist „der kürzeste Weg zwischen Hirn und Gasfuß" (sagt Hans-Joachim Stuck) oder „zwischen Hirn und Hintern" (sagt Niki Lauda) noch perfekter geworden, aber der Mensch Michael Schumacher hat sich nicht verändert.

Werden sich auch seine Fans am Nürburgring bestätigt finden, egal, ob der eine oder andere als Nachbrenner zur Österreich-Stallorder seine Ferrari-Flagge anzündet? Michael: „Du kannst nie 100 Prozent aller Fans auf deiner Seite haben. Ich sehe Publikumsreaktionen als sportlichen Wettbewerb zwischen unseren Tifosi und unseren Feinden. Wenn ich denen zuwinke oder eine Kusshand schicke, dann lachen sie. Alles nicht so ernst. Ich glaube, wir haben richtig reagiert und unseren Fans signalisiert: So etwas wie in Österreich tun wir nicht mehr."

NÜRBURGRING: „RUBENS, GEWINN FÜR UNS!"

Montreal ist das letzte Überseerennen der Formel I bis zum Herbstfinale in Indianapolis und Suzuka – jetzt rücken die beiden deutschen Klassiker ins Blickfeld von Millionen Fans: Der Nürburgring (23. Juni) als nächste Station von Bernie Ecclestones Monsterzirkus – und Hockenheim.

Daher erstaunlich: Für beide deutsche GP gibt es noch Tickets. Rund 5.000 am Nürburgring, knapp 25.000 in der umgebauten Hockenheim-Arena. Läuft wirk-

lich alles nach Plan? Am Nürburgring: kein Problem. „Aber in Hockenheim wird's ganz eng", weiß Rennbahnarchitekt Herrmann Tielke bereits, „da werden wir sicher erst am Freitag um 8 Uhr früh fertig sein – drei Stunden vor Trainingsbeginn!"
Am Nürburgring zum Glück früher. Umbaukosten: 10 Millionen DM. Die erste Kurve wird verlängert, die neue Arena ist fertig. „Ein Super-Ausblick", schwärmen alle von der Mercedes-Tribüne. Tielke selbst, Rennfahrer seit er 18 ist, hat sogar schon das erste Rennen mitgefahren, mit einem BMW M 3. „Leider bin ich im Training rausgerutscht. Und letzte Woche, beim 24-Stunden-Rennen, ist mein Auto früh ausgeschieden – durch Unfall eines anderen."
Die neuen Streckendaten: Früher 4,556 km, jetzt 5,146 km, Renndistanz: früher 67 Runden, jetzt 60 Runden.

Ein neues Mitglied im exklusiven „Hunderterklub" der Formel I: Giancarlo Fisichella (29), vom Typ ein junger Marcello Mastroianni, fährt am Nürburgring seinen 100. Grand Prix!
„100 GP", hat Bruce McLaren seinerzeit gegrübelt, „sind ja mehr als ein Menschenleben." In den gefährlichen 50er- bis 70er-Jahren auf jeden Fall.
Graham Hill war der erste Jubilar. Als er 1968 in Monza seinen 100. Grand Prix fuhr, schenkte ihm Lotus eine Torte mit 100 Kerzen. „Mir wäre lieber", nuschelte Graham, „unser Chef Colin Chapman schenkt mir stärkere Halbachsen und Radaufhängungen, damit ich eine Chance hab, auch noch meinen 200. Grand Prix zu erleben ..."
Er kam auf 176 GP – jahrelang Weltrekord, später überboten von Riccardo Patrese (256) und Gerhard Berger (210).
Die weiteren Österreicher? Lauda 171, Rindt 60, Wurz 52, sogar einer mehr als Fangio, Wendlinger 41, Ertl 19, Marko 9, Binder 13, Gartner 8, Koinigg 2, Ratzenberger 2, Quester 1.
Und die Deutschen, vor ihrem großen Heim-GP? M. Schumacher 170, Frentzen 137, Mass 105, R. Schumacher 91, Stuck 74, Stommelen 54 ... und Heidfeld auch schon 41.
Fisichella hat im 100er-Klub Mitgliedsnummer 50 – und von den bisher 49 haben nur acht keinen GP gewonnen: de Cesaris (bei 208 Starts), Brundle (158), Warwick (147), Jarier (135), Cheever (132) Martini (119) Alliot (109), Salo (101) – und Fisichella, für viele Italiener „der zweitbeste Pilot der Welt nach Schumi." Dafür neunmal auf dem Podest, sechsmal davon in Monaco und Montreal, seinen Lieblingsstrecken.
Aber warum immer ausgerechnet dort? „Das fragt mich jeder, ich mich selber auch. Wahrscheinlich, weil beide Strecken rechts und links von Mauern begrenzt

sind. Und ich hab viel Gefühl, wie ich ganz nahe an die Mauern herankommen kann, ohne anzuschlagen." Mit seinem flüssigen Fahrstil, ganz exakter Linienführung – und deswegen schon immer mit Schumis Vorgänger als GP-Rekordsieger verglichen: „Fisico – wie der junge Alain Prost!"
Fisico VIII. war Kaiser von Rom. Abwarten, wie Giancarlo mit der Wildnis des Nürburgrings zurechtkommt. Bei Jordan geht's plötzlich aufwärts: Zuletzt dreimal Fünfter – sechs WM-Punkte in drei Rennen.

Wochenlang hat Jordan während der GP-Saison 2002 mehr Pop-Auftritte als WM-Punkte. Er wird als Schlagzeuger seiner Band „V-10" oft mehr umjubelt als Fisichella oder Sato am Steuer ihrer gelben Boliden, besonders in Monte Carlo und Spielberg.
„Hausmusik ist eine alte irische Tradition", erläutert Eddie, „bei uns auf der Insel muss jeder ein Instrument spielen können – oder zumindest singen oder Gedichte rezitieren." Es gibt sogar eine CD von Eddie & Co.
Die Band ist seit Jahren relativ unverändert – seine Formel-I-Truppe fluktuiert. Gary Anderson, ein Supertechniker, ging und kam wieder. Jordan wurde schlanker. Rund 50 Leute hat Jordan entlassen, vor allem Marketing-Leute. Schade ist um Jordans junge, bildhübsche Presselady – sie wechselte als Medien-Direktorin zum IOC nach Lausanne.
„Aber die Nummer-1-Positionen bei den Ingenieuren blieben unverändert." Die neue, straffere Organisation, keine Frage, tut Jordan gut. Wenn der Chef über Geld- und Sponsorprobleme klagt, hört er manchmal den Ratschlag: „Dann verkaufe halt deinen Privatjet oder deine Yacht." Nicht unbedingt nötig: Eddies Luxus-Spielzeuge sind meist Gegengeschäfte.

Für die Italiener ist Fisichella seit Jahren „der zweitschnellste Rennfahrer der Welt" nach Schumacher – für die Japaner ist der kleine Takuma Sato sowieso ein Gigant. Meterhohe Sato-Figuren aus Pappendeckel in den Straßen von Tokio, ganze Trauben japanischer Reporter, die nach jedem Training ehrfürchtig an den Lippen ihres Helden hängen.
„Takuma fährt sehr hart", charakterisiert ihn Fisichella. Sato muss in seiner ersten Grand-Prix-Saison fünf Karambolagen überstehen, drei mit seinem Teamkollegen, je einen mit Heidfeld und Räikkönen – alle praktisch ohne seine Schuld. Sein Mut und Einsatzwille leiden nicht darunter.
Honda ist sehr scharf darauf, Sato in der Formel I zu halten – mit oder ohne Motor-Unterstützung. Wie populär der kleine Samurai im Kirschblütenland wirklich ist, sehe ich später in Suzuka: Ein ganzer Pavillon ist als Sato-Museum eingerichtet, mit seinem ersten Rennwagen, gewonnenen Pokalen, alten Fotos.

„Seit ich als 10-jähriger Bub in Suzuka mein erstes Formel-I-Rennen sah, war mir klar: Das muss ich auch einmal machen. Ich war sofort verrückt, richtig krank nach Autorennen." Suzuka 1987: Das Rennen, in dem Gerhard Berger erstmals für Ferrari gewann und die Lotus-Honda-Turbo schlug: Ayrton Senna und Satoru Nakajima, „der mir sehr imponiert hat", erinnert sich Sato. „Aber mein großes Idol war immer nur Senna!"

Er folgte, zielstrebig und ehrgeizig, den Spuren seines Vorbilds, ging nach England, um im Rennsport-Mutterland Fuß zu fassen, quälte sich mit dem grauslichen englischen Essen, litt unter Einsamkeit, vermisste Familie und Freunde, „aber für sie alle werde ich später viel Zeit haben. Dann kann ich alles gutmachen." Noch will er zuhause kein Held sein, „aber es macht mich stolz, wenn Kinder beim Kartfahren schon sagen: Ich bin Sato."
Beim GP von Japan wird eine ganze Tribüne nach dem heimkehrenden „verlorenen Sohn" Takuma Sato benannt – und die 4.000 Tickets sind binnen weniger Stunden ausverkauft! Sato weiß, was er seinen Fans schuldig ist.

300.000 Tickets verkauft – auch der Nürburgring kocht und brodelt! Niki Lauda wird, bevor er noch ankommt, schon am Telefon bestürmt: „Deine Rückkehr in die grüne Hölle – 26 Jahre nach dem 1. August 1976. Und viele glauben ja immer noch, ich bin schuld dran, dass der alte Nürburgring, die 23 km lange Nordschleife, für die Formel I gestorben ist."

Stimmt nicht! Lauda erinnert sich heute, ein Vierteljahrhundert später, an jedes Detail – auch die entscheidende Abstimmung in Long Beach 1976. „Wir haben zu fünft abgestimmt: Sollen wir am Rang fahren oder nicht?" Lauda und Emerson Fittipaldi waren für Absage, Carlos Pace und zwei weitere Piloten fürs Rennen. Niki: „Leider wurden wir 3:2 überstimmt. Das Argument der anderen war: Der Nürburgring hat schon so viel Geld für Umbauten ausgegeben, ein 3-Jahres-Programm – und wir sind jetzt im dritten und letzten Jahr. Also sind wir so fair und fahren wir – nur noch ein einziges Mal."

Für Lauda – um ein Haar – einmal zu viel. „Ich hatte auf eine Mehrheit gehofft. Aber dann hat's mich als einzigen auf die Goschen gehaut. Ich weiß noch jedes Detail, das vergisst man nie. Aber ich fahre deswegen nicht mit Feuer im Gesicht zum Nürburgring ..."

Vor 26 Jahren begrüßte ihm der deutsche Rennbaron Huschke von Hanstein pikiert: „Die früheren Rennfahrer haben sich auch nicht beschwert, wie gefährlich die 23-km-Nordschleife ist – ich bin da selber rumgefahren." Niki fragt ihn nur: „Auch in 6:58 Minuten?" Nachmittags lag er dann im Rettungshubschrauber ...

Bei der berüchtigten Streckenpassage „Bergwerk" treffe ich Niki und seine Söhne Matthias und Lukas für eine TV-Dokumentation. Matthias ist ja inzwischen selbst Rennfahrer geworden und Lukas sein Manager.
„Buben, wann seid ihr auf die Welt gekommen?", fragt Niki. Die Antworten: 1979 und 1980. „Seht ihr, hätte mich damals nicht Arturo Merzario aus dem brennenden Ferrari gerettet, würde es euch beide gar nicht geben." Die Juniors hören andächtig zu – bisher kannten sie die Schicksalsstelle in der „grünen Hölle" nur aus Fernsehfilmen.
Danach führt der Familienausflug die drei Laudas ins Stern TV-Studio zu Günther Jauch nach Köln. „Matthias ist schnell, keine Frage, hat den Speed, macht keinen Blödsinn, fragt mich auch nach der Autoabstimmung. Und da helfe ich ihm natürlich, verrät der Jaguar-Oberbefehlshaber. Ich beobachte seine Karriere, mache mich aber nicht wichtig."

Und dann steckt die Formel I wieder im Fußballfieber, als wären wir nicht auf dem Nürburgring, sondern im Rio-Maracana- oder im Wembley-Stadion. Leere Boxengasse, keine Autodiskussionen – alles hockt bei Trainingsbeginn vor den TV-Geräten der Motorhomes. Barrichello stimmt sämtliche technischen Diskussionen auf Brasiliens Live-Match ab, nach dem 2:1 rennt er voll überschäumender Freude kurz zu den Boxen – als der Glücklichste im ganzen Zirkus.

Genau wie Felipe Massa. Der tanzt im Sauber-Zelt jubelnd und schreiend sogar Samba. „Ich war schon als Bub fußballverrückt, hab immer Sturmspitze gespielt und heuer in Barcelona die Superstars persönlich kennen gelernt: Ronaldo, Rivaldo, Ronaldino – bei einem Testspiel." Der kleine Felipe springt beim 2:1 so begeistert auf Tisch und Bänke, dass Sauber-Fitmacher Joe Leberer schon fürchtet: „Hoffentlich tut er sich nicht weh ..."

Peter Sauber bleibt als einziger cool. „Das Sportgerät beim Fußball ist mir zu wenig technisch ..."

Hängende Köpfe bei den Briten. Eddie Jordan, ganz traurig: „Alle sind weg, die Iren, die Engländer und Fisichellas Italiener. Jetzt müssen wir uns besonders anstrengen, um das wettzumachen", fordert er in einer flammenden Rede in der Box seine Mannschaft auf. Bei Jaguar muss Niki Lauda seine englische Truppe aufrichten – aber das kennt er ja nicht nur von Fußballniederlagen.

Auffallend, dass in drei Teams das Finale Brasilien-Deutschland vorweggenommen wird: Barrichello – Schumacher bei Ferrari, Massa – Heidfeld bei Sauber, Bernoldi – Frentzen bei Arrows. Und bei Mercedes hofft Norbert Haug vergeblich, „dass Michael nur noch Deutschland-USA schaut und das ganze Training in der Box bleibt." Aber der Superstar, über Funk ständig übers Fußballgeschehen informiert, spult sein volles Freitagprogramm ab. Was ihn zur Mehrarbeit zwingt: der Angriff der Silberpfeile.

Erster Coulthard, Dritter Räikkönen, dazwischen Michael: McLaren-Mercedes schlägt in der „grünen Hölle", zum 75. Geburtstag des Nürburgrings, zurück. Und alle loben die „Mercedes-Arena". Aus 311 km/h (Montoyas Topspeed) runter in den ersten Gang, 70 km/h. „Die geilste Kurve der ganzen Formel I!", jubelt Stuck – diesmal ohne Jodler. Zwei Linien sind möglich: ganz innen oder ganz außen wegen der folgenden Linkskurve.

Alle tasten sich an die Bremspunkte heran. Mit vielen Verbremsern, blockierten Bremsen, stehenden Vorderrädern. Kritik keimt auf. Montoya warnt: „Ich bin sicher, dass vier, fünf Autos gleich nach der ersten Kurve rausfliegen. Wenn du bei 100 Meter bremst, dein Vordermann aber schon bei 110 Meter, kannst du nicht mehr reagieren."
Fahrerbesprechung. Montoya und Villeneuve sind bei diesen Anlässen eher ruhig und sachlich geworden, Irvine hat dauernd den Mund offen, auch wenn er nichts zu sagen hat – und Schumacher vertritt immer seine faire Meinung: „Es wird an uns liegen, die erste Kurve mit Gefühl und Verantwortung zu attackieren. Im Rennen dann – eine Überholchance mehr. Und das wollen wir doch alle ..."
Und wenn's zu einer Massenkollision kommt? Charlie Whiting deutet bereits an: „Dann zeige ich keine roten Abbruchflaggen, sondern schicke das Safety-Car raus – außer natürlich bei einem schweren Unfall."

Montoya und Ralf Schumacher stehen in der ersten Reihe, dahinter die beiden Ferrari, dann die Silberpfeile, dann die Startraketen von Renault – Startaufstellung also paarweise wie auf der Arche Noah.

Bernie Ecclestone holt vorm Start Jean Todt und Michael Schumacher in sein Motorhome – man diskutiert recht lang. Mag sein, dass Bernie Ferrari mahnt: „Macht diesmal ja keinen Blödsinn!" Oder bespricht man schon, wie sich Ferrari tags darauf beim FIA-Gericht in Paris verteidigt? Ein offenes Geheimnis. Ecclestone hat das Ferrari-Manöver von Spielberg verurteilt: „Viel warten darauf, dass Schumacher einmal geschlagen wird. Die fühlten sich dann betrogen."

Was in Spielberg passiert ist, kann Ferrari erst jetzt korrigieren: In Monaco gewann Coulthard, also ein Gegner, in Montreal lag erst Montoya, dann Coulthard zwischen beiden Ferrari – also konnte sich Michael an Rubens noch nicht „revanchieren“. Wann endlich?
Ross Brawn: „Wir sind alle nur Menschen – und wir haben aus Österreich viel gelernt.“ Aber, rechne nach: „Hätte Montoya die Siegesserie von Michael und Michael die Ausfallsserie von Montoya – dann würde der Kolumbianer jetzt in der WM führen.“
Jean Todt verrät mit die Strategie: „Wir erlauben beiden ein offenes Rennen, voll gegeneinander zu fahren, bis zu den zweiten Boxenstopps.“ Und danach: „Positionen halten, nicht mehr überholen!“

Die „Blödheiten von Spielberg“ wiederholen sich nicht. Es gibt aber auch keinen Nichtangriffs-Pakt. Schumi dreht sich vorm ersten Boxenstopp, weil er zu knapp auf Barrichello aufgefahren ist; einer seiner seltenen Fehler, entscheidet das Rennen.
Nahezu identische Rundenzeiten im Finish, logisch, dass beide nichts mehr riskieren. Die Gegner sind längst aufgerieben: Montoya – Coulthard durch Kollision, Räikkönen fast eine Minute zurück.

„Die Kombination Ferrari-Bridgestone ist momentan unschlagbar“, stöhnt Norbert Haug. Und die echte Schockerkenntnis: „Ferrari hätte auch doppelt so überlegen gewinnen können“, trotz Schlafwagenrunden im Finish“ – um vier Sekunden langsamer.
„Aber das ist nur eine Show, um bei der FIA Sympathiepunkte zu gewinnen“, bemäkelt Ron Dennis. „Die Ferrari-Fahrer spielen mit dem Publikum.“

Die letzten Runden auf dem Nürburgring. Keine Fahnen schwingenden oder Schumi-Kappen werfenden Fans. Alle warten gespannt: Was wird passieren? Schumacher im Rückspiegel: „Vor 6 Wochen in Spielberg waren wir noch nicht arrogant genug zu glauben: Die WM ist schon gewonnen. Darum die Stallorder. Jetzt, drei Rennen später, hat sich die Situation geändert, darum können Rubens und ich wieder ein normales Rennen fahren.“ Mit dem einzigen Boxenbefehl: Bringt eure Autos sicher nach Hause.

Die TV-Kameras saugen sich an Ross Brawn fest, wie er genüsslich eine Banane verzehrt und dann ans Funkgerät greift. Rechts eines für Michael, links eines für Rubens. Ross Brawn spricht ins linke: „Rubens, kannst du mir einen Gefallen tun?“ Der führende Barrichello hält kurz den Atem an – nicht schon wieder. Und dann kommt Brawns freundlicher Boxenbefehl: „Kannst du für uns das Rennen gewinnen – can you win the race for us?“

Barrichello kann, mit zwei Zehntel Vorsprung, bedankt sich bei Ferrari „für die perfekte Arbeit und für das perfekte Auto“ – unter Freudentränen. Schumacher, ganz großer Gentleman: „Rubens hat keinen Fehler gemacht, ich schon. Er hat sich diesen Sieg verdient.“
So einfach ist das. Die Formel I ist versöhnt – Spielberg vergessen, und Gazzetta dello Sport jubelt: „Barrichello ist entschädigt, und Schumi hat seinen übergroßen Siegeshunger besiegt.“ Plötzlich feiert ihn auch „Bild“ wieder: „Schumi, dein größter Sieg. Dieser zweite Platz war sauber.“

Nürburgring, Sonntagabend. Ferrari feiert, alle anderen lecken ihren Wunden. „Nie hätte ich geglaubt, dass Ferrari so dominiert. Gegen die Roten ist heuer nichts zu gewinnen“, resigniert sogar Gerhard Berger. „Wir waren schon nach zwei Runden geschlagen.“

*

Drei Tage später fährt Ferrari das nächste Rennen ohne Publikum: Vor dem FIA-Gericht in Paris. Schumacher, begleitet von Todt und Barrichello, schlüpft um 9 Uhr 15 so diskret wie möglich ins FIA-Hauptquartier am Place de la Concorde Nr. 8. Und flüchtet zweieinhalb Stunden später durch einen geheimen Hinterausgang durchs Restaurant Maxim.

Drinnen verteidigt sich Ferrari – dank seines äußerst cleveren Anwalts Dr. Harry Peter – geschickt.

„Emotionell ist das World Council dafür, Ferrari für den manipulierten Zieleinlauf von Spielberg zu bestrafen“, verrät mir Max Mosley, „Rationell aber nicht. Ferrari hätte dagegen sicher berufen, dann hätten unabhängige Richter das Ergebnis wieder umgedreht.“ Also haben die 22 Word-Council-Mitglieder „mit Bauchweh“ nicht bestraft, „obwohl wir das gerne getan hätten.“ Ferrari verteidigt sich mit einem Rechenbeispiel: „Wir haben dreimal in den letzen sechs Jahren die WM im letzen Rennen verloren. 1999 sogar um nur zwei Punkte. Darum waren die vier zusätzlichen Punkte für Ferrari sehr wichtig.“

Und die Verarschung des Publikums? Man kann Stallregie auch heimlich praktizieren: Überholen schon ein paar Runden früher, statt erst in der letzen Kurve. Oder es dauert ein Boxenstopp ein bissel länger ...

Die 22 Mitglieder bestrafen Ferrari also nicht für die Stallorder, „wenn auch mit einigem Zögern“, wohl aber für das Chaos bei der Siegerehrung. „Weil jedes Team verpflichtet ist, dass seine Piloten das Protokoll befolgen und in keinster Weise die Regierungsmitglieder brüskieren.“ Die Ferrari-Version: „Schumacher hat die Trophäe für Platz 1 vom Bundeskanzler Dr. Schüssel bekommen, ihn aber nicht erkannt, den Pokal an Barrichello weitergegeben, und dann die Trophy für den zweiten Platz von der Frau Vizekanzler Riess-Passer entgegengenommen ...“

Sportlich kommt Ferrari 2002 mit einem blauen Auge davon: kein Punkteabzug, weder gelbe noch rote Karte, jedoch die höchste Geldstrafe der ganzen Formel-I-Geschichte: Schlimmer als die 50.000 Dollar für Nigel Mansell, der 1989 in Estoril den großen Rivalen Ayrton Senna in der ersten Kurve brutal abgeschossen hat. Manche glauben noch heute: auf Befehl aus der Ferrari-Box ...

Eine Million Dollar Strafe für das Chaos von Spielberg tun dem Superrennstall mit seinem 200-Millionen-Dollar Jahresbudget vermutlich nicht allzu weh. Und nur 500.000 Dollar sind sofort zu bezahlen – die zweite Hälfte bedingt auf ein Jahr.

„Lächerliche Bestrafung“, sagt jemand wichtigtuerisch zu Bernie Ecclestone, aber der hat sowieso immer Dollarzeichen in den Augen: „Eine Million Dollar ist nicht so lächerlich, lieber Herr.“ Ferrari respektiert die Entscheidung. Respektieren oder akzeptieren? „Wir respektieren ...“ Und Mosley gründet, weil im Pariser FIA-Headquarter seit Spielberg wochenlang die Hölle los ist, seine „Arbeitsgruppe Stallorder“ und schafft eine eigene Extra-Homepage für alle Formel-I-Fans.

„Vielleicht ist eine goldene Idee dabei, wie wir künftig mit Stallorder umgehen sollen“, sagt mir Mosley. „Und die ungeheuren Reaktionen auf den Österreich-GP – mehr Zuschriften als nach der Senna-Tragödie – haben mich überzeugt: Stallorder in der Formel I, das bewegt die Fans wirklich.“

SILVERSTONE: IM WINDKANAL VON JAGUAR

Vor einem Jahr machten die Sexy-Fotos von Babsi Schett Schlagzeilen in Wimbledon, jetzt überrollt die Sexy-Welle auch den Formel-I-Zirkus. Nicht, weil Schetts Exfreund Enrique Bernoldi Freitag noch ohne Auto und Motor dastand: Top-Modell Judy, früher glühender Lauda-Fan, jetzt mit Alex Wurz’ Exteamchef Rocco Benetton verheiratet, hat ein US-Magazin verklagt, weil es alte, freizügi-

ge Paparazzi-Fotos von ihr abdruckte – nur wurde ihr makelloser Körper irrtümlich dem Tennisstar Anna Kournikowa zugeschrieben ...
Beide Damen klagten, Judy sogar auf 10 Millionen Dollar. Man einigte sich jetzt außergerichtlich.
Was ein anderes Magazin nicht hindert, jetzt eine neue Fotoserie zu starten: Formel-I-Teamchefs, wie Gott sie erschuf. Als erster kommt der stets braungebrannte Ober-Macho Flavio Briatore vor die Kamera – „for Charity", heißt es. „Für wohltätige Zwecke." Aber er werde, bremste Flavio, einen Körperteil verhüllen.
„Nimmst du einen Hut?", fragte Eddie Jordan grinsend, „dein Gesicht kennt man ja ..." Und David Coulthard, der sich in der Sonne von Miami auch schon hüllenlos ablichten ließ, gab sogar noch gute Tipps.

Als ob die Formel I momentan keine anderen Sorgen hätte. Arrows steht vor dem Aus – angeblich 90 bis 100 Millionen Dollar Schulden. Dabei ist Tom Walkinshaw einer der reichsten Engländer, laut aktueller Forbes-Rangliste die Nr. 330 mit 100 Millionen Pfund Privatvermögen. Und das BAR-Team ist mit 230 Millionen im Minus.
Was läuft momentan schief in der Formel I, ihrer Welt der Luxusyachten und Privatjets?
Es gibt aber auch eine Story mit Herz: Liza Dennis, die Frau des McLaren-Chefs, hat eine Serie von 17 Rennfahrer-Kinderbüchern herausgebracht: „Mac and Lauren" – erinnert an McLaren, ist aber die fröhliche Story von Rennautos ohne Fahrer. Schon möglich, dass ihr Ron geraten hat: Die Piloten wären nicht so wichtig ...

Erstmals für mich erstellt Niki Lauda sein Fahrer-Ranking, seine persönliche Rangliste nach den Kriterien: Speed, Klasse, Talent, technisches Verständnis, Charisma, Publikumswirksamkeit.

1. Michael Schumacher – ohne jede Diskussion
2. Ralf Schumacher und Montoya – jeder hat gleich viele Vorteile
4. Kimi Räikkönen und David Coulthard – ebenfalls sehr ähnlich, beide Kopf an Kopf
6. Rubens Barrichello
7. Jarno Trulli
8. Jenson Button
9. Nick Heidfeld
10. Giancarlo Fisichella

Die Party des Jahres in der Formel I: 1.400 Gäste, Popstars und Groupies, Rennfahrer und Boxenluder in einer Londoner Fotogalerie – mit Niki Lauda als Superstar. „Gleich beim Eingang, als ich reinkam, ist mich riesengroß mein Nürburgring-Feuerfoto angesprungen." Die Party dauerte bis zum Morgengrauen, aber dann wird's ernst: Premiere für den umgemodelten Jaguar in Silverstone, Tag der Wahrheit!

Flügel, Luftleitbleche, Unterboden – alles neu bei den grünen Raubkatzen nach 110 von (fürs ganze Jahr) 146 erlaubten Testtagen. Gelingt damit der Vorstoß ins Mittelfeld? „Ich traue mich nicht, irgendwelche Prognosen abzugeben, die Barcelona-Testzeiten zu vergleichen. Beim GP hatte es 20 Grad, jetzt 40 Grad. Sicher haben wir Fortschritte gemacht. Aber die anderen sicher auch – nur: wie viel? Jedenfalls arbeiten wir permanent, sobald wir etwas Neues gefunden haben, ist es schon am Auto."

Lauda arbeitet für heute und denkt an morgen: Bei ihm laufen viele Formel-I-Fäden zusammen. Mehr als viele glauben.

Das berühmteste Sportkappl der Welt wird deutsch, bleibt aber rot: Mittwoch wurde der Vertrag geschlossen, Donnerstagabend das neue Kappl nach Silverstone geflogen – ab Freitag heizt Jaguar-Käpt'n Niki Lauda der Konkurrenz mit neuer Mütze ein: Viessmann.
„Heizungstechnik", verrät Niki, „das bestgepflegte Hightech, das ich je gesehen hab. Der modernste Betrieb, einer der größten der Welt. Den Chef – auch selber ein Flieger – hab ich vor paar Monaten kennen gelernt. Er hat mir seine Fabrik nördlich von Frankfurt gezeigt. Und dann haben wir übers Kappl-Sponsoring geredet ..."
Dauer? „Fünf Jahre." Summe? „Ein Freundschaftsdienst ..." Und wie viele Kappln? „Alle sechs Monate ein neues. Sobald der rechte obere Kapplrand, wo ich immer hingreif, speckig wird, muss ich das Kappl auswechseln – so jedes halbe Jahr."
Viessmann löst Parmalat ab, den längsten Formel-I-Sponsor aller Zeiten: 24 Jahre – Anfang 1977, mit Laudas sensationellem Frontwechsel von Ferrari zu Brabham, bis Herbst 2001. „Dann hat Chef Tanzi, ein Freund von mir, die Firma seinem Sohn übergeben, der wollte plötzlich alles anders machen. Also warum sollte ich ihm weiter gratis einen Gefallen tun?"
Und schon war der Schriftzug schwarz überklebt.
Als Lauda zu Jaguar kam, war ein Kapplwechsel noch kein Thema. Dr. Reitzle, damals: „Sein Kappl wird nicht grün. Wir wollen Niki ja als Rennchef, nicht als Werbekasperl." Hut ab – bis Viessmann kam.

„Und jetzt setzen wir alles daran, Jaguar im Rennen zu schlagen!“ Typisch Formel I, die Reaktion von Arrows. Der kantige, bullige Schotte Tom Walkinshaw – aufgewachsen wenige Kilometer neben der berühmten Jim-Clark-Schaffarm „Edington Mains“ – hat die 4,7 Millionen Dollar aus seinem Privatvermögen herausgekitzelt, damit er seine Motorschulden bei Niki Lauda bezahlen kann.
In der Nacht, in letzter Sekunde – wie schon vor sechs Wochen in Kanada ...

Arrows – die Story von Dramen, Tragödien, politischen Verwirrungen und fremdem Geld. Schon seit 1977 – und in 380 Grand Prix noch immer kein Sieg! Der erste Arrows überhaupt, der 1977 in Kyalami mit Riccardo Patrese am Steuer schon mit 40 Sekunden führte, musste über FIA-Befehl zerstört und zertrümmert werden, weil Konstrukteur Tony Southgate das gleiche Auto für zwei Teams gebaut hatte.
Gunnar Nilsson, als große Hoffnung und kommender Weltmeister engagiert, starb an Krebs.
Mechaniker Dave Luff, der in Zolder noch verzweifelt versuchte, den abgestorbenen Motor von Patrese zu starten, als das Rennen schon losging, wurde vom zweiten Arrows-Piloten Sigi Stohr voll gerammt. Dave überlebte durch ein Wunder.
Und oft fragten sich die Fans: Wem gehört Arrows wirklich? Jackie Oliver verkaufte das Team an Walkinshaw, dazu stieß vor drei Jahren der farbige Prinz Malik von Nigeria, der die Bank Morgan Grenfell an Bord zog, wofür sich Walkinshaw mit 10 Prozent Anteil bedankte – bis zu einer Kapitalerhöhung.
Arrows hat österreichisches Flair: Gerhard Berger und Jo Gartner kämpften 1985 ums Arrows-Cockpit, Berger gewann – und auch ein grüner Swarovski-Arrows war damals möglich.

20 Minuten mit dem „Rocket Man“: So verherrlichen die kühlen Briten noch heute Keke Rosberg für seinen Weltrekord von 1985 in Silverstone, als er unter schwarzen Regenwolken, mit Honda-Turbopower und Slicks die schnellste Formel-I-Runde aller Zeiten fuhr – 258,927 km/h machten den Finnen zum Raketenmenschen.

Stolz drauf, Keke? „Auf gar nix“, sagt Rosberg heute. „Als ich in die Formel I kam, hatte ich nur drei Ziele: einen GP gewinnen, Monte Carlo gewinnen, die WM gewinnen. Hab ich ab 1982 alles geschafft!“ Und damals riet er dem jungen Gerhard Berger: „Genieße jede Poleposition, jeden Sieg – die sind in der Formel I viel zu selten ...“

Rosberg hat österreichische Wurzeln: Hat als Formel-Vau-Werkfahrer bei Kurt „Master" Bergmann in Wien-Essling begonnen, führte als Postanschrift jahrelang „Campingplatz Zell am See" und kommt jetzt wieder öfter ins Salzburgische: „Seit mein Sohn Nico (16) in Monaco aus der Schule ist, hab ich erstmals wieder geografische Freiheiten – und auch Zeit, Österreich zu genießen!"
Nico Rosberg: heißes Talent in Bergers BMW-ADAC-Formel, die er am Nürburgring gewonnen hat. Weltmeistersöhne wie Mathias Lauda als Rennfahrer – die neue Mode? „Ganz klar", sagt Keke, „du machst, was dein Vater getan hat." Demnach hätte Keke Tierarzt werden müssen. „So ähnlich. Aber eher Zahnarzt", grinst er, „dann hätte ich gut verdient und viel Zeit für die Rennen gefunden."

Der „kecke Keke" und seine Sprüche: erfrischend gegen die heutigen Luftblasen in der Formel I. So sagt mir Rosberg über ...
... die heutige Formel I: „Ist populärer denn je, aber ich verstehe nicht ganz warum, weil die Rennen nicht so aufregend sind, die Boliden auch nicht. Wenn ein 12-Zylinder-Alfa in Monaco aus der Schikane rausbeschleunigte, war das zehnmal toller als heute, wo nur gilt: lenken, denken, bremsen. Aber natürlich – das Größte, das in den letzte Jahren passierte, ist die Sicherheit."
... seine Angst: „Hatte ich immer. Angst ist der beste Schutzengel. Wer früher keine Angst hatte, lebte nicht lang. Heute kannst du auch mit Übermut überleben."
... das Geld: „Ich war noch nie neidig auf die heutige Fahrergeneration, keine Sekunde! Wir haben auch schon sehr gut verdient. Auch wenn Günter Schmid der Meinung war, die 1.000 Dollar, die er mir bei ATS pro Rennen zahlte, waren zuviel."
... das Comeback seines Ex-Schützlings Hakkinen: „Ich glaub nicht mehr, dass er wiederkommt, aber ich wäre nicht überrascht, wenn er trotzdem wieder fährt."
Auf den Spuren des Raketenmanns?

Nur wenige Meilen von Silverstone entfernt ist der geheimnisumwitterte Bletchley Park. Geburtsstätte des ersten elektronischen Computers („Colossus"), mit ihrem komplexen Funksystem der Vorläufer des www – und vor allem die „Station X" der englischen „Codebreakers" im Zweiten Weltkrieg. Hier arbeiteten in Holzhütten, unter strengster Geheimhaltung, 12.000 Briten, um den deutschen Funk-Code zu knacken.

Ein Geheimnis, das erst 1977, also 32 Jahre nach Kriegsende, teilweise gelüftet wurde. Und die erbeutete, sagenhafte deutsche Verschlüsselungsmaschine

„Enigma", 2001 aus dem Bletchley Park gestohlen, ist erst 2002 wieder aufgetaucht.
Aber die Code-Knacker wären heute auch in der Formel I wertvoll, nicht nur, um den Boxenfunk der Konkurrenzteams abzuhören ... Beim British Grand Prix kommt es an der Boxenmauer zu mehrmaliger Interferenz, also Überlagerungen, die sich gegenseitig positiv, aber auch negativ beeinflussen, oft sogar auslöschen können. Die Folge sind oft missverstandene Funksprüche, dadurch verpatzte Boxenstopps – teils auch aufgrund der unmittelbaren Nähe des Digital-TV.
Und haben die Geister von Bletchley Park vielleicht sogar mit den vielen verpatzten Tankstopps zu tun ...?

Ein Verdacht, der in Silverstone auftaucht: Wenn ein (natürlich aufgeladenes) Auto zum Nachtanken an die Box fährt, bleibt es genau an einem Metallstreifen stehen, der mit einem Punkt an der Unterseite des Autos sofort Kontakt schließt. Also eine Erdung, die Funkenflug durch elektrostatische Ladungen verhindert – sehr wichtig beim Tanken.
Kann es sein, dass der Strom auf die Tankanlage, den Einfüllstutzen übergreift und dort Störungen beim Tanken auslöst? Patrick Head ist der Erste, der sich darüber Gedanken macht.

Ich glaube, dass das ganze Tanksystem der Formel I zu kompliziert geworden ist. Die FIA, die ja die Tankanlagen von der einer französischen Firma bekommt und direkt an die Teams weitergibt, hat von 2001 auf 2002 die Software geändert – nachdem sie schon 2001 oft nicht funktioniert hat. Jetzt aber häufen sich die Probleme. Ein Computer rechnet die Spritmenge aus, nicht immer fehlerlos, aber das Ärgste ist der Rüssel selbst: Er muss genau in den Einfüllstutzen passen, aber dazu muss der Winkel, in dem der Tankwart den Schlauch hält, absolut genau passen. Schwierig genug: Der Mann muss, wenn er einfüllt, gleichzeitig alle zwölf Blöcke am Ende des Tankschlauchs zurückdrücken – sonst kommt kein Sprit oder du kriegst nicht die richtige Menge.

Viel zu kompliziert, aber nicht die Schuld der Teams, die ja an den Tankanlagen (bei hoher Strafe) nichts verändern dürfen. Sie kriegen die Anlagen nur geliefert – manipulieren ist streng verboten, auch lebensgefährlich, wie der Feuerball bei Jos Verstappen in der Benetton-Box von Hockenheim 1994 bewiesen hat. Durchflussgeschwindigkeit: 12,5 Liter pro Sekunde.

Jaguar hatte schon 2001 dreimal Probleme mit dem Tanken, worauf Niki Lauda eine eigene Drei-Mann-Truppe aufgestellt hat: „Die kümmern sich das ganze Jahr

nur um unsere Tankanlage, halten sie instand – damit sie ja nicht im Keller vermodert." Erfolg? Null Probleme bei Jaguar 2002 – mit der Tankanlage wenigstens.
Dafür ist der neue, sagenhafte Jaguar-Windkanal endlich in Betrieb. Ein exklusiver Besuch – um zu sehen, wie Niki Lauda seinen „Raubkatzen" die Krallen schärft:
Ein Industriegelände außerhalb von Bicester bei Oxford. Unscheinbar, fast versteckt, mit höchster Sicherheitsstufe und Alarmbereitschaft. Adrian Reynard hat den Windkanal vor Jahren gebaut, aber nie benützt und jetzt an Jaguar verkauft – und Jaguar hat ihn monatelang kalibriert.
Geheime Kommandosache. Off limits. Eintritt streng verboten – außer mit Sondergenehmigung von Niki Lauda. Ich darf als erster und einziger Reporter in den Windkanal – sogar mit TV-Kamera.
Die Kühlung ist wichtig, konstante Temperatur 24 Grad, und natürlich gleichbleibender Luftdruck. Das Herz des Windkanals ist die riesige Turbine, die Schaufeln werden vor jedem neuen Versuch gewissenhaft überprüft.
Im Control Room werden Millionen von Daten aufgezeichnet und gespeichert. Um sie alle auszuwerten, ist die richtige Software nötig. Eine immense Challenge für die Techniker.
Das Jaguar-Windkanalmodell: nicht 1:1, sondern 50 Prozent, ohne Motor, aber mit fünfmal soviel Einzelteilen wie der Original-Formel I. Wieso nur die halbe Größe? Weil man so neue Teile rascher produzieren kann, oft sogar am gleichen Tag, erklärt der Chef im Jaguar-Windkanal, Paul van Veggel.
„Unser Hauptzweck ist: Die Performance vom Windkanal auf die Rennstrecke zu übertragen. Wir suchen, wie jeder, mehr Abtrieb und Windschlüpfrigkeit, arbeiten an der Balance des Autos in den Kurven, messen die Kühlung, auch der Bremsen, und analysieren vieles, was geheim bleiben muss ..."

Ein Formel-I-Auto im Windkanal – zum ersten Mal im ORF: Räder aus Karbonfiber, rollender Boden, der berühmte „Moving Floor". Die angeströmte Luft, also der Fahrtwind, ist absolut identisch, genau gleich schnell wie sich der Boden bewegt. Nur: Mit wie viel Speed, das hält jedes Team streng geheim.

Und die praktische Erkenntnis aus dem Windkanal? „Wir sehen etwas, das noch kein Mensch erblickt hat. Nicht die Computer-Zeichnungen, sondern das echte Auto – und das machen wir schneller. Wenn wir dann ein paar Wochen später, auf der Rennstrecke, ein rasend flottes grünes Auto sehen, dann wissen wir: Wir haben es schneller gemacht – und das ist unser Lohn, unser Anteil am Erfolg."
Die Hoffnung stirbt zuletzt, auch bei Jaguar.

Vom ehemaligen Kriegsflughafen Silverstone ist seinerzeit Frank Williams' Vater, ein RAF-Pilot, oft zu Feindflügen gestartet. Sir Frank (geboren 1942) hat seinen Vater nie gekannt, aber auch er hat zur englischen Formel-I-Strecke eine besondere Beziehung: Hier hat 1979 Clay Regazzoni den ersten Grand Prix für Williams gewonnen – und Jacques Villeneuve den 100. Gelingt Williams-BMW am Sonntag wieder eine Sternstunde?

„Wir wollen so schnell wie möglich auch im Rennen wieder ganz nach vorn", ist die Parole von BMW-Motorchef Dr. Mario Theissen. „Darüber kann man sich mehr freuen als über drei Polepositions in Serie." Nach den Motordefekten von Monaco und Montreal ist BMW keineswegs einen Schritt zurückgegangen – im Gegenteil: Flucht nach vorn!

Ralf Schumacher, nach seinem Abschuss durch Barrichello in Melbourne heuer immer im Ziel, viermal auf dem Podest, freut sich auf das Streckengemisch aus schnellen und langsamen Passagen, „wobei uns die langsamen Teile mehr Probleme machen werden." Dazu Gerhard Berger: „Wir sind 2002 auf den schnellen Strecken nicht mehr soviel stärker als 2001 – umgekehrt aber auf den langsameren Pisten nicht mehr soweit zurück."

Der Kampf ums schwarze Gold wird spannend – der englische GP zu einer Reifenschlacht! Silverstone beansprucht die Pneus stärker als die letzten drei Strecken, verlangt also widerstandsfähigere Mischungen, um den Verschleiß zu begrenzen.
„Die Reifen", sagt Montoya dazu, „haben für mich in England Schlüsselfunktion, davon wird viel abhängen. Hoffentlich regnet es nur nicht."

Aber da lockt Ferrari noch ein anderes Traumziel: WM-Doppeltriumph, in der 50-jährigen Formel-I-Geschichte erst dreimal realisiert, zuletzt 1979 (siehe Statistik). Wird sich Schumi für Barrichellos treue Domestikendienste revanchieren – den Teamkollegen zum Vize-WM-Titel pushen? Eine andere Art von Stallorder, aber was sagt der FIA-Präsident dazu?

Max Mosley verrät mir: „Ferrari muss in Silverstone nicht unbedingt so überlegen sein wie zuletzt, aber ich sehe für Sonntag kein direktes Duell Schumi/ Barrichello voraus. Natürlich hab ich keine Infos. Aber wenn der eine so hervorragende WM-Chancen hat, muss das Ziel des Teams wohl sein, bis Saisonende den zweiten Fahrer auf Platz zwei vorzubringen."

Darum hofft Mosley in Silverstone „auf ein offenes Rennen, was sehr positiv wäre.“ Also ein Rad-an-Rad-Kampf Schumi-Barrichello? „Kann ich mir nicht vorstellen, weil es doch ziemlich blöd wäre, wenn beide rausfliegen.“ Also wird die FIA alles genau kontrollieren? „Klar – aber ich fürchte, da gibt’s nicht viel zu beobachten, wenn wieder Stallorder reinkommt ...“

DIE FERRARI-WELTMEISTER UND IHRE STALLKOLLEGEN

1952: 1. Alberto Ascari 36. (52,5), 2. Giuseppe Farina 25 (28), 3. Piero Taruffi 22
1953: 1. Alberto Ascari 34,5 (46,5), 3. Giuseppe Farina 26 (32)
1956: 1. Juan Manuel Fangio 30 (33), 3. Peter Collins (25), 6. Eugenio Castellotti 7,5
1958: 1. Mike Hawthorn 42 (49), 5. Peter Collins (14), 7. Luigi Musso (12)
1961: 1. Phil Hill 34 (38), 2. Graf Berghe von Trips (33)
1964: 1. John Surtees (40), 4. Lorenzo Bandini (23)
1975: 1. Niki Lauda (64,5), 5. Clay Regazzoni (25)
1977: 1. Niki Lauda (72), 4. Carlos Reutemann (42)
1979: 1. Jody Scheckter 51 (60), 2. Gilles Villeneuve 47 (53)
2000: 1. Michael Schumacher (108), 4. Rubens Barrichello (62)
2001: 1. Michael Schumacher (123), 3. Rubens Barrichello (56)
2002: 1. Michael Schumacher (144), 2. Rubens Barrichello (77)

In Klammern: Totale Punkteanzahl, damals gab es noch Streichpunkte.

Na also: Ferrari garantiert offene Rennen bis Saisonende! „Keine Stallorder im englischen Grand Prix!“, garantiert „Superhirn“ Ross Brawn, „sondern die gleiche Strategie wie zuletzt am Nürburgring. Schumacher und Barrichello fahren jeder ihr eigenes Rennen bis zum letzten Boxenstopp – und dann kommt über Funk mein Kommando: Positionen halten!“ Ob die Konkurrenz stark genug sein wird, den Ferrari-Paarlauf an der Spitze zu bremsen? Und spielt das Wetter mit?

Rubens hat bei „Barrichello-Wetter“ (wechselnde Bedingungen) schon oft Poleposition herausgefahren, diesmal schlägt ihn nur Montoya. Und Schumi erwidert cool, wenn man ihn fragt, warum er erst einmal (noch dazu gerade in der Box, als die Abbruchflaggen herauskamen) gewonnen hat: „Wahrscheinlich wurde ich zu oft disqualifiziert oder hatte Kollisionen“, erinnert er sich an 1994/95 – und die Rivalenkämpfe mit Damon Hill.

Der wieder stichelt in den englischen Medien gegen Schumi: „Ich hab’s im Gefühl, ich spüre, dass Michael noch heuer zurücktritt.“ Was Michael natürlich dementiert: „Wir allen wissen ja, Damon ist mein alter Freund ...“ Aber sogar sein früherer Benetton-Teamkollege Johnny Herbert macht Stimmung gegen den Superstar: „Schumi hat bei mindestens drei seiner vier WM-Titel Hilfe gebraucht. So etwas hatten ein Senna oder Prost niemals nötig.“

Kühles, regnerisches Silverstone, aber nach der katastrophalen Verkehrssituation der letzten Jahre endlich kein Stau mehr. Bernie Ecclestone hat die gigantischen Umbauten (40 Millionen Pfund) zu einem Drittel finanziert – umso mehr tobt er, weil sein Hubschrauber Sonntag früh wegen der Regenwolken nicht landen darf. Der Big Boss muss mit dem Auto zur Strecke – und der Chauffeur verirrt sich im Infield. Bernie, total verärgert: „Was für ein Kirtagsrennen – nicht einmal Hinweisschilder. Ich nehme ihnen den Grand Prix weg!“
Und dann muss Bernie, mit Lackschuhen, im Schlamm Hunderte Meter zu Fuß gehen. Der schlechteste Zeitpunkt, ihn anzusprechen.
„Mr. Ecclestone, was sagen Sie zur tollen Tradition und Historie dieses Rennens?“, fragt ein eifriger BBC-Reporter. „Sie haben recht“, erwiderte Bernie cool und doppelsinnig, „Silverstone is history ...“ Woraus die Nachrichtenagenturen und Internet-Akrobaten sofort ihre Falschmeldungen ausspucken: Grand Prix in Silverstone für immer abgesagt.

Start unter schwarzen Regenwolken, für Barrichello mit Aufregung: Nach Startproblemen in der Aufwärmrunde kann der Brasilianer erst als Letzter ins Rennen gehen. Als es dann wirklich nass wird, holt Ferrari seine beiden Piloten zum Reifenwechsel an die Box: Michael (in Führung) und Barrichello bekommen Intermediate-Reifen, also den Zwischentyp für feuchte Strecken – andere montieren vor lauter Regenangst gleich die vollen Regenreifen. Und Michelin hat gar keine Intermediates ...
„Die Ferrari“, schüttelt der aussichtslos zurückgeworfene Pole-Mann Montoya den Kopf, „können pro Runde vier Sekunden schneller fahren als ich – keine Chance.“

Der wahre Genieblitz von Ferrari ist aber der genauso spektakuläre wie riskante Doppel-Boxenstopp (wieder für Intermediates) in der 34. Runde: Ross Brawn holt Schumi und Barrichello – die 13 Sekunden auseinander liegen – gleichzeitig an die Box. 13 Sekunden – da muss Schumi schon abgefertigt sein, wenn sich Barrichello einbremst. Es gelingt mit Herzklopfen und fliegenden Händen.

Die Doppelführung Ferraris ist gerettet. Der Doppelsieg auch.

Wenn man sieht, wie andere Teams dilettieren, könnte man weinen: Coulthard, zuletzt zweimaliger Silverstone-Sieger, wird von Ron Dennis in endlose Funkdebatten verwickelt, ob und wann er hereinkommen solle oder nicht. „Unser Malheur beginnt damit, dass Kimi unangemeldet zum ersten Boxenstopp reinkommt. Ab da gerät alles durcheinander“, muss Dennis Adjutant Whitmarsh zugeben. Und Coulthard stöhnt: „Mein schlimmstes Silverstone.“
McLaren schafft das schwierige Kunststück, dass Coulthard und Räikkönen immer, zu jeder Zeit, auf den falschen Reifen sind – achtmal insgesamt, außerdem vier Ausrutscher von Coulthard.

„Für mich“, erzählt dagegen Michael lange nach dem Rennen, im privaten Kreis, „ist das der schönste Tag. Ich muss bloß fahren, alles andere macht Ross Brawn, sagt mir über Funk wann ich reinkommen soll, wann tanken und wann Reifenwechseln und er trifft immer die goldrichtigen Entscheidungen. Wir müssen nicht ein einziges Mal wegen der Strategie diskutieren.“

Ross Brawn ist in England mit Abstand der cleverste Mann in den Boxen, aber dann schon gefolgt von David Richards. Der heutige BAR-Chef kommt ja aus der Rallyeszene, war 1981 auf dem heißen Sitz neben Ari Vaatanen Rallye-Weltmeister und hat alle Schlechtwettertricks in die Formel I übernommen: „Ich platzierte in meinem Haus, bei Nachbarn, überall wo ich konnte, Wetterspione. Und ich halte sogar meinen Helikopter das ganze Rennen in der Luft, um die Entwicklung zu beobachten“, gibt Richards nachher zu. „Ich weiß also immer genau, wo das Fenster für die Boxenstopps ist – und es zahlt sich aus.“ Mit fünf WM-Punkten, den ersten für BAR 2002, weil Villeneuve starker Vierter wird und Panis Fünfter.

Aber „Schuey“, wie die Engländer den deutschen Superstar nennen, hat auf der Insel seit jeher nicht nur Fans.
„Nigel und Damon, habt ihr auch fremde Hilfe gebraucht, um Weltmeister zu werden?“, fragen Transparente in Silverstone – indirekte Fan-Anfragen an Mansell und Hill. Aber Stallorder ist diesmal kein Thema, auch nicht für Max Mosley.

Spielberg wiederholt sich nicht. Schumacher fährt in Silverstone allein ins Geschichtsbuch: sein 171. GP – so viele wie Niki Lauda. Zum 14. Mal hintereinander in den WM-Punkten – wie Carlos Reutemann. Und zum 107. Mal auf dem Siegerpodest – einmal öfter als Alain Prost. Ohne Pfiffe, mit freundlichem Applaus. Michael gesteht: „So sehr hab ich mich selten über einen Sieg gefreut.“

Nur einer muss zündeln – Damon Hill. „Michael hört als Weltmeister heuer auf", stichelt er in englischen Zeitungen. Keine Rede davon. Der Vertrag läuft bis 2004, auch für Ross Brawn, aber das Superhirn verrät mir: „Ich mache bei Ferrari auch nach 2004 weiter – am liebsten mit, aber notfalls auch ohne Michael."
Wie lange? Wahrscheinlich bis zum 100. Grand-Prix-Sieg.

Seinen ersten WM-Titel hat Michael Schumacher 1994 in Adelaide gewonnen, seinen zweiten 1995 in Aida, seinen dritten 2000 in Suzuka, seinen vierten 2001 in Budapest – und seinen fünften? „In Hockenheim", hoffen seine deutschen Fans. Oder doch schon nächsten Sonntag in Magny-Cours, als Heimtriumph für Jean Todt – zum Kreuz der Ehrenlegion? „König Michael V.", wie man ihn wohl bald nennen wird, scheint das egal. „Zuerst den WM-Titel fixieren, dann erst reden wir über das wie, wo und die Rekorde."

Noch hält Juan Manuel Fangio allein den Weltrekord (5 Titel), noch ist der „fliegende Schotte" Jim Clark vom Datum her der früheste Weltmeister: 1. August 1965, mit Sieg am Nürburgring. Aber Schumi kommt zum Frankreich-GP mit 54 WM-Punkten Rekordvorsprung – auf Barrichello!

MAGNY-COURS: SCHUMI SO GROSS WIE FANGIO?

Abgesehen von der Jagd Michael Schumachers auf Fangios fünf WM-Titel – die siegreichsten Formel-I-Piloten aller Zeiten sind Schumi, Alain Prost (51) und Ayrton Senna (41). Aber obwohl sie so oft gegeneinander gekämpft haben, zu dritt auf dem Stockerl standen sie nur ein einziges Mal gemeinsam – 1993 in Barcelona!

Damals gewann ein recht cooler Prost (Williams-Renault) vor einem eher sauren Senna (McLaren-Ford) und einem strahlenden Schumacher (Benetton-Ford). In Magny-Cours, 1992, hatte Senna den Deutschen noch abgemahnt – wegen einer Kollision.

Aber der wirklich größte Sieger von allen ist keiner dieser Drei, sondern Juan Manuel Fangio, der 24 seiner 51 Grand Prix gewann – oder, ganz genau, 47,06 Prozent. In dieser Wertung hat Schumacher erst, mit seinem Sieg in Silverstone, den „fliegenden Schotten" Jim Clark überholt und sich auf Rang zwei hinter Fangio gesetzt.

Die exakte Reihung – das superschnelle halbe Dutzend, Stand im Sommer 2002:

1. Juan Manuel Fangio 24 Siege aus 51 Grand Prix, 47,06 %
2. Michael Schumacher 60 aus 172, 34,88 %
3. Jim Clark 25 aus 72, 34,72 %
4. Jackie Stewart 27 aus 99, 27,27 %
5. Alain Prost 51 aus 199, 26,63 %
6. Ayrton Senna 41 aus 161, 25,47 %

Dass Fangio in 94 Prozent seiner Rennen aus der ersten Reihe startete (48 von 51) täuscht ein wenig, ist aber nur logisch: Zu seiner Zeit bestand die erste Startreihe zumeist aus vier Boliden – nebeneinander.

Fangio und Schumacher sind einander nur ein einziges Mal begegnet: 1992 bei einer Mercedes-Aktion auf dem Hockenheimring. Das Foto mit dem bewunderten Maestro und dem jungen Himmelstürmer: ein einzigartiges Dokument.
Jetzt greift Schumacher nach dem Mythos des großen Fangio. Bestgelaunt kommt der Deutsche von einer Motorradtour mit Freunden nach Magny-Cours.

„Michael, eine Sternstunde der Formel-I-Geschichte steht kurz bevor. Wenn du in Magny-Cours gewinnst, könntest du schon am Sonntag deinen fünften WM-Titel fixieren – oder möchtest du lieber erst in Hockenheim mit deinen deutschen oder in Monza mit deinen italienischen Fans feiern?“, frage ich vor der TV-Kamera.
Schumacher: „Ich will den Titel so schnell wie möglich – aber das Rennen hier wird verdammt anstrengend, heiß, eine Reifenfrage, wobei Michelin vielleicht einen leichten Vorteil hat.“

„Kennst du die Arithmetik, wie das Rennen ausgehen muss, damit du schon in Magny-Cours als Champion feststehst?“
Schumacher: „Freilich, Mathematik war schon in der Schule mein bestes und mein Lieblingsfach.“

„Mit Titel Nr. 5 würdest du den sagenhaften Rekord des legendären Juan Manuel Fangio egalisieren.“
Schumacher: „Ich weiß, darüber wird schon viel geredet. So ungefähr: Jetzt noch ein WM-Titel, und dann hat er dieses Ziel erreicht. Aber das so zu sehen, ist nicht wirklich richtig.“

„Weil du die verschiedenen Epochen nicht direkt miteinander vergleichen kannst?“

Schumacher: „Genau. Was damals geleistet wurde, hat sicher eine ganz andere Qualität als das, was wir heute machen, und ist in meinen Augen auch sicher höher einzuschätzen."

„Wenn man sich die alten Fotos und Filme ansieht, wie damals gefahren wurde: offene Helme, Polohemden, ohne Leitplanken, ungeschützt an Bäumen vorbei?"
Schumacher: „Wenn ich mir die damaligen Sicherheitsmaßnahmen anschaue, muss ich den Hut ziehen vor den Leistungen, die die Fahrer damals gebracht haben."

„Also soll man dich mit dem grandiosen Fangio eher nicht vergleichen?"
Schumacher: „Eher nicht. Aber ich hab mich mit dem Thema auch noch nicht wirklich auseinander gesetzt."

„Wie mit der gesamten Statistik?"
Schumacher: „Die ist mir nicht so wichtig. Die werde ich mir später einmal anschauen, wenn ich nicht mehr Rennen fahre und dann die Zahlen und die Erfolge genießen – ganz gemütlich im Lehnstuhl, vorher nicht."

Als Ayrton Senna und Alain Prost vor zehn Jahren um 15, 16 oder 17 Millionen Dollar Jahresgage stritten, antwortete Juan Manuel Fangio auf die Frage „Was wären dann erst Sie wert gewesen?", entwaffnend-bescheiden und cool: „Na, vielleicht ein paar hunderttausend Dollar ..."
Darauf ungläubiges Kopfschütteln: „Was, Senna und Prost fast 20 Millionen Dollar und Sie, als fünffacher Weltmeister, nur ein paar hunderttausend?"
„Mag schon stimmen", sagte Fangio, „aber ihr dürft nicht vergessen: Ich bin ja schon über 80 ..."

Jetzt, da er von Schumacher auf seinem einsamen 5-WM-Titel-Thron eingeholt, aber noch nicht gestürzt wird, fallen mir viele Gespräche mit Fangio ein. Typisch für ihn: seine Logik und sein feiner Humor. So sagte er mir einmal über ...

... die Rivalität Senna-Prost: „Das Problem beginnt im Kopf, wenn von zwei Rennfahrern jeder überzeugt ist, er wäre der Größte. Ich hab das von mir nie geglaubt."
... ein Rennen, das er durch falsche Reifenwahl verloren hatte: „Ich muss aber auch sagen, wie viele Rennen ich durch die richtigen Reifen gewonnen hab."
... Verkehrsunfälle wegen zu schnellem Autofahrens: „Es gibt auch Menschenleben, die durch schnelles Autofahren gerettet wurden – von den Ambulanzen."
... Gefahr und Angst: „Ich wollte immer der Erste im Rennen sein, aber der Letzte beim Sterben."

Wie würde er aus dem Himmel wohl die aktuelle deutsche Schumi-Hysterie kommentieren?

Als Fangio vor über 40 Jahren in Wien mit meinem alten, klapprigen Cabrio durch die Kärntner Straße fuhr, sagte er mit seinem feinen Lächeln: „Dir geht's wie dem berühmtesten Nichtweltmeister, dem Stirling Moss."
„Wieso, Senor Fangio?"
„Dem fehlt zum Weltmeister auch immer nur das richtige Auto ..."

Michael Schumacher hat es, das perfekteste Rennauto unserer Zeit – auch wenn es nicht alle gern akzeptieren.

„Ganz ehrlich – ich hab noch keine Lust, meinem Bruder schon in Magny-Cours zum WM-Titel zu gratulieren! Ich würde das gerne noch hinauszögern – so lang wie möglich." Kampfansage von Ralf Schumacher an den großen Bruder Michael: Williams-BMW will beim 11. WM-Lauf zurückschlagen!

Die Hitze, die neue Aerodynamik, vor allem aber die verbesserten, konstanteren Reifen beim Heimrennen von Michelin machen dem Frank-Williams-Gerhard-Berger-Team neuen Mut. „So konstant, wie Ferrari momentan ist, wird Michael Schumacher dort womöglich schon Weltmeister", weiß auch Berger, „aber auch wir wollen unserem Ziel ein Stück näher kommen: unseren zweiten Rang in der Konstrukteur-WM festigen."
Von der Tradition her – absolut logisch: Ralf hatte 2001 Poleposition und wurde im Rennen Zweiter – nachdem Juan Pablo Montoya auf Rang 2 ausgefallen war. „Diesmal muss ich ins Ziel kommen", schwört Montoya, „ich muss meine Position in der WM stärken." Für den aktuell schnellsten Mann der Formel I – vier Polepositions in Serie – geht's um den Titel Vizeweltmeister.

Michael ist keiner, der sich schon vorher entspannt: Freitag ist er der fleißigste Trainierer, mit 50 Runden, ein Dreher, 3. Platz. Die Silberpfeile feiern einen Doppelsieg mit Coulthard und Räikkönen.

Samstag sorgt Fisichella für den Schock des Tages: Giancarlo rattert über die Randsteine, worauf eine halbe Runde später die Schnauze wegbricht und direkt unter das Auto gerät. Fisicho kann weder bremsen noch lenken, der Jordan kracht mit 220 km/h in den Reifenstapel. Der Italiener kann noch selbst aussteigen, ist aber blass und durchgeschüttelt – Gehirnerschütterung. Prof. Watkins gibt ihm Startverbot.

Schumi rast weiter, mit Herz, Hirn und zwei Missgeschicken: Im Qualifying werden ihm 2 Runden gestrichen, weil er die Strecke abgekürzt hat. Aber sein Duell mit Montoya ist superspannend, entschieden erst in den letzten Sekunden – um 0,023 für den Kolumbianer.
Damit steht das heiße Duell im Qualifying 6:3 für Juan Pablo, nach Siegen jedoch 7:0 für Michael. Zum ersten Mal seit Montreal lauert Schumi wieder neben Montoya in der ersten Reihe. Juan Pablo kann die Weltmeisterkrönung verzögern – aber dazu MUSS er Zweiter werden, falls Schumacher gewinnt, natürlich.

In der Formel I ist nichts selbstverständlich. Es gibt Tricks, aber keine Zauberei. Alles hat seine logische Erklärung, auch die fast schon unheimlich Zuverlässigkeit bei Ferrari.
„Unsere Autos sind für genau 400 Kilometer ausgelegt, 100 Kilometer mehr als eine Grand-Prix-Distanz“, präzisiert Ross Brawn, und verrät mir zum ersten Mal wie oft Ferrari die Teile austauscht.

Brawn: **„**Mit unserer neuen Gearbox gilt als Prinzip: zwei Getriebe fürs Rennwochenende, eines fürs Training, eines fürs Rennen. Die neue Gearbox war näher ans absolute Limit konstruiert, macht nicht soviel Mileage wie das alte Getriebe. Also: zwei pro Auto und Wochenende. Die Kupplung wird jeden Tag mit dem Motor gewechselt, die Bremsen zwei-, dreimal am Wochenende. Der Auspuff kommt immer erst fürs Rennen neu. Die Radaufhängungssysteme bleiben das ganze Wochenende drauf, sie sind konstruiert, um länger zu halten. Die brauchen wir am Rennwochenende nicht zu wechseln.“

„Wenn du alle technischen Freiheiten hättest, ein Formel-I-Auto so zu konstruieren, wie du es willst, ohne jedwede Einschränkung durch ein starres Reglement – wie würde so ein Ross-Brawn-Rennwagen aussehen? Ein Sechsrad-Auto wie der Tyrrell 1976? Wie der Staubsauger-Brabham 1978? Oder ganz anders?“
Brawn: **„**Wenn wir keinerlei Regulations hätten, dann hätten wir Autos, die kein Mensch mehr fahren kann. Die Kurvengeschwindigkeiten und damit die Fliehkräfte wären so gewaltig, dass kein Rennfahrer der Welt diese Autos mehr fahren könnte. Aber als Techniker könnten wir solche Autos schon bauen. Die größte Reglement-Beschränkung betrifft ja die Aerodynamik. Wäre sie freigegeben, dann würde von dort die gigantische Leistungssteigerung kommen. Plus, natürlich, mit viel mehr Ground-effect. Aber das ist schwierig zu beantworten. Wir arbeiten innerhalb des Reglements, also ist unser ganzes Denken dahingehend: Was können wir innerhalb der vorgegebenen Grenzen zustande bringen? Ich kann mich gar nicht erinnern, wann ich mich zuletzt gefragt habe: Welches Rennauto

würde ich ohne Beschränkungen bauen? Weil wir innerhalb unserer vorgegebenen Grenzen arbeiten müssen. Part of the game ...“

Schumacher hat in Magny-Cours kein technisches Problem, aber in Barrichellos Auto lauert schon wieder der Teufel: wegen eines defekten Sensors kann Rubens den Motor beim Start in die Formationsrunde nicht anstarten. Die Mechaniker tun alles Menschenmögliche – vergeblich. Der Brasilianer steigt aus, total sauer, und flüchtet bald Richtung Privatflugzeug.

Michael fallen Sieg und WM-Titel nicht in den Schoß, diesmal muss er um beide hart kämpfen. Montoya zischt in Führung, Schumacher attackiert gleich in den Anfangsphasen, kommt aber nicht vorbei. Fällt ihm seine Kollision mit Ayrton Senna in der Adelaide-Haarnadel Kurve 1992 ein? Also bleibt Michael im Windschatten, bis Montoya in der 23. Runde an die Box muss. Drei Runden später stoppt auch Schumi, kehrt als Dritter zurück ins Rennen, überfährt jedoch bei der Boxenausfahrt die Sperrlinie.

Gerechte Strafe: „Drive-Through-Penalty“, einmal durch die Boxenstraße fahren. In Runde 29 hält Michael wieder Platz eins, holt binnen 5 Runden einen Vorsprung von acht Sekunden heraus, verbüßt dann seine Strafe in der Boxengasse, was ihn auf Platz drei hinter Montoya zurückwirft.

Aber für Williams-BMW ist es um 5-6 Grad zu kühl – wegen der härteren Reifen. „Im Qualifying hatten sie perfekt gepasst“, grübelt Gerhard Berger, „im Rennen hätten wir die gleiche Hitze gebraucht.“ Da aber sind wieder die weicheren McLaren-Pneus im Vorteil.
Tagelang hat in Magny-Cours die Sonne unbarmherzig vom wolkenlosen Himmel gebrannt, nur für knapp zwei Stunden ist es bewölkt – die Dauer des Grand Prix.
43. Runde: Montoya in der Box, Schumacher wieder Zweiter.
48. Runde: Schumacher in der Box, dadurch Dritter hinter Coulthard und Räikkönen.
55. Runde: Coulthard in der Box: Dadurch führt Räikkönen vor Schumacher. Es riecht nach einer Sensation. „Kimi fährt fantastisch!“, gratuliert Schumi später.

Ihr Duell dauert 13 Runden. Dann rutscht der Finne in der Adelaide-Haarnadel nach dem Motorplatzer von Allan McNish von der Ideallinie nach links – Schumacher, bereits gewarnt, sticht rechts innen durch und übernimmt die Führung. „Bin ausgerutscht, Öl auf der Piste“, brüllt Kimi ins Bordmikro, kann aber weiterfahren. Doch der führende Ferrari ist nicht mehr gefährdet.

Die letzten Runden sind für Schumacher voller Emotionen.

„Ganz ehrlich, ich habe die ganze Woche eh nicht damit gerechnet, dass ich jetzt schon den Titel schaffe. Darum war ich so cool und ruhig, hab keinen Druck gespürt – erst die letzten fünf Runden, als ich vorn bin. Die schlimmsten 5 Runden meines Lebens! Mach ja keinen Fehler, hab ich mir eingehämmert."
Und dann weint er vor Freude in seinen Sturzhelm. „Gewaltige Emotionen. Da erst wird mir bewusst, unter welchem Druck ich stand – umso größer ist dann meine Freude für alle bei Ferrari."
Für Jean Todt vor allem, der ihm am Funk gratuliert: „Du bist Weltmeister." Was Michael zwar „schon weiß, weil ich im Rechnen sehr gut bin, aber Jean hat's mir bestätigt."

Erst drei Stunden nach der Zielflagge ist Superstar Michael Schumacher endgültig-unwiderruflich Weltmeister! So lange muss Luca Montezemolo, erst ganz spät im Helikopter eingeflogen, „weil ich viel zu nervös bin und in den Boxen noch einen Herzinfarkt kriege", das gigantische Mannschafts-Triumphfoto hinauszögern – für das der bitter enttäuschte, aber natürlich wie immer mannschaftsdienliche Barrichello aus seinem Privatflugzeug zurückgeholt wird. Sein Manager ruft ihn am Handy an: „Rubens, komm zurück, Michael ist Weltmeister."

Aber stundenlang zittern die Ferraristi, ist das Ergebnis nur inoffiziell.

Grund: McLaren-Chef Ron Dennis (wer sonst?) spuckt in die Ferrari-Suppe. Wegen Schumis strittigem Überholmanöver gegen den Sensationsführenden Kimi Räikkönen.
Unter gelber Flagge nach dem Motorplatzer von McNish, beharrt Ron Dennis – also verboten. Der McLaren-Chef stürmt nachher, während die Ferraristi schon im Champagner baden, zur Rennleitung, holt auch Kimi und seinen Teammanager David Ryan dazu.
„Wenn ihr nichts gegen Schumi unternehmt, protestieren wir!", droht Dennis den drei Sportkommissären. Drei Stunden Diskussion hinter streng verschlossenen Türen. Ferraris Argument: Räikkönen war ja schon neben der Piste, also musste Schumi vorbeifahren. Nein, trotzt Dennis, der Finne fuhr nur eine breitere Linie. Ron ist so aufgeregt, dass er, ein glühender Hakkinen-Fan, die Vornamen verwechselt. Er sagt immer: „Mika hat keine Ölflaggen gesehen" oder „Michael hat versucht, Mika zu überholen."
FIA-Sicherheitschef und Renndirektor Charlie Whiting verrät mir später: „Wir haben McLaren wirklich ernst genommen, das Manöver genau durchleuchtet –

weil wir ja schon vorher mit allen streng waren, die die Sperrlinie bei der Boxenausfahrt überfahren hatten: Schumacher, Coulthard – die fighteten nach dem Boxenstopp direkt um ihre Positionen, da ging's um Zehntelsekunden." Massa auch, aber der hatte schon einen eklatanten Frühstart. „Um mindestens eine Sekunde", verrät Whiting.
Er kann Ron Dennis letztlich überzeugen, aber mit Mühe. Um 18.30 Uhr ist Schumi endgültig Weltmeister: zum zweiten Mal gewonnen. Räikkönen ist noch tagelang „bitter enttäuscht, dass ich nicht gewonnen hab." Aber alle Fans verneigen sich vor Schumacher, der immer noch bremst: Man könne ihn mit dem großen Fangio „nicht wirklich vergleichen. Ich hab mich mit dem Thema auch nicht wirklich auseinander gesetzt."

Ich schon: Hier der große Vergleich Fangio-Schumacher – in faszinierenden Facetten.

ALTER: Fangio fing mit 38 in der Formel I an und hörte mit 46 auf – aber natürlich war es damals eine andere Zeit, andere Welt. Schumacher gewann mit 23 seinen ersten GP, mit 25 seinen ersten WM-Titel: Fangio war der älteste Weltmeister, Schumacher einer der jüngsten.

HERKUNFT: Beide kamen nicht als Prinzen auf die Welt. Fangios Großvater (von Italien nach Argentinien ausgewandert) und Vater waren arme Maurer. Michaels Vater war Kaminmaurer und reparierte Gokarts auf der Kart-Strecke von Kerpen, wo seine Mutter den Imbiss besorgte. Juan Manuel wurde schon als 13-Jähriger arbeiten geschickt und absolvierte eine Kfz-Mechanikerlehre – wie später auch der junge Michael.

FUSSBALL: Fangio spielte in der Mannschaft seines Heimatortes Balcarce regelmäßig Meisterschaft – Schumacher kickt seit Jahren regelmäßig in der Schweiz. „Ich will dabei eigentlich nur ein bisschen Spaß haben ..."

MERCEDES: Die Nabelschnur für beide. Für Schumacher anfangs seiner Karriere, für Fangio bis an sein Lebensende: Er gewann zwei seiner fünf WM-Titel für die Stuttgarter und war auch in der Sportwagen-WM für die Silberpfeile erfolgreich. Schumacher wurde als Mercedes-Youngster mit 150.000 Pfund in die Formel I eingekauft (bei Jordan 1991 in Spa) und hätte laut Vertrag zum Dreizack zurückkehren müssen, sobald Mercedes offiziell in die Formel I einsteigt. Was später prompt passierte, aber in Stuttgart versäumt wurde.

VERTRÄGE: Hoch interessant. Während Schumachers Ferrari-Vertrag zig Seiten umfasst, genügten der Daimler-Benz-AG und Fangio, dem größten Rennfahrer seiner Zeit, vier lockere, maschinegeschriebene Seiten. Die Deutschen haben am 27. Februar 1954 unterschrieben, Fangio erst am 30. März 1954.

GELD: Wie viel Fangio für seine Grand-Prix-Rennen bekam, bleibt geheim, aber für die großen Sportwageneinsätze wurde er extra honoriert: Für die lebensgefährliche „Carrera Panamericana" in Mexiko garantierte 2.000 US-Dollar („falls die Siegesprämie diese Summe nicht erreicht, zahlt ihm Daimler-Benz den Differenzbetrag"), für das Todesrennen von Le Mans (82 Tote 1955) nur 1.200 US-Dollar „unabhängig von den Erfolgsprämien". Von allen Startgeldern, Sieggeldern und etwaigen Prämien der Zubehörfirmen zog Mercedes 10 Prozent ab – und behielt auch die Original-Grand-Prix-Siegerpokale.

Schumacher erinnert sich noch an seine ersten Rennfahrergehälter: „Von Mercedes 1990 um die 25.000 Mark fürs ganze Jahr, als Werkfahrer in der Gruppe C, das war für mich so was Erstaunliches und Großes, dass ich mit jeder Summe einverstanden gewesen wäre. 1992 waren es dann 300.000 Mark, auch damit war ich sehr zufrieden, ich war nun mal erst 22." Dazu kam als Prämie: 5.000 Mark pro WM-Punkt.

Heute, bei Ferrari, schwanken die Summen, die als sein Jahresgehalt kolportiert werden, zwischen 30 und 50 Millionen Dollar, was ihn zum reichsten Sportler der Welt machen würde. „Aber es ist viel weniger, als die Leute glauben." Michael ist müde geworden, die Traumgagen ständig zu dementieren oder zu korrigieren.

MANAGER: Da Fangio nur Spanisch und etwas Italienisch sprach, ließ er bei Vertragsverhandlungen immer seinen Manager Giambertone für sich reden. Der wurde einmal auf der italienischen Autostrada in eine Karambolage mit einem Lkw verwickelt. Der Lastwagenfahrer empörte sich: „Sie glauben wohl, Sie sind Fangio?" Nein, erwiderte der Manager ganz ruhig, „Fangio liegt dort drüben." Worauf der Lkw-Chauffeur in Ohnmacht fiel. Fangio war aus dem Auto herausgeschleudert worden, aber gottlob unverletzt geblieben.
Willi Weber, der „Mr. 20 Prozent", hat mit Schumi nie solche Probleme.

MARKETING: Hat es zu Fangios Zeiten noch nicht gegeben. Aber Weber hatte eine Traumvision fürs Schumi-Merchandising: „100 Millionen Mark im Jahr."

REISEN: Mercedes übernahm für Fangio jedes Jahr die Kosten für EINEN FLUG von Argentinien nach Europa und zurück („über Mexiko"). Schumacher reist auch nach Übersee, meist im eigenen oder privat gecharterten Jet. In Europa war Fangio meist im Dienstwagen unterwegs.

TAGGELDER: Für Schumacher eher kein großes Thema, für Fangio galt als Spesenabmachung: 20 Dollar „Taggeld“ an Rennwochenenden, 15 Dollar, wenn er gerade kein Rennen fährt, „außer, Herr Fangio fährt für eine andere Firma Rennen. Dann entfällt das Taggeld.“ Zusätzlich gab es noch einen Dollar pro Tag fürs Autowaschen, woran sich Fangio-Stallkollege Stirling Moss noch genau erinnert: „Ich hab mein Dienstauto meist selber gewaschen – und den Dollar eingesteckt.“

STALLORDER: Bei Mercedes galt in den 30er- wie in den 50er-Jahren die strenge Regel vom dicken Rennleiter Alfred Neubauer: „Sobald wir 30 Sekunden Vorsprung auf den ersten Wagen der Konkurrenz herausgefahren haben, darf an der Spitze nicht mehr überholt werden!“ Aber auch Fangio tauschte einmal, 1955 in Aintree, mit seinem Teamkollegen die Position, aber ohne Stallorder! Stirling Moss überholte den Maestro in der letzten Kurve, gewann seinen ersten Grand Prix, noch dazu in seiner englischen Heimat, und weiß bis heute nicht, ob ihn Fangio großzügig vorbeigelassen oder nicht: „Ich hab ihn oft gefragt, aber Fangio hat es immer abgestritten: Nein, du hast fair and square gewonnen, du warst in Hochform und es war dein großer Tag.“ Moss zweifelt heute noch – Schumacher braucht sich wegen Rubens Barrichello in der letzten Kurve nie den Kopf zerbrechen. Aber indirekt hat auch Fangio einmal der Ferrari-Teamkollege zum WM-Titel verholfen: Peter Collins, 1956 in Monza, aber ohne jede Stallorder. Fangio war wegen Defekts ausgefallen, stand traurig in der Box, da hielt plötzlich, von niemandem hereingerufen, Collins und überließ Fangio großherzig sein Auto – obwohl er selbst noch WM-Titelchancen hatte. Wagenwechsel war damals erlaubt – die 6 Punkte für Platz 2 wurden geteilt.

TEAMKOLLEGEN: Schumacher verbrauchte (und entzauberte) bei Benetton 1991–95 sechs Stallgefährten, bei Ferrari gibt es von 1996 bis 2004 jedoch nur zwei: Eddie Irvine, der sein Standing im Team, vor allem auch finanziell, realistisch einschätzte, und den meist schmeichelweichen Rubens Barrichello: beide sicher nicht gerade gegen Schumis Wunsch engagiert. Dafür ein heißer Vertragtext aus Stuttgart: „Herrn Fangio wird zugesichert, dass im Rennjahr 1954 kein weiterer argentinischer Fahrer bei der Mercedes-Benz-Rennmannschaft eingesetzt wird.“ Kann sich nur um den großen Fangio-Rivalen Froilan Gonzalez handeln: Kriegsname „Der Pampasstier“ und Ferraris allererster Grand-Prix-Sieger 1951 in Silverstone.

Comeback eines Giganten: Renault schaffte auf Anhieb den vierten WM-Rang in der Team-WM, genau wie von Flavio Briatore programmiert. Die Strategie für Trulli (rechts) und den revolutionären 111-Grad-Motor war meist ziemlich aggressiv.

Frontwechsel für Jenson Button: Der jüngste Pilot, der je 50 Grand-Prix-Starts geschafft hat, fährt 2003 für BAR. Unten: Gelbe Gefahr Jordan und dicke Luft – Giancarlo Fisichella und Takuma Sato kollidierten gleich dreimal.

Die Eau Rouge war heuer gnädig: Keine Unfälle in der meistgefürchteten Kurve der Formel I (oben), dafür ein atemberaubender Crash von McNish in Suzuka (unten). Held des letzten GP des Jahres war der Japaner Sato als sensationeller Fünfter.

Die Glücksnummer im Casino von Monte Carlo war diesmal nicht die rote l, sondern die schwarze 3 – David Coulthard. Rechts die Prominenten-Parade in der Märchenkulisse des Fürstentums: Alain Prost ohne Team, Jacky Ickx mit Mikro, Kimi Räikkönen

mit seiner „Miss Scandinavia" Jenny, die Fußballkollegen Prinz Albert und Michael Schumacher.

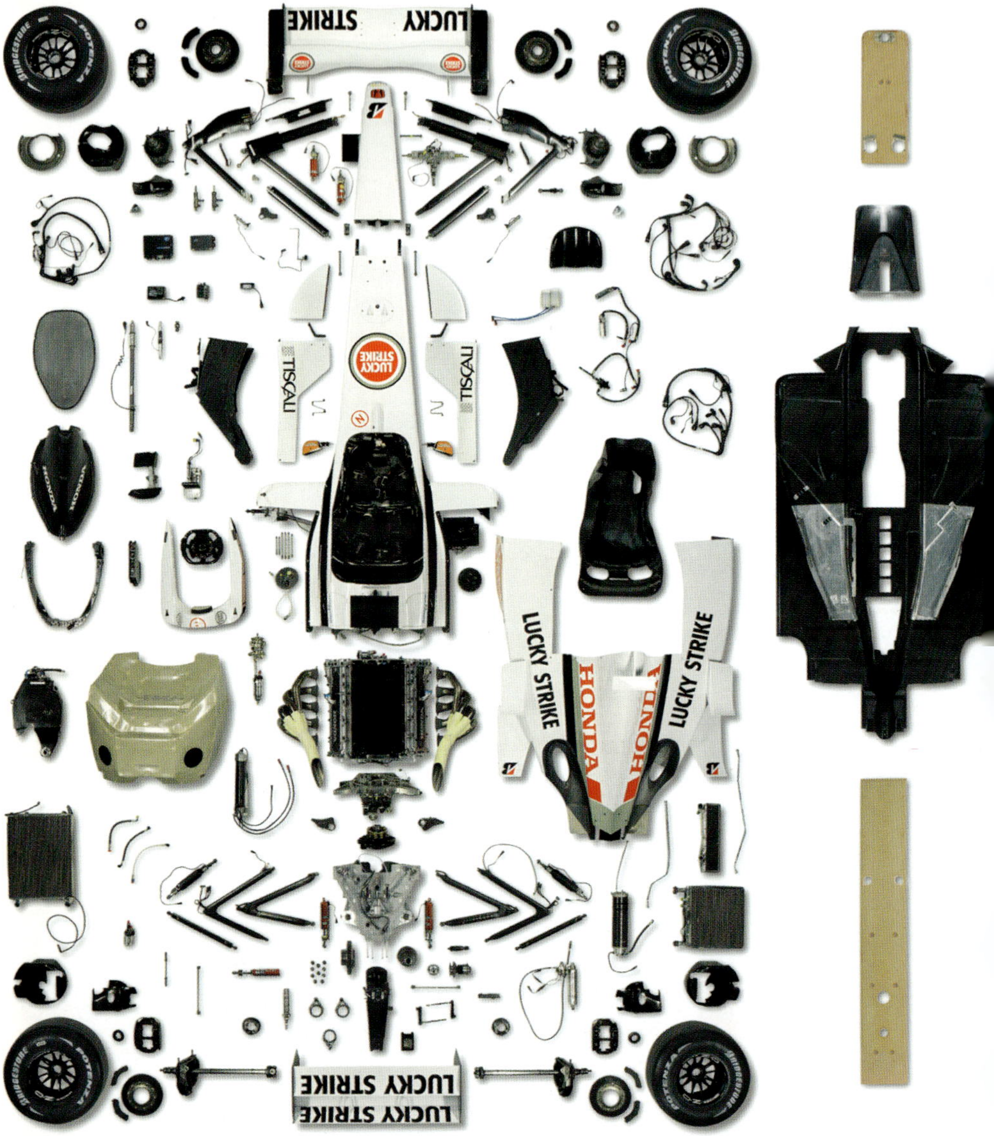

Strip-Nummer in der Formel I: Aus wie vielen Teilen besteht eigentlich ein Rennwagen? Für Technik-Fans haben wir den BAR-Honda von Villeneuve zerlegt.

Seit 1997 sieglos, aber Villeneuve hat nicht verlernt, wie man gewinnt. Panis (unten) wechselt zu Toyota. Formel-I-Politik nach der totalen Ferrari-Saison: „Warum sollten wir bremsen?“, fragt Luca Montezemolo, aber Bernie Ecclestone will nur spannende Rennen ohne Stallorder. Auch FIA-Präsident Max Mosley hat dazu viele Ideen ...

Lady-Power in der Formel I: Sarah Fisher klettert in Indy in einen McLaren. Jaguar-Captain Niki Lauda machte schon im Winter in Valencia einen spektakulären Selbstversuch. Und die große Frage für 2003: Geht die Ferrari-Hysterie weiter?

UNFÄLLE: Fangio fiel nach einem frühen Unfall 1952 für die ganze Saison aus und crashte nochmals in Monza – Wirbelbruch, seither trug er den Kopf schief. „Ich war nach langer Nachtfahrt von einem Rennen aus Dundrod, Irland, gekommen und sehr müde – und Rennfahrer dürfen nicht müde sein.“ Schumacher erlitt 1999 in Silverstone wegen Bremsdefekts einen Beinbruch und fiel sieben Rennen aus. „Aber Beschwerden hatte ich bis vorigen Herbst.“

VERSICHERUNG: Fangios Motto war immer: „Ich möchte der Erste im Rennen sein, aber der Letzte beim Sterben.“ Er war auf 100.000 Mark für den Todesfall, 200.000 Mark für bleibende Invalidität und 10.000 Mark Heilkosten versichert. In der aktuellen Formel I sind die Versicherungsprämien für Schumacher & Co. nach Ayrton Sennas Unfall 1994 stark angestiegen.

FERRARI: Fangio bezeichnete in seinen „Memoiren“ (die Giambertone als wirklich echter Ghostwriter geschrieben hatte) Enzo Ferrari als den „Richelieu des Automobilsports“. Auch von merkwürdigen technischen Anschlägen, etwa absichtlich zu wenig eingefülltes Motoröl, war darin die Rede. Schumacher dagegen fühlt sich bei Ferrari im Paradies: „Ich bin hier in einer Traumkonstellation. Nichts im ganzen Fahrerlager würde ich gegen Ferrari eintauschen. Nie hatten wir den geringsten Moment, wo ich dachte, das Team habe etwas komplett falsch gemacht oder das Team geglaubt hätte, ich hätte mich geirrt, und wir müssten fürchterlich streiten. Das hat es nie gegeben.“

STRATEGIE: Fangio schaffte es, immer das beste Formel-I-Auto zu bekommen: 1950–51 Alfa, 1954–55 Mercedes, 1956 Ferrari, 1957 Maserati – und er pilotierte sie grandios. Schumacher musste seine Boliden in harter Test- und Entwicklungsarbeit erst zu Siegerautos machen: Benetton war 1990 nur die Nummer 3, als Schumi kam, und Ferrari 1995 genauso Nummer 3 – ehe mit Michael die größte Siegesserie begann.

FAHRSTIL: Fangios Stil („in jeder Kurve jede Runde genau die gleiche Linie, sodass man ein Streichholz hinlegen könnte“) war legendär. Schumacher dagegen variiert seine Linie je nach Grip, Reifenabrieb, Asphaltbedingungen, Temperaturschwankungen und Rennverlauf.
Fangio saß immer aufrecht, fast entspannt am Lenkrad. Schumacher demoliert die alte Rennfahrerregel: „Entweder schnell in die Kurve rein und langsam raus – oder langsam rein und schnell raus.“ Er ist immer schnell. Und so cool, dass er sich oft über Funk mit der Box über Details des Rennens unterhält. Fangio versuchte, materialschonend immer „mit so wenig Vorsprung wie möglich zu gewin-

nen." Schumacher, eher der ewige Vollgas-Typ, sagte in Montreal zum ersten Mal: „Ist doch egal, wie viel man im Ziel vorn ist – es reicht auch eine Zehntelsekunde."

NÜRBURGRING: Beide fuhren in der Eifel ihre besten Rennen. Fangio 1957, als er nach Boxenstopp (eine Minute) den ausgerissenen Ferrari-Piloten Hawthorn und Collins nachjagte und sie in der letzten Runde überholte. „Aber ich musste an diesem Tag mehr riskieren als je zuvor." Und Schumacher 1995, als er bei wechselnden Bedingungen gegen Jean Alesi 40 Sekunden aufholte und trotz drei Boxenstopps noch gewann.

MONTE CARLO: Im Fürstentum hat Schumacher jahrelang gelebt, ehe er in die Schweiz zog – Fangio kam nur gelegentlich zum Monaco-GP. Aber im weltberühmten, stets ausgebuchten Restaurant „Rampoldi" war für Fangio immer ein Tisch freigehalten – bis zu seinem Tod.

FAMILIE: Michael, seine Frau Corinna und die Kinder sind ein Herz und eine Seele: Gina-Maria gibt ihrem berühmten Papa immer Glücksbringer auf die Rennen mit, und Mick, von einer Tageszeitung schon kurz nach seiner Geburt gefragt „Kleiner Mick, wirst auch du mal Weltmeister?", erlebt seine ersten Auto-Abenteuer. In Fangios Box saß jahrelang die rassige, schwarzhaarige Andrea, genannt „Senora Fangio", ehe Juan-Manuel lange nach seiner Karriere verriet: „Wir waren nie verheiratet." Die Dame fährt noch heute jeden zweiten Sonntag von Mar del Plata nach Balcarce, zum Nachmittagstee bei Fangio-Schwester Clara, die keine Geheimnisse antastet: „Ob Juan Kinder hatte, wissen wir selber nicht genau." Bei einem Vaterschaftsprozess in Buenos Aires mahnte der Richter: „Aber Senor Fangio, Sie müssen doch zugeben: Der junge Mann ist Ihnen wie aus dem Gesicht geschnitten." Darauf Fangio: „Millionen Chinesen schauen sich auch ähnlich und sind trotzdem nicht miteinander verwandt."

ZUKUNFT: Fangio hatte nach seinem Rücktritt 1957 die Mercedes-Generalvertretung für Argentinien bekommen und fuhr noch als 70-Jähriger fast täglich die 500-km-Route Buenos Aires-Balcarce-Mar del Plata. „Wer heute ein-, zweimal Weltmeister wird, hat für sein ganzes Leben ausgesorgt", sagte Fangio an seinem 80. Geburtstag. „Ich war fünfmal Weltmeister – und muss immer noch arbeiten ..." Schumacher in diesem hohen Alter sicher nicht mehr, aber auch er wird seinem Team – Ferrari – ewig verbunden bleiben: „Ich könnte mir vorstellen, noch 10 Jahre für Ferrari zu fahren. Nicht wirklich realistisch. Aber was immer ich in Zukunft oder nach meiner Karriere mache, es wird immer mit Ferrari zu tun haben."

Aber seine Memoiren schreibt ja nicht Giambertone. Und viele Original-Sprüche, die Fangio selbst gesagt hat, sind unsterblich geworden. Etwa, als er sich am Nürburgring weigerte, im Alfa-Romeo-Mannschaftshotel einzuchecken, weil er unbedingt im alten Tribünenhotel wohnen wollte. „Ich fahre für Alfa, aber ich schlafe nicht für Alfa." Oder über die Stallfeindschaft Senna-Prost: „Das Problem beginnt, wenn von zwei Rennfahrern jeder glaubt: Ich bin der Größte. Ich hab das von mir nie behauptet." Wahrscheinlich ist er es gerade – glaubt vielleicht sogar Schumacher.

Fangio starb am 17. Juli 1995, in der Nacht nach dem englischen Grand Prix, in dem Schumacher mit Damon Hill kollidierte.

Der Vergleich der beiden je fünffachen Weltmeister in Zahlen – bei Schumacher sind bereits sämtliche Leistungen bis Saisonende 2002 inkludiert.

	Fangio 1950–58 (Alfa Romeo, Maserati, Mercedes, Ferrari)	***Schumacher*** seit 1991 (Jordan, Benetton, Ferrari)
Rennen	51	179
Polepositions	28	50
Siege	24	64
Schnellste Runden	23	51
WM-Punkte	277,5	945
WM-Titel	5	5

HOCKENHEIM: DIE REKORDJAGD GEHT WEITER

In Hockenheim rollen sie den roten Teppich aus: Michael Schumacher kommt als Weltmeister zu seinem Heimat-Grand-Prix – in eine umgebaute Arena.

Die gigantischen Umbaukosten: 120 Millionen Mark. Aber ein Finale mit Herzklopfen. Die Ursachen sind bekannt: Pleite der Baufirma, Neuausschreibung. „Insgesamt arbeiten an Tribüne und Strecke momentan 250 Mann", verrät Tielke. „Das ist viel für Deutschland, wäre aber wenig für Malaysia. Dort hatten wir 1.800 Arbeiter auf der Strecke. Wir werden in Hockenheim rechtzeitig fertig, aber es wird ganz eng."

Die neuen Streckendaten: Früher 6,825 km, jetzt 4,574 km. Renndistanz: früher 45 Runden, jetzt 67 Runden.
Der neue Hockenheimring ist also kürzer, spannender, spektakulärer. Aber nicht für alle. Die meisten vermissen die langen, einsamen, superschnellen Geraden im Wald. Besonders Montoya klagt: „Eine Gokart-Strecke, jetzt bleibt uns nur noch Monza."
Auch BMW-Motorchef Theissen weint den verlorenen Waldgeraden Tränen nach: „Statt 360 km/h nur 327 km/h Topspeed."

Deutschland im Schumi-Fieber: In Hockenheim läuft drei Tage lang eine Formel-I-Party, aber nicht von Ferrari organisiert, sondern von den Silberpfeilen. Ein tolles Geschenk auch für Barrichello: Der Brasilianer bekommt ab sofort immer das Ersatzauto. Keine noble Geste, sondern Ferrari-Entscheidung. Ab jetzt muss Rubens zum Vizeweltmeister gepusht werden.
Barrichello kommt vom Golfspielen aus Portugal verspätet nach Hockenheim: „Defekt am Flugzeug." Warum immer er?
Der Aufreger für die deutschen Fans ist eine Fotomontage in der „Bild"-Zeitung: Michael Schumacher mit Brille, Glatze und ganz spitzem Kinn, dazu die Schlagzeilen: „So wird er aussehen, wenn er auch noch als Rentner Autorennen gewinnt." Michael trägt's mit Humor: „Hoffentlich schau ich als 120-Jähriger noch nicht so aus."

Seine Hofübergabe an Bruder Ralf oder Ablöse durch Montoya oder Räikkönen ist noch in weiter Ferne. Aber dafür ist bereits Schumi III im Anflug! Michaels knapp vierjähriger Bub Mick sitzt bei Michaels Ferrari-Party in Kerpen schon heimlich im Gokart.

Augenzeugen verraten von der streng exklusiven PS-Party: „Der kleine Mick hat Mühe, die Pedale zu erreichen, aber wenn er es schafft, dann gibt's für ihn nur eines – nämlich Vollgas!"
Der kleine Schumi war auch erst vier, als er – nicht mehr vom Seil seines Vaters gezogen – zum ersten Mal richtig Gokart fuhr: „Meine erste Fahrt", erzählt mir Michael, „endete damals an einer Laterne."

Und die große Hakkinen-Karriere endet am Hockenheim-Wochenende an einem stillen, einsamen See in Finnland. Von dort schickt der Mann auf Babypause, jetzt bereits Frühpensionist, sein Abschieds-Video in die McLaren-Box: „Ich will mehr Zeit mit Frau und Kind verbringen und nicht riskieren, mir noch weh zu tun."

Bis 26. Juli hatte Mika geheime Frist, McLaren seine endgültige Entscheidung mitzuteilen – solange haben ihm Dennis und Haug ein Cockpit freigehalten. Jetzt ist McLaren frei, sein Fahrerteam für 2003 endgültig offiziell zu bestätigen: Coulthard hat sowieso einen Vertrag bis 2004, Räikkönen – nach einer geheimen Ausstiegsklausel 2002 – sogar bis 2007.

Alex Wurz hat sich bis 2005 als Testpilot festgelegt, bleibt also der „dritte Mann". Wie im berühmten Filmklassiker aus dem Nachkriegs-Wien, jedoch ohne Zithermusik. Alex freut sich über den gut dotierten McLaren-Vertrag – vermutlich das Ende seiner aktiven Formel-I-Träume? „Nicht unbedingt."
Aber Ron Dennis hat Druck gemacht und eine rasche Entscheidung verlangt, damit die Teampräsentation nicht aufgehalten wird. Hockenheim war schon immer eine Österreicher-Strecke: Die einzige, auf der alle drei großen Formel-I-Österreicher Grand-Prix-Rennen gewonnen haben: Rindt 1970, Lauda 1977, Berger 1994 und 1997. Und im vergangenen Oktober feierte der junge, wilde Tiroler Norbert Siedler dort seinen ersten Formel-III-Sieg.

In Hockenheim hat Schumi erst einmal gewonnen (1995 auf Benetton), aber auf Ferrari bisher noch nie. Doch Sieghunger und Motivation haben nicht nachgelassen – keiner darf sagen, der Herr Weltmeister ruht sich auf seinen Lorbeeren aus.

Freitag rast der Rekordweltmeister schon wieder allen davon – sogar dem Computer: um fünf Sekunden schneller als der „Blechtrottel" für die umgebaute Strecke ausgerechnet hat. 1:16,086 min. für die 17 Kurven.
Barrichello fordert Michael, hat einen Trainingscrash und bedankt sich im Qualifying bei den Mechanikern: „Super, wie ihr mein Auto wieder repariert habt." Der bisherige Poleposition-König Montoya muss seinen Helm austauschen – undicht, viel Zugluft. Und der Williams-BMW? „Viel Untersteuern, wenig Grip, Bremsprobleme."

So wird der Speed-König aus Kolumbien entzaubert. Michael Schumacher stürzt ihn vom Thron, startet zu seinem Heim-GP zum ersten Mal seit Barcelona wieder aus der Poleposition. Aber im Williams-BMW neben ihm sitzt nicht Montoya, sondern sein Bruder Ralf. Was die berühmte Frage aufwirft: Bruderduell oder Bruderkrieg?

Und natürlich: Wer wird Vizeweltmeister 2002?
Barrichello, erstmals mit dem Luxus des Ersatzautos, hat vorm Start Schaltprobleme, wechselt im letzten Moment erneut das Auto – 15 Sekunden,

bevor die Boxenausfahrt geschlossen wird. Das übliche Herzklopfen um Ferraris Nummer 2. Später bremst ihn, ach, noch ein verpatzter Boxenstopp.

Michael führt vor Ralf und Barrichello, dahinter prügeln sich Montoya und Räikkönen. Der moralische Sieger von Magny-Cours liefert Juan in der Anfangsphase wilde, mitreißende Duelle. Beim Boxenstopp verzichtet McLaren darauf, Kimis Hinterreifen zu wechseln – weil die Gerüchteküche meldete, die harten Michelins würden auch 120 Runden halten.
Jedenfalls platzt bei 300 km/h Räikkönens Hinterreifen. Der junge Finne reagiert bravourös, fährt, an die letzte Stelle zurückgefallen, tapfer weiter – bis zum Ausfall.

Michael Schumacher fährt taktisch klug und fehlerlos, aber aus dem erhofften Schumi-Doppelsieg wird nichts: Ralf wird von Trulli aufgehalten, später in der Box von Villeneuve blockiert – zuerst droht Ralf mit der Faust, dann übersieht ihn der Kanadier unabsichtlich. Ralfs erster Boxenstopp geht völlig daneben: Um ein Haar hätte der BMW-Pilot den Signalmann mit der Stopptafel mitgerissen.
Vier Runden vor der Zielflagge muss Ralf nochmals an die Box: zum Auffüllen der Pneumatik-Flasche. Sonst, erkennen die Ingenieure, wäre der Motor K.o. gegangen.

Trotzdem: zehn Punkte für Williams-BMW, nur zwei für McLaren. „Einmal erwischen wir die bessere Abstimmung, einmal McLaren“, stöhnt Gerhard Berger. „Nur Ferrari macht's immer richtig.“

Aber auch Michael Schumacher hat sieben Jahre gebraucht, um endlich auch auf Ferrari in Hockenheim zu gewinnen. „Meine schönste Woche – was könnte mir sportlich noch Besseres passieren?“, strahlt Schumi, von 130.000 Zusehern in der „glühenden Bratpfanne Hockenheim“ stürmisch gefeiert.
„Zuerst der WM-Titel und dann noch der große Heimsieg. Nur schade, dass mein Bruder nicht Zweiter wurde – dann wäre alles perfekt.“ Kronprinz in Hockenheim ist Montoya, Dritter Ralf, Vierter Barrichello, Fünfter Coulthard.

Phänomen Michael Schumacher – an beinahe jedem Grand-Prix-Sonntag ein neuer Weltrekord! Die Zuverlässigkeitsserie des Argentiniers Carlos Reutemann, der vor 20 Jahren 13 WM-Läufe hintereinander in den Punkten beendete, hat Schumi längst überboten. Jetzt, in Hockenheim, hat er den Rekord von Niki Lauda erreicht, der 1975/76 auf Ferrari 17 Grand Prix in unterbrochener Reihenfolge beendet hat, aber im Gegensatz zu Schumacher nicht alle in den Punkterängen. Laudas „schwarzer Punkt“ war ein 8. Platz im Regen-Abbruchrennen von Silverstone 1975, dagegen ist Schumis Weste blütenweiß. „Wie lange noch?“, fragen die Fans.

DIE GOLDENEN SERIEN – ihre Zielankünfte

Lauda	***Schumacher***
(letzter Ausfall davor: Barcelona 1975, von Andretti gerammt)	(letzter Ausfall davor: Hockenheim 2001, defekte Benzinpumpe nach Boxenstopp)
1975	2001
1. Monte Carlo	1. Budapest
1. Zolder	1. Spa
1. Anderstorp	4. Monza
2. Zandvoort	2. Indianapolis
1. Le Castellet	1. Suzuka
8. Silverstone	
3. Nürburgring	2002
6. Zeltweg	1. Melbourne
3. Monza	3. Kuala Lumpur
1. Watkins Glen	1. Interlagos
	1. Imola
1976	1. Barcelona
1. Interlagos	1. Spielberg
1. Kyalami	2. Monte Carlo
2. Long Beach	1. Montreal
2. Jarama	2. Nürburgring
1. Zolder	1. Silverstone
1. Monte Carlo	1. Magny-Cours
3. Anderstorp	1. Hockenheim
(erster Ausfall danach: Le Castellet 1976, Motorschaden)	

Aber diese unglaubliche Schumacher-Serie weitet sich bis Saisonende 2002 noch auf 22 Grand-Prix-Rennen aus – 22-mal ohne WM-Unterbrechungen in den Punkterängen.

Der aber wohl tollste Weltrekord von Schumacher: Fünfmal Weltmeister – und jedes Mal hat er sein erstes Rennen unmittelbar nach dem Titelgewinn gewonnen! Das ist äußerst außergewöhnlich. Normal ist nach einem WM-Triumph die Luft draußen, beim Fahrer wie beim Team, die Motivation lässt nach und im ganzen Formel-I-Feld hat jeder den Ehrgeiz: „Ich will der Erste sein, der den Weltmeister schlägt!"

In der 52-jährigen Geschichte der Formel-I-WM ist es erst elfmal vorgekommen, dass der gerade gekrönte Weltmeister auch „das erste Rennen danach" gewinnt. Fünfmal davon hieß der Weltmeister UND Sieger Michael Schumacher.

Und selbst wenn man sich an seinen ersten WM-Titelgewinn erinnert, Adelaide 1994 nach Kollision mit Damon Hill – da hat Schumi seinen Ehrgeiz über den Winter konserviert und gleich das erste Saisonrennen 1995 (in Interlagos) gewonnen. WM-Revanche – für den Deutschen offenbar ein Fremdwort.

Jahr	*Weltmeister*	*in*	*erstes Rennen danach*	*Sieger*
1952	Ascari	Nürburgring	Zandvoort	1. Ascari
1953	Ascari	Nürburgring	Bern	1. Ascari
1954	Fangio	Bern	Monza	1. Fangio
1975	Lauda	Monza	Watkins Glen	1. Lauda
1980	Jones	Montreal	Watkins Glen	1. Jones
1991	Senna	Suzuka	Adelaide	1. Senna
1994	Schumacher	Adelaide	Interlagos	1. Schumacher
1995	Schumacher	Aida	Suzuka	1. Schumacher
2000	Schumacher	Suzuka	Kuala Lumpur	1. Schumacher
2001	Schumacher	Budapest	Spa	1. Schumacher
2002	Schumacher	Magny-Cours	Hockenheim	1. Schumacher

Aber viel mehr, als die Ergebnisse aussagen, spielt Ferrari Katz und Maus mit der ganzen Formel I. Hockenheim enthüllt oder beweist Vieles. Der Schumi-Rennstall wählt härtere Reifen – um 0,6 bis 0,8 Sekunden langsamer – und gewinnt trotzdem.

„Was glaubst du, wie überlegen Ferrari erst mit weicheren Pneus wäre? Die bluffen und tricksen uns alle aus", sagt mir Tom Walkinshaw – als ob er nicht genug eigene Sorgen hätte – beim Abendessen. Und er legt jede Wette: „In den nächsten zwei, drei Jahren hat gegen Ferrari keiner eine Chance. Hie und da gewinnt vielleicht auch ein anderes Team einen Grand Prix, aber nie den WM-Titel!"

Um ein großes Geheimnis zu lüften: Ferrari ist im Sommer 2002 schon wieder allen um ein halbes bis dreiviertel Jahr voraus. Der neue F 2003, mit neuem Motor, ist schon viel weiter, als die Konkurrenten fürchten.

Und über allem thront das Fahrgenie Michael Schumacher. Man weiß alles über ihn – wirklich alles? Michael Schumacher, Weltrekordler, schnellster, komplettester, bestverdienender Rennfahrer aller Zeiten – und der große Medienstar. Aber gibt es noch Geheimnisse?
Ich überrasche in Hockenheim Teamchefs und Fahrerkollegen mit der Frage: „Wärst du Journalist, was würdest du Michael fragen?"

Hier sind die Antworten – oft erstaunlich originell.

Niki Lauda, der ihn 1996 zu Ferrari holte: „Michael, wie schaffst du es, dass du nach zehn Jahren immer noch so verliebt in deine Corinna bist – so wie am Anfang?"

Bernie Ecclestone: „Wie viele WM-Titel wirst du noch gewinnen? Meine Schätzung: Ich glaube, noch zwei."

Eddie Irvine, Ex-Teamkollege: „Sorry, dazu fällt mir nichts ein."

Flavio Briatore, sein Benetton-WM-Teamchef: „Michael, wann hörst du auf? Dein Rücktritt würde die Formel I wieder interessanter machen."

Gerhard Berger: „Ich weiß alles von dir, es gibt nix mehr, dass ich dich noch fragen könnte. Aber als Ex-Rennfahrer hab ich eine große Freude, dir zuzuschauen, wie du fährst und wie du gewinnst."

Tom Walkinshaw, Arrows-Boss: „Habe ich Recht, wenn ich voraussage: Du lässt Barrichello heuer noch zwei-, dreimal gewinnen – fürs gute Image?"

Juan Pablo Montoya, großer Rivale: „Wieso geht immer nur bei Barrichello vorm Start etwas schief, aber nie bei dir? Du wirst mir antworten: Alles reiner Zufall, aber ich glaube dir nicht."

Frank Williams, Teamchef: „Wann machst du für andere den Weg frei? Du und Ferrari – ihr bringt uns mit euren Erfolgen um."

Eddie Jordan, sein erster Teamchef: „Wann, glaubst du, wirst du aufhören, mit Stil und Klasse abtreten, als größter Rennfahrer aller Zeiten – noch bevor du geschlagen wirst?"

Luca Collojani, Ferrari-Medienchef: „Michael, wenn ich dir nach einem Sieg ins Gesicht schau, wie glücklich bist du da jedes Mal?"

Jean Todt, Ferrari-Teamchef: „Ich danke dem lieben Gott, dass ich kein Journalist bin."

Ralf Schumacher: „Ich muss Michael nix mehr fragen. Ich bin ja kein Reporter, habe was Anständiges gelernt."

Marc Surer, Ex-Rennfahrer: „Was muss man tun, um die Formel I zu retten, wenn du alles gewinnst? Den kleinen Teams geht das Geld aus, wie kannst du als fünffacher Weltmeister eingreifen, dass die Formel I nicht zerfällt?"

Ove Andersson, Toyota-Teamchef: „Wie lange kannst du dich noch motivieren? Als bald siebenfacher Weltmeister brauchst du ja nichts mehr zu beweisen?"

Jacques Villeneuve, sein Lieblingsfeind: „Warum trägst du eigentlich diese rote Kappe mit den fünf Sternen? Und warum habe ich Fangio nie mit einer solchen Kappe gesehen?"

DIE MANAGER: WER ZIEHT DIE FÄDEN?

„Von Michael Schumacher lebe ich, und wenn er einmal aufhört, ist sein jüngerer Bruder Ralf meine Altersvorsorge", hat Willi Weber, Manager beider Schumis, vor Jahren einmal gesagt. Heute lacht Schumi II über diesen Satz: „Ich hab doch selber mit meiner Alterspension genug zu tun ..." Flotte Sprüche, originelle Ideen im wichtigsten Dreieck des Formel-I-Zirkus, auch wenn Michael und Ralf, das schnellste Brüderpaar aller Zeiten, niemals gemeinsam in einem Team fahren können. „Das ist unmöglich", hat Willi Weber immer betont, „weil dann ja einer der beiden verlieren müsste." Und schon ganz unmöglich wäre ein totales Schumi-Fahrerduo bei Ferrari. So teuer, dass Ferrari Fiat verkaufen müsste oder umgekehrt – hieß der Spruch.
Der König der Formel-I-Manager, gar keine Frage, ist einer der Wichtigsten im ganzen Zirkus. Und so knallhart er als Businessmann sein mag – persönlich wirkt

er angenehm, sympathisch, beinahe soft. Kein Wunder, denn schon vor ein paar Jahren hat mir der Deutsche in Suzuka verraten: „Ich bin Buddhist und hab das Gefühl, dass auch Michael im Inneren seiner Seele, seines Herzens, den Gedanken Buddhas nahe steht – auch wenn er es persönlich vielleicht noch gar nicht so genau weiß."

Zwar würde auch Weber, so scharf er mit Geld ist, nie in der gelben Kutte, mit Sandalen auftreten und allem schnöden Mammon abschwören, „weil das niemand verlangen kann, auch Buddha nicht. Ich versuche schon, nach den Regeln des Buddhismus zu leben." „Um erleuchtet zu werden?" „Es gibt auch Katholiken, die getauft sind und nie mehr wieder in einer Kirche waren. Aber ich sehe im Buddhismus auch andere Dinge. Wenn du Gutes tust, kommt das zurück, und wenn du Schlechtes tust, ganz genauso. Dann schaust du dich in den Spiegel – und plötzlich zuckt eine Faust heraus ..."

Für Weber, der notfalls auch als Operettendarsteller (Zigeunerbaron?) sein Geld verdienen könnte und Schumi, der via UNESCO schon so viel gespendet und geholfen hat, keine Gefahr: immer positiv denken, positiv handeln. Außer, Montoya ist gerade in der Nähe oder irgendein Trittbrettfahrer, der plötzlich Anteile an der Schumacher-Karriere reklamiert. „Viele", weiß Willi Weber, „wollten sich da an der Schumacher-Lotterie beteiligen. Aber der Einzige, der sich seinerzeit ein Los gekauft hat, war ich."

Die Allianz Weber-Schumacher ist sicher die längste in der Formel-I-Geschichte, seit Weber den jungen Michael 1988 in einem Regenrennen auf dem Salzburgring entdeckt und mit ihm einen 10-Jahres-Vertrag geschlossen hat. Wie weit er verlängert wurde? „Kann man nicht sagen. Freundschaft ist unbefristet."

Willi und Michael, was für ein Duo. Weber (60), der heute von Stuttgart aus das Schumacher-Imperium leitet, stammt aus Regensburg. Erste Visitenkarte: gelernter Hotelkaufmann, Chef einer Restaurantkette mit 15 Millionen Franken Umsatz, talentierter Hobbyrennfahrer. „Ich fuhr alles, was vier Räder hat: CanAm, Formel III, Porsche, Sportwagen. Meine Rennerfolge waren nie so berauschend, aber ich bin auf alle Rennen, die ich gewonnen habe, stolz – und genauso geht's ja heute dem Michael ..."

Der dramatischste Moment war in den 80er-Jahren bei einem Flugplatzrennen im Siegerland. „Hans-Joachim Stuck lag in Führung, ich an dritter Stelle. Plötzlich sah ich, wie Tausende Zuschauer wie verrückt winkten, wenn ich daherkam. Aber nicht, weil ich auf Stuck aufholte, sondern weil mein Auto lichterloh brannte." Das sahen alle, nur Willi Weber im Cockpit nicht.

Und dann wechselte er die Front: Jeder tut, was er am besten kann: Schumacher das Rennfahren und Weber das Managen. „Ich hab 20 Jahre lang zugeschaut, welche Fehler in der Formel I gemacht werden – bei mir nicht!" Mark McCormack, der erste berühmte Sportler-Manager der Geschichte, war für Weber „nie ein Vorbild. Was ich mache, ist eigentlich die Rundum-Betreuung für einen Freund. Das ist das Geheimnis unseres gemeinsamen Erfolges. Kopieren kann man da nichts. Es muss alles passen – sonst wären wir heute nicht dort, wo wir sind."

Es war zunächst Webers Risiko, dass er in die Karriere des jungen Schumacher investierte, ihm 1989 die erste Formel-III-Saison bezahlte: etwa eine Million Franken. „Wenn es gut geht, ist es okay – und wenn nicht, bringt's mich auch nicht um." Man darf von zwei Tatsachen ausgehen: Dass Schumi, immer ein korrekter Mensch, Weber später das Geld zurückgezahlt hat. Und dass Weber für seinen Tag-und-Nacht-Einsatz für Schumi weniger Prozente kassiert als etwa McCormack (25 Prozent) oder Boxmanager (33 Prozent). Bald nannte man Weber im Formel-I-Zirkus den „Mr. 20 Prozent", zumal er ja selber sagte: „Für nur 10 Prozent würde ich in der Früh nicht einmal aufstehen."

Aber: „Die Prozentklausel, die wir anfangs vereinbarten, liegt im Rahmen. Und unser Vertrag ging nur über genau zwei Seiten." Michael verdiente in seinem ersten richtigen Rennfahrerjahr 30.000 Franken, beim Formel-I-Debüt in Spa 1991 schliefen er und Willi Weber noch in der Jugendherberge. Aber in den Formel-I-Verträgen von Michael hatte Weber schon immer, von Anfang an, sehr raffinierte Klauseln eingebaut. Nicht nur Gehaltserhöhungen, sondern auch Fluchtmöglichkeiten.

Ich erinnere mich an die geheimen Punkte in Schumachers früheren Verträgen. Zum Beispiel:
Sollte Michael im WM-Schlussklassement 1993 nicht unter den ersten drei Ersten sein, kann er, wenn er will, das Benetton-Team verlassen. Schumi wurde damals WM-Vierter hinter Prost, Senna und Hill, blieb aber, klug beraten, bei Benetton – und wurde mit diesem Team 1994/95 zweimal Weltmeister.

Oder die geheimnisumwitterte Mercedes-Klausel: Sollten die Silberpfeile bis zu einem gewissen Zeitpunkt ihre offizielle Rückkehr zur Formel I erklären, MUSS Schumacher für Mercedes fahren. Diese Chance hat man in Stuttgart verpasst.

Und schließlich die Ferrari-Klausel, als Michael nach zwei WM-Titeln Ende 1995 zur sagenhaften „Squadra azzura" übertrat: Wenn Ferrari zu einem gewissen Zeitpunkt nicht in der oberen Hälfte der Konstrukteur-WM rangiert, also in die untere Hälfte abrutscht, steht es Michael frei, zu einem Konkurrenzteam überzutreten! Heute muss man darüber lachen, aber Weber wusste damals genau: „Ferrari hat auch schon schlechtere Phasen erlebt." Stimmt: 1980 nur Rang 10, 1981 Rang 5, und bevor Schumi kam, gab es 1992 und 1993 jeweils nur den vierten Schlussrang.

Und dann gibt es noch viele andere Punkte, die ein Geheimnis sind – wie die rund 300 (!) Produkte des weltweit populären Superstars und vielleicht schon bestvermarkteten, bestverdienenden Supersportlers aller Zeiten. Dazu Weber: „Wir vergeben Lizenzrechte. Die stellen die Produkte her und verkaufen sie." Über Geld und Gewinn mag Weber nicht reden: „Das hat mir mein Chef verboten." Absoluter Top-Renner des Ferrari-Stars sind die roten Kappen, nicht nur auf den Tribünen am Nürburgring und in Hockenheim.

„Wir verkaufen 300.000 echte rote Mützen im Jahr", verneigt sich Weber vor seinen besten Kunden, den „Rotkäppchen". Aber: „Es gibt auch 300.000 gefälschte jedes Jahr ..."

Das Geschäft boomt, weil das System perfekt funktioniert, „weil wir längst auch sehr, sehr gute Freunde geworden sind", bilanziert Weber. „Er akzeptiert mich als seinen Berater, Betreuer, als einen Mann, der es ihm ermöglicht hat, jahrelang seinen Kopf, seine gesamte Zeit, für sein Team und für sein Fahren zu verwenden – außer sein Familienleben. Mir überlässt er die gesamte andere Arbeit, die Knochenarbeit – wie sehr viele Piloten das inzwischen ausgedrückt haben."

Dass auch Ralf Schumacher in Webers millionenspendenden Windschatten geriet, war ganz klar. Zeitweise kümmerte sich „Mr. 20 Prozent" auch um den Motorradchampion Mick Doohan und Claudia Schiffer. Heute sind Schumis „Stallkollegen" im Weber-Management die „Wüstenkönigin" Jutta Kleinschmidt, die erste Frau, die Paris-Dakar gewonnen hat, und der Opel-Tourenwagen-Werkpilot Timo Scheider. „Ein Riesentalent", sagt Weber mit Kennerblick, „nur konnte er es bisher nicht zeigen – ich hoffe, dieses Jahr."

Und dann hat der pfiffige Weber, verrät er grinsend, noch einen Geheimplan mit einem prominenten Schützling: „Michaels Frau Corinna, die ja super reiten kann, bis zum Olympiastart zu managen. Vielleicht geht sich Athen noch aus, wenn nicht, dann halt China." Schließlich hat die Schumi-Familie schon alles gewonnen – bis auf eine olympische Goldmedaille ...

*

„I mänätsch mi selber!" Der berühmte Dialekt-Spruch des charismatischen Jochen Rindt – 1970 der erste posthume Weltmeister der Formel I. Auch seine Schweizer Rivalen Clay Regazzoni und Jo Siffert brauchten keine Manager, allenfalls einen Anwalt für ihre Verträge. Anderen Grand-Prix-Piloten jener Zeit halfen die Väter (Fittipaldi) oder Brüder (Jacky Ickx) oder Freunde. Das erste Mal überhaupt, dass man von einem Rennfahrer-Manager hörte, war in der Fangio-Ära. Der fünffache Weltmeister aus Argentinien, der für Alfa, Mercedes, Ferrari und Maserati fuhr, brauchte schon allein aus sprachlichen Gründen einen vifen Manager – den Italiener Giambertone.

Enzo Ferrari erinnerte sich später: „Wenn Fangio bei mir war, ließ er immer seinen Manager für sich reden ..."

Bis zum professionellen Management der Formel-I-Stars dauerte es aber noch Jahrzehnte. Dann fanden der legendäre Mark McCormack und der immens geschäftstüchtige Jackie Stewart zusammen – wirklich nur eine Frage der Zeit. McCormack, früher Golfer, hatte als erster erkannt: „Ich nehme Spitzensportlern den ganzen Kram ab, Verwaltung, Steuererklärungen, das Aushandeln von Sponsorverträgen und PR-Auftritten – damit sie sich voll und ganz auf ihren Sport konzentrieren können. Den Rest mache ich." McCormack knüpfte seine Superstars zu einem gigantischen Netz zusammen – z. B. pries Stewart, wenn er einmal Tennis spielte, öffentlich sein Rod-Laver-Rackett. Und vieles andere.

Perfekt ins McCormack-Konzept passte auch Peter Revson, New Yorker Playboy und Kosmetik-Millionenerbe der Marke „Revlon". Er verunglückte 1974 in Kyalami.
Und dann kamen die Italiener und die Deutschen.

Die Ziele haben sich seither nicht geändert, nur die Summen. In der Poleposition aller Formel-I-Manager ist Willi Weber, der Mann hinter Michael und Ralf Schumacher. Ein ganz anderer Typ: Ortwin Podlech, der Heinz-Harald Frentzen mit seiner Firma „Eurosport" von Ibiza aus managt: „Still, aber wirkungsvoll." In den Formel-I-Kampf schickt Podlech seinen Frontmann Monty Fields. Beide hatten 2001 bei Frentzens argen Vertragsproblemen mit Jordan und Prost alle Hände voll zu tun.

Weit nach vorn geschoben in der Startaufstellung der Manager hat sich in den letzten Jahren Werner Heinz (51), ehemaliger R-5-Cup-Pilot und gelernter Kellner im elterlichen Gasthof in der Eifel – da war's nicht weit zum Nürburgring und zum Rennsportbusiness. Der Weg nach oben: Heute residiert Heinz in einer alten Villa auf einem Felsen hoch über Trier an der Mosel. „Ich hab mir eine elektrische Schienenbahn gebaut, mit der ich jeden Morgen hinauf ins Büro fahren kann. Zu Fuß wären es ja doch 170 Stufen."

Heinz hat mit dem heutigen DTM-Superstar Bernd Schneider begonnen, Ayrton Senna in Deutschland vertreten, für Frentzen in dessen großem Jahr 1999 „PR und Verwaltung gemacht, aber das ging dann nicht mehr wegen Nick Heidfeld." Außer dem Sauber-Piloten nahm Heinz auch den Boxweltmeister Henry Maske und schon 1998 das Skiflieger-Phänomen Sven Hannawald unter Vertrag, macht die Exklusivvermarktung des Nürburgrings, vermittelt allen möglichen Formel-I-Teams Sponsoren und klopft sich auf die Brust: „Ich lebe nicht nur von den Rennfahrern."

Andere schon, und gar nicht so schlecht. Eddie Jordan perfektionierte das System, baute junge Rennfahrer auf, um sie später teuer zu verkaufen – oder profitierte selbst von jedem herausgefahrenen WM-Punkt. Eine Zeit lang hatte er, obwohl schon Formel-I-Teamchef, das halbe Starterfeld unter persönlichem Vertrag. „Aber heute", winkt er ab, „manage ich keine Fahrer mehr." Lästiges Kleingeld, Eddie?

Manche Manager kommen direkt aus dem Pulverdampf der eigenen Rennkarriere. Keke Rosberg, Weltmeister 1982, managte Mika Hakkinen zu zwei WM-Titeln – anfangs 2002 wurde der Vertrag im beiderseitigen Einvernehmen gekündigt, was sofort zu Spekulationen in verschiedenen Teams führte: Entweder weitet sich Hakkinens „Babypause" zu einem gänzlichen Rücktritt aus „Oder es wird jetzt leichter, Mika zu einem Comeback zu überreden – weil man nicht mehr mit dem knallharten Rosberg verhandeln muss", prophezeite ein berühmter Teamchef – vergeblich.

Flavio Briatore agiert in einem „Bermuda-Dreieck" mit drei Piloten: Giancarlo Fisichella, Jarno Trulli, Fernando Alonso – wobei niemand je genau wusste, wie groß sein Anteil an manchen Karrieren ist. Formal ist Matteucci der Mann hinter „Fisico", Lucho Cavuto der hinter Trulli. Jedenfalls verschob Briatore Fisichella zurück zu Jordan, tauschte ihn gegen Trulli, baut im Hintergrund Fernando Alonso auf und vergatterte noch Jenson Button zum Konditionstraining in seinem Luxus-Privathotel „Lion in the sun" am Strand von Kenia.

Die Button-Situation war knifflig: entdeckt und anfangs gemanagt von Vater und Sohn Steve und David Robertson, mit dem Holländer Harald Huisman als Drittem im Bund, aber sie hatten in die Button-Karriere auch viel eigenes Geld investiert. Jetzt besorgen Vater Button und der englische Anwalt John Bayfield aus Southampton die Geschäfte des hoffnungsvollen Juniors – mit durchschlagendem Erfolg.

Und seine Entdecker, denen der Rohdiamant durch die Finger glitt?
Jetzt managen Vater und Sohn Robertson ein Supertalent, in das sie – schon 2001 bei Sauber – ebenfalls investiert hatten wie in eine heiße Aktie: den jungen Kimi Räikkönen. Wie viele sagen: „Den Neffen von Onkel Hakkinen."

Ein Vater-Sohn-Verhältnis hatten auch immer Craig Pollock und Jacques Villeneuve. Seit David Richards BAR-Teamchef ist, hat Pollock mehr Zeit exklusiv für Villeneuve – und immer noch ein Drittel Anteile am Team. Stallkollege Olivier Panis wird vom Belgier Didier Coton aus dem Rosberg-Büro gemanagt – früher tat das die Ehefrau des Rennfahrers. Heute hat nur noch Mark Webber eine Managerin: die Britin Ann Neal kümmert sich so aufopfernd, dass beim Australien-GP schon viele fragten: „Ist sie auch seine Freundin?"

Ex-Formel-I-Pilot Martin Brundle, jetzt vor allem TV-Kommentator, hat David Coulthard unter seine Fittiche genommen, „als es ihm gerade sehr schlecht ging und er ganz verzweifelt war." Da können Manager auch als Seelentröster helfen.

Spektakuläre Manager haben Juan Pablo Montoya und Rubens Barrichello. Der charismatische Kolumbianer, zeitweise Schumis Angstgegner, hängt an den Fäden, die Julian Jacoby in London zieht – früher war er Sennas Europa-Manager. Und als Barrichello versuchte, das Senna-Erbe anzutreten, bat sein Bankmanager einen Freund, den Computer-Businessmann Federico de la Noche: „Kannst du dich bitte um Rubens kümmern?" Federico, ein in den USA lebender Brasilianer, hatte vor Barrichello mit der Formel I überhaupt nichts zu tun, „und wenn Rubens einmal aufhört, sieht auch mich keiner mehr in der Formel I."

Bis zum Sommer 2002 pokerte er mit Ferrari um Vertragsverlängerung: „Bis Juni müsst ihr mir Bescheid geben, ob ihr Rubens weiterhin wollt." Wen sonst? Auch Eddie Irvines stets braungebrannter Manager Enrico Zanarini (51), der immer aussieht, als käme er gerade von der eigenen Yacht, kennt das Power-Play bei Ferrari.

Drama um Mika Salo (jetzt Toyota): Sein Partner Mike Grizzly, seit einem Schlaganfall in Spa teilweise gelähmt, managt den Finnen tapfer aus dem Rollstuhl – auch im Fahrerlager. Für Enrique Bernoldi hat Ski-Exweltmeister Harti Weirather in seinem Liechtensteiner Büro einen eigenen Betreuer abgestellt, und um Alex Yoong kümmert sich dessen Vater, früher Rennstreckenmanager in Malaysia.

So hat jeder Formel-I-Manager seinen eigenen Background, eigenen Stil. Mit dem Aktenkoffer wichtig durchs Fahrerlager zu stolzieren, genügt heute längst nicht mehr. „Ach was", hat einmal ein Fahrer-Manager behauptet, „in der Formel I lügen doch alle, also lüge ich noch viel mehr." Dementsprechend verkaufte er immer nur heiße Luft. Heute ist er längst draußen. Out of money, heißt das in der Formel I.

*

Die Formel I als „Formel Ferien": Knapp drei Wochen Rennpause, Testverbot – erst Mitte August in Budapest wieder Vollgas. Aber bis dahin? Die Stars machen Ferien, die Chefs arbeiten und schwitzen. Niki Lauda in Milton Keynes: „Ich hoffe nur, ein paar Tage Wörther See gehen sich noch aus." Gerhard Berger in München: „Ein verlängertes Wochenende mit Ana und meinen Mädeln an der Algarve in Portugal – mehr Ferien sind nicht drin. Es geht um unseren zweiten WM-Platz!"

Sogar Flavio Briatore schuftet in der englischen Renault-Fabrik. Seine berühmte Disco „Milliardaire" in Porto Cervo (Sardinien) hat ohne ihn eröffnet. „Ich kann nur vom 5.–15. August dort sein." Mehr Life-Style schaffen die Lenkrad-Millionäre, die auf ihren schneeweißen Yachten im Mittelmeer schaukeln: Eddie Irvine mit seiner „Anaconda", David Coulthard mit seiner „Highlander" – auch wieder mit den freizügigen, täglichen Paparazzi-Fotos vom Sonnendeck des Formel-I-Playboys?

„Ich kann", lächelt Coulthard etwas gequält, „die Medien ja nicht kontrollieren ..."

Michael Schumacher kann – darum hält er seine Ferien immer ganz privat und geheim. Ob eine Motorradtour in den Alpen, ein paar frische, kühlere Tage auf seiner Skihütte in Norwegen, an welchem Strand, an welchem Seeufer – alles Privatsache des Champions. „Vor allem will ich mich jetzt total um meine Familie kümmern." In Hockenheim wusste er noch nicht, wie und wo genau – aber unter Stress kommt er sicher nicht.

Bruder Ralf schon eher: „Ein paar Tage im Mittelmeer, viel Natur, viele Tiere, ein bisschen auf die Jagd – und wenn sich's ausgeht: der ‚Jedermann' auf dem Salzburger Domplatz. Hat mir schon vorigen Sommer sehr gut gefallen."

Jenson Button planscht mit seiner „Little Missy" in Mallorca. Wenn er an Land geht, trifft er dort Pedro de la Rosa – im Ferienhaus seiner Eltern. Bring your family, gilt für viele.

Juan Montoya fliegt mit seiner Braut Connie nach Florida: „Dort treffe ich für zwei Wochen meine Eltern, die ganze Familie. Papa baut gerade ein riesiges Shopping-Center in Miami."

Auch die Brasilianer im Zirkus machen Heimaturlaub: Rubens Barrichello und Felipe Massa am Strand von Sao Paulo. Im brasilianischen Winter? „Egal, wie zuhause das Wetter ist", sagte mir Barrichello, „Hauptsache, ich bin bei meiner Familie." Und Massa schwört: „Vor dem Ungarn-GP trainiere ich noch auf einer österreichischen oder Schweizer Alm." Enrique Bernoldi (dessen Urgroßmutter aus Tirol stammte!) ist bei seinen zigtausend Rindern auf der riesigen Farm in Curitiba.

Stiller ist der Sommer für Nick Heidfeld: „Ich hab eine große Segelyacht gechartert – und freue mich aufs Mittelmeer." Segelschein hat der Sauber-Pilot keinen, „aber an Bord rund zehn Leute, die segeln können." Danach, zurück an Land, wird wieder fleißig trainiert. Kimi Räikkönen verrät: „Ich bleibe in der Schweiz, mache nichts Spezielles, aber ich weiß noch nicht genau." Bis ihm seine Moto-Cross-Maschinen einfallen ...

Olivier Panis bleibt zwei Wochen am Strand von Bandol: „Dort hab ich meine Cigarillo – mein Speedboot!" Allan McNish hat seine Freundin beauftragt: „Such ein nettes Inselhotel im Mittelmeer, aber weit fliegen mag ich nicht." Flugkilometer sammeln Formel-I-Piloten ja genug. Darum hat sich auch der Japaner Sato, vor ein paar Jahren noch japanischer Junioren-Champion im Radsport, entschlossen: „Ich reise diesen Sommer nur mit dem Fahrrad! Ich radle durch die ganze Schweiz – jeden Tag mindestens 100 km auf dem Rennrad."

Die Italiener Fisichella und Trulli bleiben am liebsten an der Adria. Heinz-Harald Frentzen fährt, wie immer, auf ein paar Ferientage zu seiner spanischen Mutter nach Valencia. Die Minardi-Piloten müssen nach Malaysia bzw. Australien – Sponsortermine. „In meiner Heimatstadt Canberra", graut es Mark Webber, „hat's derzeit minus drei Grad ..."

Im Winter sind Jacques Villeneuve und Mika Salo für ihre gnadenlosen Snowmobil-Wettrennen am Polarkreis berühmt – jetzt genießt der Kanadier den europäischen Sommer: Er hat gerade sein Schiff nach Kroatien überstellen lassen, wo auch Bernie Ecclestones schwimmender Palast dümpelt. Mit einem Problem – Bernie, als echter Engländer, hält's nie lang in der Hitze aus. 1968 machte ich mit ihm und Jochen Rindt Ferien in Acapulco. Nach vier Tagen war Bernie schon wieder weg: „Business in Mexiko City ..."

Noch einer hat wenig von Sonne und Strand: Testfahrer Alex Wurz klettert in die Unterwelt, runter ins Wiener Kanalsystem, und dreht dort, für McLaren-Sponsoren, die Formel-I-Version des Nachkriegs-Filmklassikers „Der dritte Mann" – hinter Coulthard und Räikkönen. Statt Orson Welles, aber mit der Zither von Toni Karas.

BUDAPEST: WM-TITEL OHNE PAPRIKA

Ende der Sommerferien mit Testverbot – jetzt freuen sich die Fans auf den GP von Ungarn! Jahrelang das klassische Land des Formel-I-Tourismus: „Auf dem Hungaroring", verraten die Veranstalter, „sind immer höchstens ein Drittel Ungarn, mindestens 70 Prozent Ausländer." Und davon wieder 50–60.000 „Rotkäppchen" – deutsche Schumi-Fans. Dazu kamen wegen Publikumsliebling Gerhard Berger jahrelang bis zu 25.000 Österreicher, wegen Mika Hakkinen noch 2001 mehr als 14.000 Finnen!

Aber diese Woche? Die WM ist entschieden, auch wenn Schumacher die letzten Rekorde stürmt, und der schweigsame Kimi Räikkönen ist nicht gerade der Typ, der Legionen von Fans zur Völkerwanderung zwingt. „Um fünf Prozent weniger Karten verkauft als letztes Jahr", bilanzieren die Magyaren, „noch sind genug Hotelzimmer und Tribünenplätze frei – heuer zum ersten Mal alle nummeriert."

Und Bernie Ecclestone spendiert sogar fünf seiner exklusiven VIP-Tickets für den Paddock Club für eine Versteigerung – Reinerlös für einen guten Zweck: Kampf den Drogen!

Da wissen wir alle noch nicht, dass der Formel-3000-Europameister Tomas Enge wenig später seinen Titel verliert, weil er offensichtlich Joints geraucht hat – Cannabis. Doping ist im großen Rennsport nie wirklich ein großes Thema gewesen. Aber ich erinnere mich noch an die Betablocker, vor rund einem Viertel-

jahrhundert von manchen Formel-I-Piloten verwendet, um die Startangst zu besiegen, den Puls zu senken. Und ich sehe auch noch die weit aufgerissenen Augen eines schnellen Piloten aus der Turbo-Ära, der später zu einem ganz zahmen Lamm wurde.
Ältere Grand-Prix-Fans haben vielleicht noch das Drama des italienischen Star-Piloten Achille Varzi in Erinnerung. Er wurde seinerzeit von einer deutschen Industriellengattin zum Rauschgift verführt. Er wurde nach mühsamen Kämpfen wieder clean, danach verunglückte er tödlich.

Es gibt also oft viele Probleme im Umfeld der Formel I, aber ein ganz schlimmes für die Bevölkerung im August 2002. Die Karawane auf dem Weg nach Budapest – die Flutwelle der Donau leider auch.

Der GP von Ungarn ist gesichert, aber die Hochwasserkatastrophe erschüttert auch den Grand-Prix-Zirkus und schreit nach Hilfe. Formel I mit Herz: A-1-Ring-Chef Hans Geist, kurz entschlossen: „Wir spenden von jeder Karte, die wir für den Österreich-GP 2003 verkaufen, einen Euro – macht mindestens 100.000 Euro. Wir helfen gern, fühlen uns sogar dazu verpflichtet – nachdem die Steiermark diesmal vom Hochwasser gottlob verschont blieb."

Michael Schumacher spendet sogar eine Million Euro. „Aber man muss helfen, wenn man im Fernsehen die Katastrophenbilder gesehen hat." BMW greift genauso tief in die Tasche. Und alle hören von den Abenteuern der angekommenen Teams, die ja alle über Österreich anreisen. Der gelbe Jordan-Transporter z. B. steckt bei Linz auf der überschwemmten Autobahn fest ...

Nur minimal dagegen die Sorgen bei den Fahrern: Formel-I-Neuling Anthony Davidson, der bei Minardi für zwei Rennen Alex Yoong ersetzt, hat noch keinen Overall – Kindergröße für den 1,60 m kleinen Engländer ist nicht vorrätig, die Overall-Erzeugerfabrik hat Ferien, und mit seinem alten Overall kann der BAR-Testpilot natürlich nicht in den Minardi steigen. Davidson hat für Villeneuve und Panis fleißig getestet.

Und dort plant BAR-Chef David Richards einen Sensationscoup: Villeneuve für ein Jahr nach den USA, in die Champ-Car-Serie, zurückschicken, die hohe Villeneuve-Gage 2003 für die Technik ausgeben, mit Panis und Button weiterfahren – und den Kanadier 2004 in ein verbessertes Auto zurückholen. Genial – wenn Jacques mitspielt ...

Aber die Nummer Eins auf dem Transfermarkt ist der fast schon vergessene deutsche Heinz-Harald Frentzen. Auch Peter Sauber spekuliert plötzlich wieder mit Frentzen, der Sauber 1995 in Monza den ersten Podestplatz geschenkt hat. „Ich will zu Nick Heidfeld einen gleich starken Piloten!“ Heidfeld bleibt bei Sauber: Das Team hat die Option auf den Mönchengladbacher, muss sie aber bis Ende August (Spa) einlösen – vorausgesetzt, Sauber rutscht in der Konstrukteur-WM nicht tiefer als auf Platz 6. Keine Gefahr: Sauber kämpft aktuell mit Renault um Rang 4, also muss (und will) Heidfeld wohl bleiben.

Dagegen ist der blutjunge Felipe Massa, der im Räikkönen-Tempo in die Formel I eingedrungen ist, zuletzt etwas in die Kritik geraten: Zwar unglaubliche Wagenbeherrschung, bei ihm sieht man das Auto nie gerade, sondern immer von vorn schief oder hinten schief, dazu sein aggressiver Fahrstil, auf fremden Strecken immer auf Anhieb schnell, aber zu viele Ausrutscher und Fehler wie der eklatante Frühstart in Magny-Cours (1 Sekunde!) oder Überfahren der Sperrlinie in der Boxenstraße – das passiert aber auch dem großen Schumacher ...

In Budapest kracht und staubt es im bewundernswerten, immer sportlich-fairen Schweizer Team zum ersten Mal, als der Chef plötzlich Stallorder verhängt: Massa muss in der Endphase des Ungarn-Grand-Prix Heidfeld vorbeilassen, weil Sauber glaubt: „Heidfeld hat bessere Chancen, Panis einzuholen und zu überholen – für uns zählt für die Konstrukteur-WM jeder Punkt.“
Massa reagiert böse und total frustriert, auch mit einigen Runden Verspätung, und regt sich nachher fürchterlich auf. Der Schweizer Reporter Roger Benoit bremst ihn mit fast brüderlicher Sorge: „Mach keinen Skandal, bleib ruhig, es geht um deinen Platz im Team.“

Aber in der Poleposition der Magyaren steht ein junger Mann aus der Formel 3000.
Ganz Ungarn ist verrückt mit seinem ersten Formel-I-Piloten: Der junge Zsolt Baumgartner (21), Formel-3000-Fahrer, darf Sonntag auf dem Hungaroring zwischen Warm-up und Fahrerparade fünf Runden mit einem Jordan drehen – Bernie Ecclestone hat's erlaubt. Als PR-Aktion oder als Requiem für einen fast vergessenen Helden? Der allererste Grand-Prix-Sieger der Geschichte (1906 im GP von Frankreich) war nämlich ein Ungar – Ferenc Szisz!
Ursprünglich Eisenbahningenieur, wechselte Szisz zur Jahrhundertwende in die neue, faszinierende Welt der Autos, wurde mitfahrender Mechaniker der Rennfahrerbrüder Marcel und Louis Renault. Erste Sternstunde: Sieg im historischen Langstreckenrennen Paris-Wien 1902 – vor genau 100 Jahren. Aber bei Paris-Madrid verunglückte Marcel und Louis stieg nie wieder in ein Rennauto.

Ferenc Szisz, inzwischen auch „Chef der Testabteilung", sprang ein und gewann 1906 den ersten Grand Prix – ein Rennen über zwei Tage in Le Mans. 1914 fuhr Szisz sein letztes Rennen. Als er ausstieg, um ein Rad zu wechseln, wurde er von einem Gegner gerammt – komplizierter Armbruch, Ende seiner Karriere. Szisz kehrte nach Ungarn zurück und lebte in einem kleinen Dorf namens Tiszaszentimre von seiner Renault-Pension bis 1970 – er wurde 97 Jahre!
Ein biblisches Alter – vor allem für einen Grand-Prix-Sieger der gefährlichen ersten Jahre.
Zsolt Baumgartner, sein später Nachfolger, ist 21. Vater Schwabe, Mutter Ungarin. Zuletzt war er Achter im Formel-3000-Lauf in Hockenheim. Bei der Sitzprobe im Jordan-Werk machte er seinem Team wenig Arbeit. „Er hat", freut sich Eddie Jordan, „genau die gleichen Körpermaße wie unser Fisichella." Aber auch dessen Talent?
Auf dem Hungaroring hat der Neuling jetzt schon seine eigene Fan-Tribüne: Rund tausend Ungarn mit speziellen Baumgartner-T-Shirts.

Das Qualifying dominiert Ferrari, Barrichello diesmal vor Michael, dahinter Ralf und Montoya in der zweiten Startreihe, und die Silberpfeile böse deklassiert, Coulthard Zehnter, Räikkönen Elfter. Eine ziemliche Ohrfeige.

„Seit wann", frage ich Räikkönen, „fühlst du dich imstande, einen Grand Prix zu gewinnen?"
„Weiß ich nicht, daran hab ich nie gedacht."
„Aber bei deinem Talent wärst du eigentlich schon überfällig?"
„Sagen wir so: Ich glaube, es ist kein Problem zu gewinnen, wenn ich nur über das richtige Package verfüge. Aber ich kann nur mit dem arbeiten, was wir haben – sobald alles so passt wie bei Ferrari, sollte es kein Problem sein, zu gewinnen. Ist bei McLaren 2002 leider nur einmal möglich – und beinahe ein zweites Mal."

In Magny-Cours, gegen den großen Schumi. War er früher ein Fan von ihm – und jetzt kämpft er mit ihm Rad an Rad? Kimi war noch nie eingeschüchtert von großen Namen. „Ich hab nie von klein auf gedacht: Das sind die Heros, die Überflieger, die Superstars mit soundsovielen Siegen oder Titeln. Jetzt fahre ich halt gegen sie Rennen. Das ist alles. Und du willst sie alle besiegen und immer gewinnen ..."

Villeneuve hat einmal gesagt: „Ich kämpfe um einen 20. Platz genauso hart wie um einen Sieg." Und ein Superstar hat mir anvertraut: „To win is easy always, but when you loose it's very hard – gewinnen ist immer leicht, aber zu verlieren, ist schwierig." Weil sogar Siegertypen auf eine hart erkämpfte Platzierung stolzer sind als auf einen leichten Sieg.

Wie groß ist für Kimi der Unterschied, ob er (wie 2001 bei Sauber) um einen WM-Punkt kämpft oder jetzt bei McLaren um einen Sieg?

„Bei den drei Spitzenteams geht's härter zu, da sind alle schwierig zu überholen. Bei den Mittelfeldteams geht's ein bissel leichter." So frech, wie Räikkönen in Magny-Cours gegen Schumacher kämpft – das erinnert mich an Jean Alesis tollen Kampf gegen Ayrton Senna in Phönix 1991.

Für Kimi ist Magny-Cours heute „keine schöne Erinnerung mehr. Schon vorbei, ich denke nimmer daran, das ist passiert – aus und fertig. Schade, dass ich nicht gewonnen hab, wäre nett gewesen, aber vielleicht passiert's heuer noch woanders. Wenn nicht, dann eben 2003."

Im TV hat er alles „ein paar Mal angeschaut. Obwohl ich ja weiß, was warum passiert ist – also eigentlich sinnlos, das Video anzugaffen."

„Trotzdem – happy mit deiner ersten McLaren-Saison?" „Ja und nein. Wenn ich ins Ziel komme – immer in starker Position. Aber leider viel zu viele Ausfälle, zehn oder elf, ich hab sie nicht mitgezählt. Aber that's racing, nicht meine Schuld. Ich kann nichts dagegen tun – ich gebe immer alles, was ich hab."
„Und warum hast du so viel mehr Ausfälle als Coulthard?" „Reines Pech, schätze ich."
Wie cool Kimi den häufigen Frust abschüttelt, ist sympathisch. „Was hilft's, wenn ich pissed off bin – total angefressen? Alle tun ihr Bestes, stecken alle Anstrengungen ins Auto. Also hoffen wir, dass ich alle meine Probleme heuer ausmisten kann – und 2003 keine mehr kriege."

Wie schnell er ist, beweist Kimi oft. Vor allem im Qualifying: Da schlägt er Coulthard öfter als umgekehrt – was man vom Neuen im Team nicht wirklich erwarten durfte. Oder doch?
„Ich weiß nicht, welche Erwartungen ich haben durfte, ich wollte nur mal schauen, wie es geht. Besser vor David als hinter ihm. Aber wenn nicht – auch kein Desaster."

„Und hast du erwartet, ‚DC' vom Speed her, in den Rennen zu besiegen?" „Ich hab vor allem nicht erwartet, dass ich so viele Probleme bekomme ..."

Auch wenn in der WM letztlich der Schotte vor dem Finnen landet: Kimi lässt David gleich im ersten gemeinsamen Jahr verblassen. Aber das hat der große Spötter schon immer gewusst – Eddie Irvine.

Die Wortgefechte zwischen Coulthard und Irvine sind Highlights in einer oft faden Formel-I-Saison – ausgetragen zumeist in englischen Zeitungen und Magazinen.
Irvine: „Coulthard kann alle seine Träume vom WM-Titel vergessen. Er ist nicht einmal mehr McLarens Nummer 1, seit Räikkönen seine Karriere gekillt hat. Ironisch, dass David zu Saisonbeginn überzeugt war, dass er nach dem Rücktritt von Doppelweltmeister Hakkinen endlich McLarens große Titelhoffnung wäre – und dann bläst ihn ein anderer Finne hinweg. Nicht Coulthard ist derjenige, den Ron Dennis pusht, sondern Räikkönen. Der hat etwas, das David fehlt – die Qualität zum Superstar."

Worauf Coulthard den Iren dort trifft, wo es ihm am meisten weh tut – beim entschwundenen WM-Titel 1999: „In einem Auto, das 14-mal ins Ziel kommt, die WM zu gewinnen – dazu hätte sich Eddie gar nicht viel mehr anstrengen müssen ..."
Dennis-Adjutant Whitmarsh, ein Elefant im Porzellanladen, lobt und preist Coulthard als „einen der ganz wenigen Rennfahrer, die sich immer von Jahr zu Jahr verbessern, wozu Eddie nicht imstande ist."
„Eben", kontert Irvine, „da sieht man erst, wie schwach Coulthard gewesen muss, als er 1994 in der Formel I anfing."

Im Rennen kommen die McLaren erstaunlich weit nach vorn: Platz vier und fünf. Aber der Ungarn-Grand-Prix wird, wie befürchtet, ein Ferrari-Schaulaufen, fast ohne Konkurrenz. Rubens und Michael verteidigen ihre Positionen, bauen sukzessive ihren Vorsprung aus. Zum ersten Boxenstopp kommt Michael als Erster herein, zum zweiten Ralf vor Michael und Barrichello. Beide Male haben die Tankstopps und Reifenwechsel keinen Einfluss auf den Stand des Rennens.

Auffallend höchstens Michaels zahm gewordene „Out-Laps", die Runden jeweils nach dem Boxenstopp. Und bemerkenswert das Finish.

„Wer hat die schnellste Runde im Rennen?", funkt Schumi kurz vor Schluss die Ferrari-Box an.
„Barrichello", antwortet ihm Ross Brawn.
Da erwacht plötzlich Schumis Ehrgeiz, er lässt sich um fast drei Sekunden hinter den führenden Teamkollegen zurückfallen und hämmert dann eine Superrunde

auf den Asphalt des Hungarorings: 1:16,201 min., neuer absoluter Rundenrekord. Damit ist er sofort wieder riesengroß im Rückspiegel von Barrichello, was den Brasilianer kurz verwirrt.

„Was ist da los?“, fragt der Brasilianer misstrauisch-alarmiert bei der Box nach. „Ach, nichts Besonderes, Rubens“, beruhigt ihn Ross Brawn, „Michael wollte sich nur ein wenig amüsieren, seinen Spaß haben – He is just havin’ some fun.“ Auf der Ziellinie trennen lediglich 0,434 Sekunden die beiden Ferraris – Barrichello vor Schumacher. Dessen Bruder Ralf ist distanzierter Dritter.

Für Barrichello ein geschenkter Sieg, den er mit überschäumender Freude, auch Dankbarkeit entgegennimmt. Für Schumacher noch eine Wiedergutmachung für Österreich. Für Jean Todt „ein Traumrennen mit einem Traumergebnis, unserem fünften Doppelsieg des Jahres – und jetzt werden wir Barrichellos zweiten WM-Platz absichern.“

Und vor allem: Ferrari hat, zwei Rennen nach Schumachers WM-Titel, auch bereits die Konstrukteur-Weltmeisterschaft gewonnen. Zum vierten Mal hintereinander, von der Scuderia nie zuvor geschafft. Nur von McLaren-Honda 1988–1991.

*

Die Formel I stöhnt unter der totalen Ferrari-Überlegenheit – was kann die Konkurrenz wenigstens für 2003 tun, um die Königsdisziplin des Motorsports wieder spannend zu machen? Bleibt die totale Dominanz der Roten über Jahre hinweg? Und: Was lassen sich die Chefs der permanent geschlagenen Teams einfallen: Wie kann man Ferrari wieder besiegen?

Flavio Briatore (Renault), der Schumacher schon 1994/95 zu zwei Benetton-WM-Titeln führte: „Viel härter arbeiten, noch mehr Konstanz im Team zu erzielen – das ist der einzige Weg. Ferrari hat ganz einfach einen besseren Job gemacht als alle anderen. Aber in verschiedenen Epochen der Formel I haben wir gesehen, dass immer ein Team dominiert hat – da war die Periode von McLaren, von Williams, von Benetton – und jetzt eben von Ferrari.“

Ron Dennis (McLaren): „Die Ferrari-Dominanz ist kein außergewöhnliches Phänomen, so etwas hat es immer gegeben. Eine solche Vorherrschaft dauert nie endlos viele Jahre, aber doch mehrere Jahre – also kann man nicht automatisch annehmen, dass Ferrari 2003 nicht mehr kommandiert. Aber ich hab das Gefühl: Es ist nicht nur wegen Michael. In der Formel I können viele Fahrer gewinnen.

Natürlich ist er sehr stark, vielleicht der Beste, aber man muss gar nicht allzu viel aus dem eigenen Package herausholen, um Ferrari zu bekämpfen und zu besiegen – wie wir ja schon bewiesen haben. Aber da werden noch andere Teams groß herauskommen. Aber wenn sich die Formel I wirklich total umdreht, dann am wahrscheinlichsten deshalb, weil sich eine Reifenfirma den Vorteil gegen die andere erkämpft – und Michelin arbeitet sehr hart daran. Wenn die Franzosen einen Reifen herausbringen, der den Bridgestone-Reifen für die Ferraris überlegen ist, dann könnten wir einen relativ sehr raschen Wechsel an der Spitze sehen! Auch dann, wenn ein Motorhersteller plötzlich einen überragenden Formel-I-Motor herausbringt."

Gerhard Berger (BMW): „Eine solche Situation wie die Ferrari-Dominanz hat es in der Formel I schon immer gegeben. Auch McLaren oder Williams sind schon auf der totalen Erfolgswelle geschwommen. Die Ferrari-Überlegenheit hat zwei Gründe: Ein Super-Budget und die starke Arbeit einer sehr einheitlichen Gruppe. Wenn aus dieser Kette ein Glied herausbricht, zum Beispiel das Budget wackelt, ein wichtiger Mann aufhört oder Schumacher eines Tages weg ist – dann könnte sich alles sehr rasch wieder drehen und wenden."

Niki Lauda (Jaguar), der frühere Ferrari-Doppelweltmeister und „Piccolo Commendatore" in Italien: „Ich bin wahrscheinlich der schlechteste Mann, das zu analysieren. Ganz ehrlich: Ich muss meine Autos vom Ende des Feldes nach vorn bringen – das ist meine Antwort."

Paul Stoddart (Minardi), selbst leidgeprüfter Minardi-Besitzer: „Ich sehe wirklich niemanden, der Ferrari nächstes Jahr ernsthaft fordern könnte. Möglich, dass Frank Williams und Ron Dennis in der besten Position sind, aber Ferrari hat sicher einen ganz klaren Vorsprung – und der scheint auch 2003 nicht geringer zu werden."

Tom Walkinshaw (Arrows), Teamchef im Zwielicht: „Der Ferrari-Vorsprung wird auch 2003 sicher nicht geringer. Im Gegenteil: Die Italiener haben – dank ihrem früh gebauten neuen Auto – schon wieder einen Vorsprung von einem halben bis ganzen Jahr! Und man weiß ja, dass Ferrari 2002 oft mit den härteren Reifen gefahren ist, die pro Runde bis zu 0,8 Sekunden langsamer sind. Jetzt kann man rechnen: Wenn Schumacher & Co. auch noch die weicheren Reifen aufziehen, fahren sie regelmäßig das ganze Feld in Grund und Boden!"

*

Vizeweltmeister 2002 hinter Michael Schumacher: Ist das der Erste von den Verlierern (wie Ron Dennis gern formuliert) oder ein persönlicher Erfolg? Vier Mann kämpfen in den letzten vier Rennen – Spa, Monza, Indianapolis und Suzuka – noch um den zweiten WM-Platz. Worauf hoffen sie – und wäre dieser „Ehrentitel" für sie wirklich eine Ehre? Wenn Barrichello im zweiten Ferrari hinter Schumi Zweiter wird, muss er sich wahrscheinlich den stillen Vorwurf gefallen lassen: „Mit diesem Auto wären auch zehn andere Vizeweltmeister geworden" – wie Riccardo Patrese 1992 hinter Nigel Mansell im damaligen „Wunderauto" Williams-Renault. Oder?

Rubens Barrichello: „WM-Zweiter, das wäre für mich wirklich ein Aufstieg. Ich war schon Vierter, Dritter, jetzt kämpfe ich um Platz 2, mit der totalen Unterstützung des Teams – also wäre ich mit diesem Schlussergebnis wirklich sehr happy."

Ralf Schumacher: „Für uns als Team ist das Wichtigste, den zweiten Platz in der Konstrukteur-WM zu halten – schon für 2003. Und danach nehmen wir natürlich gern, was hinter Michael übrig bleibt. Wenn es möglich ist, WM-Zweiter zu werden, nehme ich das natürlich gern. Wir werden ja sehen, wie diese Saison zu Ende geht."

Juan Pablo Montoya: „Das ist erst meine zweite Saison. Natürlich willst du immer alles besser machen als im Jahr davor. Platz 2 wäre ein wirklich großer Sprung vorwärts, sogar Rang 3 wäre gut. Aber als Rennfahrer willst du ja immer das Bestmögliche rausholen – ganz einfach."

David Coulthard: „Die drei anderen haben alle bessere Chancen als ich, weil uns der Speed fehlt – wenn man die bisherige Saison analysiert. Aber grundsätzlich sind wir alle der gleichen Meinung: Unser Ziel darf nicht sein, Zweiter zu werden – unser Ehrgeiz muss sein, zu gewinnen. Das ist 2002 nicht möglich. Aber deswegen dürfen wir nicht unsere Ziele herabsetzen und jubeln: Okay, ich bin überglücklich, wenn ich Zweiter werde. Also machst du bestmögliche Arbeit in jedem einzelnen Rennen, aber das Ergebnis hängt nur zum Teil von dir ab, teils davon, ob dein Auto hält – und von gewissen Umständen."

Wie wahr, David. Die Silberpfeile erleben 2002 ihre schlechteste Saison seit 1996.

SPA: EIN TRAUM ERFÜLLT SICH

Michael Schumacher greift nach den letzten Rekorden, die er noch nicht geschafft hat: Seiner ersten Poleposition auf seiner Lieblingsstrecke Spa, wo er zwar schon fünfmal gewonnen hat, aber noch nie von Startplatz Nr. 1 – als einziger Grand-Prix-Strecke der Welt!
„Höre ich jetzt zum ersten Mal – ist mir noch überhaut nicht aufgefallen", staunt Michael. Und fragt lässig-locker: „Wer hat hier voriges Jahr gewonnen? Ich – wirklich?"
Und nach dem Barrichello-Sieg im Ferrari-Paarlaufen von Budapest will er auch seinen zehnten Saisonsieg, für den er freilich in Monza, Indianapolis und Suzuka noch drei weitere Chancen hat – das wäre dann absoluter Weltrekord.

„Seit Magny-Cours", sagt der fünffache Weltmeister, „brauche ich ja nicht mehr an die WM zu denken. Ich fahre jedes Rennen für sich – und freue mich auf jeden Grand Prix als Einzel-Event mit genug Spannung und Aufregung." Und die ist auf der klassischen Ardennenstrecke von Spa-Francorchamps zur Freude der Fans, die nicht jeden zweiten Sonntag ein Ferrari-Schaulaufen erleben wollen, garantiert.

Die beste Rennstrecke von allen im modernen Formel-I-Kalender. Mit der emotionellsten, schaurigsten Kurve – Eau Rouge, wo sich noch jedes Jahr Dramen abgespielt haben. Mit der 320 km/h-Kurve von Blanchimont, der schnellsten der ganzen Formel I – wo 2001 Luciano Burti nach Kollision mit Eddie Irvine seinen alarmierenden Unfall hatte.
Eine spektakuläre Kombination von schnellen und superschnellen Kurven, bergauf-bergab, mit nur zwei langsamen Abschnitten: der Bus-Stop-Schikane und La Source, der Haarnadel gleich nach dem Start. Dazu kommt das unbestimmbare Wetter: irgendwann regnet es in Spa immer, Wetterkapriolen haben das Qualifying oft zur Lotterie gemacht, plötzliche Regenschauer den Belgien-GP zu einem echten Thriller!

Das ist die Arena, in der sich Schumacher am wohlsten fühlt: fünf Siege in zehn Rennen, einmal als Sieger disqualifiziert, einmal in Führung abgeschossen, einmal nur durch Defekt gestoppt – ein einzigartiger Rekord auf seiner „Schicksalsstrecke". Dagegen Williams-BMW: Ein Vorjahresrennen ohne Punkte.
„Wir haben also einiges gutzumachen", weiß man bei Williams-BMW und freut sich auf die Bergaufpassagen und die lange Kemmel-Gerade, in der 2000 Mika

Hakkinen mit dem atemberaubendsten Manöver seit Jahren Michael Schumacher überholt hat – drei Autos mit 320 km/h nebeneinander. Gerhard Berger verrät: „Wir haben immer noch den stärksten Motor mit den meisten PS und der höchsten Drehzahl." Mario Theissen: „Da kann ich dem Gerhard nicht widersprechen ..."

Hochzeit und Scheidungsgeflüster im Formel-I-Zirkus: Ralf Schumacher tüftelt im BMW-Motorhome mit seinen Beratern, aber nicht übers Williams-Setup, sondern übers Protokoll für seine kirchliche Hochzeit mit Cora nächste Woche. Wer darf kommen, wo verstecken wir die TV-Kameras? In dem Punkt war Ralf schneller als Stallrivale Montoya, der verrät: „Ich heirate meine Connie gleich nach dem WM-Finale in Suzuka."

Keine Scheidung zwischen Jacques Villeneuve und der Formel I. BAR-Teamchef David Richards teilte seinem Starpiloten über die Medien mit: „50 Millionen Dollar für ein Jahr in der Champ-Car-Serie und dann wieder zwei Jahre Formel I." Dazu ein anderer Teamchef: „Dann kann ich Jacques raten: nimm das Geld und renn." Aber laut Villeneuve-Manager Craig Pollock hat's dieses Angebot konkret nie gegeben.

Dafür Kommen und Gehen beim drittgrößten Autogiganten der Welt: Toyota-Galaparty für 500 Gäste im altehrwürdigen Casino von Spa. An sich geplant, um das neue Fahrerduo zu präsentieren, „aber dann haben uns die Gerüchte und Ereignisse überrollt", lächelt Gentleman-Teamboss Ove Andersson (62). Also Salo und McNish out, Panis in, dazu kommt Champ-Car-Leader da Matta, aber den muss Toyota noch vom Paul-Newman-Carl-Haas-Team freikaufen. Für 25 Millionen Dollar?

Salo, der mit Toyota noch für 2003 ein Agreement hat, war wie vom Blitz getroffen – McNish hat's schon seit Silverstone gewusst. Und warum müssen gleich beide gehen? „Ich brauche neue Motivation im Team – und einen anderen Blickwinkel", sagt Andersson. „Ich hab Panis lang genug beobachtet. Er ist genau der, den wir brauchen. Und Gustav Brunner natürlich auch, unser Technikdirektor ist nicht mit Gold aufzuwiegen!"

Andersson hat starken Österreich-Touch. „Schon 1971 gewann ich bei euch die legendäre Alpenfahrt", die jetzt ein Revival feiert. Toyota ist erst am Anfang. Die Langzeitplanung der Japaner: im fünften Jahr Weltmeister!

„Viele hatten Sie gewarnt und prophezeit: Der Formel-I-Zirkus, ein Piranha-Club. Oder: Lauter Haifische. Wie gut überleben Sie?", frage ich den schwedischen Teamchef der Japaner.

Andersson: „Die Formel I, war mir klar, ist höchst professionell. Aber schon ein verdammt schwieriges Geschäft."

„Spüren Sie Neid und Eifersucht wegen Ihrer unbegrenzten technischen und finanziellen Möglichkeiten?"
Andersson: „Jeder glaubt, wir hätten so viel Geld. In Wirklichkeit müssen wir um unser Budget kämpfen wie alle anderen auch."

„Zufrieden mit dem ersten Jahr?"
Andersson: „Ich hab immer gesagt: Das ist nur unser Lehrjahr. Alles, was wir anpackten, hat bei null begonnen. Aber unsere Resultate waren besser, als wir uns erträumt hatten."

„Zwei WM-Punkte bereits im ersten und dritten Rennen, viel früher, als Ihnen alle zugetraut hatten?"
Andersson: „Vielleicht zu früh. Danach waren unsere Chefs in Tokio vielleicht ein bisschen enttäuscht. Aber Jean Todt hat bei Ferrari auch sieben Jahre gebraucht, um die WM zu gewinnen."

„Und Sie mit Toyota – gilt immer noch der 5-Jahres-Plan bis zum WM-Titel?"
Andersson: „Ich hab nie behauptet: Wir wollen in fünf Jahren Weltmeister sein. Sondern: Wenn wir in fünf Jahren in jedem Rennen um einen Podestplatz fighten – dann sind wir gut."

„Euer neues Auto?"
Andersson: „Wir haben zu Saisonmitte aufgehört, uns um unser aktuelles Auto zu kümmern und einen Zwischentyp produziert – der läuft schon in Le Castellet im Test. Jetzt arbeitet Gustav Brunner rund um die Uhr am neuen Auto: 7-Gang-Getriebe, Motor mit über 800 PS und 18.200 bis 18.400 U/min. Gustav ist für uns Gold wert: Den will ich nie wieder hergeben!"

„Dafür tauschen Sie beide Piloten aus, Salo und McNish. Panis kommt – und wer noch?"
Andersson: „Einer, in dem wir große Zukunft sehen! Ich erwarte, dass wir schon in Suzuka alles offiziell verraten können ..."

Der große japanische Rivale Honda hat schon in Budapest offiziell erklärt: „Keine Motoren mehr für Jordan, 3-Jahres-Exklusivvertrag mit BAR."

Jordan wechselt zu Ford: Die Rückkehr des Giganten, des erfolgreichsten Formel-I-Motors aller Zeiten mit 175 GP-Siegen – dem letzten 1999 mit Johnny Herbert (Stewart-Ford) auf dem Nürburgring. Jordan also bis 2005 mit dem blauen, ovalen Ford-Level auf den weiterentwickelten Cosworth-Motoren mit 72 Grad

Öffnungswinkel – Niki Laudas Jaguar-Raubkatzen kriegen den neuen 90-Grad-Motor, der sich längst auf dem Prüfstand dreht.
Droht interner Konkurrenzkampf? Lauda ist Jaguar-Chef, Jordan ist Kunde, muss pro Jahr 12 Millionen Dollar zahlen. Niki hat totale Rückendeckung bei Ford. Und war schon immer ein Kämpfer ...
In Spa präsentiert Lauda seine neue Vorderradaufhängung. „Aber ohne große Hoffnung, dass sich über Nacht viel ändert." Um die Missgeburt R 3 kümmert sich ein neuer Technikdirektor, der den gefeuerten John Russell ablöst – er kommt von Arrows.
Lauda-Sohn Matthias fährt am gleichen Wochenende im Rahmen der spanischen Formel-III-Meisterschaft in Magny-Cours. Bisher bestes Saisonergebnis: ein 4. Platz – genau wie für Niki, Irvine und Jaguar in Melbourne. Also steht das Familienduell unentschieden? „So ein Vergleich", sagt Niki, „ist unfair, aber auch Matthias hat eine mühsame Zeit: viele Defekte und Ausfälle, aber entmutigt ist er nicht." Genau wie der Vater.

Und die aktuelle Abenteuerstory: Kimi Räikkönen hat unmittelbar vor Spa seinen Bruder Rami, den Rallyefahrer, in Finnland besucht – für einen privaten Moto-Cross-Ausflug. Dabei geraten die beiden tollkühnen Brüder in eine echte Moto-Cross-Veranstaltung, zahlen je 20 Euro Nenngeld, packen ihre Startnummer – und Kimi wird gegen 25 Gegner immerhin Achter, ohne Blessuren, ohne Sturz. Die McLaren-Chefs trifft noch hinterher der große Schreck.

Schumacher ist nicht abergläubisch, aber in Belgien hat er sein Ritual. Darum strampelt er vor Trainingsbeginn eine ganze Spa-Runde mit dem Fahrrad, wie vor seiner F-I-Premiere 1991, wie vorm ersten Sieg 1992.
Eine totale Mutstrecke? „Nein, Mut spielt da nicht rein. Es geht immer nur darum, wer das beste Gefühl hat, am knappsten ans Limit zu gehen", heißt das in der Schumi-Logik.

„Kimi Räikkönen? Den würde ich nie unterschätzen", sagt Michael Schumacher schon am Samstag, als der kühle Blonde aus dem Norden, auch „Mann aus dem Eis" genannt, das Poleposition-Duell anzettelt und trotz letztlich 0,4 Rückstand sogar gewinnen hätte können! Seine besten Sektorenzeiten addiert – was Montoya 2001 während einer perfekten Runde zustande brachte – wäre Kimi sogar schneller gewesen als Schumacher bei seiner 48. Poleposition.
Räikkönen: „Aber leider hat mich einmal ein Jaguar aufgehalten." Dafür hat er einmal Montoya unabsichtlich blockiert: „Als ich den Williams zu spät im Rückspiegel sah, bin ich sofort in den Notausgang." Montoya fühlte sich sogar von

beiden Silberpfeilen behindert. Räikkönen gegen Montoya – schon bald das Duell der beiden aufblühenden Superstars, vielleicht sogar ab 2005 um die Schumi-Nachfolge?

Der Finne dürstet nach Revanche für Magny-Cours, bleibt aber maßvoll: „Ich bin ja noch so jung, erst so kurz in der Formel I. Ich lerne immer noch dazu – jeden Tag. Meine Zeit kommt schon noch.“ Ron Dennis ist sogar überzeugt: „Kimi wird sich noch jahrelang jede Saison steigern, bis er dann ganz oben und am Limit seiner Fähigkeiten angelangt ist.“
Und der aggressive Montoya, auf der Mutstrecke von Spa als Favorit und großer Schumi-Rivale gehandelt? Die Weiß-Blauen hinken sogar im Topspeed um 10 km/h hinter Ferrari her. ;„Nicht schnell genug“, urteilt Gerhard Berger, „und wir müssen mit viel Flügel fahren.“

Das Duell um WM-Platz 2 bei den Konstrukteuren verschärft sich. David Coulthard kritisiert Montoya: „Dem ist ein mythischer Ruf vorausgeeilt, und dem muss er jetzt hinterherfahren. Besser für ihn, weniger den Mund aufzumachen und statt dessen versuchen, seine Qualifying-Leistungen in Rennergebnisse umzusetzen.“ Der Konter von Montoya ließ nicht lange auf sich warten: „Coulthard soll sich nicht um mich kümmern, sondern lieber darauf konzentrieren, seinen Teamkollegen Räikkönen zu besiegen.“

Aber der finnische Geheimtipp sticht im Rennen nicht. Dafür eine emotionelle Begegnung zwischen Schumacher und Nigel Mansell unmittelbar vorm Start. „Good Luck, Michael“, wünscht Nigel offen und ehrlich am Startplatz – was der Superchampion nicht unbedingt erwartet hätte. „Aber ich finde das sehr nett von Nigel.“
Ich frage den Engländer, der 1989–90 selber drei Grand Prix für Ferrari gewonnen hat, und gemeinsam mit Michael den Rekord an Saisonsiegen (je 9) hält: „Wie viel fehlt, glaubst du, Schumacher noch bis zum alleinigen Traumrekord?“ „Nur noch 44 Runden ...“, lächelt „Magic Mansell“.
Vom Geheimtipp Räikkönnen spricht er nicht. Gleich nach dem Start wird Räikkönen von Barrichello ausgetrickst, später von Coulthard beim Boxenstopp – dann Motorschaden. Montoya gewinnt das Duell mit Coulthard um Platz 3. Und endlich auch Spannung in der Jaguar-Box.
„Wenn Eddie Irvine vom achten Startplatz aus losfährt, ist Rang sechs logisch“, hofft Niki Lauda. „Leid tut mir nur De la Rosa“, dem kurz vor Schluss die Radaufhängung bricht. Aber dann wird Niki von allen Seiten zu Irvines sechstem Platz gratuliert.

Und Michael Schumacher natürlich zum Weltrekord-Triumph. Als erster Rennfahrer der Welt gewinnt er zehn Grand Prix in einer Saison. Aber was ist im Finish los, als Michael seinen 25-Sekunden-Vorsprung auf Barrichello auf 1,9 reduziert?
Keine künstliche Spannung, kein Stallbefehl – Schumacher selbst mahnt sich zur Vorsicht: „Ich sehe die vielen Motorplatzer in den letzten Runden, kaputte Autos neben der Strecke, die Ölflecken – und darum muss ich aufpassen."
Aber Michael Schumacher und die belgischen Ardennen, das ist offenbar die ewige Love-Story. „Ich habe schon immer gesagt: Spa ist mein Wohnzimmer. Aber heute habe ich mich auf dem Sofa ganz besonders wohl gefühlt ..."

Was der Unterschied zwischen der Mansell-Ära und der Schumacher-Ära bei Ferrari ist, hat Michael den Engländer nicht gefragt. Ich schon.

Nigel Mansell: „Der erste Unterschied: der Aufwand als Mannschaft. Als ich für Ferrari fuhr, zählte die Rennabteilung 200 Mitarbeiter – jetzt hat sie 800", vergleicht Mansell. „Und dann natürlich: Diese unfassbare Stabilität und Kontinuität – seit sechs, sieben Jahren bei Ferrari immer die gleichen Leute an der Spitze."

Und darum schafft Schumacher, Himmelstürmer und Weltrekordler, seine unglaublichen Serien. Ende August bereits zehn Saisonsiege, sechs Ferrari-Doppelsiege, seit 50 GP immer zumindest ein Ferrari-Pilot auf dem Podium, Michael selber seit 19 Rennen (Hockenheim 2001) immer im Ziel, immer in den Punkten. Eine einzigartige Triumphkette, die fast vergessen lässt, dass Ferrari auch schon bittere Zeiten gekannt hat – mit Negativserien, die sich heute kein Fan mehr vorstellen kann. Auch Ferrari hat Prügel bezogen:

Einmal 37 Grand Prix ohne Sieg, zwischen Michele Alboreto 1985 auf dem Nürburgring und Gerhard Berger 1987 in Suzuka – und einmal sogar eine Durststrecke von 58 (!) sieglosen Rennen, von Alain Prost 1990 in Jerez bis (wieder) Gerhard Berger 1994 in Hockenheim!
Das springt als erstes ins Auge, wenn man analysiert: Warum wirklich war zwischen Jody Scheckter 1979 und Michael Schumacher (erstmals 2000) kein Ferrari-Pilot Weltmeister – was hat Schumi, was Alboreto, Berger, Prost, Mansell, Alesi & Co. nicht hatten?

Die Statistik verrät schon einiges – und die betroffenen Ferrari-Piloten sagen uns die Gründe. Was war so viel anders in Maranello und Fiorano, bevor Schumi kam und aus Ferrari wirklich die Formel-I-Traumfabrik machte? Denn damals gab es noch Geldprobleme, Stallfehden, Erbfolgekriege, technische Probleme, Verschwörungen wie beim „Fiesco zu Genua" – manchmal sogar den Giftbecher der Medici.

Chronologie des roten Gipfelsturms mit Atempausen: Nach dem WM-Doppeltriumph 1979 Scheckter-Villeneuve verschlief Ferrari die Turbo-Revolution, „zum Teil auch, weil wir damals Budgetprobleme hatten. Ferrari war das einzige Team ohne Sponsor", erinnert sich Scheckter. „In Imola trainierte Villeneuve mit dem Turbo-Auto, fuhr das Rennen 1980 aber mit dem Saugmotor ... beide Motorprogramme durchzupeitschen, dazu fehlte Ferrari das Geld." 1982 kostete die doppelte Teamkatastrophe den fast sicheren WM-Titel: Villeneuve starb in Zolder, Pironi verunglückte in Hockenheim, wurde trotzdem noch Vizeweltmeister und Ferrari gewann die Team-WM.

Dann kam Rene Arnoux von Renault, brachte als Einstandsgeschenk die aus Frankreich rausgeschmuggelte elektronische Benzineinspritzung mit – als Fahrer war er schnell, aber irrlichternd, wegen gewisser Eskapaden noch während der Saison gefeuert. Wo Rauch ist, muss auch Feuer sein. „Meine Autos rauchen nicht", hatte Enzo Ferrari den Zigarettensponsoren immer die kalte Schulter gezeigt, ab 1982 aber doch die Marlboro-Millionen akzeptiert, „denn Marlboro ist kein kommerzieller, sondern ein technischer Sponsor. Weil die Zigarettenleute die Fahrergagen zahlen, kann ich jetzt mehr Geld in die Technik stecken ..."

1985 sah Michele Alboreto bei Halbzeit wie der angehende Champion aus: „Für einen Ferrari-Fahrer", sagte er stolz, „ist der WM-Titel sowieso Pflicht." Aber was ging damals schief? „Ferrari benützte die gleichen KKK-Turbolader wie McLaren-Porsche und bekam plötzlich Angst, dass die KKK-Leute Porsche bevorzugen. Darum wechselten wir im Sommer, mitten in der Saison, zu den amerikanischen Garrett-Ladern, die dann leider oft kaputt gingen. Schlecht war auch, dass wir die Kurbelwelle austauschten."

Und, vor allem: dass die internen Probleme größer wurden. Enzo Ferrari (so alt wie das Jahrhundert) hatte seinem Sohn Piero Lardi Anteile an seiner Fabrik übergeben, aber Piero hatte nur den großen Frust. Einerseits Ferrari-Mitbesitzer, andererseits liefen alle Entscheidungen an ihm vorbei.

Gerhard Berger war der letzte Ferrari-Pilot, den noch Enzo Ferrari persönlich engagiert hatte. „Für 800.000 Dollar Jahresgage", wie sich der heutige BMW-Motorsportdirektor erinnert. „Aber später hab dann ich meinen Preis bestimmt."

Berger war auch der Erste, der nach Enzo Ferraris Tod wieder einen Grand Prix gewann – in Monza. „Der Turbo-Ferrari von 1987 war mein perfektes Lieblingsauto, der 1988er auch sehr gut.“ „Aber warum trotzdem kein Weltmeisterauto?“ „Weil die Honda-Japaner damals einen Weg fanden, wie man mit dem Pop-off-valve, das den Ladedruck zuerst mit 4, später mit 2,5 bar begrenzte, trickst und zaubert, um diese Feder zu überdrücken. Dadurch sind die McLaren-Honda mit mehr Ladedruck gefahren, und wir hatten keine Chance.“

Gleichzeitig baute John Barnard den ersten Formel I mit automatischem Getriebe. Bei den ersten Testfahrten stieg Alboreto fluchend aus: „Diesen Scheiß fahre ich nicht.“ Berger jedoch war überzeugt: „Den Schaltwippen am Lenkrad gehört die Zukunft. Nur sind die Sensoren, Potentiometer usw. durch Vibrationen kaputtgegangen – darum hatten wir irr viele Ausfälle – sonst wäre es ein tolles Weltmeisterauto geworden!“

Also technischer K.o. bei Ferrari, dazu kamen die ewigen Streitereien zwischen Enzo und Piero Ferrari, dem „Genie“ John Barnard, der grauen Eminenz Piccinini. „Jeder zog an einer anderen Ecke“, bis Alain Prost kam. Als erster Ferrari-Pilot seit Juan Manuel Fangio schon mit Weltmeistertiteln. In Maranello kam überraschend keiner dazu. Warum, wissen wir.

„Den Fehler, den sie mit mir machten, hat Ferrari bei Schumacher dann nicht mehr wiederholt“, vergleicht Prost. „Wir, Mansell und ich, hatten damals keinerlei Stallorder. Ich war nur überzeugt, man hätte mich als Nr. 1 engagiert.“ Fünf Siege 1990 waren zu wenig, weil Mansell Prost in Estoril den Sieg wegschnappte, worauf Alain die WM um 5 Punkte gegen Senna verlor. „Hätte Ferrari damals alle Karten auf mich gespielt ...“ Er ging letztlich im Streit: „Der Formel I“, schimpfte Prost auf Ferrari, „ist ja schwergängiger als ein Lastauto.“ Dass ihm Ferrari später Motoren verkaufte, war sowieso ein Wunder.

In der Prost-Ära – mit dem emotionellen Jean Alesi – taumelte Ferrari von einer Konfusion in die andere. Präsident Fusaro hatte nicht genug Power, war in keiner starken Position mit Fiat, der Autogigant wieder sträubte sich, Ferrari zu sponsern. Ein Glück, dass Luca Montezemolo – Rennleiter von 1975/76 – als großer Ferrari-Präsident zurückkam und mit Weitblick, Macht und Logik durchgriff. Seine erste Tat: Niki Lauda anzurufen: „Bitte, hilf mir als Konsulent.“ Niki kam, wurde zum „Piccolo Commendatore“, pushte für Landsmann Berger, der für viel Geld zurückkam.

„Das war eine andere Aufgabe", sagt Berger heute. „Nicht nur schnell fahren, sondern bei der Entwicklung mithelfen, die richtigen Schritte tun. Eine irrsinnig schwierige, mühsame lange Durststrecke – denn Ferrari war damals nicht einmal Mittelklasse."

Und, noch erschreckender: Die Eifersuchtsdramen zwischen den italienischen Ingenieuren im Werk und John Barnard in seiner englischen Rennwagenfabrik. Technische Zeichnungen wurden hin und hergefaxt, oft sogar mit absichtlich falschen Daten, was Konstruktionsfehler heraufbeschwor – und lebensgefährliche Unfälle.

Jean Todt sorgte gottlob für Ruhe, Ordnung und Fairness, Lauda knüpfte geheim die Fäden zu Schumacher, der Ross Brawn und Rory Byrne von Benetton mitbrachte. Das Superteam, einzigartig in der Formel I, wuchs zusammen. Und wenn Berger heute auch immer vom „besten Package der Formel I" redet, wenn er über Ferrari spricht – entscheidend sind dort auch die menschlichen Qualitäten: Die am längsten unveränderte Spitzenmannschaft der Formel I.
Eben genau, was Mansell mit der unübertrefflichen Kontinuität und Stabilität gemeint hat. Und Prost mit allen Vorrechten der Nummer 1.

Ferrari-Piloten in der WM – 1979–2002: von Scheckter bis Schumacher

1979	1. Scheckter, 2. Villeneuve
1980	10. Villeneuve, 19. Scheckter
1981	7. Villeneuve, 13. Pironi
1982	2. Pironi, 7. Tambay, 15. Villeneuve, + 19. Andretti
1983	3. Arnoux, 4. Tambay
1984	4. Alboreto, 6. Arnoux
1985	2. Alboreto, 7. Johansson, 17. Arnoux
1986	5. Johansson, 8. Alboreto
1987	5. Berger, 7. Alboreto
1988	3. Berger, 5. Alboreto
1989	4. Mansell, 7. Berger
1990	2. Prost, 5. Mansell
1991	5. Prost, 7. Alesi, 24. Morbidelli
1992	7. Alesi, 12. Capelli
1993	6. Alesi, 8. Berger
1994	3. Berger, 5. Alesi, 14. Larini
1995	5. Alesi, 6. Berger

1996	3. Schumacher, 10. Irvine
1997	Schumacher als 2. ausgeschlossen, 7. Irvine
1998	2. Schumacher, 4. Irvine
1999	2. Irvine, 5. Schumacher, 10. Salo
2000	1. Schumacher, 4. Barrichello
2001	1. Schumacher, 3. Barrichello
2002	1. Schumacher, 2. Barrichello

MONZA: WELTREKORD FÜR MONTOYA UND BMW

Vom großen Michael reden alle. Von seinem jüngeren Bruder etwas weniger – ausgenommen natürlich die Hochglanz-Magazine.

Am ersten September-Wochenende heiratet Ralf Schumacher auch kirchlich. In Maria-Plain, „der schönsten Kirche in Salzburg – hat Cora ausgesucht." Für die deutschen Touristen, die deutschen Medien: was für ein Ereignis. Versteckte Mikros, Kameras im Knopfloch. Michael, Ralfs Trauzeuge, flüchtet nach der Zeremonie durch die Sakristei.
Erinnert mich an eine andere österreichische Promi-Hochzeit: Als der Kardinal feierlich den Tabernakel öffnete, leuchtete ihm, total unerwartet, die charakteristische rote, riesengroße Nase des berühmten Wochenschau-Kameramanns Carl Imber entgegen. Hochwürden erschrak, aber Carl flüsterte beschwörend: „Machen S' ruhig weiter, ich hab bloß heimlich gefilmt."

Bei Ralf und Cora geht „bis auf ein paar Ausreißer alles glatt. Wir mussten nur ein paar Mark zahlen für die Gartenrestaurierung, weil so viele Leute alles plattgetreten hatten."

In Salzburg-Hallwang fühlt sich Ralf sauwohl: „Für mich ein wunderschönes Stadtdorf, die Leute verhalten sich eher ländlich. Kein richtiger Stadtstress zu spüren – genau das, was ich wollte. Wien z. B. wäre keine Stadt für mich."
Salzburg schon. „Ich kann mich frei bewegen, ins Kino gehen, hab am meisten beim „Schuh des Manitu" gelacht – hie und da kommt jemand, fragt um ein Autogramm oder nach der Formel I, aber „Hau ab, du Idiot", hat bisher keiner gesagt ..."
Was hat sich mit Cora und dem kleinen David für Ralf geändert? „Dass ich die meiste Freizeit zuhause verbringe und weniger reise, aber das ist eher ein Vorteil. Und alles ist viel schöner geworden als vorher." Cora kann auch kochen – sogar Salzburger Nockerln gelingen ihr schon.

Ralfs Frau fährt auch Auto, „eigentlich sehr gut.“ Und wenn ihr zusammen unterwegs seid, wer sitzt dann am Steuer? „Kommt drauf an, mit welchem Auto, sie hat natürlich ihr eigenes. Wir haben fünf Autos in der Garage. Alles, was BMW so hat.“

An die Werbespots der Konkurrenz kommt BMW nicht heran. Ein Mercedes jagt über finnische Waldwege und Straßen. Zwei Fischern bleibt der Mund offen: „Mika!“ Eine ganze Schulklasse hält sofort inne: „Mika!“ Als das Auto hält, steht Hakkinen da, Kind im Arm, Erja steigt aus und Hugo sagt: „Mama!“
Lustig anzuschauen, aber nix für mich, sagt Ralf dazu: „Zu viel Klischee. Bei uns waren andere Ideen, die mir aber nicht so gefallen haben. Wir überlegen schon seit zwei Jahren.“ Inzwischen mimt Montoya den Filmstar: Fliegt von der Strecke, wird von Berger getröstet („ist ja nur ein Auto“), dann gehen sie zu Gerhards Privat-BMW, Juan will einsteigen, aber sein Chef lässt ihn nicht. Worauf Juan schmollt: „Klar – ist ja auch nur ein Auto.“

Dass Montoya einmal sagt: „Mein Ziel in der Formel I ist, die beiden Schumacher zu schlagen“, fasst Ralf als Ehre auf: „Also bin ich da wieder inkludiert? Ich war doch schon längst draußen. Ich muss sagen: Ich hab mit Juan persönlich überhaupt keine Probleme. Wir unterhalten uns aber auch sehr wenig außerhalb der Teambesprechungen.“
Williams, möchte ich erinnern, hat schon brutalere Stallkriege erlebt als Ralf gegen Montoya: 1987 mit Piquet gegen Mansell. Der Brasilianer stimmte (Verschwörung mit seinem Renningenieur) sein Auto genau anders ab, als er beim Team-Briefing gesagt hatte, änderte oft noch auf der Startaufstellung sein Setup, was ihm der misstrauische Engländer sofort nachmachte – und baute den Williams in letzter Sekunde wieder zurück. Und wenn er im Boxenfunk mitbekam, Mansell wäre, mit kaputten Reifen oder mit den letzten Benzintropfen, auf dem Weg zur Box – dann fuhr er justament herein und blockierte den Teamrivalen.
Fehlende Stallregie hat Williams früher öfters WM-Titel gekostet. Momentan nicht.
Als Montoya einmal vergleicht, dass er „in der Cart-Serie mehr Spaß hatte, weil in der Formel I keiner mit dem anderen spricht“, grinst Schumacher: „Ich weiß nicht, warum er dann in der Formel I ist. Wenn es ihm in Amerika besser gefällt, kann er ja zurückgehen. Ich spreche mit den meisten, aber es gibt sehr individuelle Typen bei uns. Was soll ich mit einem Irvine reden? Da kann ich mich gleich an die Wand stellen. Coulthard und Irvine waren Freunde, aber das hat sich momentan auch etwas beruhigt. Und die Sachen mit Villeneuve ..., es gibt halt

verschiedene Gruppen, und in der Cart-Serie ist auch nicht jeder mit jedem unterwegs."
Weil's in diesem Sport darauf ankommt, den anderen zu schlagen, „aber das hat nicht immer mit dem Individuum zu tun, sondern mit dem Team und dem ganzen Paket", sinniert Schumi. „Denn letztlich kochen wir alle nur mit Wasser, einer vielleicht ein bissel besser als der andere."

Einer, der vielleicht die besten Kochrezepte von allen hätte, nur leider nicht das richtige Kochgeschirr, ist Jaguar-Captain Niki Lauda.

Der königliche Monza-Park war für den dreifachen Weltmeister schon immer eine Schicksalsstätte: 1975 erster Weltmeistertitel, 1976 das Aufsehen erregende Comeback nach dem Nürburgring-Feuerunfall, 1978 Sieger und 1984 nochmals – ganz wichtig für seinen dritte Weltmeisterschaft.

Jetzt schärft er den Jaguar-Raubkatzen die Krallen. Wenn Lauda irgendwo das Jaguar-Schicksal zwingen kann, dann am ehesten in Monza.

Jaguar ist Laudas schwerstes Erbe, trotz aller Tradition. Für die Fans auf der Insel der „englische Ferrari", in Wahrheit eher ein „Sportwagen mit Formel-I - Motor". Jackie Stewart hat das Team 1999 für 80 Millionen Dollar an Ford verkauft. Der neue Rennchef Leo Ressler bemühte sich tapfer, aber es war das letzte Lebensjahr seiner erkrankten Tochter – sie starb mit 40 an Brustkrebs, Ressler ging in Pension. Als Nachfolger holte er noch Bobby Rahal: Exrennfahrer, sogar Indy-Sieger mit persischen Wurzeln – sein Vater hatte in Teheran tonnenweise Tetra-Packs mit Orangensaft exportiert.
Der Mix Lauda-Rahal schmeckte bitter, sobald Wolfgang Reitzle (ex BMW) Lauda als Jaguar-Cosworth-PI-Boss installiert hatte. Den Machtkampf konnte Rahal nur verlieren. Aber was Niki vorfand, ist bekannt: Windkanal nur in Kalifornien, als Konstrukteur Steve Nichols, schon vor 20 Jahren der Lauda-Renningenieur bei McLaren. Inzwischen ergraut, vom Schicksal gebeutelt, verwitwet – der Jaguar-Technikchef lebt auf einem Hausboot auf der Themse ... Als Testpilot Courtney in Monza ein Rad verlor, Irvine der Heckflügel wegbrach und ähnliche grausigen Sachen passierten, feuerte Lauda seinen Technikdirektor. Und bald auch dessen Nachfolger John Russell – aus ähnlichem Grund.

Niki reorganisierte, kämpfte um Spitzenleute, trieb zusätzlich 22 Millionen Dollar auf, als er Motoren an Arrows verkaufte. Am 19. April der nächste Umsturz. Fords Nummer-I-Mann Nick Scheele informiert Lauda am Telefon: „Dr. Reitzle

geht weg – in die Privatindustrie." Der Mann, der Lauda geholt hat, wechselt in einen Superjob.
Jetzt muss Lauda allein Gas geben. Als Solokämpfer, aber mit vollster Ford-Unterstützung, totalem Ja zur Formel I. Was aber nicht immer alle glauben.
„Meine feste Meinung: Bei Jaguar kann es nur einen Boss geben – und dieser Boss heißt Niki Lauda!" Ehrlich, total überzeugend, wischt Jackie Stewart alle Spekulationen vom Tisch, er könnte unseren Jaguar-Oberbefehlshaber „entlasten", vielleicht sogar später beerben. Der Background: Stewart (wie Lauda dreifacher Weltmeister) hat 1999 für 80 Millionen Dollar sein Team an Ford verkauft, jetzt aber seinen Vertrag als „kommerzieller Berater" verlängert – und er taucht immer öfter in der Jaguar-Box auf!

„Aber ich kümmere mich nicht ums Tagesgeschäft – dafür ist Niki zuständig. Es ändert sich auch in Wirklichkeit nichts. Teil meines Vertrages ist nur, dass ich im Vorstand des Jaguar-Racingteams sitze und in Sponsorsachen helfe", erläutert Stewart.
„Alles sehr positiv. Keinerlei Probleme", bestätigt Lauda häufig. „Meine Funktion, meine Arbeit standen nie zur Diskussion, wurden überhaupt nie in Frage gestellt – von niemandem oben, von niemandem unten." Und die Gerüchte wegen Stewart? „Alles englische Journalisten-Fantasien ..."

„Diesen Schwachsinn will ich gar nimmer kommentieren!" Niki Lauda ist längst allergisch gegen Internet-Blasen, falsche E-Mail-Gerüchte, blöde Spekulationen. Speziell in Deutschland oft unangenehmes Zeitungsrascheln: „Jaguar feuert Lauda!" und „Laudas letztes Rennen!" knallten deutsche Schlagzeilen.
Niki kopfschüttelnd, angewidert: „Natürlich – wenn du keinen Erfolg hast, bist du angreifbar. Aber Ford steht voll hinter mir und Jaguar. Ford baut seit 99 Jahren Autos. Die wissen schon, wie es geht – das sind ja keine Trafikanten. Und wissen, dass es Zeit braucht – wie früher bei McLaren, bei Williams usw." Lauda gibt sowieso Gas: der Windkanal, die neue Aerodynamik, permanente Testfahrten.

Sparwelle bei Ford, heißt es in Deutschland, darum streicht der big Boss Nick Scheele ab sofort das Buffet bei großen Meetings – und die Lauda-Gage, angeblich 2,5 Millionen Euro. „Aber wenn Herr Scheele die Keks und Weintrauben streicht", heißt das in der Lauda-Logik, „wird die Formel I auch nicht billiger. Aber keine Angst – Ford weiß schon, worum es geht. Und dass man Geduld braucht."
„Wie lang läuft dein Vertrag, Niki?" „Fünf Jahre!", verrät Lauda zum ersten Mal.

Und endlich hat er den richtigen Mann an seiner Seite. Fords früheren Rallye-Chef Günther Steiner. Kantiger Naturbursch aus Südtirol, Sohn eines Fleischhauers in Meran, aber schon ewig nur am Motorsport interessiert. Begann wie Ron Dennis als Mechaniker, bei Mazda in Belgien ... Dann holte ihn Lauda. Steiner, das eiserne Kreuz bei Jaguar: Laudas rechte Hand, Managing Director, „also Geschäftsführer, was sich in der Formel I blöd anhört – aber es ist so." Jaguar wird ausgemistet. Niki und Günther holen Aerodynamikspezialisten, wo immer sie zu kriegen sind, und schuften Tag und Nacht. Aber man kennt Lauda: Je schwieriger die Aufgabe, je größer die Probleme, je schlechter die Odds, umso besser funktioniert er.

Seine Piloten auch? Für Eddie Irvine galt immer das Motto: „Work hard, play hard" Großer Aktien-Spezialist, hat der Ire im Sommer viel Geld verloren, „aber dafür mit meinen Immobilien gewonnen." Pedro de la Rosa hat als „Pedro Martinez" schon als Bub einen Weltmeister-Titel gewonnen: mit ferngesteuerten Modellautos. Jetzt freuen sich Pedro und seine bildhübsche Frau Maria (eine Jugendliebe) auf ihr erstes Baby. Und Lauda sehnt sich nach seinem ersten Erfolg mit Jaguar.

Pedro de la Rosa Sieger der Testwoche von Monza – steht die Formel I Kopf? „Ich fliege viel freudiger ins Autodrom als zu den letzten Rennen!", spürt Jaguar-Chef Niki Lauda, der Held vieler Monza-Schlachten, selbst schon große Spannung. „Pedro und Eddie Irvine sollten in Monza noch besser fahren können als zuletzt in Spa."
Und warum? „Weil es in Monza weniger auf die Aerodynamik ankommt, sondern auf den Motor und die Bremsen. Und da schauen wir gut aus, ohne jetzt zu optimistisch zu sein. Wenn's auch noch heiß ist und die Michelin-Reifen funktionieren ..." Ja, dann müssten wieder WM-Punkte für die Raubkatzen drin sein. Lauda hat die Autos schneller gemacht, indem er die Mechanik abmagerte, die Lebensdauer wichtiger Teile (Getriebe usw.) aufs Minimum reduzierte. Und plötzlich ist der Speed da!

Bei den anderen Teams spürt man die Angst vor Motorschäden. Besonders bei Jordan nach dem Feuerzauber von Spa, aber auch bei Mercedes (Räikkönen). BMW riskiert mit den Motoren in Monza „etwas ganz Neues", jagt die V10 auf dem Prüfstand über 400 km = Rennen plus Warm-up. „Aber mit den höchsten Belastungen der alten Hockenheimstrecke", verrät Dr. Mario Theissen. Nach zwei Motorschäden (Monaco und Montreal) hatte Bergers BMW-Partner das Warm-up reduziert, um die Motoren zu schonen, aber den Piloten längst wieder die Rundenzahl freigegeben: ohne Probleme.

Monza quält die Motoren, die dort große Distanzen über 19.000 U/min. drehen. 2001 platzten vier Motoren, 2000 kein einziger – dafür eliminierte eine Massenkarambolage in der Roggia-Schikane gleich sechs Autos. Mittendrin De la Rosa, der sich in der Luft sechsmal überschlug. Lauda, lakonisch: „Fliegen kann er also auch."

Zwei brandneue, noch nie eingesetzte Ferrari und ein geheimnisvoller Supermotor von BMW in Monza: Aufrüsten fürs große Europafinale. Soll keiner sagen, die „Formel Schumi" müsse 2002 als „Formel Fad" zu Ende plätschern!

FERRARI: Die Traumfabrik schickt zwei nagelneue Boliden ins Autodrom: Chassisnummer 223 für Schumacher, 224 für Barrichello. Der schicksalhafte Ferrari Nr. 219, mit dem Schumacher überzeugend in Imola, umstritten in Spielberg und triumphal in Magny-Cours (5. WM-Titel) gewonnen hat, wird zum Ersatzauto degradiert – für Barrichello. Und das Montreal-Auto des Brasilianers, Nr. 222, bleibt als Ersatz-Chassis im Transporter.
„Nach einer so langen Saison", erklärt Luca Collajani von Ferrari, „muss man halt irgendwann die Autos austauschen." Aerodynamische Veränderungen sind inkludiert. Testpilot Luca Badoer fährt noch am Dienstag die brandneuen Autos in Fiorano ein: die von der FIA erlaubten 50 km in der GP-Woche, mehr ist verboten.

BMW: Bringt nach Monza zwei Wundermotoren, „die wir im Detail aber erst nach dem Qualifying vorstellen", macht Gerhard Bergers Direktor-Partner Dr. Mario Theissen die Premiere spannend. „Wir wollen ein bissel überraschen und ich gehe davon aus, dass es interessant wird."
Jedes PS mehr wäre willkommen. Dr. Theissen hat ausgerechnet: Monza hat noch mehr Vollgasanteil als die alte Hockenheimstrecke mit den langen Geraden – 70 Prozent, wenn's nicht regnet.

*

Der angesagte Weltrekord: Juan Pablo Montoya hämmert im Qualifying mit 259,827 km/h Durchschnittsgeschwindigkeit über die Monza-Piste – die schnellste Formel-I-Runde aller Zeiten! „Ich hab's schon vorher gewusst, dass ich es schaffe", bleibt der Kolumbianer erstaunlich cool. „Natürlich ist es super, einen solchen Weltrekord zu erobern, aber am wichtigsten war für mich, im Qualifying alle zu schlagen!" Und, mit schelmischem Lächeln: „Nächstes Jahr fahre ich hier noch schneller. Schließlich hab ich mich seit meiner Pole 2001 um zwei Sekunden gesteigert."

Montoya also der neue „Speed-King“ der Formel I, der Erste, der den Traumrekord von „Raketenmann“ Keke Rosberg (258,984 km/h auf Williams-Honda in Silverstone 1985) gebrochen hat. Die BMW-Superhirne Dr. Laurenz und Dr. Mario Theissen jubeln aber noch über einen zweiten Weltrekord: Drehzahl-Schallmauer der Formel I durchbrochen – zum ersten Mal drehte ein Formel-I-Motor auf einer Rennstrecke mehr als 19.000 Touren. Exakt: 19.050. Stolz präsentieren die Münchner Techniker Samstagabend die Drehzahl-Diagramme – an denen Ferrari zu knabbern hat.

„Ich hab schon in Spa gewarnt: in Monza sind wir nicht die Favoriten, das könnte ganz anders ausgehen“, erinnert Michael Schumacher. Und Ferrari-Motorchef Martinelli: „BMW jubelt, aber sie machen ja nur den Motor – wir bei Ferrari dagegen das ganze Auto ...“ Der Münchner Supermotor, ein Schock für Ferrari?

Der Ablauf ist genauso, wie mir Dr. Theissen angekündigt hat. „19.000 U/min. waren unser Zielwert, diese Drehzahl hatten wir nach den Monza-Tests in der Vorwoche freigegeben. 250 km Dauererprobung fürs Qualifying, jetzt machen wir diese Woche in Barcelona noch den 400-km-Test – dann setzen wir die neuen Motoren auch in Indianapolis ein. Weil unser Ziel sein muss: so schnell wie möglich mit dem neuen Motor auch Rennen bestreiten, nachdem wir ja nie Triebwerke extra fürs Qualifying entwickeln. Nach den USA fliegen wir mit zehn Motoren.“

Und noch zwei Geheimnisse aus München: „Wir drehen 500 U/min. mehr als Ferrari“, wird in Monza erstmals zugegeben – denn die Einblendungen im Digital-TV stimmen nicht immer ganz. Niki Lauda: „Für unsere Cosworth-Motoren werden nur 17.900 U/min. angezeigt, wir drehen aber in Wahrheit schon 18.300.“ Klar, dass BMW das Drehzahllimit im Rennen mit „vielleicht etwas weniger als im Qualifying limitiert.“ Und die zweite Überraschung von Prüfstandtests: „Wir haben die Traumgrenze von 20.000 U/min. auch schon drauf!“ Im Renneinsatz freilich „nicht so bald, weil man mit der neuen Motorregel ja die Lebenszeit verlängern muss – der Motor wird ab 2004 schwerer, robuster und dreht weniger.“
Schade, müssen die Fans der Bayrischen denken.

Dafür hat HANS Premiere: Die Sauber-Piloten Nick Heidfeld und Felipe Massa sind die ersten, die in Monza das neue Sicherheitssystem für den Hals- und Nackenschutz im Trainings-, Qualifying- und Renneinsatz erproben. Der Mönchengladbacher spricht nachher von Detailverbesserungen und Feinabstimmungen, die noch nötig sind – er ist auch an der Schulter gerötet.

Nick: „Man kann nicht einfach einen Hans aus der Kiste nehmen ..." Wer weiß übrigens, warum Heidfeld Nick heißt? „Ein Wunsch meines Vaters", verrät mir der Deutsche bei einer Talkshow von Credit Suisse. „Ein ganz großer Fan von Niki Lauda." Auch in der Schweiz gehen die Uhren nicht anders – und Nick Heidfeld trägt sogar permanent zwei Armbanduhren, eine rechts, eine links. „Aber nicht wegen Zeitumstellungen in Übersee, sondern immer mit der gleichen Zeit."

Mitten während des Qualifyings klingelt bei Norbert Haug auf dem Mercedes-Kommandostand plötzlich das Handy. Am Apparat: Niki Lauda, direkt aus der Jaguar-Box. „Was ist mit euch da unten in der Boxenstraße, schlaft ihr noch?", fragt Lauda. Haug knurrt als Antwort: „Lass uns in Ruhe." Nikis persönlicher Triumph: Sein Pilot Eddie Irvine steht zum ersten Mal in der Startaufstellung vor beiden McLaren!
Freilich – Räikkönen, ursprünglich Fünfter, verliert einen Platz an Irvine, weil ihn die Sportkommissäre zurückversetzen, ihm die Schuld an der alarmierenden 300 km/h-Kollision mit Takuma Sato geben. Dass beide Piloten unverletzt bleiben, ist das Wunder von Monza. Aber ist der Finne wirklich Schuld an der Kollision? Die Box hat ihn angefunkt: Sato muss in seiner Auslaufrunde sein, weil sich niemand bei den Silberpfeilen vorstellen kann, dass der Japaner fünf Runden am Stück dreht. Hat er aber getan – bis zur Kollision.
Von Kimi kommt keine Schuldzuweisung an sein Team: „Ich hab den Jordan im Rückspiegel nicht gesehen", sagt er offiziell. Ganz brav.

In der Ferrari-Box fehlt am Freitag Ross Brawn wegen großer Bandscheibenprobleme. Er konsultierte auch Spezialisten in Deutschland, Italien und England. Luca Baldisseri, der Schumacher-Renningenieur, ersetzt ihn blendend – Doppelsieg Schumi-Barrichello. Ab Samstag ist Brawn, rasch genesen, wieder in der Box – und da holt Montoya Poleposition.
Was seine Braut Connie besonders freut.

Monza – immer eine Zeitreise! Diesmal im Autodrom: Froilan Gonzalez (80), Ferraris allererster Grand-Prix-Sieger, begleitet von Juan Manuel Fangio III (44), Neffe des legendären Argentiniers und früher selbst Rennfahrer: Formel 3000 und Indy-Cars.
Beide kommen aus Buenos Aires, um Schumacher eine prachtvolle Collage zu schenken: mit Fangio, Schumi und Gonzalez – gemalt von einem argentinischen Künstler. „Juan Manuel und Michael sind die zwei Allergrößten", sagt mir Gonzalez. „Aber vergleichen darfst du die zwei nicht: verschiedene Epochen,

Autos, Charaktere. Und jetzt sind die Piloten viel fitter und austrainierter als zu meiner Zeit", lächelt Gonzalez, früher extrem übergewichtig, bullig, mit Oberarmen wie ein Freistilringer – darum auch genannt der „Pampasstier".
Rennfahrer-Diät war ihm fremd. Mir fällt ein, wie Gerhard Berger immer gesagt hat: „Wenn ich einmal Weltmeister bin, pfeif ich ein paar Wochen auf Diät und esse nur noch Schweinsbraten mit Knödel. Aber was macht der Schumacher? Wird Weltmeister und hungert gleich nachher noch drei Kilo ab, nur damit er auch noch die Gokart-WM gewinnt ..."
Frage an Gonzalez: Welche Rolle hat er früher im Grand-Prix-Zirkus gespielt? „Am ehesten die von Juan Pablo Montoya ..." Der liebt ja heute noch seine Hamburger und Boxenstopps bei McDonalds.

Sonntag Mittag baut sich Niki Lauda demonstrativ schon um 13 Uhr an der Startaufstellung auf und wartet auf Ron Dennis: „Nur um ihm zu zeigen: Schau her, mein Eddie Irvine steht vor deinen beiden Autos."
Denn Lauda – nicht wirklich nachtragend, aber mit sehr gutem Gedächtnis – hat nie vergessen, was Ron Dennis nach der Prost-Pleite hochnäsig doziert hat: „Ganz klar, abgetretene Rennfahrer, auch wenn sie Weltmeister sind, können nie so clever sein wie wir großen Teamchefs – Frank Williams oder ich." Ein Satz, der Lauda keine Ruhe ließ. Und darum stellt er sich auf Startplatz 5 ...

„Du wirst heute Dritter!", beschwört ihn der Vorarlberger Karl-Heinz Zimmermann, der Chef im VIP-Zelt, und bietet Lauda eine Wette an: „Wenn du wirklich aufs Stockerl kommst, lädst du meine ganze Mannschaft in Indianapolis zum Essen ein – 20 insgesamt."
Lauda stimmt zögernd zu, weil er nicht wirklich daran glaubt. Zwei Wochen später kostet ihn das Essen in den USA 2.500 Dollar, und am nächsten Tag hat er Kopfweh.

Monza entscheidet sich, ein alter Spruch, immer erst im letzten Drittel. Manchmal schon früher.
Monza sieht die turbulenteste erste Runde der ganzen Saison. Michael Schumacher wird in der ersten Schikane von Montoya eingezwickt und abgedrängt, dadurch von Ralf und Barrichello überholt. Die Silberpfeile von Räikkönen und Coulthard kollidieren gleich am Anfang. Nicht das einzige Stallduell mit harten Bandagen.

Ralf Schumacher ist heute noch überzeugt, dass er Monza gewonnen hätte, wenn nicht ... Das Replay in Slowmotion: Schon in der ersten Schikane kracht er fast mit Montoya zusammen. „Ich will nicht bremsen, Juan genauso wenig. Wir gehen beide ganz eng in die Kurve rein. Er lässt mir zuerst überhaupt keinen Platz – und ab einem gewissen Zeitpunkt muss ich mich entscheiden: entweder in meinen Teamkollegen reinzufahren – oder geradaus. Ich fahre geradeaus. Aber da macht Juan nochmals langsamer, versucht, mehr vom Randstein mitzunehmen, um mir alles noch schwerer zu machen.“

Feine Sitten. Ralf kürzt die Schikane ab, geht dadurch in Führung. Kurz darauf meldet sich Charlie Whiting am Funk bei Sam Michael: „Sagt dem Ralf, er muss Montoya sofort wieder vorbeilassen.“ Tut er auch auf der Zielgeraden, rollt aber fast gleichzeitig aus: Motorschaden.
Später muss auch Montoya aufgeben: Radaufhängung K.o. Das heißt für Williams-BMW nach dem Supertraining die Super-Watschen: die erste (und einzige) Doppelnull des Jahres.

Ferrari variiert diesmal die Strategie: Zwei Boxenstopps für Barrichello, einer für Schumacher. Die einzige Abwechslung im gewohnten Ferrari-Paarlauf. Nach den Motorschäden von Ralf, Montoya, Räikkönen bekommen die Roten unerwartet Plus-Signale auf Eddie Irvine, der auf Platz 3 vorgestoßen ist.
„Aber so ist das in Monza immer“, weiß Lauda, „du weißt genau: Die anderen müssen ausfallen, du selber musst ins Ziel kommen.“
Irvine kommt, wie Schumacher, nur einmal an die Box, und Platz 3 ist nur einmal gefährdet: als ihn Olivier Panis ausbremst. Aber Lauda funkt seinen Schützling sofort an: „Lass ihn vorbei, der muss sowieso noch einmal an die Box.“
Die Bremsprobleme von „Crazy Eddie“ aus dem Training wiederholen sich nicht, aber De la Rosa hat Pech: Motor beim Schalten abgestorben, der Spanier von Massa abgeschossen. „Schade“, bedauert Niki, „wir hätten beide in die Punkte gebracht.“

Der Ferrari-Express fährt wie auf Schienen zum Doppelsieg, in den letzten Runden mit angezogener Handbremse. Erst nach dem Zieleinlauf – Barrichello gewinnt vor Schumacher – wird klar: Die Ferrari-Stars haben bei ihrer Nachmittags-Spazierfahrt im königlichen Park einen Weltrekord hergeschenkt. Nur ein einziger Stundenkilometer fehlt ihnen beim neunten Ferrari-Doppelsieg zum schnellsten Grand Prix aller Zeiten!

Ein Weltrekord also, den Michael Schumacher (ausnahmsweise) noch nicht an sich gerissen hat – noch nicht. 1971 gewann der kleine Engländer Peter Gethin auf BRM im Monza-Autodrom den Grand Prix mit dem höchsten Siegerschnitt der Geschichte: 242,615 km/h, bis heute nicht überboten.

Monza vor Einführung der Schikanen war eine unfassbare Windschattenschlacht: Vollgas von Start bis Ziel, mit logischen Überholmanövern. Erster in der Lesmo-Kurve hieß automatisch: Zweiter in der Parabolica, aber dann wieder: Erster auf der Ziellinie.
Fünf Autos schossen 1971 in einem geschlossenen Pulk, nur mit Zentimeterabständen, auf die Zielflagge zu: Peter Gethin, Sohn des englischen Championjockeys Ken Gethin (Sieger in mehr als 1.000 Rennen), drehte seinen Motor bis über die Schmerzgrenze hoch, aber er ritt und strampelte seinen BRM zum Sensationssieg vor Peterson, Cevert, Hailwood und Ganley. Nur 0,18 Sekunden trennten die ersten vier.
In Indianapolis, zwei Wochen später, wird man wieder daran denken, aber einen knapperen Zieleinlauf als Monza 1971 hat es nie wieder gegeben, Außenseitersiege wie von Gethin auch nicht mehr. Als der stolze BRM-Chef Louis Stanley damals nach dem pompösen Sieger-Diner ins Mailänder Luxushotel zurückfahren wollte, hatte seine Limousine einen Plattfuß. Gethin stieg aus, krempelte die Ärmel hoch und wechselte das Rad. Ob das heute auch Michael Schumacher nach einem seiner vielen Siege für Luca Montezemolo tun würde? Gethin wurde später Ayrton Sennas erster Teammanager in der Formel I: Im Toleman-Team, aus dem später Schumis erstes Formel-I-Erfolgsteam wurde – Benetton. So schließt sich der Kreis. Aber wann wird Schumacher auch diesen Rekord brechen: Das schnellste Formel-I-Rennen aller Zeiten gewinnen?

Schon 2001, als Schumi wegen der tragischen Ereignisse von New York und dem Drama um Alex Zanardi ohne Freude und Motivation in den Italien-GP ging, kam Sieger Juan Pablo Montoya knapp an den Rekordschnitt heran: 239,103 km/h – damals der viertschnellste Grand Prix der Geschichte nach Monza 1971, Spa 1970 und Monza 1993. Und Montoya hatte natürlich, im Gegensatz zu Gethin 1971, einen Boxenstopp. Schumacher (zwei Stopps) wurde Vierter.

Um „nur“ 3,512 km/h schneller zu fahren als Montoya voriges Jahr, hätte man Schumi im Super-Ferrari absolut zugetraut. Und entspricht auch ziemlich genau der Steigerung von 2001 auf 2002, wenn man die Siegerschnitte der Rennen, die Schumi 2002 gewonnen hat, vergleicht. Recht aussagekräftig, aber nicht 100-prozentig, weil man Wetter, Streckenbeschaffenheit, eventuelle Safety-Car-Phasen, Strategie usw. mit einrechnen müsste.

DIE 10 SCHNELLSTEN FORMEL-I-RENNEN ALLER ZEITEN

Rennen	*Jahr*	*Schnitt*	*Sieger (Auto)*
Monza	1971	242,615 km/h	Gethin (BRM)
Spa	1970	241,308 km/h	Pedro Rodriguez (BRM)
Monza	1993	239,144 km/h	Damon Hill (Williams-Renault)
Monza	2001	239,103 km/h	Montoya (Williams-BMW)
Monza	1997	238,036 km/h	Coulthard (McLaren-Mercedes)
Monza	1999	237,938 km/h	Frentzen (Jordan Mugen Honda)
Monza	1998	237,591 km/h	M. Schumacher (Ferrari)
Spa	1968	236,797 km/h	McLaren (McLaren-Ford)
Monza	1991	236,749 km/h	Mansell (Williams-Renault)
Monza	1970	236,698 km/h	Regazzoni (Ferrari)

Der erste GP außer Monza und Spa in der Wertung:
16. Zeltweg 1987 235,421 km/h Mansell (Williams-Honda)

Der erste deutsche GP in der Wertung:
18. Hockenheim 2001 235,351 km/h R. Schumacher (Williams-BMW)

Egal – auf dem Podest in Monza jubeln Barrichello, Schumacher und als sensationeller Dritter Eddie Irvine im grünen Jaguar-Outfit. Der einzige Farbfleck in der roten, weiß-blauen oder silbernen Einheitsfarbe bei allen Siegerehrungen 2002 – der Einzige, der keinen Ferrari, Williams-BMW oder McLaren fuhr. Und trotzdem Dritter wurde.

„Freut mich mehr als mancher meiner eigenen Siege!“, strahlt Lauda. Sein größter Erfolg als Teamchef, keine Frage. Und deshalb Rummel und Champagnerspritzen wie zu den größten Lauda-Triumphen in Monza. Bleibt Irvine auch 2003 bei Jaguar? „Hängt von seinem Preis ab“, verrät Lauda.
Eddie ist bereit, für die halbe Gage (sechs statt 12 Millionen Dollar) bei Jaguar weiterzufahren, aber Lauda sagt: „Zuerst muss ich das Auto besser machen, dann erst kann ich mich um die Fahrer kümmern.“

Ferrari hat diese Sorgen nicht. Monza, Sonntagabend: Fast die gesamte Ferrari-Belegschaft feiert den Doppelsieg. Mitten drin, still und bescheiden, der geniale Konstrukteur des Wunderautos F 2002: Rory Byrne, ein Südafrikaner, der in Thailand eine Tauchschule aufmachen wollte, ehe ihn Ferrari zurückholte. Byrne

weiß: „Williams hätte heute nie unser Tempo halten können, die waren zu langsam.“
Gerüchte schwirren ins Fahrerlager wie Ungeziefer: Die FIA habe Ferraris Qualifikationsmotor zurückbehalten, um ihn genau zu untersuchen. Die Tifosi sind alarmiert, aber Ferrari beruhigt: „Reine Routinesache. Jeder kommt nach dem Zufallsprinzip einmal dran.“ Bisher freilich nur ein einziger: Pedro de la Rosa. Und BMW klingt leicht argwöhnisch: „Unsere Motoren hat die FIA noch nie aufgemacht ...“
Der Check ist kürzer als ein Fußballmatch. Natürlich ist alles in Ordnung.

Schumacher sitzt noch lange mit Niki Lauda im VIP-Zelt, beide dürfen sich als Sieger fühlen. Schumi hat schon 128 WM-Punkte (Weltrekord für eine Saison), Ferrari 189. „Unser Ziel: als erstes Team die 200-Punkte-Schallmauer durchbrechen!“

Ex-Ferrari-Pilot Eddie Irvine feiert seinen 3. Platz mit seinen Eltern im Monza-Park in einem Luxus-Wohnwagen, den er ihnen, ganz dankbarer Sohn, zu Weihnachten geschenkt hat. „Ich selbst hab ja überall Häuser und Appartements, in Irland, England, Mailand, Miami, obwohl ich natürlich auch beim Börsencrash Geld verloren habe. Aber dafür habe ich bei meinen Immobilien gewonnen.“

Jetzt muss man aber dem Ferrari-Präsidenten gratulieren. Er trägt, wie alle Upper-Class-Italiener, immer hellbraune Schuhe zum eleganten dunklen Anzug. Und er fliegt jedes Jahr zumindest zweimal nach Lienz in Osttirol, schnappt sich ein Fahrrad und strampelt über die schönsten Radwege – stundenlang. Aber reden wir von der Formel I.
„Luca Montezemolo, die triumphale Ferrari-Saison 2002 geht zu Ende. Würdest du sagen: das schönste und beste Jahr deines Lebens?“
Montezemolo: „Eines meiner allerbesten, ganz sicher – nicht nur, was den Erfolg von Ferrari betrifft, auch für mich privat. Ich bin 2002 noch einmal Vater geworden.“

„Und trotzdem hat es im Lauf dieser Saison Rücktrittsgerüchte gegeben, wie schon einmal, als man dir in Italien einen Ministerposten in der Regierung angeboten hat – wie ernst waren sie zu nehmen?“
Montezemolo: „Ganz logisch: Wenn du alle deine Ziele erreicht hast, kommt dir schon hie und da der Gedanke: Was will ich noch anstreben? Aber dann ist mir immer sehr rasch klar geworden: Ferrari – das ist die große Liebe meines Lebens! Und das wird sich auch niemals ändern.“

„Du bist das Herz, das Hirn und die Seele von Ferrari. Enzo Ferrari, der dich ja 1973 zum Rennleiter der damaligen Formel-I-Mannschaft mit Niki Lauda und Clay Regazzoni bestellt hat, wäre er stolz auf dich?"
Montezemolo: „Wir haben in den letzten vier Jahren gegen starke Konkurrenz sieben von acht möglichen WM-Titeln gewonnen: viermal die Weltmeisterschaft der Konstrukteure, was für einen Automobilhersteller enorm wichtig ist, und mit Michael Schumacher dreimal die Weltmeisterschaft der Fahrer, nachdem wir sie zuvor dreimal erst im letzten Rennen verloren hatten. Ich hoffe, diese Serie geht weiter – zumindest noch ein Jahr."

„Die gedemütigte Konkurrenz stöhnt und seufzt unter der Ferrari-Dominanz, die alle anderen erschlägt. Spürst du schon Neid und Eifersucht?"
Montezemolo: „Uns hat auch niemand die jetzigen Erfolge geschenkt, wir haben sehr, sehr hart dafür gearbeitet. Und irgendwann – das ist der Kreislauf der Formel I – wird die Konkurrenz näher kommen. Ich hoffe nur, möglichst spät."

„Was immer du bisher angepackt hast, ist dir gelungen. Du hast – als OK-Chef von „Italia Novanta" – Millionen Fußballfans in aller Welt eine grandiose WM 1990 geschenkt, besonders natürlich den Deutschen, die mit Andy Brehmes Elfmetertor den WM-Titel geholt haben. Aber du hast der ganzen Welt Italien damals nicht mit den traditionellen Klischees Sonne, Strand usw. verkauft, sondern als hoch entwickelte Techniknation. Und 1991 als Präsident zu Ferrari zurückgekehrt, hast du auch in Maranello und Fiorano unglaublich viel bewegt. Das Geheimnis deiner Erfolge?"
Montezemolo: „Ganz klare Zielsetzungen, Weitblick und Visionen, Ehrgeiz, Entschlossenheit, Konsequenz. Die besten Leute engagieren und ihnen das bestmögliche Ambiente für ihre Arbeit bieten – wobei sie durch die Technik optimal unterstützt werden."

„In der „Champions-League" des großen Motorsports spielt Ferrari längst die Rolle von Real Madrid oder Bayern München. Die Formel I, hat sich ja gerade bei Ferrari oft bestätigt, ist auch ein Mannschaftssport?"
Montezemolo: „Ganz richtig. Wir haben nicht nur den großen Schumacher und Barrichello, ich muss mich auch bei unseren beiden Testpiloten Luca Badoer und Luciano Burti bedanken. Bei unseren starken Partnern Philip Morris, Vodafone und Shell – und speziell auch noch bei Bridgestone, weil sich unsere enge Zusammenarbeit mit den Japanern perfekt bewährt hat."

„Sehr oft hast du die Ferrari-Triumphe (meist doppelte) nie vor Ort miterlebt. Warum nicht?"
Montezemolo: „Das Qualifying kann ich mit meinen Nerven noch halbwegs ertragen. Aber wenn ich dann das Rennen aus der Box miterleben soll, hab ich

jedes Mal Angst: Ich kriege noch einen Herzinfarkt. Trotzdem war ich heuer in Imola dabei, in Monte Carlo, zuletzt in Monza – und als Michael in Magny-Cours seinen WM-Titel bereits sicherstellte, bin ich gleich nach dem Rennen nach Frankreich geflogen. Um allen zu gratulieren und mit ihnen zu feiern.“

„Ähnlich wie voriges Jahr nach dem WM-Triumph in Budapest?“
Montezemolo: „Normal sagte ich immer: Heute feiern wir, und ab morgen geht's wieder an die Arbeit. Diesmal aber: Wir feiern noch einen Tag länger ...“

„Der siebente Saison-Doppelsieg in Monza hat dich – deutlich sichtbar – ganz besonders gefreut?“
Montezemolo: „Das war wirklich ein ganz außergewöhnlicher Moment der Freude, als die zwei roten Autos gemeinsam die Ziellinie kreuzten. Und zu sehen, wie alle unsere Tifosi mit Michael und Rubens auf dem Podest mitfeierten, das hat mich tief bewegt.“

„Dann sind ja nur noch zwei Ziele anzustreben: Barrichellos zweiten WM-Platz endgültig sicherstellen und die Traumgrenze von 200 WM-Punkten in einer Saison – was bislang noch nie erreicht worden ist.“
Montezemolo: „Ich wünsche mir nur, dass wir auch noch beide verbliebenen Rennen gewinnen: Indianapolis und Suzuka.“

„Und natürlich, dass Schumacher nach Ablauf seines jetzigen, bis 2004 gültigen Vertrags weiterfährt?“
Montezemolo: „So lange er will, ganz klar, und was immer er tun mag – es wird immer mit Ferrari zusammenhängen. Er ist der Größte und der Beste. Aber alles, was derzeit geschrieben und geredet wird, wie es nach 2004 mit Schumi weitergeht, ist reine Spekulation. Viel zu früh, um jetzt schon ernsthaft darüber zu sprechen. Das tun Michael und ich erst, wenn es erforderlich sein wird.“

Grazie, Presidente. Aber es gibt auch Schattenseiten.

„Wieso kann es sich Ferrari leisten, angesichts der aktuellen Fiat-Probleme Millionen für einen Schalter im Formel-I-Cockpit auszugeben?“, wird Michael Schumacher im Herbst gefragt. Schumis Antwort: „Auch bei uns kostet ein Schalter nur ein paar Mark, aber keine Millionen.“ Doch viele Fans rätseln: Ist es möglich, dass die Fiat-Turbulenzen auch Ferrari mitreißen und Schumachers Formel-I-Einsätze gefährden?
Nicht wirklich, weil Präsident Luca Montezemolo immer betont hat: „Es ist mein Ehrgeiz, Ferrari finanziell unabhängig von Fiat zu dirigieren – und in der Gewinnzone zu halten.“ Enzo Ferrari hat immer gehofft: „Es wird auch in wirtschaftlich schlechten Zeiten immer noch 2.000 Menschen pro Jahr geben, die sich

einen Ferrari leisten können und leisten wollen." Diese Zahl ist längst mehr als verdoppelt (5.700 Autos), aber die Verbindung Fiat-Ferrari hat schon immer existiert – als Schicksalsverknüpfung.
Ford wollte schon in den 60er-Jahren die „Maßschneiderei für Rennwagen" aufkaufen, aber der Millionendeal platzte wegen eines Details: Die Amerikaner wollten die Autos Ford-Ferrari taufen, der Commendatore bestand jedoch auf Ferrari-Ford. Die italienische Industrie, sogar der italienische Staat griffen Ferrari öfter unter die Arme, bis 1967 Fiat-Chef Gianni Agnelli 50 Prozent von Ferrari kaufte. Gleichzeitig wurde vereinbart: Nach dem Ableben des legendären Enzo Ferrari (1988) gehen weitere 40 Prozent in Fiat-Besitz über, 10 Prozent behält Ferraris Sohn Piero.

Später, 2002, ausgerechnet im erfolgreichsten Jahr der Ferrari-Geschichte, muss sich der Agnelli-Clan trotzdem von seinen Kronjuwelen trennen – heute gehört der berühmteste Rennstall der Welt zum Teil einer Bank – wieso eigentlich? Weil Fiat ursprünglich mit Ferrari an die Börse wollte, was Montezemolo gerade noch verhindern kann, aber dafür verkauft Fiat-Vorstandsvorsitzender Paolo Fresco für 778 Millionen Dollar genau 34 Prozent von Ferrari an die Mailänder Bank „Mediobanca" – um damit Schulden zu begleichen.
Fast parallel dazu der große Aktientausch: General Motors, der größte Autokonzern der Welt, übernimmt 20 Prozent der Aktien von Fiat – im Gegenzug bekommt Fiat 8 Prozent der GM-Aktien.

Bis plötzlich im Oktober das Quartalsergebnis von GM die Weltwirtschaft elektrisiert Die Amerikaner haben 2,2 Milliarden Dollar abgeschrieben – Verlustbeteiligung an Fiat! Jetzt plant der italienische Staat einzugreifen, um sich an der Fiat-Sanierung zu beteiligen. Diskutiert werden seit zwei Modelle: Entweder der Staat übernimmt komplette Autowerke wie Termini Immarese in Sizilien von Fiat-Auto (mit Lancia und Alfa), um sie vor der Schließung zu bewahren, oder er beteiligt sich am gesamten Fiat-Auto-Konzern. Maserati, der frühere große Rivale in den 50er-Jahren, wurde ja längst an Ferrari angedockt – und eigentlich hat Ferrari mit der aktuellen Malaise nichts zu tun.

Wie hieß es früher, lange vor Schumi, im glücklichen „Bella Italia"? Pane, amore und Ferrari ...

Und noch eines: Ferrari und Maserati verkaufen ein Viertel ihrer Produktion nach den USA: Das macht den Grand Prix in Indianapolis besonders wichtig – und verlangt nach besonderen Ideen und Strategien.

INDIANAPOLIS: DIE HÄSSLICHEN 40 ZENTIMETER

Amerika den Amerikanern, der historische Spruch – aber die Monroe-Doktrin gilt offenbar nicht für die Formel I. Seit knapp einem Jahrzehnt (Michael Andretti 1993) haben wir im Grand-Prix-Zirkus keinen US-Piloten mehr, auch nicht in Indy, weil sich Minardi-Pläne mit Bryan Herta zerschlagen haben. „Amerika“, hat Ron Dennis schon immer gewusst, „ist eine große Insel.“

Höchste Zeit also, dass sich zwei Ex-GP-Fahrer und Indy-Sieger um die Zukunft kümmern: Danny Sullivan und Eddie Cheever basteln für Didi Mateschitz nach bewährtem Vorbild – vom Kart bis in die Formel I – eine amerikanische Rennsportpyramide. „Wir suchen 16 junge, talentierte Fahrer zwischen 14 und 18, die wir auf vier reduzieren und in vier Nachwuchsformeln einsetzen. Damit Amerika wieder Formel-I-Piloten bekommt!“

An Vorbildern fehlt es nicht, aber ihren Weg in die Formel I hatten sie sich selbst freigeboxt oder mit dem Geld der Eltern gepflastert. Mario Andretti stammt aus einer bettelarmen Einwandererfamilie aus Triest. Heute ist der Mann, der „wie ein Engel aussieht, aber wie der Teufel fährt“, Weinbauer in Kalifornien. Aber noch mit fast 60 sahen wir ihn in Le Mans, das er immer mit seinen Söhnen, Neffen und Cousins zusammen gewinnen wollte – sein einziger unerfüllter amerikanischer Traum.

Eddie Cheever, Fitnessfreak, in Rom aufgewachsen, bildete mit Winkelhock und Surer das Trio der BMW-Junioren, war einer der jüngsten Formel-I-Debütanten überhaupt und fuhr von allen Amerikanern die meisten Grand Prix (132), freilich ohne einen zu gewinnen. Aber er war immer überzeugt: Er ist der Beste von allen.

Dan Gurney war immer der „All American Hero“. Jim Clark schätzte ihn stets als größten Konkurrenten. Sauschnell, betont fair, immens populär. Ansteckknöpfe „Gurney for President“ forderten ihn in den sechziger Jahren sogar zum Kennedy-Nachfolger. Der baumlange Sunnyboy gewann 1962 in Rouen für Porsche den ersten Grand Prix und heiratete später die charmante Porsche-Pressechefin Evi Butz, ist also der Schwager von Mercedes-Sportchef Norbert Haug und heute gesunde 71.

Harry Schell, eher nicht der Typ des Family-Man, galt als „Amerikaner in Paris“ und internationaler Playboy – es war die Abenteurer-Generation des Alfonso de Portago. Schell verunglückte in Silverstone.

Viele schrieben Geschichte, und zwar oft die spannendsten und farbigsten Kapitel. Phil Hill, Sohn des Postmeisters von Santa Monica, war der Letzte, der mit James Dean vor dessen tödlichem Autounfall gesprochen hatte. Der Kult-Star hatte sich von den Gagen seines ersten Films „Jenseits von Eden" einen Porsche gekauft. Als er ihn vom Service aus der Garage abholte, war zufällig auch Phil Hill da – die beiden kannten sich von Sportwagenrennen in Kalifornien. Hill war noch zweimal selbst Filmstar: In einer Szene des Kirk-Douglas-Rennfahrerfilms „Der Favorit" spielte er einen rennverrückten Teen, der sich vom berühmten Rennfahrer ein Autogramm holen sollte. Douglas, arrogant: „Kommen Sie wieder, wenn Sie selber ein großer Fahrer geworden sind." Hill, trotzig: „Ich werde ein großer Fahrer." 1961 sogar Amerikas erster Formel-I-Weltmeister. Und 1966 in Spa fuhr er – vom letzten Startplatz und außer Konkurrenz – das Kameraauto für John Frankenheimers „Grand Prix"-Film, als in einem Wolkenbruch das halbe Starterfeld von der Straße flog. Ich sah Hill, wie er an den Boxen die Filmrolle herausnahm: Seine Hände zitterten.

Richie Ginther, sommersprossig und igelhaarig, war Hills Mechaniker, später der erste GP-Sieger für Honda und Goodyear (Mexiko 1965) – wo Ronnie Bucknum, der erste Honda-Pilot der Geschichte, Pioniertaten geleistet hatte. Bucknum starb später, mit Vollbart und übergewichtig, als kalifornischer Hippie – Ginther, krank und zerbrechlich, durch Herzschlag auf Ferien in Frankreich.

Die anderen amerikanischen Formel-I-Piloten hatten keine Geldprobleme, im Gegenteil. Peter Revson war der Erbe des Kosmetik-Millionenkonzerns Revlon, aber in der Grand-Prix-Szene als zweifacher McLaren-Sieger längst etabliert, als er für 1974 ein Ferrari-Angebot bekam. Ferrari wollte ihn unbedingt exklusiv, Revson aber auf die 500 Meilen von Indy nicht verzichten. Der Vertrag platzte und Revson verunglückte bei seinem ersten Test für das Shadow-Team, das dem früheren CIA-Agenten Don Nichols gehörte, tödlich.

Brett Lunger entstammt der Oppenheimer-du-Pont-Dynastie. Er erregte Aufsehen, als er sich freiwillig (!) für Vietnam meldete und als Hauptmann, hoch dekoriert, zurückkam. Und nochmals, als er 1976 auf dem Nürburgring unerschrocken ins Feuer griff, um Niki Lauda aus dem brennenden Ferrari zu retten. Nach seinem Rücktritt sah man Brett nie mehr wieder bei einem Rennen. Auch Mark Donohue, der Typ des Rennfahrer-Ingenieurs, war abgetreten, aber wiedergekommen – und 1975 in Zeltweg durch einen 250 km/h-Reifenplatzer tödlich verunglückt. Seine Witwe klagte die Reifenfirma auf 20 Millionen Dollar – man einigte sich außergerichtlich.

Jim Hall war ein junger Texas-Ölmillionär, dem die verunglückten Eltern ein gigantisches Vermögen hinterlassen hatten. Lance Reventlow war der Sohn der milliardenschweren Woolworth-Erbin Barbara Hutton und des russischen Fürsten Igor Reventlow. Sein Traum war immer ein all-amerikanischer Rennwagen – wie ihn sich später Dan Gurney mit seinem „Eagle" erfüllte. Lance kam nicht mehr dazu, ihn zu realisieren: Er stürzte mit dem Privatflieger bei Schlechtwetter über den Rocky Mountains ab.

Tony Settember brachte es zum eigenen Formel-I-Boliden, genannt Scarab, dem ein „goldener Schuss" gelang: Platz 2 im Großen Preis von Österreich 1963, als er noch nicht zur WM zählte. Die Parade der US-Bleifußpiloten, die in Amerika noch mit Cowboystiefeln ihre Rennen fuhren, ehe sie sich zur Formel I europäischen Stils bekannten: Was für Typen, schillernde Charaktere, was für Sprüche. „Ich hämmere die Nägel in Ferraris Sarg!", hatte Carroll Shelby, ein Mann wie ein Erdbeben, als AC Cobra-Pilot immer angedroht – heute ist er der einzige Rennfahrer mit einem künstlichen Herzen, eingepflanzt 1990.

Roger Penske wurde nach seiner aktiven Rennkarriere der mächtigste Mann im US-Rennsport, für den Danny Ongais, ein Hawaiianer, für weitere Farbkleckse sorgte.
Auch George Follmer fuhr neben der Formel I Can-Am-Einsätze für Porsche.

John Fitch gehörte zur berühmten Langstreckenmannschaft von Mercedes und war 1955 beim Desaster in Le Mans, das 85 Menschenleben forderte, der Copilot des Unglückspiloten Pierre Levegh. Von den vielen amerikanischen Le-Mans-Siegern ragt Masten Gregory heraus: Sieger 1965 zusammen mit Jochen Rindt in einem North-American-Racing-Team-Ferrari, aber auch im Formel-I-Wagen extrem mutig. Bei Bremsdefekten sprang der Brillenträger und Milchtrinker oft aus dem Wagen, ehe es krachte – manchmal sogar, als es gar nicht nötig gewesen wäre. Als Rindt in Monza wegen gebrochener Bremswelle verunglückte, drehte Gregory gerade in Le Mans mit Steve McQueen den berühmten, gleichnamigen Film. Er starb 1985 auf einer Geschäftsreise in Italien.

Amerika braucht neue Helden, aber finden die Heros von seinerzeit ihre Nachfolger – auch außerhalb der USA? Michael Andretti ist nach seinen fehlgeschlagenen Formel-I-Abenteuern mit McLaren zurückgekehrt, wurde der siegreichste Pilot der Cart-Historie, auch die Söhne von Donohue und Phil Hill sind längst fixe Größen im Racing-Business. Aber das „Stars and Stripes" als Siegerhymne in der Formel I haben wir vor fast 25 Jahren, am 27. August 1978, zum letzten Mal gehört. Damals gewann Mario Andretti, der schwarze Teufel, auf Lotus-Ford den Großen Preis von Holland in Zandvoort.

DIE BESTEN FORMEL-I-PILOTEN DER USA

Name	*Jahre*	*GP-Starts*	*Siege*	*Punkte*	*WM Titel*
Eddie Cheever	1978–89	132	-	70	-
Mario Andretti	1968–82	128	12	180	1
Dan Gurney	1959–70	86	4	133	-
Harry Schell	1950–59	56	-	30	-
Richie Ginther	1960–67	52	3	107	-
Phil Hill	1958–66	48	3	98	1
Masten Gregory	1957–65	38	-	21	-
Brett Lunger	1975–78	34	-	-	-
Peter Revson	1964–74	30	2	61	-
Danny Sullivan	1983	15	-	2	-
Mark Donohue	1971–75	14	-	8	-
Michael Andretti	1993	13	-	7	-
George Follmer	1973	12	-	5	-
Ronnie Bucknum	1964–66	11	-	2	-
Carroll Shelby	1958–59	8	-	-	-
Tony Settember	1962	6	-	-	-
Danny Ongais	1977–78	4	-	-	-
Jim Hall	1960–63	3	-	-	-
Chuck Daigh	1960	3	-	-	-
John Fitch	1953–55	2	-	-	-
Walt Hansgen	1961–64	2	-	2	-
Roger Penske	1961–62	2	-	-	-
Lance Reventlow	1960	1	-	-	-

Champions zweier Welten gibt es erst fünf: Nur Mario Andretti, Jim Clark Graham Hill, Emerson Fittipaldi und Jacques Villeneuve haben bisher das „goldene Double“ geschafft: Formel-I-Weltmeister und Sieger der berühmten 500 Meilen von Indianapolis! Dafür greift Juan Pablo Montoya am Sonntag nach einem anderen Weltrekord: „Ich will der Erste sein, der in Indy beides gewonnen hat – die 500 Meilen und einen Grand Prix!“, hofft der Indy-Sieger von 1999 – übrigens als erster „Rookie“ (Neuling) seit Graham Hill 1966.

„Juan, für dich ist der GP der USA kein Rennen wie jedes andere?"
Montoya: „Nein – sentimental betrachtet, bedeutet mir diese Strecke viel mehr. Als ich noch CART fuhr, war mein Team in Indy zuhause – jetzt treffe ich alle meine alten Freunde wieder. Ich freue mich riesig drauf."

„Was die Fans immer wissen wollen: Was ist schwieriger zu gewinnen: die Indy 500 oder ein Formel-I-GP?"
Montoya: „Ein Grand Prix! Bei den 500 Meilen muss das Auto nur halbwegs gut abgestimmt sein, der Rest ist einfach: Nach den Boxenstopps, also mit vollen Tanks, musst du in den Kurven Gas wegnehmen – mit leeren Tanks kannst du alle vier Steilwandkurven mit Vollgas fahren."

„Alle hoffen, dass am Sonntag in Indy viel überholt wird. Aber wo?"
Montoya: „Am besten vor der ersten Kurve – sofern du dem Vordermann am Ende der langen Geraden richtig nahe bist. Dann kannst du es riskieren."

Auftrittsapplaus in Indy ist auch Lauda sicher: Eddie Irvines toller 3. Platz von Monza begeisterte auch die Ford-Strategen in Detroit. Kann „Crazy Eddie" (oder der heuer unglücklich kämpfende Pedro de la Rosa) diesen Erfolg für Lauda wiederholen?
„Podestplatz diesmal eher nicht", kalkuliert Niki, „aber ich vertraue auf unsere neu gewonnene Zuverlässigkeit und auf die vielen Verbesserungen im Lauf der Saison. Etwa wie in Spa sollten wir schon abschneiden können. Eher ein bissel besser." In Belgien holte Irvine – erstmals mit der neuen Vorderradaufhängung – als Sechster einen WM-Punkt: erstmals seit Melbourne im März.
Also etwa Rang 4 oder 5? „Möglich, denn in der Konstrukteur-WM zählt für uns jeder Punkt." Momentan ist Jaguar auf Rang 6.

Niki ist schon in Amerika, seine rechte Hand Günther Steiner (ein Südtiroler) flog Dienstag nach. „Die Autos sind seit Monza unverändert, die zehn Motoren, die wir rüberschicken, auch – und die Prüfstandtests fürs 23-Sekunden-Vollgasstück sind alle erledigt."
Beim allerletzten Formel-I-Test des Jahres hatte sich Lauda von Frank Williams den Testpiloten Antonio Pizzonia ausgeborgt. „Er hat sehr vernünftige Aussagen gemacht." Mit dem Williams-BMW fuhr der „Pizza-Express" 1:17,747 min., mit dem Jaguar 1:18,647min. „Vergleiche?" Hat Pizzonia keine gezogen, „darüber durfte er nicht sprechen."

Umso mehr reden die Ford-Bosse übers Jaguar-Comeback. Außer William Ford (der nie zu Rennen kommt) sind alle großen Ford-Strategen in Indy.

Und momentan spielt Eddie Irvine sogar Hollywood-Star: Bei der großen Jaguar-Benefizshow „Tribute to Style“ mit den Superstars von Film, Mode und Autoindustrie am berühmten Rodeo Drive – Elizabeth Hurley, Catherine Zeta Jones, Sharon Stone, Cindy Crawford waren auch schon dort. Und sogar Arnold Schwarzenegger.

Die Schumi-Brüder kommen aus Kalifornien. Michael genießt vier Tage Reitferien mit Corinna „und dass hier eher ich die Leute beobachten kann – in Europa ist es umgekehrt.“ Schumi I ist Amerika-Fan, Schumi II weniger: „Nicht mein Land. Das fängt schon beim Frühstück an. Wenn ich zwei Monate hier lebe, schaue ich aus wie ein Marshmellow.“

Dem Indy-Mythos, der Show der Ovalkurse kann Ralf nichts abgewinnen: „Mir zu gefährlich. Ich fahre gern Rundkurse, wo ich bremsen und beschleunigen muss. Immer im Kreis Vollgas zu fahren, haarscharf neben der Mauer, braucht sicher Mut, aber ich bin nicht Rennfahrer geworden, um Leute mit meinen Unfällen zu unterhalten, sondern weil ich Spaß daran habe, wie man die Technik einsetzt. Das ist bei den Indy-Cars sicher anders.“

Michael dagegen stand – überraschend – schon einmal kurz vor seiner Stockcar-Premiere: vorm Kanada-GP im Juni, auf dem Ovalkurs von Dallas. „Ich war mit einem Kumpel dort. Wir fragten, was man machen muss: Schlange stehen, Ticket kaufen, aber wir wären erst am Nachmittag drangekommen. So lang zu warten, hatten wir keine Lust.“ Vielleicht nächstes Mal, Michael? „So besonders heiß drauf war ich auch nicht.“
Auf den totalen WM-Triumph mit Ferrari aber schon. „Wir haben heuer alles erreicht, was wir wollten“, sagt Michael in Indy dankbar, fast demütig. „Der Rest ist wahrscheinlich Kosmetik.“ Oder ein Zieleinlauf mit Schminke?

Noch einmal die große PS-Schlacht in der Formel I, der Power-Kampf der Motorgiganten: 23 Sekunden Vollgas – Indianapolis hat die längste Volllastpassage der ganzen Formel I! Aber an die 1,8 km lange Steilwand schließt sich ein enges, mit 13 Kurven gespicktes Innenfeld, über das Jacques Villeneuve spottet: „Ein Micky-Maus-Kurs – wie eine Gokart-Party unter Freunden.“ In Monza wurde noch 70 Prozent einer Runde mit Vollgas gefahren, in Indianapolis (Trainingsbeginn Freitag) sind es nur knapp mehr als 50 Prozent.

Aber für die Steilkurve und die 23 Sekunden Vollgas braucht man jedes PS. Darum wurde noch in Barcelona fleißig getestet – und darum tut sich auch so viel hinter den Kulissen: Mercedes hat zu seinen 25 Prozent Anteil an der Motorschmiede Ilmor weitere 40 Prozent gekauft, damit die Mehrheitsbeteiligung. Neue Besitzverhältnisse: Mercedes 55, Mario Illien 15, Liz Morgan (die Witwe des verunglückten Illien-Partners) 15, Roger Penske 15 Prozent. Neuer Name: „Mercedes Ilmor". Die Firma (600 Mann) wird aus England nach Stuttgart geholt, „aber vorläufig läuft alles weiter wie bisher."

McLaren wird also „deutscher". Die Besitzverhältnisse beim Formel-I-Team sind seit Silverstone 1999 unverändert: Mercedes 40 Prozent, Mansour Ojjeh und Ron Dennis je 30 Prozent. Und in München wird – kein Geheimnis – schon länger über einen reinrassigen BMW-Formel I nachgedacht ...

Nach ihrem Weltrekord von Monza (19.050 U/min.) wirft Williams-BMW die neue Ausbaustufe des P 82 auch in Indy in die Schlacht – zumindest fürs Qualifying. „Über den Renneinsatz hat Dr. Mario Theissen noch nicht entschieden. Die Dauererprobung ist noch nicht vollständig abgeschlossen." Aber beim Barcelona-Test auch die angekündigte Weltpremiere: Zwei neue BMW-Motoren für 2003 wurden zum ersten Mal in den Rennautos gezündet – und liefen bereits je 200 km! Ein Warnschuss für Ferrari fürs nächste Jahr?

Der Schumacher-Truppe genügen in Indy schon elf Punkte (z. B. Sieg und 6. Platz) für die Traummarke 200 – und Williams-BMW reichen in Indianapolis und Suzuka schon 4 Punkte für den Titel Vizeweltmeister – selbst wenn die Silberpfeile in USA und Japan jeweils Doppelsiege schaffen sollten. Gerhard Berger: „Dann haben wir unser Saisonziel erreicht."

*

Köpferollen, Fahrerwechsel, Experimente – das Formel-I-Karussell dreht sich vor dem Überseefinale in Indianapolis und Suzuka plötzlich dramatisch! Sauber setzt seinen „Heimkehrer" Heinz-Harald Frentzen schon frühzeitig ins Auto – der Deutsche fährt den GP der USA statt Felipe Massa. Gleichzeitig ein neuer Dompteur für die Jaguar-Raubkatzen: Niki Lauda borgt sich heute in Barcelona von Frank Williams und Gerhard Berger den superschnellen Testpiloten Antonio Pizzonia aus – nur für einen Tag?

Zwei News, die überraschen, aber zusammenhängen und nur logisch sind. Massa wurde in Monza das erste Opfer des neuen FIA-Strafkataloges: Weil er die Kollision mit Lauda-Pilot Pedro de la Rosa verschuldete, bestraften ihn die Sportkommissäre: Beim nächsten GP (Indy) Rückversetzung um zehn Startplätze! „Für die Verteidigung unserer Position in der Konstrukteur-WM ein böser Rückschlag“, wusste Peter Sauber sofort. „Jetzt müssen wir über Alternativen nachdenken.“

Schon am Tag nach Monza, als Saubers Nr. 1 Nick Heidfeld auf Boxenstopp in Wien war, um für die EURO-2008-Bewerbung Gas zu geben – rief Sauber bei Frentzen an: „Kannst du morgen zu einer Sitzprobe nach Hinwil kommen? Donnerstag in Silverstone testen? Wenn alles passt, fährst du schon in Indy statt Massa“ – der bei Sauber in Ungnade gefallen ist. Frentzen war überrascht, aber happy: „Ich würde mich natürlich sehr freuen.“

*

Was fehlt der Formel I? „Ein Farbiger, ein Chinese, ein junger schneller Deutscher – und eine Frau!“, sagte mir Bernie Ecclestone vor über zehn Jahren. Dann kam kometenhaft Schumacher, Montoya brachte sehr viel Farbe in den Zirkus, aus dem Chinesen wurden ein paar Japaner – und jetzt haben wir endlich auch die rasende Lady: Niki Lauda holt Sarah Fisher, 21, als Testpilotin zu Jaguar!

Das Country-Girl aus Ohio, jetzt College-Studentin in Indianapolis, sorgt in Amerikas „Welthauptstadt für Autorennen“ für mehr Aufregung als Schumi & Co. „Eine Frau in einem Formel-I-Auto? Unmöglich. Die können das nie“, sagte McLaren-Chef Ron Dennis noch vorige Woche in Monza abfällig. Aber Mercedes-Sportchef Norbert Haug hatte bessere Ideen: Freitag, 15.10 Uhr (kurz vor Mitternacht) kletterte Sarah Fisher – nach Trainingsende – in einem unfassbaren TV-und Blitzlichtgewitter für drei Indy-Runden in den Ersatzwagen von Kimi Räikkönen!

„Das war schon immer mein Traum. Ich bin total aufgeregt“, gestand Sarah in den Boxen. Ihr einziger Gegner, den sie fürchtete: Isidor. Die Ausläufer des so getauften Hurricanes bedrohen Indianapolis, konnten Sarah aber nicht abschrecken. „Eine Frau muss in die Formel I“, fordert Niki Lauda, der sich über den weiblichen Star der IRL (Indy Racing League) längst erkundigt hat. „Sarah Fisher fährt in der gleichen Formel wie Scheckter junior, mein Testpilot 2001. Sie hatte Poleposition im Kentucky-Ovalrennen und schon zwei Stockerlplätze. Keine schlechte Bilanz – jetzt werden WIR sie ausprobieren.“

Eine Frau im Macho-Sport Formel I – warum nicht? Beim „Indy 500“ wurde das jahrzehntelange Startkommando „Gentlemen, start your engines“ bereits in

„Ladies and Gentlemen" umgeändert, seit sich die New Yorker Atomphysikerin Janet Guthrie, inmitten aller Bleifußpiloten, sensationell fürs teuerste Rennen der Welt qualifizieren konnte. Wie später Jill St. John, die vor zwei Jahren mit der blutjungen Debütantin Fisher karambolierte.

Lady-Power im großen Autorennsport, nicht zum ersten Mal! In den 20er-Jahren brillierte die Prager Bankiersgattin Elisabeth Junek, die sich mit ihrem Mann am Steuer schneller Bugattis ablöste – bis er am Nürburgring verunglückte. Darauf stieg „Elsbeth" nie mehr wieder in ein Rennauto. Als sie vor einigen Jahren nach Wien kam, bat ich die alte Dame, die Autos von früher mit heute zu vergleichen. „Die Autos heute", sagte sie, „haben keine Gesichter mehr."

Juneks Nachfolgerinnen als schnelle, mutige Ladies? Die Belgierin Gilberte Thirion, die rassige neapolitanische Aristokratin Maria-Teresa de Filippis, die mit ihrem Mann, einem Wiener Businessmann, letzte Woche in Monza war. Die Südafrikanerin Desiree Wilson, die als erste Frau ein Formel-I-Rennen gewann: 1980 in Brands Hatch in der Aurora-Serie mit zurückfrisierten Motoren. Der „schwarze Vulkan" Michele Mouton wurde Rallye-Vizeweltmeisterin, geschlagen nur vom großen Walter Röhrl, lehnte aber Damenpokale immer strikt ab: „Es gibt ja auch keine Herrenpokale." Divina Galica, Tochter eines polnischen Jagdfliegers, der für die RAF flog, fuhr sehr erfolgreich Skirennen für England – betreut von Charly Kahr. Und später Geschwindigkeits-Weltrekorde in Les Arc: Die schnellste Frau der Welt auf Skiern. In der Formel I konnte sie sich – als Stallkollegin von Eddie Cheever – leider nie qualifizieren.

Die einzige Frau, die je WM-Punkte machte: Lella Lombardi, „die Tigerin", 1975 als Sechste im Abbruchrennen von Barcelona. Ihr letzter GP: Zeltweg 1976. Sie wurde nur 49 Jahre alt. Und die letzte vor Sarah Fisher, die einen Formel I fuhr: Giovanna Amati aus Rom, nicht nur im Brabham-Cockpit temperamentvoll, oft eifersüchtig. Sie hoffte: Niki Lauda, 1992 „Piccolo Commendatore" bei Ferrari, hätte für sie einen Job als Ferrari-Testpilotin.

„Mehr Frauen in die Formel I!" Mein Niki-Lauda-Interview hat den Grand-Prix-Zirkus aufgescheucht. „Warum nicht?", sagen jetzt plötzlich alle – ich fragte Fahrer und Teamchefs.

Gerhard Berger: „Mir wäre überhaupt am liebsten, die ganze Formel I bestünde nur aus Fahrerinnen – und auch aus weiblichen Ingenieuren."

Eddie Jordan, Teamchef-Original: „Warum nicht das gleiche wie beim Boxen? Ein eigenes Championat für Frauen – am besten in der Formel 3000."

Eddie Irvine, Playboy: „Frauen in der Formel I? Als Fahrerinnen lieber nicht."

Norbert Haug, Mercedes-Sportchef: „Ich bin dafür und würde das sicher unterstützen."

Sid Watkins, Formel-I-Arzt: „Ich muss aufpassen, was ich sage. Sonst hab ich gleich alle Feministinnen am Hals."

Marc Surer, Exrennfahrer: „Lasst uns doch unser bissel Macho-Leben, ist doch eh schon alles durchweicht."

Peter Sauber, Teamchef: „Wenn eine schnelle kommt, ist sicher Platz im Zirkus – mehr als ein willkommener Farbtupfer."

Heinz-Harald Frentzen, F-I-Heimkehrer: „Ich bin für etwas mehr Abwechslung."

Jarno Trulli: „Wenn sie schnell ist, sofort her mit der Dame! Wichtig, dass sie schnell ist. Schön? Nicht ganz so wichtig."

Flavio Briatore, Macho-Teamchef: „Ich bin sehr für Frauen in der Formel I. Wir brauchen dringend mehr Glanz und Glamour."

Ralf Schumacher: „Ich wüsste nicht, was dagegen spricht; und hätte auch kein Problem, gegen Frauen anzutreten."

Michael Schumacher: „Wenn Sarah unsere Rundenzeiten unterbietet, sollte man sie ein bissel genauer anschauen." Das Indy-Girl fährt in seiner einzigen (!) fliegenden Runde 1:32 min. – respektabel. Schumi daher: „Ich sehe keinen Grund, warum eine Frau nicht körperlich imstande wäre, Formel I zu fahren. Manche Athletinnen sind jetzt schon stärker als wir – nur laufen nicht so viele herum. Also ist die Chance für weibliche Grand-Prix-Piloten relativ klein. Aber vielleicht hat Niki auch noch andere Interessen."

Das Indy-Training beginnt mit einem Schock.

„Ich war nur noch Passagier, und das bei 300 km/h. Kurz vor der Mauer schloss ich die Augen.“ So rekapituliert Rubens Barrichello seinen alarmierenden Trainings-Crash in Indy – der erste Formel-I-Pilot, der in der Steilwand gegen die Mauer prallte.
Ein rätselhafter Unfall: Noch gegen Mitternacht suchen die Mechaniker die Reste des zerfetzten linken Hinterreifens. Die Telemetrie zeigt auf: Plötzlicher Druckverlust. „Entweder verlor der Reifen Luft oder die Felge war undicht.“

Indy – fährt die Angst mit? Weil Ferrari den Unfallgrund nicht sofort ermitteln kann, wird Michael Schumacher lang vom Training zurückgehalten, aber dann fährt er Bestzeit. Diesmal ist endlich wieder ein total offenes Rennen zu erwarten, nicht nur ein Ferrari-Paarlaufen. Vielleicht nicht nur eine Ferrari-Soloshow, sondern endlich wieder ein neuer Sieger. Wie 2001, als Mika Hakkinen in Indy seinen letzten GP gewann – diesmal debütiert der Finne als Kommentator im Digital-TV, an seinem 34. Geburtstag.

„Geht dir Mika ab, wie uns allen?“, frage ich Schumacher. Antwort: „Nicht wirklich. Da sind schon genug, die in seine Fußstapfen getreten sind.“ Wie Montoya, der in den USA sagenhaft populär ist, den David Lettermann in seiner TV-Show „Zorro“ getauft hat. Wie Räikkönen, der überfällig ist für seinen ersten Sieg.
Und natürlich Ralf Schumacher, der Kritik an seinem beinharten Monza-Überholmanöver gegen Montoya wegsteckt: „Ihr werft mir doch immer vor, ich überhol zuwenig?“ Und als Montoya meinte, der Weg zum GP-Sieg führe heute nur über die Schumi-Brüder, lachte Ralf: „Ah – bin ich also wieder inkludiert?“
Und beim großen Schumi spürt man: Seine unfassbare Serie – letzter Ausfall im Juli 2001 in Hockenheim – wird ihm selber langsam unheimlich ...

Aufpassen auf Villeneuve, auch wenn er bremst: „Wenn ich mich auf die Startlinie stelle, höre ich immer noch das Brausen der 500.000 beim 500-Meilen-Rennen. Aber im Formel-I-Grand Prix, auf der umgebauten Strecke, spüre ich nix.“ Oder vielleicht doch?

Oder schafft Jaguar eine neue Sensation? In einer TV-Live-Schaltung zum Pariser Autosalon bestätigten die Ford-Bosse: Volle Rückendeckung für Niki Lauda, war auch nie anders geplant. Rückzug von der Formel I? „Ganz im Gegenteil. Sogar als wir in der vorletzten Startreihe waren, sagten wir: Keine Rede davon – wir boxen uns schon nach vorn.“ Verkaufspläne? „Nie welche gehabt.“

Irvines sensationeller 3. Platz von Monza kam Lauda teuer. Er musste 20 Freunde, die auf Eddies Stockerlplatz gewettet hatten, in Indy zum Abendessen einladen. Am Morgen danach klagte er: „Ich habe Kopfweh.“ Wie man Niki kennt: eher von der 2.500-Dollar-Rechnung als vom Wein.

Der Luftraum über dem „Nudeltopf für Bleifußpiloten“ ist während der Dauer des US-GP gesperrt, streng bewacht. Schon das 500-Meilen-Rennen von Indianapolis hatte immer stark militärischen Einschlag. Jahrelang setzten die Veranstalter sogar amerikanische Heros – die ersten Astronauten – ans Steuer des Pace-Cars.

Jetzt wollen die USA wieder amerikanische Formel-I-Piloten, und der frühere Superstar Dan Gurney, Schwager von Mercedes-Sportchef Norbert Haug, überrascht mit seiner Vision: Er bastelt schon seit zweieinhalb Jahren streng geheim an einem „All American Formel-I-Team“ und auch Phil Hill sei daran beteiligt.

Nur: der gute Phil weiß gar nichts davon, und Niki Lauda erinnert sich an einen vagen Anruf von Gurney: „Können wir bei dir Cosworth-Motoren kaufen?“
„Für wann?“, fragt Lauda zurück, „für 2004 oder 2005?“
„Nein“, beharrt Gurney, „schon für nächstes Jahr.“
Niki ist überrascht: „Ja, habt ihr denn überhaupt schon ein Auto?“
„Nein“, muss Gurney zugeben, und damit ist dieses Projekt vorläufig gestorben.

Dafür geht das Duell Williams-BMW gegen McLaren-Mercedes in die vorletzte Runde. David Coulthard boxt in der allerletzten Qualifying-Runde Juan Pablo Montoya vom dritten Startplatz – um eine Tausendstelsekunde! Der Kolumbianer, sonst immer cool und locker, reagiert zum ersten Mal grantig. Seine Fans auf der Tribüne ziehen traurig die kolumbianischen Flaggen ein.
Familie Montoya ist komplett in Indy: Papa Pablo, der Architekt, die Mama, Schwester Katalina, eine Psychologin, seine Braut Connie. „Juan Pablo kann sehr gut zeichnen“, verriet mir sein Vater, „und wäre auch ein hervorragender Architekt geworden – und hätte seine Mutter happy gemacht. Aber mit 18 mussten wir eine Entscheidung treffen ...“ Für die Formel I sicherlich die beste.

Fürs Qualifying gibt BMW-Superhirn Mario Theissen den Piloten 19.000 U/min. frei, fürs Rennen 18.500. Ferraris Motoren drehen 500 U/min. weniger. Und Mercedes rüstet jetzt total auf. Norbert Haug verrät: „Wir haben bereits 55 Prozent der Motorenschmiede Ilmor, kaufen jedes Jahr 15 Prozent dazu – dann besitzen wir im Jahr 2005 Ilmor zu 100 Prozent.“

In Stuttgart arbeiten jetzt schon 120 Motorentechniker bei Mercedes, bei Ilmor sogar 450 – und da sind die McLaren-Techniker gar nicht mitgerechnet.

Als Jochen Rindt 1970 Weltmeister wurde, reiste Lotus-Chef Colin Chapman noch mit nur 12 Mann zu jedem Grand Prix.

Schumacher/Barrichello qualifizieren sich für die erste Startreihe. Am Sonntag beginnen „die Zwei" ihre große Show mit einer Begrüßungsrunde in berühmten kostbaren Oldtimern. Michael lenkt jenen Ferrari, mit dem Alberto Ascari 1952 im 500-Meilen-Rennen debütiert hat – Piero Taruffi vertrat ihn damals in Europa und gewann den Grand Prix der Schweiz.
Rubens sitzt im blauen Maserati, genannt Boyle Special, mit dem Wilbur Shaw 1939/40 das legendäre Indy-Rennen gewonnen hat.

Vorm Start fällt fast niemandem auf, dass Schumacher auf dem Weg zu seinem Startplatz die Startlinie überrollt und zurückschieben muss. In der Boxenstrasse normal eine Todsünde, in dieser Situation aber natürlich nicht. Immerhin, schon ein Omen für den Zieleinlauf.
Aber die erste Drama-Story des Rennens schreiben nicht die führenden Ferrari. Zu Beginn der 2. Runde blankes Entsetzen in der Williams-Box: Stallkollision Montoya-Schumacher, der Alptraum jedes Teams. Juan überholt Ralf außen, bremst von 330 km/h auf rund 100 km/h spät herunter, „aber Ralf bremst noch viel später und wir krachen ineinander." Außen vorzufahren, weiß auch der Deutsche, „ist halt immer schwierig, aber diesmal war fast überhaupt kein Platz. Doch wer auch immer Schuld dran ist – so was darf zwischen Teamkollegen nicht passieren!"
Denkt in diesem Moment auch Patrick Head, der – live im TV – in einem Wutanfall seine Boxenbuchhaltung auf den Boden schmeißt. Auch die Gesichter der Mechaniker sagen alles, aber die Crew wechselt bei Ralf den Heckflügel in Rekordzeit. Zurückgefallen auf den letzten Platz, endet Ralf einsam auf Rang 16. Juan erhascht ein falsches Boxensignal, kommt irrtümlich 20 Runden zu früh zum Tanken und Reifenwechsel herein – und überrascht das Team total. Trotzdem wird er starker Vierter. Ein paar Runden mehr, und er hätte auch noch Coulthard gekriegt.

Räikkönen ist längst out, während BMWs Weltrekordmotoren vom Monza-Qualifying durchhalten – ein starkes Renndebüt. Womit endgültig klar ist: Williams-BMW Vizeweltmeister in der Konstrukteur-WM. Ferrari schafft als erstes Team die Traumgrenze von 200 Punkten – aber wie?

Zirka 20 Runden vor Schluss funkt Barrichello – sagt er später – die Ferrari-Box an: „Was wollt ihr von mir? Was soll ich machen?“ Gar nix, kommt als Antwort.

Aber Michael verrät nachher den Funkdialog mit der Ferrari-Box: „Ich habe gefragt, ob ich Rubens vorbeifahren und gewinnen lassen kann – und sie sagten nein.“ Und dann? Ist offenbar das Ziel, das Rennen mit dem knappsten aller Vorsprünge zu gewinnen, „weil wir auch diesen Weltrekord noch wollten.“ Aber dazu muss man fragen: Warum haben die zwei dann in Monza so gebummelt, dass sie wegen einem km/h den Weltrekord „schnellster GP aller Zeiten“ herschenkten? Der wäre wertvoller gewesen als ein Doppelsieg mit 0,011 Sekunden Differenz ...

So plätschert der Grand Prix der USA mit der gewohnten Ferrari-Doppelführung dem Ende entgegen. Abgesprochen ist nichts. Aber dann hat Schumacher – sagt er später – die spontane Idee, für Ferrari noch einen letzten Rekord herauszuholen: den Sieg mit dem geringsten Vorsprung aller Zeiten, den Doppelsieg mit dem knappsten Abstand.
Das getürkte Foto-Finish, um genau zu sein.
Ferrari hat das in den USA schon einmal probiert: Beim 24-Stunden-Rennen von Daytona 1967 dirigierte der damalige, neue Ferrari-Rennleiter Franco Lini seine drei Boliden zu einem spektakulären Zieleinlauf – alle drei 330 P 4 nebeneinander! Das Bandini/Amon-Auto, einen Hauch vor McLaren/Miles, wurde zum Sieger erklärt. Der dritte Ferrari lag eine Runde zurück.

Daytona 1967 war spektakulär. Indy 2002 ist es nicht. Soll originell sein, wird aber – wie Spielberg im Mai – zu einer Farce.

Schumacher (links in Fahrtrichtung) geht vom Gas, lässt sich ausgangs der Steilwandkurve nach außen treiben, vielleicht eine Spur zu viel, und kommt auf den Schotter. Dadurch kann Barrichello aufschließen. Beide Ferrari werden deutlich langsamer – um 70 km/h!
72 Runden lang sind sie die Zielgerade mit 320 km/h heruntergefetzt, in der 73. Runde fährt Schumacher 252 km/h, Barrichello jedoch 254 km/h.
„Zweimal nehme ich Gas weg, um Michael nicht zu überholen“, wird Rubens später privat verraten – was er schon in Montreal 2000 und Budapest 2001 getan hat. „Aber beim dritten Mal denke ich mir: ach was ...“ Und, offiziell: „Ich habe gar nicht gewusst, wo die Ziellinie ist.“
Aber wer weiß das schon wirklich genau? Eine weiße Querlinie, danach, vielleicht 20 Meter später, der berühmte „Brickyard“-Streifen, nostalgische Er-

innerung an die Pionierjahre dieser historischen Ziegelsteinrennbahn. Knapp hinter diesem Ziegel-Strip ist noch eine Querlinie – und dort steht Indy-Chef Tony George mit der Zielflagge.

Was Schumacher zu arrangieren versucht – der knappste Sieg aller Zeiten – kann selbst bei einem solchen Genie nicht gelingen. 80 Meter in der Sekunde sind 8 Meter in der Zehntelsekunde, 80 cm in der Hundertstel-, 8 cm in der Tausendstelsekunde.
Kein Problem für die Zeitmessung, die kann auf 10.000stel genau messen. Und die Transponder, die die Zeitnehmung auslösen, sind bei allen Autos an genau der gleichen Stelle platziert: unterhalb der Vorderradaufhängung.

Im Skisport wird nur auf Hunderstel gemessen, die Tausendstel werden auf- oder abgerundet wie beim legendären Sieg von Franz Klammer gegen Gustav Thöni in Kitz 1975. Das Urteil: 2,03,22 gegen 2,03,23. Aber wir sind nicht im Schnee, sondern auf Asphalt.

Als die zwei Ferrari die (richtige) Ziellinie passieren, schläft Jean Todt das Gesicht ein, nur Ross Brawn lacht. Auf allen Zeitnahme-Computern leuchtet auf: „Barrichello Schumacher 0,00." Also totes Rennen? Zwei Ex-aequo-Sieger wie gelegentlich bei Skirennen, zum ersten Mal in der Formel I?
Als Schumacher seinen Irrtum bemerkt, ist er entsetzt, flucht ins Ferrari-Bordmikro, korrigiert aber seinen Fehler sofort in eine Charity-Geste gegenüber Barrichello – als habe er ihm den Sieg freiwillig geschenkt.

Das ist alles nicht die offizielle Ferrari-Version. Aber Schumacher hat fast eine ganze Auslaufrunde Zeit, sich fürs Fernsehen und die Zeitungen etwas einfallen zu lassen. Danach hat er natürlich Barrichello „den Sieg geschenkt, als Wiedergutmachung für Österreich." Und wir dachten alle, diese Rechnung sei schon längst beglichen ...
Schumacher winkt in der Auslaufrunde ein paar Kurven lang den Zuschauern zu, dann schläft ihm offenbar der Arm ein, als auf den Computern das Urteil aufflammt: Barrichello hat um elf Tausendstel gewonnen, der zweitknappste Sieg der Geschichte nach Peter Gethins Sensationssieg von Monza 1971. Aber sein damaliger Vorsprung (ein Hunderstel auf Ronnie Peterson?) war geschätzt bzw. handgestoppt.

„Schumacher ist der beste Rennfahrer der Welt", lobt ihn Bernie Ecclestone, der von Paul Newman über Sylvester Stallone bis Dustin Hoffman alle Hollywood-

Stars sehr gut kennt. „Aber als Schauspieler wird er nie einen Oskar kriegen.“ „Unser Fotofinish war nicht geplant, nicht abgesprochen“, beteuern Michael und Rubens. „Und wir wussten am Ende eine dreiviertel Runde lang selber nicht, wer gewonnen hat.“ Jeder deutete in der Auslaufrunde auf den anderen: Du? Ich?

Aber trotz aller schönen Sprüche von Fairness und Dankbarkeit bin ich überzeugt: Schumi hätte sicher viel lieber selbst gewonnen! „Michael kann nur zwei Dinge nicht“, charakterisiert ihn Hans-Joachim Stuck: „Erstens verlieren – und zweitens einen Fehler zugeben.“

Ich erinnere mich an Michaels berüchtigten Rammstoß gegen Villeneuve beim WM-Finale in Jerez 1997. Eine Woche danach, als die ganze Formel I wegen dieser unfairen Attacke noch in hellster Empörung war, gestand mir Schumacher bei der Ferrari-Abschlussfeier in Enna auf Sizilien: „Das Schlimmste und Schwierigste für mich war, mir selber gegenüber zuzugeben: Ich habe einen Fehler gemacht.“

Und Max Mosley, den ich zum gleichen Thema frage:

„Nur schade für uns, dass Barrichello bei der Siegerehrung Schumacher nicht auf die oberste Stufe des Podests hinaufgeschoben hat – dann hätte die FIA, wie in Spielberg, von Ferrari noch einmal 500.000 Strafe kassiert.“

„Eine Frechheit gegenüber der ganzen Formel I! Da rollen sie mit halbem Speed durch die letzte Kurve, wollen unbedingt genau nebeneinander durchs Ziel fahren, was unmöglich ist – und dann hat auch noch der Falsche gewonnen!“ Niki Lauda war gegen Mitternacht – am Flugplatz von Indianapolis – immer noch zornig und verärgert über die Ferrari-Choreographie im GP der USA.

Farce wie in Spielberg, komische Oper, Groteske, Kasperltheater, Demütigung der Gegner, Verarschung eines Millionenpublikums – soweit die internationale Kritik, die vom „selbst überraschten“ (?) Sieger Barrichello und vom „freiwilligen Verlierer“ (?) Schumacher abprallt. Die Formel I ist Ferrari und Ferrari ist die Formel I – und macht, was es will. Grinsend brausten die beiden Piloten und Jean Todt in der Dämmerung mit Elektrorollern durchs Fahrerlager: Achter Doppelsieg 2002, was kümmert uns das Geschwätz der anderen?

Die Amerikaner – so sehr sie im Allgemeinen die Show lieben – haben für die neuerliche Farce absolut null Verständnis. Getürkte Zieleinläufe, Hilfstaten für den Teamkollegen, abgesprochene Ergebnisse, sind ihnen ein Gräuel. Selbst die berühmten Tennisschwestern Serena und Venus Williams würden schlagartig alle Sympathien verlieren, käme – dies nur als Beispiel – ans Tageslicht, dass sie sich

etwa abgesprochen hätten: Wenn wir beide im Finale stehen, dann gewinnst du in Paris, ich in Wimbledon – oder so ähnlich.
„Was war da eigentlich los? Wir verstehen überhaupt nicht, was da passiert ist", sind amerikanische Journalisten bei Schumis Pressekonferenz fassungslos.

Wegen Indy braust ein Feuersturm durchs Land: „Zeitungskolumnisten, TV-Stars und Radio-Talker, die vorher nicht gewusst hätten, ob Jarno Trulli ein Aftershave oder ein Romanautor ist, ereifern sich bös und gnadenlos über das Ferrari-Theater", stellt ein hoher ESPN-Mann fest. „Alle sind empört, als hätte Schumacher die amerikanische Flagge angezündet oder auf ein Foto unseres Rennheros Dan Gurney gespuckt."
Was wäre gewesen, wenn ...
EX AEQUO: Im Gegensatz zum Skirennsport wird im Motorsport auf Tausendstelsekunden gemessen. Im Qualifying 1997 in Jerez waren drei auf die Tausendstel gleich schnell: Schumacher, Villeneuve, Frentzen. In Suzuka 1998 waren Hakkinen und Schumacher acht Minuten vor Qualifying-Ende Kopf an Kopf.
WER HÄTTE GEWONNEN – bei absolut identischen Zeiten? Nicht Barrichello, der am Start 8 Meter hinter Schumacher stand, also die größere Distanz fuhr – beide hätten gewonnen, je 10 WM-Punkte kassiert. Und Ferrari 20 statt 16 für die Konstrukteur-WM.

Ein Ferrari-Insider: „Ich bin sicher, Michael schläft heute Nacht sehr schlecht. Aber dafür gewinnt er ganz sicher in Suzuka." Nur: Jeder Sieg macht den bisherigen Schattenmann Barrichello stärker – kämpfen die zwei 2003 vielleicht endlich wirklich mit offenem Visier gegeneinander? Denn die Konkurrenz, jetzt schon ein halbes bis dreiviertel Jahr zurück, braucht mindestens bis 2004!
Aber das total missglückte Foto-Finish hat keine Spätfolgen: weder für Ferrari noch für den GP in Indy.
Amerika schüttelt nur den Kopf, gähnt und schaut weiter Football im TV.

SUZUKA: ALLES SCHREIT NACH REFORMEN

Mika Hakkinen und Jean Alesi haben sich vor genau einem Jahr beim GP von Japan von der Formel I verabschiedet – wer sagt diesmal Sayonara? Und wer fährt beim Saisonfinale sein letztes Rennen für sein Team?
Sicher: Mika Salo (109 GP) und Allan McNish für Toyota, Olivier Panis (der sie bei Toyota ablöst) für BAR-Honda, Felipe Massa (falls er nicht das Testpiloten-

Angebot annimmt) für Sauber, Jenson Button (der bei BAR den Platz von Panis als Villeneuve-Stallkollege einnimmt) für Renault, wo alles auf Fernando Alonso wartet.

Ein neues Mitglied im exklusivsten Sportklub der Welt – dem Hunderterklub der Formel I. Ralf Schumacher startet am Sonntag in Suzuka zum 100. Mal in einem Grand Prix, erreicht als Zehnter der aktuellen Piloten diese magische Marke. Grund genug für ein Kicker-Interview mit dem Williams-BMW-Piloten, der in Japan gegen Montoya und Coulthard um den dritten WM-Schlussrang kämpft.

„Suzuka ist eine meiner Lieblingsstrecken. Die Folge von schnellen S-Kurven hinter den Boxen und die extrem schnelle 130 R-Kurve sind so ziemlich das Anspruchsvollste, was die ganze Foremel I zu bieten hat. Eine echte Herausforderung für Fahrer und Auto – und für mich ein Riesenspaß", beteuert Ralf. Für einen anderen: ein Riesenschreck.

Im Juli (Silverstone) von Toyota gekündigt, letzter Grand Prix in Japan – und fast ein grausames Finale für McNish. „Randstein berührt, plötzliches Übersteuern, Gegenlenken, Korrigieren, und dann ging's schon dahin." „Angst?" „Dafür hatte ich keine Zeit." „Hände vom Lenkrad?" „Auch nicht." „Augen zugemacht?" „Weiß ich gar nicht." Wenn die Bodenhaftung abreißt, sind die heutigen Piloten nur noch hilflose Passagiere – bei 300 km/h.
Was man im TV nicht sieht: „Ich bin über die Leitplanken geflogen, habe mich überschlagen, bin kopfüber in der Böschung gelandet", schildert mir McNish am Abend – und bleibt cool.
„Es war ein mörderischer Aufprall. Aber ich bin okay – und ich will fahren!" Allan McNish, ein paar Stunden nach seinem Horror-Crash, der die ganze Formel I schockierte: blass, Knieprellung, blaue Flecken – dem Tod von der Schaufel gesprungen. Auch Jahrhundert-Fußballer Pele, Ehrengast in der BMW-Box von Suzuka, war alarmiert, genau wie das ganze Toyota-Team.

Was den Schotten rettete, war der Heckanprall. Teamkollege Mika Salo: „Den wünscht du dir bei einem Unfall, wenn er schon sein muss, immer." Jacques Laffite, Ex-Championpilot: „Bei einem Frontalanprall wäre Allan jetzt tot." Und Gerhard Berger nickt ernst: „Er hat Riesenglück gehabt." Aber dafür arbeitet das Sicherheitskomitee (jahrelang mit Berger an vorderster Front) seit Jahren.
„Sind wir froh, dass wir so sichere Autos haben!", gesteht mir Michael Schumacher, als wir durchs Fahrerlager gehen. Aber du hattest doch selber in der gefürchteten R-130-Kurve von Suzuka 1991 einen bösen Unfall? „Ja, aber zum Glück bin ich damals nach innen abgeflogen."

Neu konzentriert, immer noch motiviert, holt Schumi Poleposition – seine bereits 50. Ferngelenkt von Superhirn Ross Brawn, der wegen seiner Bandscheibenprobleme in England sitzt und alle seine Befehle übers Telefon live in die Ferrari-Box und sogar in die Cockpits schickt – einzigartig. Barrichello: „Was für eine faszinierende Technik. Ich höre Ross so klar und deutlich, als säße er neben mir im Auto ..." Wenn Schumi heute nacht durchkommt: sein 22. GP in ununterbrochener Reihenfolge in den WM-Punkten – auch ein Weltrekord!

Die Silberpfeile schlagen die Williams-BMW – gutes Finale der schlechtesten McLaren-Saison seit 1996! Norbert Haug freut sich: „Wir sind auf dem richtigen Weg." Dank cleverer Personalpolitik: Von Ferrari wurde der Erfinder des „Wundergetriebes", John Sutton, abgeworben, von BMW jetzt plötzlich der Architekt des Weltrekordmotors von Monza, Dr. Laurenz, dazu der Designer Mike Coughlan.

Überhaupt interessiert in Suzuka das Kulissenspiel viel mehr als der Rennverlauf. Vor allem geht es um die Zukunft der Formel 1.

FIA-Präsident Max Mosley kommt aus Bahrain nach Japan, fliegt später von Suzuka weiter nach Shanghai: „Spatenstich für unsere neuen Formel-I-Strecken! Zuerst komme ich, als Arbeiter, mit der Schaufel – dann erst Bernie, als Businessmann, mit dem Aktenkoffer ..." Zurück bleiben Diskussionen über Wagentausch, Gewichtshandicaps und viele revolutionäre Ideen, skurill bis originell.

„Max Mosley, haben Sie während der letzten TV-Übertragungen gähnen müssen?", frage ich den FIA Präsidenten.
Mosley: „Nein, ich bin nicht eingeschlafen, weil ich ich immer vieles sehe, das interessant ist. Aber ich verstehe schon: Wer in der Sache nicht ganz drin ist, findet's vielleicht langweilig. Nicht aus Schuld von Ferrari, sondern Schuld der anderen Teams, weil sie einfach nicht gut genug sind."

„Alle Fans fragen: Wie soll's weitergehen mit der Formel I?"
Mosley: „Ganz klar, wir müssen was tun! Und wir sind gerade dabei, haben sehr brisante Vorschläge vorbereitet, die ich heute abend den Teams zuschicke. Ich hoffe, bei der großen Sitzung am 28. Oktober wird alles fix beschlossen, wie man die Rennen wieder interessanter machen kann und die Kosten senkt."

„Die drei größten aktuellen Probleme der Formel I?"

Mosley: „Haben jetzt endlich auch die Teams kapiert: 1. werden die Rennen langweilig durch Ferrari. 2. ist generell nicht mehr so viel Geld zur Verfügung, nicht nur von den Sponsoren, auch das TV will für die Rechte weniger zahlen und 3. beunruhigen die Gerüchte über eine zweite WM-Serie die Sponsoren. Das alles bedroht die Formel I."

„Sie haben selbst immer gesagt: Formel I ist wie Krieg, was immer es kostet,das kostet es halt. Jetzt ist das Formel-I-Gesamtbudget pro Jahr bereits zwei bis drei Milliarden Dollar!"
Mosley: „Das müssen wir auf 500 Millionen Dollar abmagern. Am meisten sparen wir bei den Motorherstellern, ohne die technische Seite zu reduzieren – dann bleibt auch die ganze Show interessant."

Aber auch mit Zusatzgewichten (ein Kilo pro WM-Punkt) und der seltsamsten von allen Ideen, dem Wagentausch? Ähnlich wie beim Springreiter-WM-Finale, wo jeder Finalist auch die Pferde der Konkurrenten reiten muss, sollen Schumacher und Co. jedes Rennen in einem anderen Auto bestreiten. Aber Marlboro zahlt sicher nicht gigantische Summen an Ferrari, damit dann ein Alex Yoong im Auto sitzt ... Außerdem haben Pferde weder Sponsoren noch geheime Techno-Tricks, die man der Konkurrenz nicht verraten will.

Als würde die FIFA bestimmen: Ronaldo schießt heute seine Tore für Real Madrid, morgen für Milan, übermorgen für Bayern München – und wenn eine Mannschaft weiter so dominiert, kriegen die Spieler Bleigewichte in ihre Schuhe. Pro Tor ein Kilo ... Kopfschütteln im Formel-I-Zirkus über viele der vorgeschlagenen Reglementänderungen.

„Niki, was sagst du zu den Ideen, die am 28. Oktober in London in der „F-I-Commission" diskutiert werden?"
Lauda: „Großteils Schwachsinn. Aber das ist vor großen Meetings immer so: Zuerst wird scharf geschossen, dann werden unrealistische Programme geändert – und letztlich einigt man sich. Aber jetzt schaut vieles komisch aus."

„Und gar nichts positiv?"
Lauda: „Doch, das aufgewertete Freitagtraining: gut für die Zuschauer und die Fans, weil jeder für die Startaufstellung auch zwei Freitag-Zeiten benötigt. Nur: Wie will man dann Samstag im TV die Plus und Minus, in Bezug auf die Poleposition, so darstellen, dass sie jeder versteht?"

„Und die künstlichen Eingriffe, Bestrafung der Besten durch Zusatzgewichte – pro WM-Punkt ein Kilo?"

Lauda: „Das erschüttert die Grundbegriffe der Formel I. Seit 50 Jahren gilt: Wer die beste Arbeit macht, technisch den meisten Fortschritt, der gewinnt. Der Erste war immer der Beste, der Letzte der Schlechteste. Wenn das plötztlich anders, weil durchgemischt wird, degradieren wir die Formel I zum Zirkussport."

„Würden die großen Automobilwerke dann überhaupt noch mitmachen?"
Lauda: „Für die wird's dann uninteressant. Die stecken ja ihr Geld in die Formel I, um sich im härtesten Konkurrenzkampf durchzusetzen – was wieder auf ihre Straßenautos reflektiert."

„Und die unrealistische Idee, die Motor-Revolution vorzuziehen?"
Lauda: „Der neue Plan ist, das 2004-Reglement schon für 2003 durchzuboxen, also Motoren, die nicht mehr auf 400 km Laufleistung ausgelegt sind, sondern auf 800 km. Was ein völlig anderes Konzept braucht. Und 2004 soll dann jeder Motor sogar für vier Rennen halten – völlig unmöglich!"

„Dein Vorschlag, Niki?"
Lauda: „Weg mit der Elektronik, der Traktionskontrolle, der Telemetrie. Damit wieder der Fahrer sein Auto abstimmt und nicht der Computer."

Von Williams kommt die Idee mit den umgedrehten Startplätzen: Die Sieger vom letzten Rennen in die letzte Startreihe, der Letzte (oder zuerst Ausgeschiedene) in Poleposition. Dann würde zwar Schumacher auch nach 12, 15 Runden in Führung liegen, „aber bis dahin sehen wir wenigstens tolle Überholmanöver." Daran hat es 2002 ja auch oft gekrankt.

Das letzte Rennen des Jahres ist ein Spiegelbild der ganzen Saison.

„Lauda und Berger machen einen sehr guten Job! Gerhard ist für den BMW-Erfolg (Vizeweltmeister) verantwortlich, weil er die ganze Sache zustande gebracht hat – die ganze Formel I ist sehr beeindruckt. Niki hat die wesentlich schwierigere Aufgabe übernommen, aber langsam macht er Jaguar stark. „Schön, das zu beobachten!" Tolles Lob von FIA-Präsident Max Mosley für den „rot-weiß-roten Beitrag zur Formel I" am letzten Renntag 2002.

Auch wenn die Österrreicher-Teamchefs in Suzuka kein Glück haben: Kein Williams-Pilot auf dem Podest, weil Ralf Schumachers 100. GP in Rauch aufgeht, dafür wird Montoya WM-Dritter in seinem letzten Rennen vor der Hochzeit mit Connie in Cartagena – beide ganz in Weiß.
Niki Laudas Jaguar-Raubkatzen verlieren in letzter Sekunde Platz 7 in der Konstrukteur-WM. „Kostet uns eine Million Dollar", stöhnt Niki: die Differenz

zu Rang 6 – den ihm Eddie Jordan wegschnappt: Weil dessen Japaner Takuma Sato sensationell Fünfter wird.
Lauda verfolgt Satos tolles Rennen mit leiser Besorgnis. „Wäre der Japaner nur Sechster geworden, hätte das für Jaguar für Platz 6 gereicht – bei Punktegleichheit entscheidet die Qualität der Platzierungen." In diesem Fall: Irvines 3. Platz von Monza.

Natürlich hat der schlaue Niki vorgesorgt, mit Renault-Rennchef Flavio Briatore ausgemacht: „Schau auf alle Fälle, dass deine Piloten Button und Trulli vor den Honda-Autos bleiben – und Flavio hat mir das fix versprochen." Doch beim zweiten Boxenstopp überholt Sato die Renault-Raketen ...
Lauda: „Aber Honda hatte schon drei Motorschäden: Fisichella auf dem Weg zum Startplatz, nochmals im Rennen – und dann auch noch Villeneuve. Darum hoffe ich bis zuletzt, dass auch Satos Motor hochgeht." Aber vergeblich. Sato kostet Jaguar einen Platz, macht die Raubkatzen um eine Million Dollar ärmer – und wird in Suzuka wie ein Held gefeiert.

Der Formel-I-Zirkus baut längst seine Zelte und Boxen ab, die Nacht ist über Suzuka hereingebrochen, aber Zigtausende Japaner sitzen immer noch auf den Tribünen, in Respekt und Ehrfurcht. Mit leisem, höflichem Applaus, aber Beifallsstürmen, sobald sich Sato kurz in der grell erleuchteten Jordan-Box zeigt. „Danke euch allen – ihr habt mich ins Ziel getragen!", sagt Sato seinen Landsleuten.

„We are the Champions!" Wie jedes Jahr in Suzuka beben die Karaoke-Holzbuden die halbe Nacht, und wie jedes Jahr singt und feiert Michael Schumacher am lautesten: Sein 11. Saisonsieg, neunter Ferrari-Doppelpack – und mit total 221 WM-Punkten ergattert die „Traumfabrik" genauso viele Zähler wie der Rest der Formel I zusammen! „Wir werden ja sehen, wie Schumacher mit 100 kg Zusatzgewicht fährt", sagt Max Mosley listig.

100 kg Ballast? Ein Scherz mit realistischem Hintergrund. Hat er mit Schumi darüber schon gesprochen? „Nein, noch nicht – wir haben uns nur hello gesagt." Aber der Superstar hat, auf alle möglichen Formel-I-Revolutionen angesprochen, in Suzuka nur gemeint: „Das glaube ich erst, wenn ich es von Herrn Mosley selber höre ..."

Schumi feiert in Japan seine nächsten Weltrekorde: „Dass wir alle 17 Rennen beenden und alle auf dem Podest, hätte ich mir nie träumen lassen." 23 Rennen ohne Unterbrechung im Ziel, letzter Ausfall in Hockenheim 2001 – ein unfassbarer Rekord.

Schumi analysiert: „Ich glaube nicht, dass meine Serie mit Glück zu tun hat, sondern nur mit harter Arbeit. Die Mechaniker tun einen unglaublichen Job und ich – ich fahre halt das Auto."
Michaels Sieg- und Rekordhunger scheint unstillbar, „aber ich fahre nicht für die Statistik, sondern aus Spaß. Und noch sehr, sehr lang!" Und wer ihn danach als König der Formel I ablösen könnte? „Keine Ahnung. Ich weiß ja nicht, wann die nächste junge Generation nachkommt." Schlechte News für Kimi Räikkönen (gestern Dritter) und Juan Pablo Montoya (WM-Dritter), die man schon als Schumi-Nachfolger sah.

„Wir werden noch öfter gewinnen – aber vielleicht nicht immer so dominieren wie jetzt." Was Max Mosley gern hört. Denn nicht nur Ferraris Siegesserie, auch Ferraris Zuverlässigkeit alarmiert die Konkurrenz. „Totale Dominanz", sagt Mosley, „ist schlecht für die Formel I. Nicht wegen Ferrari – kann 2003 genauso bei Williams oder McLaren passieren, wenn Michelin mit einem Wunderreifen herauskommt. Dann hören die Fans auf zuzuschauen, und fragen sich: Warum um fünf Uhr aufstehen, wenn man schon vorher den Sieger kennt?"

Aber dieser Japan-GP, findet Schumacher, hat zwei Sieger: „ Außer mir noch den Japaner Takuma Sato". Von solchen Typen lebt die Formel I, auch im totalen Ferrari-Jahr.

Aber wir müssen auch Gerhard Berger gratulieren. „Ziel erreicht – der nächste Meilenstein in meiner Karriere", ist der Tiroler mit Recht stolz. „Vizeweltmeister bei den Konstrukteuren schon im dritten Jahr – das hätte uns keiner zugetraut!"

Nicht Ferrari-Präsident Luca Montezemolo, der oft fragte: „Was macht Gerhard? Was – arbeiten? Das glaube ich nicht." Und nicht McLaren-Chef Mansour Ojjeh, der neulich fragte: „Wieso hab ich dich im Winter nie beim Skilaufen am Arlberg getroffen?" Bergers Antwort: „Weil ich gearbeitet hab, um euch zu besiegen ..."

Als Fahrer war Berger zweimal WM-Dritter, an Stockerlplätzen nur knapp hinter Niki Lauda (48:51), an schnellsten Runden sogar vor Ayrton Senna (21:19) – wie ist jetzt der Titel Vizeweltmeister einzuschätzen? „Selber Formel-I-Pilot zu sein, war für mich etwas ganz Besonderes. Weil das nicht so viele Leute auf der Welt können." Aber ein Rennteam von null weg organisieren, aufbauen, zum Erfolg führen – das kann auch nicht jeder. Berger hatte das richtige Gespür für die richtigen Leute – und Piloten!

Erstes Ziel also fast in Rekordzeit erreicht, jetzt will Williams-BMW Ferrari näher kommen – mit neuem Windkanal etc. Aber auch mit Berger? Sein BMW-Vertrag endet in einem Jahr: Herbst 2003. „Der Job ist sehr, sehr anstrengend", gibt der Tiroler Sunnyboy erstmals zu. „Besonders die zwei letzten Rennen, USA und Japan. Ich muss über den Winter nachdenken, was ich in Zukunft tun will. Jetzt werde ich mich nach dem WM-Finale zurückziehen, wahrscheinlich auf eine ferne Insel, und alles überlegen, wie es weitergeht. Ich brauche Ferien. Und, ganz ehrlich: Mir wäre am liebsten, wenn ich in Zukunft nix mehr mach' ..."

Die übliche Saisonende-Müdigkeit, die jeden März den Skizirkus überfällt und jeden Oktober die Formel I. Berger, der sein halbes Leben („Tag und Nacht") im Rennsport verbracht hat, möchte mehr Zeit für die Familie, die Kinder, für Sport – mehr Lebensqualität. „Aber ich frage mich, ob es mir wirklich gelingt, mich vom Rennsport loszureißen." Gibt's andere Angebote – von der Konkurrenz? „Darüber will ich nicht reden. Das ist auch nicht das Thema, sondern die Frage ist: Was will ich mit jetzt 43? Noch ein 5-Jahres-Vertrag, und ich wäre 48."

Darum gibt er zum ersten Mal zu: „Eigentlich bewundere ich den Dieter Quester, freue mich jetzt sogar, wenn ich von ihm höre oder lese – mit wie viel Lebensfreude er sich jetzt mit 62 in sein Ferrari-Abenteuer stürzt, wie positiv er das durchzieht. Hätte ich mir früher nicht gedacht."

*

Tag X für die Formel I am 28. Oktober in London – am 72. Geburtstag von Bernie Ecclestone. „Das wichtigste Meeting seit 20 Jahren", sagt Frank Williams. Es geht um die Zukunft der Formel I nach einer von Michael Schumacher und Ferrari total dominierten Saison, über die nicht nur Niki Lauda offen sagt: „Die war stinkfad."
Klar – das Fahrgenie Schumacher hat für alle anderen Teams Probleme ausgelöst, aber die Drohung von Luca Montezemolo („wenn wir mit dem neuen Reglement nicht einverstanden sind, zieht sich Ferrari von der Formel I zurück") nimmt keiner wirklich ernst.

Drastisch sieht Frank Williams die Situation: „Bernie (Ecclestone) und Max (Mosley) haben uns aufgescheucht wie ein paar Jagdhunde, die eine verschüchterte Herde Schafe terrorisieren. Ich hoffe nur, dass alle klar und logisch denken."

Die Teams, inklusive Ferrari, haben sich schon vorher zu einem Meeting getroffen. „Wir haben im wesentlichen Einigung erzielt und wissen in wichtigen Fragen, was wir wollen“, verrät ein Teamchef, „aber mehr zu sagen, haben wir uns selbst verboten: totale Schweigepflicht vor dem Montag-Meeting.“

Aber, keine Frage: Alle gehen bestens vorbereitet ins entscheidende Meeting, das um 11 Uhr beginnt.

Williams spricht gewiss für alle Teamchefs: „Wenn wir mit neuem Reglement die Show verbessern können, bin ich mit allem einverstanden. Je besser die Show, umso mehr fließt das Geld. Und auch die Strecken müssen wir verändern, um mehr Überholmanöver zu ermöglichen. Denn für die Fans heißt Rennfahren noch immer: Überholen ...“

Und dann steuert die „Formula-One-Commission“ den phasenweise spektakulärsten Sportzirkus der Welt wirklich in eine offenbar wieder goldene Zukunft. Die Beschlüsse von London sind signifikant. „Gute Entscheidungen, gute Kompromisse, ich bin wirklich happy“, freut sich nicht nur Niki Lauda.

Die wichtigsten Punkte:

- Stallorder ab 2003 verboten – die für den Sport und die Fans sicherlich wichtigste Entscheidung, um die Rennen wieder interessanter zu machen. Eine Farce wie in Spielberg oder Indianapolis darf es nicht mehr geben.
- Neues Punktesystem: nicht mehr WM-Punkte nur für die ersten sechs, sondern ab 2003 für die ersten acht. Damit wird sich ab sofort – im Schnitt der letzten fünf Jahre – die WM-Entscheidung um zwei Rennen verzögern.
- Testauflagen: jedes Team kann zwischen zwei Alternativen wählen: entweder das „Suzuka-Reglement“ (135 Tage pro Jahr) oder jeweils Freitag vor jedem Grand Prix zwischen neun und elf Uhr mit drei Autos.
- Neues Qualifying: Freitag von 13 bis 14 Uhr fährt jeder Pilot eine gezeitete Runde, der WM-Führende oder Sieger des letzten Grand Prix als erster. Samstag wird die Reihenfolge umgedreht: zuerst der Langsamste vom Freitag, als Letzter der Schnellste. Das verspricht Hochspannung falls es regnet oder dem Fahrer auch nur ein Fehler passiert.

Viele gute Ideen, die das World Council am 13. Dezember noch endgültig ratifizieren muss. Leider muss auch der WM-Kalender geändert werden: die Formel I verzichtet wegen des Tabak-Werbeverbots auf den Klassiker von Spa – Schumachers Lieblingsrennen.

*

Die Formel I im Aufbruch. Neues Reglement, neue Rennstrecken. Grand-Prix-Rennen in Bahrain am Persischen Golf und in Shanghai ab 2004. Bis dahin ist auf dem Fahrermarkt – zumindest in den Spitzenteams – Pattstellung: Michael Schumacher/Barrichello und Ralf Schumacher/Montoya haben alle wasserdichte Verträge bis Ende 2004.
Frank Williams will Montoya sogar längst schon bis 2005 an sich binden, aber Juan Pablo winkt ab. Wer weiß, was sich bis dahin bei Ferrari tut. Dafür hat McLaren Kimi Räikkönen bis 2006 (!) fix verpflichtet.

Wie könnte die Formel I – und das ist unsere nicht ganz ernstzunehmende future reality – bis dahin aussehen? Ein Blick in die Kristallkugel: Nico Rosberg, Kekes jetzt 17-jähriger Sohn, und Nelson Piquet Junior, der die südamerikanische Formel 3 Meisterschaft gewonnen hat, sind die jüngsten Formel-I-Sieger der Geschichte, Matthias Lauda im Windschatten, und Mick Schumacher gewinnt noch bevor er in die Schule kommt seine ersten Kartrennen.

Ferrari offeriert dem bereits siebenfachen Weltmeister Michael einen Vertrag bis 2069, seinem 100. Geburtstag. Alex Wurz hat drei Angebote von Formel-I-Teams, bleibt aber lieber Testfahrer bei McLaren. Dort ist David Coulthard, sagt er, „noch besser, schneller, konditionsstärker, motivierter als letztes Jahr". Bei BMW grübelt Gerhard Berger, wie lang er den Job noch machen will: „Die Zeit rennt so schnell dahin, ich will nix versäumen, in 45 Jahren bin ich 90."

Die FIA befiehlt neue Gesetze: Der Ferrari-Boxenfunk muss künftig über Lautsprecher überall zu hören sein, außerdem muss jeder der beiden Piloten während des ganzen Rennens deutlich sichtbar sein, weil der Verdacht aufkam: Die Ferrari sind so überlegen, dass Ross Brawn sogar Dummies ins Cockpit setzen kann. Oder Affen, wie Niki Lauda schon gemeint hat.

In Silverstone kreiste vor etwa zehn Jahren unter strenger Geheimhaltung ein aus den Boxen ferngelenkter McLaren-Honda ohne Piloten (kein Spaß). Und BARs technischer Direktor Geoff Willis, früher bei Williams, gibt heute zu: „Gebt mir nur einen halben Tag fürs Programmieren, und wir schaffen genau das gleiche."

Der BMW-Motor dreht (future reality) bereits 22.000 U/min. und Mercedes hat nicht nur Ilmor zu 100 Prozent gekauft, sondern auch Mehrheitsanteile an McLaren (derzeit noch 40 Prozent). Damit ändert sich auch die „Ron and Norbert Show" im Fahrerlager, jeden Samstag um 16.30 Uhr.

Ab jetzt begrüßt immer Haug: „We had a very good qualifying", Dennis pflichtet unterwürfig bei: „I agree." Dann sagt Haug: „Mercedes trifft alle Entscheidungen, engagiert die Fahrer und wann immer es wir für wichtig halten, informieren wir Ron." Der macht daraufhin allen Formel-I-Reportern Komplimente: „Es ist mir wie immer ein Vergnügen, meine Informationen mit euch zu teilen. Denn ihr seid diejenigen, die Geschichte schreiben. Ich bau' ja nur die Autos."

Dann freilich sind wir aufgewacht.

STATISTIK

AUTOMOBILWELTMEISTER

1950 Dr. Giuseppe Nino Farina (Italien) auf Alfa Romeo
1951 Juan Manuel Fangio (Argentinien) auf Alfa Romeo
1952 Alberto Ascari (Italien) auf Ferrari
1953 Alberto Ascari (Italien) auf Ferrari
1954 Juan Manuel Fangio (Argentinien) auf Maserati und Mercedes
1955 Juan Manuel Fangio (Argentinien) auf Mercedes
1956 Juan Manuel Fangio (Argentinien) auf Ferrari
1957 Juan Manuel Fangio (Argentinien) auf Maserati
1958 Mike Hawthorn (England) auf Ferrari
1959 Jack Brabham (Australien) auf Cooper-Climax
1960 Jack Brabham (Australien) auf Cooper-Climax
1961 Phil Hill (USA) auf Ferrari
1962 Graham Hill (England) auf BRM
1963 Jim Clark (Schottland) auf Lotus-Climax
1964 John Surtees (England) auf Ferrari
1965 Jim Clark (Schottland) auf Lotus-Climax
1966 Jack Brabham (Australien) auf Brabham-Repco
1967 Denis Hulme (Neuseeland) auf Brabham-Repco
1968 Graham Hill (England) auf Lotus-Ford
1969 Jackie Stewart (Schottland) auf Matra-Ford
1970 Jochen Rindt (Österreich) auf Lotus-Ford
1971 Jackie Stewart (Schottland) auf Tyrrell-Ford
1972 Emerson Fittipaldi (Brasilien) auf Lotus-Ford
1973 Jackie Stewart (Schottland) auf Tyrell-Ford
1974 Emerson Fittipaldi (Brasilien) auf McLaren-Ford
1975 Niki Lauda (Österreich) auf Ferrari
1976 James Hunt (England) auf McLaren-Ford
1977 Niki Lauda (Österreich) auf Ferrari
1978 Mario Andretti (USA) auf Lotus-Ford
1979 Jody Scheckter (Südafrika) auf Ferrari
1980 Alan Jones (Australien) auf Williams-Ford
1981 Nelson Piquet (Brasilien) auf Brabham-Ford
1982 Keke Rosberg (Finnland) auf Williams-Ford
1983 Nelson Piquet (Brasilien) auf Brabham-BMW-Turbo
1984 Niki Lauda (Österreich) auf McLaren-Porsche-Turbo
1985 Alain Prost (Frankreich) auf McLaren-Porsche-Turbo
1986 Alain Prost (Frankreich) auf McLaren-Porsche-Turbo
1987 Nelson Piquet (Brasilien) auf Williams-Honda
1988 Ayrton Senna (Brasilien) auf McLaren-Honda
1989 Alain Prost (Frankreich) auf McLaren-Honda
1990 Ayrton Senna (Brasilien) auf McLaren-Honda
1991 Ayrton Senna (Brasilien) auf McLaren-Honda
1992 Nigel Mansell (England) auf Williams-Renault
1993 Alain Prost (Frankreich) auf Williams-Renault
1994 Michael Schumacher (Deutschland) auf Benetton-Ford
1995 Michael Schumacher (Deutschland) auf Benetton-Renault
1996 Damon Hill (England) auf Williams-Renault
1997 Jacques Villeneuve (Kanada) auf Williams-Renault
1998 Mika Hakkinen (Finnland) auf McLaren-Mercedes
1999 Mika Hakkinen (Finnland) auf McLaren-Mercedes
2000 Michael Schumacher (Deutschland) auf Ferrari
2001 Michael Schumacher (Deutschland) auf Ferrari
2002 Michael Schumacher (Deutschland) auf Ferrari

KONSTRUKTEURWELTMEISTER

1958 Vanwall (Großbritannien)
1959 Cooper-Climax (Großbritannien)
1960 Cooper-Climax (Großbritannien)
1961 Ferrari (Italien)
1962 BRM (Großbritannien)
1963 Lotus-Climax (Großbritannien)
1964 Ferrari (Italien)
1965 Lotus-Climax (Großbritannien)
1966 Brabham-Repco (Großbritannien)
1967 Brabham-Repco (Großbritannien)
1968 Lotus-Ford (Großbritannien)
1969 Matra-Ford (Frankreich)
1970 Lotus-Ford (Großbritannien)
1971 Tyrrell-Ford (Großbritannien)
1972 Lotus-Ford (Großbritannien)
1973 Lotus-Ford (Großbritannien)
1974 McLaren-Ford (Großbritannien)
1975 Ferrari (Italien)
1976 Ferrari (Italien)
1977 Ferrari (Italien)
1978 Lotus-Ford (Großbritannien)
1979 Ferrari (Italien)
1980 Williams-Ford (Großbritannien)
1981 Williams-Ford (Großbritannien)
1982 Ferrari (Italien)
1983 Ferrari (Italien)
1984 McLaren-Porsche (Großbritannien)
1985 McLaren-Porsche (Großbritannien)
1986 Williams-Honda (Großbritannien)
1987 Williams-Honda (Großbritannien)
1988 McLaren-Honda (Großbritannien)
1989 McLaren-Honda (Großbritannien)
1990 McLaren-Honda (Großbritannien)
1991 McLaren-Honda (Großbritannien)
1992 Williams-Renault (Großbritannien)
1993 Williams-Renault (Großbritannien)
1994 Williams-Renault (Großbritannien)
1995 Benetton-Renault (Großbritannien)
1996 Williams-Renault (Großbritannien)
1997 Williams-Renault (Großbritannien)
1998 McLaren-Mercedes (Großbritannien)
1999 Ferrari (Italien)
2000 Ferrari (Italien)
2001 Ferrari (Italien)
2002 Ferrari (Italien)

FAHRERWELTMEISTERSCHAFT 2002

	Australien	Malaysia	Brasilien	San Marino	Spanien	Österreich	Monaco	Kanada	Europa (Nürburgring)	Großbritannien	Frankreich	Deutschland	Ungarn	Belgien	Italien	USA	Japan	gesamt
1. Michael Schumacher (GER) Ferrari	10	4	10	10	10	10	6	10	6	10	10	10	6	10	6	6	10	**144**
2. Rubens Barrichello (BRA) Ferrari	-	-	-	6	-	6	-	4	10	6	-	3	10	6	10	10	6	**77**
3. J. P. Montoya (COL) Williams-BMW	6	6	2	3	6	4	-	-	-	4	3	6	-	4	-	3	3	**50**
4. Ralf Schumacher (GER) Williams-BMW	-	10	6	4	-	3	4	-	3	-	2	4	4	2	-	-	-	**42**
5. David Coulthard (GBR) McLaren-Mercedes	-	-	4	1	4	1	10	6	-	-	4	2	2	3	-	4	-	**41**
6. Kimi Räikkönen (FIN) McLaren-Mercedes	4	-	-	-	-	-	-	3	4	-	6	-	3	-	-	-	4	**24**
7. Jenson Button (GBR) Renault	-	3	3	2	-	-	-	-	2	-	1	-	-	-	2	-	1	**14**
8. Jarno Trulli (ITA) Renault	-	-	-	-	-	-	3	1	-	-	-	-	-	-	3	2	-	**9**
9. Eddie Irvine (IRL) Jaguar-Cosworth	3	-	-	-	-	-	-	-	-	-	-	-	-	1	4	-	-	**8**
10. Nick Heidfeld (GER) Sauber-Petronas	-	2	-	-	3	-	-	-	-	1	-	1	-	-	-	-	-	**7**
11. Giancarlo Fisichella (ITA) Jordan-Honda	-	-	-	-	-	2	2	2	-	-	-	-	1	-	-	-	-	**7**
12. Jacques Villeneuve (CAN) BAR-Honda	-	-	-	-	-	-	-	-	-	3	-	-	-	-	-	1	-	**4**
13. Felipe Massa (BRA) Sauber-Petronas	-	1	-	-	2	-	-	-	1	-	-	-	-	-	-	-	-	**4**
14. Olivier Panis (FRA) BAR-Honda	-	-	-	-	-	-	-	-	-	2	-	-	-	-	1	-	-	**3**
15. Mark Webber (AUS) Minardi-Asiatech	2	-	-	-	-	-	-	-	-	-	-	-	-	-	-	-	-	**2**
16. Takuma Sato (JAP) Jordan-Honda	-	-	-	-	-	-	-	-	-	-	-	-	-	-	-	-	2	**2**
17. Mika Salo (FIN) Toyota	1	-	1	-	-	-	-	-	-	-	-	-	-	-	-	-	-	**2**
18. Heinz H. Frentzen (GER) Arrows-Cosworth/Sauber-Petronas	-	-	-	-	1	-	1	-	-	-	-	-	-	-	-	-	-	**2**

KONSTRUKTEURBEWERB 2002

	Australien	Malaysia	Brasilien	San Marino	Spanien	Österreich	Monaco	Kanada	Europa (Nürburgring)	Großbritannien	Frankreich	Deutschland	Ungarn	Belgien	Italien	USA	Japan	gesamt
Ferrari	10	4	10	16	10	16	6	14	16	16	10	13	16	16	16	16	16	**221**
Williams-BMW	6	16	8	7	6	7	4	-	3	4	5	10	4	6	-	3	3	**92**
McLaren-Mercedes	4	-	4	1	4	1	10	9	4	-	10	2	5	3	-	4	4	**65**
Renault	-	3	3	2	-	-	3	1	2	-	1	-	-	-	5	2	1	**23**
Sauber-Petronas	-	3	-	-	5	-	-	-	1	1	-	1	-	-	-	-	-	**11**
Jordan-Honda	-	-	-	-	-	2	2	2	-	-	-	-	1	-	-	-	2	**9**
Jaguar-Cosworth	3	-	-	-	-	-	-	-	-	-	-	-	-	1	4	-	-	**8**
BAR-Honda	-	-	-	-	-	-	-	-	-	5	-	-	-	-	1	1	-	**7**
Minardi-Asiatech	2	-	-	-	-	-	-	-	-	-	-	-	-	-	-	-	-	**2**
Toyota	1	-	1	-	-	-	-	-	-	-	-	-	-	-	-	-	-	**2**
Arrows-Cosworth	-	-	-	-	1	-	1	-	-	-	-	-	-	-	-	-	-	**2**

SO FUHREN SIE 2002

1 Michael Schumacher (Deutschland) Ferrari V10
2 Rubens Barrichello (Brasilien) Ferrari V10

3 David Coulthard (Schottland) McLaren-Mercedes V10
4 Kimi Räikkönen (Finnland) McLaren-Mercedes V10

5 Ralf Schumacher (Deutschland) Williams-BMW V10
6 Juan Pablo Montoya (Kolumbien) Williams-BMW V10

7 Nick Heidfeld (Deutschland) Sauber-Petronas V10
8 Felipe Massa (Brasilien) Sauber-Petronas V10
8 Heinz Harald Frentzen (Deutschland) Sauber-Petronas V10

9 Giancarlo Fisichella (Italien) Jordan-Honda V10
10 Takuma Sato (Japan) Jordan-Honda V10

11 Jacques Villeneuve (Kanada) BAR-Honda V10
12 Olivier Panis (Frankreich) BAR-Honda V10

14 Jarno Trulli (Italien) Renault V10
15 Jenson Button (GBR) Renault V10

16 Eddie Irvine (Irland) Jaguar-Cosworth V10
17 Pedro De la Rosa (Spanien) Jaguar-Cosworth V10

20 Heinz Harald Frentzen (Deutschland) Arrows-Cosworth V10
21 Enrique Bernoldi (Brasilien) Arrows-Cosworth V10

22 Alexander Yoong (Malaysia) Minardi-Asiatech V10
22 Anthony Davidson (GBR) Minardi-Asiatech V10
23 Mark Webber (Australien) Minardi-Asiatech V10

24 Mika Salo (Finnland) Toyota V10
25 Allan McNish (Schottland) Toyota V10

PLATZIERUNGEN ALLER 23 PILOTEN 2002

	Australien	Malaysia	Brasilien	San Marino	Spanien	Österreich	Monaco	Kanada	Europa (Nürburgring)	Großbritannien	Frankreich	Deutschland	Ungarn	Belgien	Italien	USA	Japan
M. Schumacher	1	3	1	1	1	1	2	1	2	1	1	1	2	1	2	2	1
Barrichello	O	O	O	2	O	2	7	3	1	2	O	4	1	2	1	1	2
Montoya	2	2	5	4	2	3	O	O	O	3	4	2	11	3	O	3	3
R. Schumacher	O	1	2	3	11	4	3	7	4	6	5	3	3	5	O	16	(11)
Coulthard	O	O	3	6	3	6	1	2	O	10	3	5	5	4	7	3	O
Räikkönen	3	O	(12)	O	O	O	O	4	3	O	2	O	4	O	O	O	3
Button	O	4	4	5	(12)	7	O	(15)	5	(12)	6	O	O	O	5	8	6
Trulli	O	O	O	9	(10)	O	4	6	8	O	O	O	8	O	4	5	O
Irvine	4	O	7	O	O	O	9	O	O	O	O	O	O	6	3	10	9
Heidfeld	O	5	O	10	4	O	8	12	7	6	7	6	9	10	10	9	7
Fisichella	O	13	O	O	O	5	5	5	O	7	-	O	6	O	8	7	O
Villeneuve	O	8	(10)	7	7	(10)	O	O	12	4	O	O	O	8	9	6	O
Massa	O	6	O	8	5	O	O	9	6	9	O	7	7	O	O	-	O
Panis	O	O	O	O	O	O	O	8	9	5	O	O	12	(12)	6	12	O
Sato	O	9	9	O	O	O	O	10	16	O	O	8	10	11	12	11	5
Webber	5	O	11	11	-	12	11	11	15	O	8	O	16	O	O	O	10
Salo	6	12	6	O	9	8	O	O	O	O	O	9	13	7	11	14	8
Frentzen	O	11	O	O	6	11	6	13	13	O	-	O	-	-	-	13	-
McNish	O	7	O	O	8	9	O	O	14	O	(11)	O	15	9	O	15	-
Yoong	7	O	13	-	-	O	O	14	O	-	10	-	-	-	13	O	O
De la Rosa	8	10	8	O	O	O	10	O	11	11	9	O	14	O	O	O	O
Bernoldi	O	O	O	O	O	O	12	O	10	O	-	O	-	-	-	-	-
Davidson	-	-	-	-	-	-	-	-	-	-	-	-	17	18	-	-	-

Erklärung:

Zahl = Resultat, (Zahl) = bei Rennschluss nicht mehr im Rennen, aber gewertet, O = ausgefallen, gestürzt, aufgegeben, X = disqualifiziert, - = nicht gefahren,

ALLE TRAININGSERGEBNISSE 2002

	Australien	Malaysia	Brasilien	San Marino	Spanien	Österreich	Monaco	Kanada	Europa (Nürburgring)	Großbritannien	Frankreich	Deutschland	Ungarn	Belgien	Italien	USA	Japan
M. Schumacher	2	1	2	1	1	3	3	2	3	3	2	1	2	1	2	1	1
Barrichello	1	3	8	2	2	1	5	3	4	2	3	3	1	3	4	2	2
Montoya	6	2	1	4	4	4	1	1	1	1	1	4	4	5	1	4	6
R. Schumacher	3	4	3	3	3	2	4	4	2	4	5	2	3	4	3	5	5
Coulthard	4	6	4	6	7	8	2	8	5	6	6	9	10	6	7	3	3
Räikkönen	5	5	5	5	5	6	6	5	6	5	4	5	11	2	6	6	4
Button	11	8	7	9	6	13	8	13	8	12	7	13	9	10	17	14	10
Trulli	7	12	6	8	9	16	7	10	7	7	8	8	6	7	11	8	11
Irvine	19	20	13	18	22	20	21	14	17	19	9	16	16	8	5	13	14
Heidfeld	10	7	9	7	8	5	17	7	9	10	10	1ß	8	18	15	10	12
Fisichella	8	9	14	15	12	15	11	6	18	17	-	6	5	14	12	9	8
Villeneuve	13	13	15	10	15	17	14	9	19	9	13	11	13	12	9	7	9
Massa	9	14	12	11	11	7	13	12	11	11	12	14	7	17	14	-	15
Panis	12	18	17	12	13	9	18	11	12	13	11	7	12	15	16	12	16
Sato	-	15	19	14	18	18	16	15	14	14	14	12	14	16	18	15	7
Webber	18	21	20	19	20	21	19	21	20	20	18	21	19	19	19	18	19
Salo	14	10	10	16	17	10	9	18	10	8	16	19	17	9	10	19	13
Frentzen	15	11	18	13	10	11	12	19	15	16	20	15	-	-	-	11	-
McNish	16	19	16	17	19	14	10	20	13	15	17	17	18	13	13	16	18
Yoong	21	22	22	22	21	22	22	22	22	22	19	22	-	-	20	20	20
De la Rosa	20	17	11	21	16	19	20	16	16	21	15	20	15	11	8	17	17
Bernoldi	17	16	21	20	14	12	15	17	21	18	21	18	-	-	-	-	-
Davidson	-	-	-	-	-	-	-	-	-	-	-	-	20	20	-	-	-

ANALYSE DER 17 WM-LÄUFE 2002

Rennen	Poleposition (Vorsprung)	Führungsrunden		Sieger (Vorsprung)	Schnellste Runde
Melbourne (Australien)	Barrichello +0,005	Coulthard M. Schumacher Montoya M. Schumacher	1-10 11 12-16 17-58	M. Schumacher +18,628	Räikkönen
Sepang (Malaysia)	M. Schumacher +0,231	Barrichello R. Schumacher Barrichello R. Schumacher	1-21 22-31 22-35 36-56	R. Schumacher +39,700	Montoya
Interlagos (Brasilien)	Montoya +0,127	M. Schumacher Barrichello M. Schumacher R. Schumacher M. Schumacher	1-13 14-16 17-39 40-44 45-71	M. Schumacher +0,588	Montoya
Imola (San Marino)	M. Schumacher +0,064	M. Schumacher Barrichello M. Schumacher Barrichello M. Schumacher	1-31 32 33-46 47 48-62	M. Schumacher +17,907	Barrichello
Barcelona (Spanien)	M. Schumacher +0,326	M. Schumacher	1-65	M. Schumacher +35,630	M. Schumacher
Spielberg (Österreich)	Barrichello +0,282	Barrichello M. Schumacher Barrichello M. Schumacher	1-61 62 63-70 71	M. Schumacher +40,182	M. Schumacher
Monte Carlo (Monaco)	Montoya +0,392	Coulthard	1-78	Coulthard +1,050	Barrichello
Montreal (Kanada)	Montoya +0,182	Barrichello M. Schumacher M. Schumacher Montoya M. Schumacher	1-25 26-37 26-37 38-50 51-70	M. Schumacher +1,132	Montoya
Nürburgring (Europa)	Montoya +0,009	Barrichello	1-60	M. Schumacher +0,294	M. Schumacher
Silverstone (Großbritannien)	Montoya +0,034	Montoya M. Schumacher	1-15 16-60	M. Schumacher +14,578	Barrichello
Magny-Cours (Frankreich)	Montoya +0,023	Montoya M. Schumacher Räikkönen Coulthard M. Schumacher Montoya Räikkönen Coulthard Räikkönen M. Schumacher	1-23 24-25 26 27-28 29-35 36-42 43-49 50-54 55-67 68-72	M. Schumacher +1,105	Coulthard
Hockenheim (Deutschland)	M. Schumacher +0,181	M. Schumacher R. Schumacher Montoya M. Schumacher R. Schumacher M. Schumacher	1-26 27-29 30 31-47 48 49-67	M. Schumacher +10,503	M. Schumacher

Rennen	Poleposition (Vorsprung)	Führungsrunden		Sieger (Vorsprung)	Schnellste Runde
Budapest (Ungarn)	Barrichello +0,059	Barrichello R. Schumacher Barrichello	1-32 33 34-77	Barrichello +0,434	M. Schumacher
Spa Francorchamps (Belgien)	M. Schumacher +0,424	M. Schumacher Barrichello M. Schumacher	1-16 17 18-44	M. Schumacher +1,977	M. Schumacher
Monza (Italien)	Montoya +0,257	R. Schumacher Montoya Barrichello M. Schumacher Barrichello	1-3 4 5-19 20-28 29-53	Barrichello +0,255	Barrichello
Indianapolis (USA)	M. Schumacher +0,268	M. Schumacher Barrichello M. Schumacher Barrichello M. Schumacher Barrichello	1-26 27-28 29-48 49-50 51-72 73	Barrichello +0,011	Barrichello
Suzuka (Japan)	M. Schumacher +0,432	M. Schumacher Barrichello M. Schumacher	1-20 21 23-53	M. Schumacher +0,506	M. Schumacher

Führungsrunden gesamt 2002: M. Schumacher 558, Barrichello 307, Coulthard 95, Montoya 65, R. Schumacher 44, Räikkönen 21

Polepositions 2002: M. Schumacher 7, Montoya 7, Barrichello 3

Siege 2002: M. Schumacher 11, Barrichello 4, R. Schumacher 1, Coulthard 1

Schnellste Runden 2002: M. Schumacher 7, Barrichello 5, Montoya 3, Coulthard 1, Räikkönen 1

Lauf 1 – Großer Preis von Australien – Melbourne, 3. März 2002

1. Training (Freitag)		2. Training (Samstag)		3. Training (Qualifying)		4. Training (Warm-Up)	
1. M. Schumacher	1:27,276	1. M. Schumacher	1:26,177	1. Barrichello	1:25,843	1. M. Schumacher	1:41,509
2. Barrichello	1:27,799	2. Barrichello	1:26,331	2. M. Schumacher	1:25,848	2. Barrichello	1:42,891
3. R. Schumacher	1:28,821	3. Montoya	1:27,394	3. R. Schumacher	1:26,279	3. Coulthard	1:43,537
4. Montoya	1:28,870	4. R. Schumacher	1:27,424	4. Coulthard	1:26,446	4. R. Schumacher	1:43,580
5. Heidfeld	1:29,572	5. Coulthard	1:27,505	5. Räikkönen	1:27,161	5. Räikkönen	1:44,027
6. Salo	1:29,601	6. Räikkönen	1:27,635	6. Montoya	1:27,249	6. Massa	1:44,389
7. Räikkönen	1:29,875	7. Heidfeld	1:28,295	7. Trulli	1:27,710	7. Heidfeld	1:44,928
8. Massa	1:29,937	8. Villeneuve	1:28,557	8. Fisichella	1:27,869	8. Fisichella	1:45,159
9. Fisichella	1:30,187	9. Panis	1:28,570	9. Massa	1:27,972	9. Trulli	1:45,625
10. Trulli	1:30,298	10. Fisichella	1:28,605	10. Heidfeld	1:28,232	10. Irvine	1:45,808
11. Coulthard	1:30,312	11. Massa	1:28,700	11. Button	1:28,361	11. Frentzen	1:46,006
12. Villeneuve	1:30,352	12. Trulli	1:28,773	12. Panis	1:28,381	12. McNish	1:46,412
13. Sato	1:30,540	13. Button	1:28,881	13. Villeneuve	1:28,657	13. Panis	1:46,499
14. De la Rosa	1:30,566	14. Frentzen	1:29,174	14. Salo	1:29,205	14. Sato	1:46,805
15. Button	1:30,588	15. McNish	1:29,663	15. Frentzen	1:29,474	15. Montoya	1:46,929
16. McNish	1:30,602	16. Bernoldi	1:29,724	16. McNish	1:29,636	16. Salo	1:47,524
17. Irvine	1:30,973	17. Irvine	1:29,737	17. Bernoldi	1:29,738	17. Villeneuve	1:48,051
18. Panis	1:31,127	18. Salo	1:30,100	18. Webber	1:30,086	18. Button	1:48,169
19. Frentzen	1:32,465	19. Sato	1:30,914	19. Irvine	1:30,113	19. Webber	1:48,198
20. Webber	1:32,695	20. Webber	1:31,203	20. De la Rosa	1:30,192	20. Yoong	1:49,490
21. Bernoldi	1:32,912	21. De la Rosa	1:31,286	21. Yoong	1:31,504	21. Bernoldi	2:01,635
22. Yoong	1:44,011	22. Yoong	1:33,425	22. Sato	1:53,351	22. De la Rosa	2:03,262

Startaufstellung:

Rubens Barrichello
Ferrari F2002 V10
1:25,843

Michael Schumacher
Ferrari F2002 V10
1:25,848

Ralf Schumacher
Williams FW24-BMW V10
1:26,279

David Coulthard
McLaren MP4/17 Mercedes V10
1:26,446

Kimi Räikkönen
McLaren MP4/17 Mercedes V10
1:27,161

Juan Pablo Montoya
Williams FW24-BMW V10
1:27,249

Jarno Trulli
Renault R202 V10
1:27,710

Giancarlo Fisichella
Jordan EJ12-Honda V10
1:27,869

Felipe Massa
Sauber C21-Petronas V10
1:27,972

Nick Heidfeld
Sauber C21-Petronas V10
1:28,232

Jenson Button
Renault R202 V10
1:28,361

Olivier Panis
BAR 004-Honda V10
1:28,381

Jacques Villeneuve
BAR 004-Honda V10
1:28,657

Mika Salo
Toyota TF102 V10
1:29,205

Heinz Harald Frentzen
Arrows A23-Cosworth V10
1:29,474

Allan McNish
Toyota TF102 V10
1:29,636

Enrique Bernoldi
Arrows A23-Cosworth V10
1:29,738

Mark Webber
Minardi PS 02-Asiatech V10
1:30,086

Eddie Irvine
Jaguar R3-Cosworth V10
1:30,113

Pedro De la Rosa
Jaguar R3-Cosworth V10
1:30,192

Alexander Yoong
Minardi PS 02-Asiatech V10
1:31,504

Takuma Sato
Jordan EJ12-Honda V10
1:53,351

Geschwindigkeiten auf der Ziellinie (Samstag): 1. Montoya 298,9, 2. R. Schumacher 298,8, 3. Salo 296,1, 4. M. Schumacher 295,9, 5. Barrichello 295,8, 6. Coulthard 295,7, 7. Trulli 295,2, 8. Panis 295,0, 9. Räikkönen 294,1, 10. Fisichella 294,0, 11. McNish 293,9, 12. Massa 292,8, 13. Button 292,7, 14. Irvine 292,6, 15. Heidfeld 292,3, 16. Villeneuve 292,2, 17. De la Rosa 291,5, 18. Bernoldi 291,3, 19. Yoong 290,7, 20. Frentzen 289,9, 21. Webber 289,7, 22. Sato 279,6

Geschwindigkeiten auf der Ziellinie (Sonntag): 1. Montoya 297,8, 2. Salo 296,6, 3. M. Schumacher 295,6, 4. Räikkönen 294,2, 5. Irvine 292,2, 6. Coulthard 291,8, 7. Webber 291,8, 8. De la Rosa 291,5, 9. Frentzen 291,4, 10. Yoong 291,3, 11. Bernoldi 289,0, 12. Trulli 287,8, 13. Sato 287,2, 14. Villeneuve 285,9

Höchstgeschwindigkeiten (Samstag): 1. Salo 311,3, 2. R. Schumacher 310,6, 3. Montoya 309,5, 4. McNish 308,9, 5. Räikkönen 308,9, 6. Coulthard 307,6, 7. Trulli 307,3, 8. Fisichella 307,0, 9. Villeneuve 307,0, 10. Barrichello 306,9, 11. M. Schumacher 306,9, 12. Panis 306,9, 13. Button 305,7, 14. De la Rosa 305,4, 15. Massa 305,2, 16. Bernoldi 304,9, 17. Webber 304,6, 18. Irvine 304,4, 19. Yoong 304,3, 20. Heidfeld 302,8, 21. Frentzen 298,9, 22. Sato 259,6

Höchstgeschwindigkeiten (Sonntag): 1. Salo 311,2, 2. Räikkönen 309,5, 3. Montoya 309,3, 4. M. Schumacher 307,7, 5. Irvine 307,7, 6. De la Rosa 306,9, 7. Bernoldi 306,0, 8. Coulthard 305,6, 9. Webber 305,3, 10. Yoong 302,7, 11. Trulli 300,5, 12. Sato 300,0, 13. Villeneuve 299,6, 14. Frentzen 294,4, 15. Massa 251,8, 16. Heidfeld 250,1, 17. Panis 240,0, 18. McNish 239,2, 19. Barrichello 236,8, 20. R. Schumacher 236,3, 21. Fisichella 233,7, 22. Button 229,1

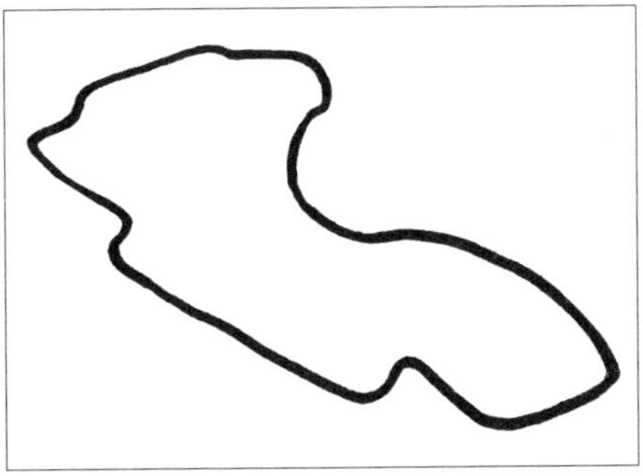

Wetter am Renntag: wolkig, 18-20 Grad Lufttemperatur, 25-26 Grad Asphalttemperatur, 127.000 Zuschauer am Renntag, 112.500 am Samstag, 81.000 am Freitag

Distanz: 58 Runden à 5,303 km = 307,574 km

Sieger 2001: M. Schumacher (Ferrari), 1.38:26,533 = 187,465 km/h, 2. Coulthard -1,718, 3. Barrichello -33,491

Poleposition 2001: M. Schumacher (Ferrari), 1:26,892 = 219,707 km/h

Schnellste Runde 2001: M. Schumacher (Ferrari), 1:28,214 = 216,414 km/h

Boxenstopps:	
Salo:	1. Runde: Spurstange hinten in der Massenkollision beschädigt, total 3:14 min., Platz 12
Räikkönen:	2. Runde: neue Frontpartie und Stein aus Cockpit herausgeholt, total 1:10 min., Platz 11
Frentzen:	7. Runde: Wagen überprüft, total 27,1 sec., Platz 13
Villeneuve:	10. Runde: Tanken und Reifenwechsel in 7,2 sec., total 26,8 sec., Platz 10
Bernoldi:	10. Runde: Tanken und Reifenwechsel in 8,2 sec., total 26,2 sec., Platz 14
Sato:	11. Runde: Elektronik, Schaltprobleme, total 1:09 min., Platz 6-10
Villeneuve:	13. Runde: Missverständnis, irrtümlich an die Box gekommen, durchgestartet, verlor 17,2 sec., Platz 9
De la Rosa:	21. Runde: Fehlzündungen, Elektrikprobleme, Teile ausgewechselt, total 4:30 min., Platz 8
Salo:	32. Runde: Tanken und Reifenwechsel in 12,4 sec., total 30,0 sec., Platz 8
Webber:	35. Runde: Tanken und Reifenwechsel in 34,9 sec., Tankschloss klemmte, total 54,0 sec., Platz 5-6
Montoya:	37. Runde: Tanken (ca. 85 Liter) und Reifenwechsel in 10,1 sec., total 27,9 sec., Platz 2-3
M. Schumacher:	38. Runde: Tanken und Reifenwechsel total 28,2 sec., Platz 1
Irvine:	38. Runde: Tanken und Reifenwechsel in 13,3 sec., total 31,6 sec., Platz 4
Räikkönen:	38. Runde: Tanken und Reifenwechsel in 10,6 sec., total 28,2 sec., Platz 2-3
Yoong:	38. Runde: Tanken und Reifenwechsel in 12 sec., total 32,8 sec., Platz 6-7
De la Rosa:	40. Runde: Tanken und Reifenwechsel total 27,2 sec., Platz 8

Ausfälle:	
Barrichello:	1. Runde: beim Anbremsen der ersten Kurve von R. Schumacher im Heck gerammt, Platz 1
R. Schumacher:	1. Runde: 300 Meter nach dem Start Auffahrunfall gegen Barrichello, Auto stieg auf, schwerer Unfall, Fahrer unverletzt, Platz 2
Fisichella:	1. Runde: in der darauffolgenden Massenkarambolage ausgefallen
Massa:	1. Runde: in der darauffolgenden Massenkarambolage ausgefallen
Heidfeld:	1. Runde: in der darauffolgenden Massenkarambolage ausgefallen
Button:	1. Runde: in der darauffolgenden Massenkarambolage ausgefallen
Panis:	1. Runde: in der darauffolgenden Massenkarambolage ausgefallen
McNish:	1. Runde: in der darauffolgenden Massenkarambolage ausgefallen
Trulli:	9. Runde: Dreher ausgangs der 1. Kurve auf Öl ausgerutscht, Platz 2
Frentzen:	19. Runde: schwarzgeflaggt, weil er bei seinem verspäteten Start aus der Box das Rotlicht bei der Boxenausfahrt übersehen hatte, Platz 10
Bernoldi:	23. Runde: schwarzgeflaggt, wegen illegalem Wechsel ins Ersatzauto, Platz 13
Villeneuve:	28. Runde: Heckflügel weggebrochen, Unfall, Platz 6
Coulthard:	34. Runde: Getriebeschaden, konnte nicht herunterschalten, steckte im 6. Gang, Platz 7

Ad Startaufstellung:
Takuma Sato (Jordan Honda) nicht qualifziert, aber wegen Force Majeur (Regen und Unfall im Qualifying) zum Rennen zugelassen, weil er im Samstagvormittagtraining entsprechende Rundenzeiten gefahren hatte.

Frentzen und Bernoldi (beide Arrows-Cosworth) am Vorstart der Motor abgestorben, beide Autos in die Box zurückgeschoben.

1. Safety-Car Phase: 1.-6. Runde: Reihung: 1. Coulthard, 2. Trulli, 3. Montoya, 4. M. Schumacher, 6. De la Rosa, 7. Sato, 8. Webber, 9. Yoong, 10. Villeneuve

2. Safety-Car Phase: 9.-11. Runde

Führung im Rennen:

1.-10. Runde: Coulthard
11. Runde: M. Schumacher
12.-16. Runde: Montoya
17.-58. Runde: M. Schumacher

Ergebnis:

1. Michael Schumacher (Deutschland), Ferrari	1.35:36,792 = 193,.011 km/h	
2. Juan Pablo Montoya (Kolumbien), Williams BMW	1.35:55,419 = 192,386 km/h	18,628 zurück
3. Kimi Räikkönen (Finnland), McLaren Mercedes	1.36:01,858 = 192,171 km/h	25,067 zurück
4. Eddie Irvine (Irland), Jaguar Ford	1.37:09,882 = 186,654 km/h	1 Runde zurück
5. Mark Webber (Australien), Minardi Asiatech	1.37:09,005 = 183,407 km/h	2 Runden zurück
6. Mika Salo (Finnland), Toyota	1.37:11,688 = 183,323 km/h	2 Runden zurück
7. Alexander Yoong (Malaysia), Minardi Asiatech	1.36:14,940 = 181,819 km/h	3 Runden zurück
8. Pedro De la Rosa (Spanien), Jaguar Ford	1.36:17,123 = 175,141 km/h	5 Runden zurück

Schnellste Runde im Qualifying: R. Barrichello (Ferrari): 1:25,843 = 222,392 km/h
Schnellste Runde im Rennen: K. Räikkönen (McLaren-Mercedes): 1:28,541 = 215,615 km/h

Schnellste Runde jedes Fahrers im Rennen: Räikkönen 1:28,541 (37.), M. Schumacher 1:28,628 (32.), Montoya 1:29,143 (35.), Coulthard 1:31,186 (21.), De la Rosa 1:31,539 (51.), Salo 1:32,225 (53.), Irvine 1:32,548 (36.), Webber 1:33,296 (52.), Villeneuve 1:33,540 (25.), Trulli 1:34,233 (7.), Yoong 1:34,653 (36.), Sato 1:35,197 (8.)

WM-Stand: 1. M. Schumacher 10, 2. Montoya 6, 3. Räikkönen 4, 4. Irvine 3, 5. Webber 2, 6. Salo 1

Konstrukteur-WM: 1. Ferrari 10, 2. Williams-BMW 6, 3. McLaren-Mercedes, 4. Jaguar-Cosworth 3, 5. Minardi-Asiatech 2, 6. Toyota 1

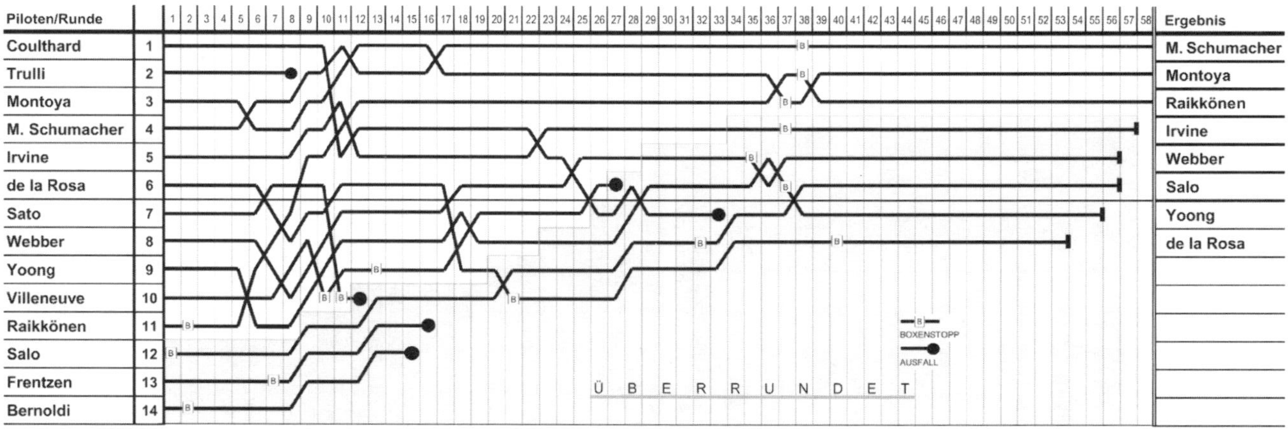
Piloten/Runde
Coulthard 1
Trulli 2
Montoya 3
M. Schumacher 4
Irvine 5
de la Rosa 6
Sato 7
Webber 8
Yoong 9
Villeneuve 10
Raikkönen 11
Salo 12
Frentzen 13
Bernoldi 14
1 2 3 4 5 6 7 8 9 10 11 12 13 14 15 16 17 18 19 20 21 22 23 24 25 26 27 28 29 30 31 32 33 34 35 36 37 38 39 40 41 42 43 44 45 46 47 48 49 50 51 52 53 54 55 56 57 58
Ergebnis
M. Schumacher
Montoya
Raikkönen
Irvine
Webber
Salo
Yoong
de la Rosa
B
BOXENSTOPP
AUSFALL
Ü B E R R U N D E T

Lauf 2 – Großer Preis von Malaysia – Kuala Lumpur, 17. März 2002

1. Training (Freitag)		2. Training (Samstag)		3. Training (Qualifying)		4. Training (Warm-Up)	
1. Räikkönen	1:37,399	1. Montoya	1:36,556	1. M. Schumacher	1:35,266	1. Barrichello	1:39,611
2. Coulthard	1:38,038	2. Räikkönen	1:36,648	2. Montoya	1:35,497	2. M. Schumacher	1:39,748
3. M. Schumacher	1:38,490	3. R. Schumacher	1:36,689	3. Barrichello	1:35,891	3. Coulthard	1:39,753
4. R. Schumacher	1:38,650	4. Barrichello	1:36,910	4. R. Schumacher	1:36,028	4. Trulli	1:39,791
5. Salo	1:39,066	5. Coulthard	1:36,976	5. Räikkönen	1:36,468	5. Heidfeld	1:39,935
6. Montoya	1:39,158	6. M. Schumacher	1:37,045	6. Coulthard	1:36,477	6. Button	1:40,192
7. Barrichello	1:39,279	7. Button	1:37,609	7. Heidfeld	1:37,199	7. Montoya	1:40,211
8. Button	1:39,714	8. Fisichella	1:38,215	8. Button	1:37,245	8. De la Rosa	1:40,266
9. Trulli	1:39,774	9. Massa	1:38,301	9. Fisichella	1:37,536	9. R. Schumacher	1:40,316
10. Heidfeld	1:39,889	10. Heidfeld	1:38,320	10. Salo	1:37,694	10. Frentzen	1:40,436
11. McNish	1:39,982	11. Salo	1:38,366	11. Frentzen	1:37,919	11. Massa	1:40,493
12. De la Rosa	1:40,147	12. Bernoldi	1:38,478	12. Trulli	1:37,920	12. Bernoldi	1:40,621
13. Frentzen	1:40,576	13. Frentzen	1:38,613	13. Villeneuve	1:38,039	13. Sato	1:40,783
14. Fisichella	1:40,815	14. De la Rosa	1:38,734	14. Massa	1:38,057	14. Salo	1:41,093
15. Bernoldi	1:41,095	15. Trulli	1:38,796	15. Sato	1:38,141	15. Fisichella	1:41,466
16. Sato	1:41,111	16. Sato	1:39,116	16. Bernoldi	1:38,284	16. McNish	1:41,510
17. Villeneuve	1:41,461	17. Irvine	1:39,319	17. De la Rosa	1:38,374	17. Irvine	1:41,521
18. Panis	1:41,473	18. McNish	1:39,349	18. Panis	1:38,390	18. Villeneuve	1:41,600
19. Yoong	1:41,805	19. Villeneuve	1:39,442	19. McNish	1:38,959	19. Räikkönen	1:41,638
20. Irvine	1:41,857	20. Panis	1:39,490	20. Irvine	1:39,121	20. Panis	1:42,101
21. Massa	1:41,917	21. Webber	1:40,060	21. Webber	1:39,454	21. Webber	1:43,058
22. Webber	1:44,583	22. Yoong	1:40,656	22. Yoong	1:40,158	22. Yoong	1:43,719

Startaufstellung:

Michael Schumacher
Ferrari F2002 V10
1:35,266

Juan Pablo Montoya
Williams FW24-BMW V10
1:35,497

Rubens Barrichello
Ferrari F2002 V10
1:35,891

Ralf Schumacher
Williams FW24-BMW V10
1:36,028

Kimi Räikkönen
McLaren MP4/17 Mercedes V10
1:36,468

David Coulthard
McLaren MP4/17 Mercedes V10
1:36,477

Nick Heidfeld
Sauber C21-Petronas V10
1:37,199

Jenson Button
Renault R202 V10
1:37,245

Giancarlo Fisichella
Jordan EJ12-Honda V10
1:37,536

Mika Salo
Toyota TF102 V10
1:37,694

Heinz Harald Frentzen
Arrows A23-Cosworth V10
1:37,919

Jarno Trulli
Renault R202 V10
1:37,920

Jacques Villeneuve
BAR 004-Honda V10
1:38,039

Felipe Massa
Sauber C21-Petronas V10
1:38,057

Takuma Sato
Jordan EJ12-Honda V10
1:38,141

Enrique Bernoldi
Arrows A23-Cosworth V10
1:38,284

Pedro De la Rosa
Jaguar R3-Cosworth V10
1:38,374

Olivier Panis
BAR 004-Honda V10
1:38,390

Allan McNish
Toyota TF102 V10
1:38,959

Eddie Irvine
Jaguar R3-Cosworth V10
1:39,121

Mark Webber
Minardi PS 02-Asiatech V10
1:39,454

Alexander Yoong
Minardi PS 02-Asiatech V10
1:40,158

Geschwindigkeiten auf der Ziellinie (Samstag): 1. R. Schumacher 273,8, 2. Montoya 273,4, 3. M. Schumacher 271,6, 4. Salo 270,6, 5. Coulthard 270,4, 6. Barrichello 270,2, 7. McNish 268,7, 8. De la Rosa 268,6, 9. Button 267,9, 10. Räikkönen 267,6, 11. Trulli 267,4, 12. Frentzen 267,1, 13. Villeneuve 266,6, 14. Bernoldi 266,4, 15. Fisichella 266,3, 16. Sato 266,2, 17. Heidfeld 266,1, 18. Panis 265,6, 19. Irvine 265,5, 20. Webber 265,4, 21. Yoong 265,0, 22. Massa 263,6

Geschwindigkeiten auf der Ziellinie (Sonntag): 1. Montoya 271,1, 2. Salo 271,0, 3. R. Schumacher 270,9, 4. M. Schumacher 269,7, 5. McNish 268,8, 6. Barrichello 268,5, 7. Villeneuve 267,8, 8. Button 267,5, 9. Bernoldi 266,7, 10. De la Rosa 266,7, 11. Frentzen 266,4, 12. Webber 266,3, 13. Irvine 265,6, 14. Yoong 265,2, 15. Sato 265,0, 16. Fisichella 264,5, 17. Räikkönen 264,5, 18. Coulthard 263,3, 19. Heidfeld 262,3, 20. Massa 261,3, 21. Trulli 261,1, 22. Panis 260,8

Höchstgeschwindigkeiten (Samstag): 1. M. Schumacher 308,6, 2. Montoya 308,6, 3. R. Schumacher 307,6, 4. De la Rosa 306,6, 5. Salo 306,2, 6. Barrichello 305,5, 7. McNish 304,5, 8. Coulthard 304,3, 9. Räikkönen 304,0, 10. Button 303,4, 11. Webber 303,2, 12. Heidfeld 302,0, 13. Panis 302,0, 14. Yoong 302,0, 15. Trulli 301,8, 16. Fisichella 301,6, 17. Sato 301,3, 18. Villeneuve 301,0, 19. Frentzen 300,5, 20. Bernoldi 300,1, 21. Irvine 299,8, 22. Massa 299,5

Höchstgeschwindigkeiten (Sonntag): 1. Montoya 313,7, 2. Salo 311,1, 3. M. Schumacher 311,1, 4. Bernoldi 308,6, 5. R. Schumacher 308,4, 6. Frentzen 308,4, 7. Webber 307,8, 8. McNish 306,4, 9. Barrichello 305,6, 10. De la Rosa 303,6, 11. Fisichella 303,2, 12. Button 303,1, 13. Villeneuve 302,6, 14. Sato 302,4, 15. Yoong 302,2, 16. Panis 301,6, 17. Heidfeld 301,1, 18. Irvine 301,0, 19. Coulthard 300,1, 20. Räikkönen 299,9, 21. Trulli 299,1, 22. Massa 296,8

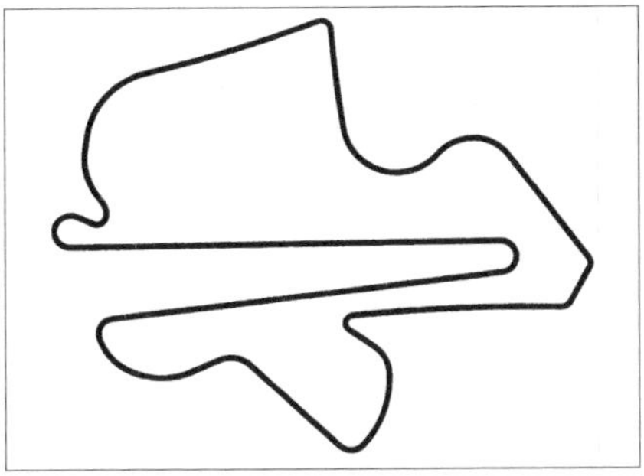

Wetter am Renntag: Bewölkt, drückend heiß, 34 Grad Lufttemperatur, 40 Grad Asphalttemperatur, 80.000 Zuschauer am Renntag

Distanz: 56 Runden à 5,543 km = 310,408 km

Sieger 2001: M. Schumacher (Ferrari), 1.47:34,801 = 170,030 km/h, 2. Barrichello -23,660, 3. Coulthard -28,555

Poleposition 2001: M. Schumacher (Ferrari), 1:35,220 = 209,565 km/h

Schnellste Runde 2001: Hakkinen (McLaren/Mercedes), 1:40,962 = 197,646 km/h

Boxenstopps:

M. Schumacher: 1. Runde: neue Frontpartie nach Kollision mit Montoya in der 1. Kurve, Stopp dauerte 12,5 sec., total 39,6 sec., Platz 21
Fisichella: 2. Runde: Heckflügel gewechselt, Hinterradaufhängung gecheckt, Stopp dauerte 4:11 min., Platz 8-19-22
Sato: 22. Runde: neue Schnauze nach Auffahrunfall gegen Fisichella, total 49,8 sec., Platz 9-20
De la Rosa: 7. Runde: neue Frontflügel nach Kollision mit Panis, verlor 29,9 sec., total 58,7 sec., Platz 15-19
Trulli: 8. Runde: Motor überprüft in 6,6 sec., total 33,4 sec., Platz 10-14
Montoya: 9. Runde: von den Sportkommissären verurteilt, nach Kollision mit M. Schumacher, einmal Strafweise durch die Boxenstraße zu fahren, weil er eine vermeidbare Kollision ausgelöst hat verlor total 24,3 sec., Platz 7-9
Heidfeld: 19. Runde: Tanken und Reifenwechsel in 11,2 sec., total 37,1 sec., Platz 4-7
McNish: 19. Runde: Tanken und Reifenwechsel, total 39,2 sec., Platz 8-13
M. Schumacher: 19. Runde: Tanken und Reifenwechsel in 9,4 sec., total 35,7 sec., Platz 9-12
Yoong: 19. Runde: Tanken und Reifenwechsel mit Problemen mit der Tankanlage, bekam nicht genug Sprit, musste später nochmals an die Box, verlor 15,4 sec., total 43,1 sec., Platz 15
Barrichello: 21. Runde: Tanken und Reifenwechsel in 6,6 sec., total 33,0 sec., Platz 1-3
Montoya: 21. Runde: Tanken und Reifenwechsel in 8,6 sec., total 35,4 sec., Platz 5-6
Salo: 21. Runde: Tanken und Reifenwechsel, total 36,1 sec., Platz 6-8
Massa: 23. Runde: Tanken und Reifenwechsel in 8,8 sec., total 35,5 sec., Platz 8-12
Frentzen: 23. Runde: Tanken und Reifenwechsel, total 38,5 sec., Platz 17
Yoong: 23. Runde: Tankstopp wiederholt, total 41,7 sec., Platz 14-15
De la Rosa: 24. Runde: Tanken und Reifenwechsel in 9,2 sec., total 36,7 sec., Platz 15
Salo: 25. Runde: elektronisches Problem mit der Traktionskontrolle verlor total 3:30 min., Platz 6-16
Villeneuve: 26. Runde: Tanken und Reifenwechsel in 14,2 sec., total 40,5 sec., Platz 8-11
Irvine: 27. Runde: Tanken und Reifenwechsel in 18,4 sec., total 45,7 sec., Platz 9-11
Webber: 29. Runde: Tanken und Reifenwechsel, total 41,9 sec., Platz 9-10
Sato: 29. Runde: Tanken und Reifenwechsel in 39,3 sec., Platz 12-13
R. Schumacher: 31. Runde: Tanken und Reifenwechsel in 11,0 sec., total 37,8 sec., Platz 1-2
Button: 31. Runde: Tanken und Reifenwechsel, total 38,5 sec., Platz 3-4
Fisichella: 31. Runde: Tanken und Reifenwechsel in 13,8 sec., total 40,3 sec., Platz 17
Barrichello: 35. Runde: 2. Stopp, Tanken und Reifenwechsel in 10,6 sec., total 37,0 sec., Platz 1-2
Heidfeld: 36. Runde: 2. Stopp, Tanken und Reifenwechsel in 10,2 sec., total 36,4 sec., Platz 5-6
Montoya: 39. Runde: 2. Stopp, Tanken und Reifenwechsel in 7,8 sec., total 34,4 sec., Platz 3-4
M. Schumacher: 40. Runde: 2. Stopp, Tanken und Reifenwechsel in 8,4 sec., total 34,9 sec., Platz 2-4
Salo: 40. Runde: 2. Stopp, Tanken und Reifenwechsel, total 38,3 sec., Platz 12
Da La Rosa: 40. Runde: 2. Stopp, Tanken und Reifenwechsel, total 36,8 sec., Platz 10
McNish: 40. Runde: 2. Stopp, Tanken und Reifenwechsel in 27,2 sec. weil rechtes Vorderrad klemmte, total 54,4 sec., Platz 6-7
Frentzen: 40. Runde: 2. Stopp, Tanken und Reifenwechsel total 36,4 sec., Platz 12
Salo: 43. Runde: Probleme mit der Elektronik, verlor total 34,3 sec., Platz 12

Ausfälle:

Trulli: 10. Runde: Motor überhitzt, Platz 10-14-18
Panis: 10. Runde: defektes Kupplungslager wie schon im Warm-Up, Platz 13
Coulthard: 16. Runde: Motorschaden, Platz 9
Bernoldi: 21. Runde: Probleme mit der Benzinzufuhr eine halbe Runde vor dem Boxenstopp, leerer Tank, Platz 8
Räikkönen: 25. Runde: Motorschaden, Platz 4
Yoong: 30. Runde: Getriebeschaden nach 2. Boxenstopp, verlor den 4. später auch den 5. und 6. Gang, Platz 14
Irvine: 31. Runde: Hydraulik, Platz 12
Webber: 35. Runde: Defekt in der Elektrik, daher Dreher, Platz 11
Barrichello: 40. Runde: Motor, Platz 2

Frentzen am Start stehen geblieben, in die Box geschoben, verspätet ins Rennen gestartet, Probleme mit der Startkontrolle.

Stand nach 1 Runde: 1. Barrichello. 2. R. Schumacher, 3. Räikkönen, 4. Coulthard, 5. Heidfeld, 6. Button, 7. Trulli, 8. Fisichella, 9. Salo, 10. Sato

Führung im Rennen:

1.- 21. Runde: Barrichello
22.-31. Runde: R. Schumacher
32.-.35. Runde: Barrichello
36.-56. Runde: R. Schumacher

Ergebnis:

1. Ralf Schumacher (Deutschland), Williams BMW	1.34:12,912 = 197.680 km/h	
2. Juan Pablo Montoya (Kolumbien), Williams BMW	1.34:52,611 = 196,301 km/h	39,700 zurück
3. Michael Schumacher (Deutschland), Ferrari	1.35:14,706 = 195,542 km/h	61,795 zurück
4. Jenson Button (Großbritannien), Renault	1.35:22,678 = 195,270 km/h	69,767 zurück
5. Nick Heidfeld (Deutschland), Sauber Petronas	1.34:13,608 = 194,126 km/h	1 Runde zurück
6. Felipe Massa (Brasilien), Sauber Petronas	1.35:21,343 = 191,828 km/h	1 Runde zurück
7. Allan McNish (Schottland), Toyota	1.35:38,086 = 191,268 km/h	1 Runde zurück
8. Jacques Villeneuve (Kanada), BAR Honda	1.35:52,238 = 190,797 km/h	1 Runde zurück
9. Takuma Sato (Japan), Jordan Honda	1.34:38,730 = 189,753 km/h	2 Runden zurück
10. Pedro De la Rosa (Spanien), Jaguar Cosworth	1.34:40,393 = 189,697 km/h	2 Runden zurück
11. Heinz H. Frentzen (Deutschland), Arrows Cosworth	1.35:43,490 = 187,613 km/h	2 Runden zurück
12. Mika Salo (Finnland), Toyota	1.35:39,091 = 184,280 km/h	3 Runden zurück
13. Giancarlo Fisichella (Italien), Jordan Honda	1.35:52,699 = 183,844 km/h	3 Runden zurück

Schnellste Runde im Qualifying: M. Schumacher (Ferrari): 1:35,266 = 209,464 km/h
Schnellste Runde im Rennen: Montoya (Williams BMW): 1:38,049 = 203,518 km/h

Schnellste Runde jedes Fahrers im Rennen: Montoya 1:38,049 (38.), R. Schumacher 1:38,369 (29.), M. Schumacher 1:38,754 (53.), Barrichello 1:38,931 (20.), Salo 1:39,649 (47.), Räikkönen 1:39,800 (21.), Button 1:40,011 (28.), Frentzen 1:40,267 (54.), Heidfeld 1:40,575 (18.), De la Rosa 1:40,675 (52.), Sato 1:41,181 (51.), McNish 1:41,321 (38.), Massa 1:41,324 (25.), Fisichella 1:41,410 (49.), Coulthard 1:41,455 (10.), Bernoldi 1:41,891 (19.), Irvine 1:42,323 (20.), Villeneuve 1:42,373 (45.), Webber 1:43,125 (20.), Yoong 1:43,190 (18.), Panis 1:43,567 (9.), Trulli 1:43,702 (6.),

WM-Stand: 1. M. Schumacher 14, 2. Montoya 12, 3. R. Schumacher 10, 4. Räikkönen 4, 5. Irvine 3, 6. Button 3, 7. Webber 2, 8. Heidfeld 1, 9. Salo 1, 10 Massa 1

Konstrukteur-WM: 1. Williams-BMW 22, 2. Ferrari 14, 3. McLaren-Mercedes 4, 4. Jaguar-Cosworth 3, 5. Renault 3, 6. Sauber-Petronas 3, 7. Minardi-Asiatech 2, 8. Toyota 1

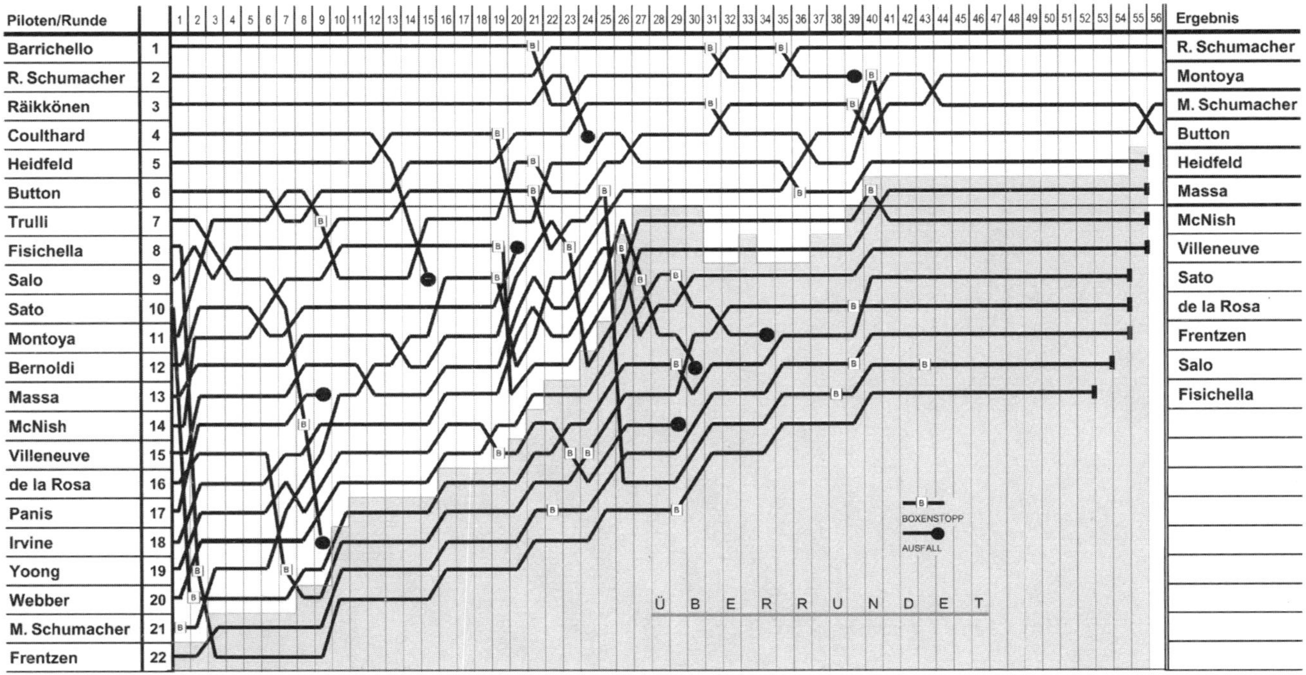
Piloten/Runde
Barrichello
R. Schumacher
Räikkönen
Coulthard
Heidfeld
Button
Trulli
Fisichella
Salo
Sato
Montoya
Bernoldi
Massa
McNish
Villeneuve
de la Rosa
Panis
Irvine
Yoong
Webber
M. Schumacher
Frentzen
1 2 3 4 5 6 7 8 9 10 11 12 13 14 15 16 17 18 19 20 21 22
1 2 3 4 5 6 7 8 9 10 11 12 13 14 15 16 17 18 19 20 21 22 23 24 25 26 27 28 29 30 31 32 33 34 35 36 37 38 39 40 41 42 43 44 45 46 47 48 49 50 51 52 53 54 55 56
Ergebnis
R. Schumacher
Montoya
M. Schumacher
Button
Heidfeld
Massa
McNish
Villeneuve
Sato
de la Rosa
Frentzen
Salo
Fisichella
B
BOXENSTOPP
AUSFALL
ÜBERRUNDET

Lauf 3 – Großer Preis von Brasilien – Interlagos, 31. März 2002

1. Training (Freitag)		2. Training (Samstag)		3. Training (Qualifying)		4. Training (Warm-Up)	
1. Coulthard	1:15,075	1. R. Schumacher	1:13,543	1. Montoya	1:13,114	1. M. Schumacher	1:15,866
2. Montoya	1:15,345	2. Coulthard	1:13,563	2. M. Schumacher	1:13,241	2. De la Rosa	1:16,391
3. McNish	1:15,450	3. Button	1:13,686	3. R. Schumacher	1:13,328	3. Räikkönen	1:16,543
4. R. Schumacher	1:15,477	4. Trulli	1:13,714	4. Coulthard	1:13,565	4. R. Schumacher	1:16,558
5. M. Schumacher	1:15,627	5. M. Schumacher	1:13,837	5. Räikkönen	1:13,595	5. Montoya	1:16,608
6. Räikkönen	1:15,883	6. Räikkönen	1:13,882	6. Trulli	1:13,611	6. Barrichello	1:16,666
7. Barrichello	1:15,933	7. Montoya	1:14,141	7. Button	1:13,665	7. Coulthard	1:16,679
8. Button	1:16,054	8. Barrichello	1:14,189	8. Barrichello	1:13,935	8. Frentzen	1:17,007
9. Villeneuve	1:16,183	9. Salo	1:14,484	9. Heidfeld	1:14,233	9. McNish	1:17,222
10. De la Rosa	1:16,289	10. Heidfeld	1:14,508	10. Salo	1:14,443	10. Bernoldi	1:17,290
11. Frentzen	1:16,375	11. Villeneuve	1:15,131	11. De la Rosa	1:14,464	11. Button	1:17,361
12. Bernoldi	1:16,379	12. Fisichella	1:15,246	12. Massa	1:14,533	12. Massa	1:17,371
13. Panis	1:16,391	13. Massa	1:15,270	13. Irvine	1:14,537	13. Heidfeld	1:17,412
14. Irvine	1:16,424	14. Panis	1:15,298	14. Fisichella	1:14,748	14. Panis	1:17,482
15. Salo	1:16,529	15. De la Rosa	1:15,305	15. Villeneuve	1:14,760	15. Irvine	1:17,496
16. Fisichella	1:16,539	16. Bernoldi	1:15,415	16. McNish	1:14,990	16. Trulli	1:17,676
17. Massa	1:16,548	17. Irvine	1:15,534	17. Panis	1:14,996	17. Villeneuve	1:17,676
18. Heidfeld	1:16,573	18. Sato	1:15,641	18. Frentzen	1:15,112	18. Salo	1:17,994
19. Sato	1:17,624	19. McNish	1:15,892	19. Sato	1:15,296	19. Fisichella	1:18,007
20. Webber	1:17,714	20. Frentzen	1:15,933	20. Webber	1:15,340	20. Yoong	1:18,569
21. Trulli	1:17,979	21. Webber	1:16,294	21. Bernoldi	1:15,355	21. Webber	1:19,034
22. Yoong	1:18,426	22. Yoong	1:16,727	22. Yoong	1:16,728	22. Sato	1:19,071

Startaufstellung:

Juan Pablo Montoya
Williams FW24-BMW V10
1:13,114

Michael Schumacher
Ferrari F2002 V10
1:13,241

Ralf Schumacher
Williams FW24-BMW V10
1:13,328

David Coulthard
McLaren MP4/17 Mercedes V10
1:13,565

Kimi Räikkönen
McLaren MP4/17 Mercedes V10
1:13,595

Jarno Trulli
Renault R202 V10
1:13,611

Jenson Button
Renault R202 V10
1:13,665

Rubens Barrichello
Ferrari F2002 V10
1:13,935

Nick Heidfeld
Sauber C21-Petronas V10
1:14,233

Mika Salo
Toyota TF102 V10
1:14,443

Pedro De la Rosa
Jaguar R3-Cosworth V10
1:14,464

Felipe Massa
Sauber C21-Petronas V10
1:14,533

Eddie Irvine
Jaguar R3-Cosworth V10
1:14,537

Giancarlo Fisichella
Jordan EJ12-Honda V10
1:14,748

Jacques Villeneuve
BAR 004-Honda V10
1:14,760

Allan McNish
Toyota TF102 V10
1:14,990

Olivier Panis
BAR 004-Honda V10
1:14,996

Heinz Harald Frentzen
Arrows A23-Cosworth V10
1:15,112

Takuma Sato
Jordan EJ12-Honda V10
1:15,296

Mark Webber
Minardi PS 02-Asiatech V10
1:15,340

Enrique Bernoldi
Arrows A23-Cosworth V10
1:15,355

Alexander Yoong
Minardi PS 02-Asiatech V10
1:16,728

Geschwindigkeiten auf der Ziellinie (Samstag): 1. Salo 315,0, 2. Räikkönen 314,5, 3. R. Schumacher 313,5, 4. Montoya 313,4, 5. McNish 312,5, 6. De la Rosa 312,2, 7. M. Schumacher 312,2, 8. Webber 312,2, 9. Coulthard 312,1, 10. Trulli 312,0, 11. Irvine 310,9, 12. Barrichello 310,3, 13. Massa 310,2, 14. Yoong 310,1, 15. Button 309,8, 16. Panis 308,5, 17. Heidfeld 308,4, 18. Villeneuve 308,3, 19. Fisichella 308,3, 20. Frentzen 305,6, 21. Bernoldi 304,2, 22. Sato 304,1

Geschwindigkeiten auf der Ziellinie (Sonntag): 1. Räikkönen 324,8, 2. Montoya 322,4, 3. McNish 320,7, 4. Frentzen 320,6, 5. Barrichello 320,5, 6. Salo 320,2, 7. Panis 319,9, 8. M. Schumacher 319,3, 9. Coulthard 318,5, 10. Bernoldi 318,4, 11. R. Schumacher 317,9, 12. Button 317,1, 13. Villeneuve 317,0, 14. Sato 315,1, 15. Trulli 313,7, 16. Yoong 313,5, 17. Irvine 313,3, 18. Heidfeld 313,0, 19. De la Rosa 312,3, 20. Webber 311,9, 21. Massa 309,3, 22. Fisichella 305,4

Höchstgeschwindigkeiten (Samstag): 1. R. Schumacher 316,1, 2. Montoya 315,9, 3. Räikkönen 315,9, 4. M. Schumacher 315,1, 5. Trulli 314,9, 6. Massa 314,2, 7. Irvine 313,9, 8. Coulthard 313,7, 9. De la Rosa 313,4, 10. Salo 313,3, 11. McNish 312,2, 12. Panis 310,5, 13. Barrichello 310,3, 14. Heidfeld 310,2, 15. Yoong 309,6, 16. Button 309,6, 17. Fisichella 308,4, 18. Sato 308,2, 19. Villeneuve 308,0, 20. Frentzen 304,3, 21. Bernoldi 302,5, 22. Webber 301,0

Höchstgeschwindigkeiten (Sonntag): 1. R. Schumacher 314,0, 2. Montoya 313,7, 3. M. Schumacher 311,4, 4. De la Rosa 310,5, 5. Trulli 309,5, 6. Button 309,1, 7. Irvine 308,5, 8. Yoong 308,4, 9. Sato 307,4, 10. Räikkönen 306,3, 11. Villeneuve 305,1, 12. Coulthard 304,8, 13. Heidfeld 303,7, 14. Webber 302,8, 15. Frentzen 302,6, 16. Salo 302,4, 17. Massa 301,8, 18. Fisichella 299,9, 19. Panis 299,5, 20. McNish 299,1, 21. Barrichello 290,7, 22. Bernoldi 289,4

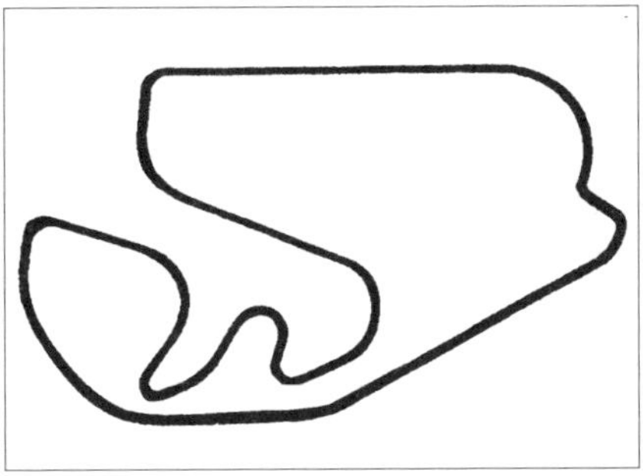

Wetter am Renntag: Sonnig und klar, 31 Grad Lufttemperatur, 41-32 Grad Asphalttemperatur, 70.000 Zuschauer am Renntag

Distanz: 71 Runden à 4,309 km = 305,909 km

Sieger 2001: Coulthard (McLaren-Mercedes), 1.39:00,834 = 185,834 km/h, 2. M. Schumacher -16,164, 3. Heidfeld -1 Runde

Poleposition 2001: M. Schumacher (Ferrari), 1:13,780 = 210,252 km/h

Schnellste Runde 2001: R. Schumacher (Williams-BMW), 1:15,693 = 204,938 km/h

Boxenstopps:

Montoya:	1. Runde: neue Frontpartie nach Auffahrunfall gegen M. Schumacher, verlor total 49 sec., Platz 1-20
Fisichella:	1. Runde: Problem mit der Startkontrolle, deshalb manuell gestartet, Frontflügel durch Unfallteile von Montoya beschädigt, Wechsel dauerte 59 sec., Platz 14-21
McNish:	1. Runde: auf Montoya-Wrackteilen Vorderreifen und Flügel beschädigt, verlor total 1:05 min., Platz 16-22
Bernoldi:	12. Runde: hintere Spurstange gebrochen, stand total 9:33 min., Platz 15-20
Yoong:	23. Runde: Tanken und Reifenwechsel in 39,1 sec., Platz 18
Villeneuve:	24. Runde: Tanken und Reifenwechsel in 15,0 sec., total 43,6 sec. weil Probleme mit dem 1. Gang, Platz 9-14
McNish:	24. Runde: Tanken und Reifenwechsel, total 38,0 sec., Platz 19
Massa:	25. Runde: Tanken und Reifenwechsel in 10,9 sec., total 38,4 sec., Platz 10-15
Sato:	27. Runde: Tanken und Reifenwechsel in 10,6 sec., total 39,4 sec., Platz 12-14
Webber:	33. Runde: Tanken und Reifenwechsel, total 39,7 sec., Platz 12-15
Salo:	38. Runde: Tanken und Reifenwechsel, total 44,1 sec., Platz 8-12
M. Schumacher:	39. Runde: Tanken und Reifenwechsel in 12,6 sec., total 39,1 sec., Platz 1-2
Heidfeld:	41. Runde: Tanken und Reifenwechsel, schleichender Plattfuß rechts hinten, in 9,5 sec., total 37,8 sec., Platz 7-10
Montoya:	42. Runde: Tanken und Reifenwechsel in 9,6 sec., total 37,4 sec., Platz 7-8
Da La Rosa:	42. Runde: Tanken und Reifenwechsel, total 39,0 sec., Platz 9-13
Trulli:	43. Runde: Tanken und Reifenwechsel, total 38,5 sec., Platz 3-6
R. Schumacher:	44. Runde: Tanken und Reifenwechsel in 9,4 sec., total 37,1 sec., Platz 1-2
Webber:	44. Runde: Reifenschaden nach Berührung mit Massa, verlor total 1:07 min., Platz 14-15
Button:	44. Runde: Tanken und Reifenwechsel, Frontflügel flacher gestellt, gebrauchte Reifen montiert, verlor total 36,9 sec., Platz 5-6
Irvine:	44. Runde: Tanken und Reifenwechsel, total 36,7 sec., Platz 7-12
Coulthard:	45. Runde: Tanken und Reifenwechsel in 10,2 sec., total 37,6 sec., Platz 3-4
Räikkönen:	46. Runde: Tanken und Reifenwechsel in 9,4 sec., total 37,0 sec., Platz 3-4
Villeneuve:	46. Runde: Tanken und Reifenwechsel, total 37,3 sec., Platz 9-13
Yoong:	46. Runde: Tanken und Reifenwechsel, total 37,7 sec., Platz 14-15
Sato:	48. Runde: Tanken und Reifenwechsel in 13,8 sec., total 41,4 sec., Platz 10-13
Heidfeld:	56. Runde: Vibrationen der vorderen Bremsscheibe, 2 Schrauben lose, total 37,4 sec., Platz 8-12
Webber:	63. Runde: nachgetankt in 13,8 sec., total 41,4 sec., Platz 10-13

Ausfälle:

Fisichella:	7. Runde: Motor, Platz 21
Barrichello:	17. Runde: Hydraulik,, Platz 1
Bernoldi:	20. Runde: Hintere Spurstange gebrochen, Platz 20
Frentzen:	26. Runde: Hintere Spurstange gebrochen, Platz 9-17
Panis:	26. Runde: Getriebe, Platz 12
McNish:	41. Runde: Übersteuern, Räder blockiert, Platz 16
Massa:	42. Runde: Dreher im Duell mit Webber, Platz 14
Trulli:	61. Runde: Motor, Platz 5
Heidfeld:	62. Runde: lose Bremsscheibe, Platz 12
Räikkönen:	67. Runde: Radnabe rechts hinten, Platz 4
Villeneuve:	69. Runde: Motor abgestorben, Platz 8

Stand nach 1. Runde: 1. M. Schumacher, 2. R. Schumacher, 3. Trulli, 4. Button, 5. Coulthard, 6. Barrichello, 7. Räikkönen, 8. Heidfeld, 9. Massa, 10. Irvine

Führung im Rennen:

1.-13. Runde: M. Schumacher
14.-16. Runde: Barrichello
17.-39. Runde: M. Schumacher
40.-44. Runde: R. Schumacher
45.-71. Runde: M. Schumacher

Ergebnis:

1. Michael Schumacher (Deutschland), Ferrari	1.31:43,663 = 200,098 km/h	
2. Ralf Schumacher (Deutschland), Williams BMW	1.31:44,251 = 200, 076km/h	0,588 zurück
3. David Coulthard (Schottland), McLaren Mercedes	1.32:42,773 = 197,971 km/h	59,109 zurück
4. Jenson Button (Großbritannien), Renault	1.32:50,546 = 197,695 km/h	66,883 zurück
5. Juan Pablo Montoya (Kolumbien), Williams BMW	1.32:51,226 = 197,671 km/h	57,563 zurück
6. Mika Salo (Finnland), Toyota	1.32:37,074 = 195,383 km/h	1 Runde zurück
7. Eddie Irvine (Irland), Jaguar Cosworth	1.32:41,812 = 195,216 km/h	1 Runde zurück
8. Pedro De la Rosa (Spanien), Jaguar Cosworth	1.32:59,707 = 194,590 km/h	1 Runde zurück
9. Takuma Sato (Japan), Jordan Honda	1.31:52,151 = 194,161 km/h	2 Runden zurück
10. Jacques Villeneuve (Kanada), BAR Honda	1.30:23,915 = 194,460 km/h	Ausfall
11. Mark Webber (Australien), Minardi Asiatech	1.32:37,634 = 189,781 km/h	3 Runden zurück
12. Kimi Räikkönen (Finnland), McLaren Mercedes	1.27:39,929 = 197,573 km/h	Ausfall
13. Alexander Yoong (Malaysia), Minardi Asiatech	1.32:14,026 = 187,787 km/h	4 Runden zurück

Räikkönen und Villeneuve bei Rennschluss nicht mehr im Rennen, aber gewertet

Schnellste Runde im Qualifying: JP Montoya (Williams-BMW): 1:13,114 = 212,167 km/h
Schnellste Runde im Rennen: JP Montoya (Williams-BMW): 1:16,079 = 203,898 km/h

Schnellste Runde jedes Fahrers im Rennen: Montoya 1:16,079 (60.), R. Schumacher 1:16,224 (55.), M. Schumacher 1:16,235 (38.), Button 1:16,396 (70.), Barrichello 1:16,511 (16.), Räikkönen 1:16,529 (54.), Coulthard 1:16,670 (71.), Trulli 1:17,063 (45.), Villeneuve 1:17,131 (26.), Sato 1:17,320 (51.), Salo 1:17,398 (37.), Fisichella 1:17,511 (3.), Frentzen 1:17,568 (14.), Irvine 1:17,569 (60.), De la Rosa 1:17,575 (70.), Heidfeld 1:17,782 (59.), McNish 1:17,868 (26.), Webber 1:18,386 (62.), Panis 1:18,705 (23.), Bernoldi 1:18,814 (14.), Yoong 1:18,837 (54.), Massa 1:19,188 (11.)

WM-Stand: 1. 1. M. Schumacher 24, 2. R. Schumacher 16, 3. Montoya 14, 4. Button 6, 5. Räikkönen 4, 6. Coulthard 4, 7. Irvine 3, 8. Webber 2, 9. Heidfeld 2, 10. Salo 2, 11. Massa 1

Konstrukteur-WM: 1. Williams-BMW 30, 2. Ferrari 24, 3. McLaren-Mercedes 8, 4. Renault 6, 5. Jaguar-Cosworth 3, 6. Sauber-Petronas 3, 7. Minardi-Asiatech 2, 8. Toyota 2

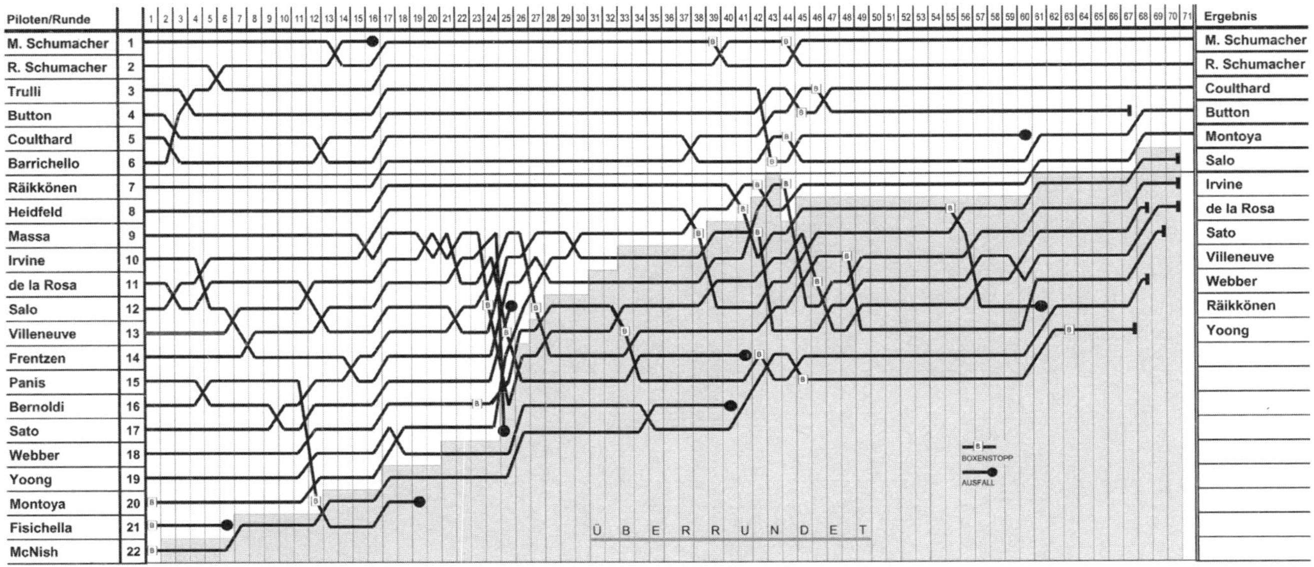
Piloten/Runde
M. Schumacher 1
R. Schumacher 2
Trulli 3
Button 4
Coulthard 5
Barrichello 6
Räikkönen 7
Heidfeld 8
Massa 9
Irvine 10
de la Rosa 11
Salo 12
Villeneuve 13
Frentzen 14
Panis 15
Bernoldi 16
Sato 17
Webber 18
Yoong 19
Montoya 20
Fisichella 21
McNish 22
Ergebnis
M. Schumacher
R. Schumacher
Coulthard
Button
Montoya
Salo
Irvine
de la Rosa
Sato
Villeneuve
Webber
Räikkönen
Yoong
BOXENSTOPP
AUSFALL
Ü B E R R U N D E T

Lauf 4 – Großer Preis von San Marino – Imola, 14. April 2002

1. Training (Freitag)		2. Training (Samstag)		3. Training (Qualifying)		4. Training (Warm-Up)	
1. M. Schumacher	1:36,898	1. M. Schumacher	1:23,046	1. M. Schumacher	1:21,091	1. Barrichello	1:25,483
2. Barrichello	1:37,094	2. Coulthard	1:23,550	2. Barrichello	1:21,155	2. M. Schumacher	1:25,906
3. Fisichella	1:38,093	3. Barrichello	1:23,675	3. R. Schumacher	1:21,473	3. Montoya	1:26,116
4. Coulthard	1:38,747	4. Heidfeld	1:23,695	4. Montoya	1:21,605	4. Heidfeld	1:26,151
5. Räikkönen	1:38,773	5. R. Schumacher	1:23,900	5. Räikkönen	1:22,104	5. Massa	1:26,179
6. Frentzen	1:39,158	6. Montoya	1:24,078	6. Coulthard	1:22,490	6. Räikkönen	1:26,412
7. Trulli	1:39,204	7. Räikkönen	1:24,651	7. Heidfeld	1:22,767	7. Coulthard	1:26,443
8. Massa	1:39,253	8. Button	1:24,785	8. Trulli	1:22,833	8. Villeneuve	1:26,694
9. Montoya	1:39,480	9. Villeneuve	1:24,965	9. Button	1:22,857	9. Button	1:26,862
10. R. Schumacher	1:39,518	10. Frentzen	1:25,178	10. Villeneuve	1:23,116	10. Bernoldi	1:26,913
11. Sato	1:39,764	11. Panis	1:25,363	11. Massa	1:23,681	11. Trulli	1:27,106
12. Heidfeld	1:39,971	12. Trulli	1:25,520	12. Panis	1:23,821	12. R. Schumacher	1:27,106
13. Irvine	1:40,551	13. Fisichella	1:25,542	13. Frentzen	1:23,862	13. Frentzen	1:27,231
14. Button	1:40,601	14. Sato	1:25,576	14. Sato	1:24,050	14. Sato	1:27,400
15. Villeneuve	1:40,787	15. Irvine	1:25,766	15. Fisichella	1:24,253	15. Panis	1:27,766
16. De la Rosa	1:40,809	16. Bernoldi	1:25,781	16. Salo	1:24,328	16. Fisichella	1:27,861
17. Panis	1:41,565	17. Salo	1:25,951	17. McNish	1:24,331	17. Irvine	1:28,015
18. Bernoldi	1:41,730	18. De la Rosa	1:26,399	18. Irvine	1:24,579	18. Salo	1:28,478
19. Webber	1:41,969	19. Webber	1:27,022	19. Webber	1:24,790	19. De la Rosa	1:28,599
20. Salo	1:42,261	20. McNish	1:27,138	20. Bernoldi	1:24,808	20. Webber	1:28,992
21. Yoong	1:43,986	21. Massa	1:27,282	21. De la Rosa	1:24,852	21. McNish	1:28,998
22. McNish	1:43,986	22. Yoong	1:28,993	22. Yoong	1:27,241		

Startaufstellung:

Michael Schumacher
Ferrari F2002 V10
1:21,091

Rubens Barrichello
Ferrari F2002 V10
1:21,155

Ralf Schumacher
Williams FW24-BMW V10
1:21,473

Juan Pablo Montoya
Williams FW24-BMW V10
1:21,605

Kimi Räikkönen
McLaren MP4/17 Mercedes V10
1:22,104

David Coulthard
McLaren MP4/17 Mercedes V10
1:22,490

Nick Heidfeld
Sauber C21-Petronas V10
1:22,767

Jarno Trulli
Renault R202 V10
1:22,833

Jenson Button
Renault R202 V10
1:22,857

Jacques Villeneuve
BAR 004-Honda V10
1:23,116

Felipe Massa
Sauber C21-Petronas V10
1:23,681

Olivier Panis
BAR 004-Honda V10
1:23,821

Heinz Harald Frentzen
Arrows A23-Cosworth V10
1:23,862

Takuma Sato
Jordan EJ12-Honda V10
1:24,050

Giancarlo Fisichella
Jordan EJ12-Honda V10
1:24,253

Mika Salo
Toyota TF102 V10
1:24,328

Allan McNish
Toyota TF102 V10
1:24,331

Eddie Irvine
Jaguar R3-Cosworth V10
1:24,579

Mark Webber
Minardi PS 02-Asiatech V10
1:24,790

Enrique Bernoldi
Arrows A23-Cosworth V10
1:24,808

Pedro De la Rosa
Jaguar R3-Cosworth V10
1:24,852

Yoong (Minardi) nicht qualifiziert, weil außerhalb des 107-Prozent-Limits.

Geschwindigkeiten auf der Ziellinie (Samstag): 1. M. Schumacher 188,8, 2. Barrichello 187,9, 3. Räikkönen 185,6, 4. Coulthard 183,6, 5. Bernoldi 183,4, 6. Montoya 183,2, 7. R. Schumacher 182,5, 8. Button 181,9, 9. Sato 181,8, 10. Frentzen 181,7, 11. Heidfeld 181,5, 12. Trulli 181,4, 13. McNish 181,3, 14. Panis 180,4, 15. Villeneuve 180,2, 16. De la Rosa 180,1, 17. Irvine 179,9, 18. Salo 178,4, 19. Webber 177,9, 20. Fisichella 177,1, 21. Massa 176,3, 22. Yoong 176,1

Geschwindigkeiten auf der Ziellinie (Sonntag): 1. Barrichello 178,7, 2. M. Schumacher 178,0, 3. Räikkönen 176,2, 4. Trulli 176,0, 5. Coulthard 175,4, 6. R. Schumacher 174,6, 7. Button 173,5, 8. Irvine 173,1, 9. Bernoldi 173,0, 10. Panis 172,9, 11. Montoya 172,8, 12. Villeneuve 172,4, 13. Heidfeld 172,1, 14. De la Rosa 171,4, 15. Frentzen 170,8, 16. Salo 170,7, 17. Massa 169,9, 18. Webber 168,2, 19. Sato 168,1, 20. Fisichella 163,1

Höchstgeschwindigkeiten (Samstag): 1. Montoya 309,0, 2. R. Schumacher 309,0, 3. Heidfeld 308,2, 4. M. Schumacher 308,1, 5. Barrichello 307,6, 6. Trulli 306,3, 7. Villeneuve 305,5, 8. Massa 305,2, 9. Panis 305,1, 10. McNish 304,3, 11. Yoong 303,7, 12. Salo 303,6, 13. Webber 303,6, 14. Button 303,3, 15. Irvine 303,2, 16. De la Rosa 303,2, 17. Coulthard 303,2, 18. Sato 302,5, 19. Fisichella 302,4, 20. Räikkönen 302,3, 21. Frentzen 302,1, 22. Bernoldi 301,2

Höchstgeschwindigkeiten (Sonntag): 1. Villeneuve 307,9, 2. Barrichello 306,0, 3. R. Schumacher 306,0, 4. Massa 305,9, 5. Heidfeld 305,8, 6. Montoya 305,8, 7. M. Schumacher 305,3, 8. Coulthard 305,3, 9. Panis 303,7, 10. Webber 303,5, 11. Button 303,3, 12. De la Rosa 303,2, 13. Räikkönen 302,3, 14. Bernoldi 302,0, 15. Frentzen 300,9, 16. Irvine 298,7, 17. Salo 298,5, 18. Trulli 298,1, 19. Fisichella 298,0, 20. Sato 291,7

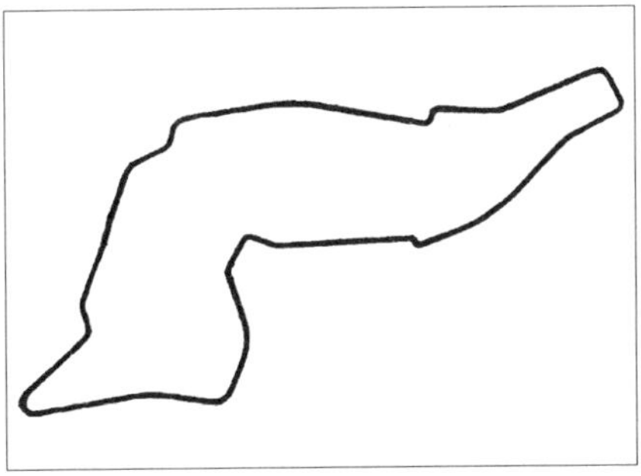

Wetter am Renntag: Bewölkt, mild, trocken, 19 Grad Lufttemperatur, 20 Grad Asphalttemperatur, 100.000 Zuschauer am Renntag

Distanz: 62 Runden à 4,933 km = 305,846 km

Sieger 2001: R. Schumacher (Williams), 1.30:44,817 = 202,062 km/h, 2. Coulthard -4,352, 3. Barrichello -34,766

Poleposition 2001: Coulthard (McLaren/Mercedes), 1:23,054 = 213,822 km/h

Schnellste Runde 2001: Hakkinen (McLaren/Mercedes), 1:25,524 = 207,646 km/h

Boxenstopps:

Sato:	5. Runde: Schaltprobleme, Platz 14-20
Heidfeld:	16. Runde: irrtümlich um zwei Runden zu früh hereingekommen, Box daher nicht vorbereitet, 17,9 sec., total 34,8 sec. Platz 10-16
Massa:	17. Runde: Tanken und Reifenwechsel in 9,4 sec., total 26,1 sec., Platz 9-13
Heidfeld:	19. Runde: Tanken und Reifenwechsel in 8,4 sec., total 25,2 sec., Platz 14-18
Trulli:	22. Runde: Tanken und Reifenwechsel in 7,8 sec., total 25,0 sec., Platz 7-11
Bernoldi:	22. Runde: Tanken und Reifenwechsel in 10,5 sec., total 27,4 sec., Platz 12-13
Button:	23. Runde: Tanken und Reifenwechsel in 7,8 sec., total 24,6 sec., Platz 7-10
Salo:	23. Runde: Tanken und Reifenwechsel in 11,4 sec., total 27,9 sec., Platz 14-18
Heidfeld:	24. Runde: musste wegen Geschwindigkeitsübertretung in der Box einmal Strafweise durch die Box fahren, verlor 14,1 sec., Platz 17
Webber:	25. Runde: Tanken und Reifenwechsel in 10,0 sec., total 26,5 sec., Platz 15-16
Panis:	26. Runde: Tanken und Reifenwechsel in 8,6 sec., total 25,6 sec., Platz 8-11
Villeneuve:	27. Runde: Tanken und Reifenwechsel in total 25,7 sec., Platz 7-10
Irvine:	29. Runde: Tanken und Reifenwechsel in total 25,5 sec., Platz 13-15
Räikkönen:	30. Runde: Tanken und Reifenwechsel in total 27,5 sec., Platz 5-6
M. Schumacher:	31. Runde: Tanken und Reifenwechsel in 7,4 sec., total 24,3 sec., Platz 1-2
R. Schumacher:	31. Runde: Tanken und Reifenwechsel in 7,4 sec., total 23,8 sec., Platz 3-4
De la Rosa:	31. Runde: Tanken und Reifenwechsel in total 32,2 sec., Platz 13
Barrichello:	32. Runde: Tanken und Reifenwechsel in 7,4 sec., total 23,9 sec., Platz 1-2
Montoya:	32. Runde: Tanken und Reifenwechsel in total 23,4 sec., Platz 3-4
Coulthard:	34. Runde: Tanken und Reifenwechsel in 7,2 sec., total 23,8 sec., Platz 5-7
Massa:	37. Runde: Tanken und Reifenwechsel in 11,6 sec., total 28,3 sec., Platz 9-11
Heidfeld:	39. Runde: Tanken und Reifenwechsel in 9,6 sec., total 26,0 sec., Platz 13
Trulli:	40. Runde: Tanken und Reifenwechsel in 9,8 sec., total 26,9 sec., Platz 8-10
Button:	41. Runde: Tanken und Reifenwechsel in 9,0 sec., total 26,0 sec., Platz 6-7
Webber:	42. Runde: Tanken und Reifenwechsel in total 26,8 sec., Platz 15
Bernoldi:	43. Runde: Tanken und Reifenwechsel in total 26,4 sec., Platz 12-13
Irvine:	46. Runde: Tanken und Reifenwechsel in 8,4 sec., total 27,0 sec., Platz 12
M. Schumacher:	46. Runde: Tanken und Reifenwechsel in total 24,2 sec., Platz 1-2
R. Schumacher:	46. Runde: Tanken und Reifenwechsel in total 24,0 sec., Platz 3-4
Barrichello:	47. Runde: Tanken und Reifenwechsel in 13,9 sec., total 30,2 sec., weil links hinten die Radmutter klemmte, Platz 1-2
Montoya:	48. Runde: Tanken und Reifenwechsel in 7,4 sec., total 23,7 sec., Platz 3-4
Villeneuve:	48. Runde: Tanken und Reifenwechsel in total 23,5 sec., Platz 7
Coulthard:	49. Runde: Tanken und Reifenwechsel in 6,8 sec., total 23,1 sec., Platz 5-6

Ausfälle:

McNish:	1. Runde: Kraftübertragung, Platz 17
Sato:	6. Runde: Getriebe, Platz 14-20
Fisichella:	20. Runde: Hydraulikdruck, Platz 16
Frentzen:	26. Runde: Motor, Platz 9
Salo:	26. Runde: Getriebe, Platz 17
De la Rosa:	31. Runde: Halbachse/Antriebswelle gebrochen beim Herausbeschleunigen nach Boxenstopp, Platz 13
Panis:	45. Runde: Gaszug gerissen, Platz 9
Räikkönen:	45. Runde: Auspuff gebrochen, Platz 5
Irvine:	46. Runde: Halbachse/Antriebswelle gebrochen beim Herausbeschleunigen nach Boxenstopp, Platz 12
Bernoldi:	51. Runde: Motor, Platz 11

Stand nach der 1. Runde:
1. M.. Schumacher, 2. R. Schumacher, 3. Barrichello, 4. Montoya, 5. Räikkönen, 6. Coulthard, 7. Trulli, 8. Button, 9. Heidfeld, 10. Massa

Führung im Rennen:

1.-31. Runde: M. Schumacher
32. Runde: Barrichello
33.-46. Runde: M. Schumacher
47. Runde: Barrichello
48.-62. Runde M. Schumacher

Ergebnis:

1. Michael Schumacher (Deutschland), Ferrari	1.29:10,789 = 205,613 km/h	
2. Rubens Barrichello (Brasilien), Ferrari	1.29:28,696 = 204,927 km/h	17,907 zurück
3. Ralf Schumacher (Deutschland), Williams BMW	1.29:30,544 = 204,856 km/h	19,755 zurück
4. Juan Pablo Montoya (Kolumbien), Williams BMW	1.29:55,514 = 203,908 km/h	44,725 zurück
5. Jenson Button (Großbritannien), Renault	1.30:34,184 = 202,457 km/h	1:23,395 zurück
6. David Coulthard (Schottland), McLaren Mercedes	1.29:11,698 = 202,259 km/h	1 Runde zurück
7. Jacques Villeneuve (Kanada), BAR Honda	1.29:40,937 = 201,160 km/h	1 Runde zurück
8. Felipe Massa (Brasilien), Sauber Petronas	1.29:47,157 = 200,928 km/h	1 Runde zurück
9. Jarno Trulli (Italien), Renault	1.29:57,563 = 200,541 km/h	1 Runde zurück
10. Nick Heidfeld (Deutschland), Sauber Petronas	1.30:03,588 = 200,317 km/h	1 Runde zurück
11. Mark Webber (Australien), Minardi Asiatech	1.30:33,092 = 195,961 km/h	2 Runden zurück

Schnellste Runde im Qualifying: M. Schumacher (Ferrari): 1:21,041 = 218,998 km/h
Schnellste Runde im Rennen: Barrichello (Ferrari): 1:24,170 = 210,987 km/h

Schnellste Runde jedes Fahrers im Rennen: Barrichello 1:24,170 (38.), M. Schumacher 1:24,281 (45.), R. Schumacher 1:24,718 (62.), Montoya 1:25,040 (31.), Heidfeld 1:25,301 (61.), Räikkönen 1:25,483 (38.), Button 1:25,761 (43.), Coulthard 1:25,896 (48.), Villeneuve 1:25,949 (46.), Panis 1:26,189 (25.), Massa 1:26,279 (34.), Trulli 1:26,354 (30.), Frentzen 1:26,537 (25.), Bernoldi 1:26,783 (20.), De la Rosa 1:27,104 (30.), Irvine 1:27,461 (29.), Webber 1:27,914 (24.), Salo 1:28,460 (17.), Fisichella 1:28,741 (12.), Sato 1:30,158 (4.)

WM-Stand: 1. M. Schumacher 34, 2. R. Schumacher 20, 3. Montoya 17, 4. Button 8, 5. Barrichello 6, 6. Coulthard 5, 7. Räikkönen 4, 8. Irvine 3, 9. Heidfeld 2, 10. Webber 2, 11. Salo 2, 12. Massa 1

Konstrukteur-WM: 1. Ferrari 40, 2. Williams-BMW 37, 3. McLaren-Mercedes 9, 4. Renault 8, 5. Jaguar-Cosworth 3, 6. Sauber-Petronas 3, 7. Minardi-Asiatech 2, 8. Toyota 2

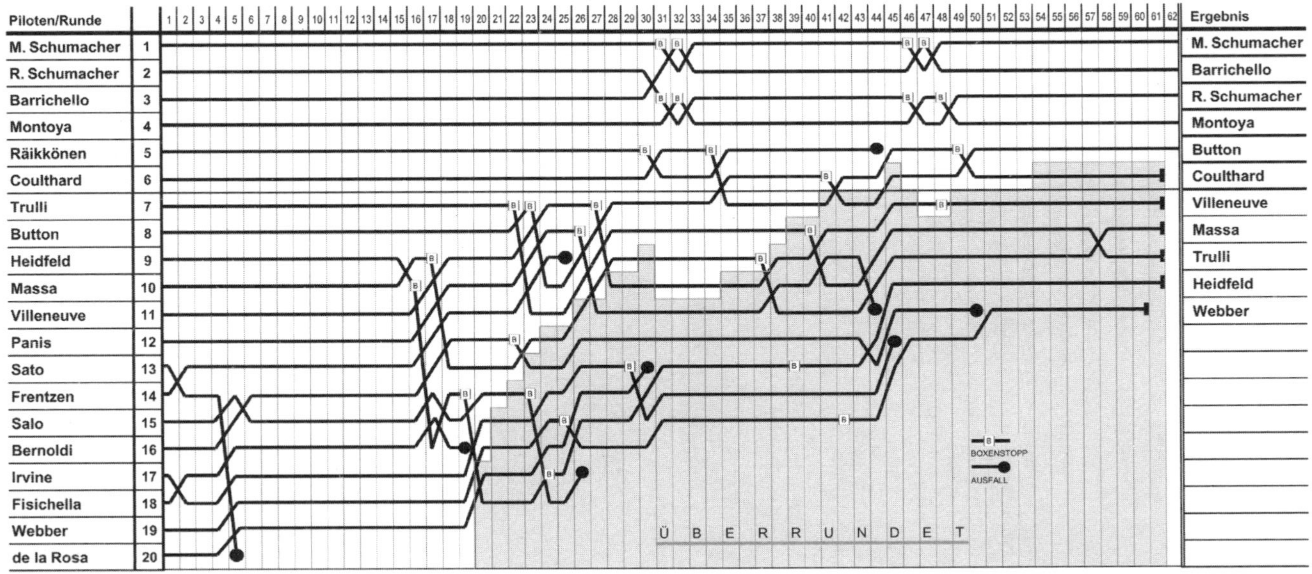

Piloten/Runde
M. Schumacher 1
R. Schumacher 2
Barrichello 3
Montoya 4
Räikkönen 5
Coulthard 6
Trulli 7
Button 8
Heidfeld 9
Massa 10
Villeneuve 11
Panis 12
Sato 13
Frentzen 14
Salo 15
Bernoldi 16
Irvine 17
Fisichella 18
Webber 19
de la Rosa 20
1 2 3 4 5 6 7 8 9 10 11 12 13 14 15 16 17 18 19 20 21 22 23 24 25 26 27 28 29 30 31 32 33 34 35 36 37 38 39 40 41 42 43 44 45 46 47 48 49 50 51 52 53 54 55 56 57 58 59 60 61 62
Ergebnis
M. Schumacher
Barrichello
R. Schumacher
Montoya
Button
Coulthard
Villeneuve
Massa
Trulli
Heidfeld
Webber
Ü B E R R U N D E T
BOXENSTOPP
AUSFALL

Lauf 5 – Großer Preis von Spanien – Barcelona, 28. April 2002

1. Training (Freitag)		2. Training (Samstag)		3. Training (Qualifying)		4. Training (Warm-Up)	
1. M. Schumacher	1:20,380	1. Barrichello	1:18,048	1. M. Schumacher	1:16,364	1. Barrichello	1:20,229
2. Frentzen	1:20,450	2. Heidfeld	1:18,144	2. Barrichello	1:16,690	2. Heidfeld	1:20,857
3. Button	1:20,693	3. M. Schumacher	1:18,226	3. R. Schumacher	1:17,277	3. M. Schumacher	1:20,884
4. Barrichello	1:20,742	4. Coulthard	1:18,386	4. Montoya	1:17,425	4. Massa	1:21,068
5. Panis	1:20,758	5. Button	1:18,499	5. Räikkönen	1:17,519	5. Frentzen	1:21,729
6. Bernoldi	1:20,834	6. Frentzen	1:18,900	6. Button	1:17,638	6. R. Schumacher	1:21,846
7. Räikkönen	1:20,996	7. Räikkönen	1:18,993	7. Coulthard	1:17,662	7. Bernoldi	1:21,872
8. Fisichella	1:21,169	8. Massa	1:19,043	8. Heidfeld	1:17,851	8. Panis	1:21,996
9. Massa	1:21,197	9. Panis	1:19,144	9. Trulli	1:17,929	9. Sato	1:22,072
10. Trulli	1:21,278	10. Bernoldi	1:19,266	10. Frentzen	1:18,121	10. Button	1:22,155
11. Irvine	1:21,294	11. Fisichella	1:19,319	11. Massa	1:18,139	11. Fisichella	1:22,207
12. Coulthard	1:21,298	12. R. Schumacher	1:19,367	12. Fisichella	1:18,291	12. Montoya	1:22,397
13. Heidfeld	1:21,301	13. Villeneuve	1:19,468	13. Panis	1:18,472	13. Villeneuve	1:22,461
14. Sato	1:21,351	14. 6 Montoya	1:19,574	14. Bernoldi	1:18,515	14. Räikkönen	1:22,642
15. R. Schumacher	1:21,409	15. Sato	1:20,168	15. Irvine	1:18,779	15. Salo	1:23,002
16. Villeneuve	1:21,413	16. De la Rosa	1:20,198	16. Villeneuve	1:18,847	16. Coulthard	1:23,082
17. Montoya	1:21,623	17. Trulli	1:20,484	17. De la Rosa	1:18,885	17. De la Rosa	1:23,099
18. Salo	1:22,082	18. Irvine	1:20,799	18. Salo	1:18,897	18. Trulli	1:23,149
19. De la Rosa	1:22,094	19. Webber	1:20,963	19. Sato	1:19,002	19. Irvine	1:23,284
20. Webber	1:22,459	20. Salo	1:21,133	20. McNish	1:19,025	20. Webber	1:23,517
21. McNish	1:22,564	21. McNish	1:21,219	21. Webber	1:19,802	21. McNish	1:23,849
22. Yoong	1:23,269	22. Yoong	1:21,700	22. Yoong	1:21,415	22. Yoong	1:24,596

Startaufstellung:

Michael Schumacher
Ferrari F2002 V10
1:16,364

Rubens Barrichello
Ferrari F2002 V10
1:16,690

Ralf Schumacher
Williams FW24-BMW V10
1:17,277

Juan Pablo Montoya
Williams FW24-BMW V10
1:17,425

Kimi Räikkönen
McLaren MP4/17 Mercedes V10
1:17,519

Jenson Button
Renault R202 V10
1:17,638

David Coulthard
McLaren MP4/17 Mercedes V10
1:17,662

Nick Heidfeld
Sauber C21-Petronas V10
1:17,851

Jarno Trulli
Renault R202 V10
1:17,929

Heinz Harald Frentzen
Arrows A23-Cosworth V10
1:18,121

Felipe Massa
Sauber C21-Petronas V10
1:18,139

Giancarlo Fisichella
Jordan EJ12-Honda V10
1:18,291

Olivier Panis
BAR 004-Honda V10
1:18,472

Enrique Bernoldi
Arrows A23-Cosworth V10
1:18,515

Jacques Villeneuve
BAR 004-Honda V10
1:18,847

Mika Salo
Toyota TF102 V10
1:18,897

Pedro De la Rosa
Jaguar R3-Cosworth V10
1:18,885

Takuma Sato
Jordan EJ12-Honda V10
1:19,002

Allan McNish
Toyota TF102 V10
1:19,025

Mark Webber
Minardi PS 02-Asiatech V10
1:19,802

Alexander Yoong
Minardi PS 02-Asiatech V10
1:21,415

Eddie Irvine
Jaguar R3-Cosworth V10
1:18,779

Irvine (Jaguar), 15. im Qualifying, auf den letzten Startplatz zurückversetzt

Geschwindigkeiten auf der Ziellinie (Samstag): 1. Barrichello 290,0, 2. M. Schumacher 289,7, 3. R. Schumacher 288,1, 4. Coulthard 286,5, 5. Montoya 286,4, 6. Räikkönen 286,3, 7. Panis 285,0, 8. Frentzen 284,6, 9. Button 284,1, 10. Irvine 283,9, 11. Bernoldi 283,6, 12. Salo 283,6, 13. Fisichella 283,4, 14. Villeneuve 283,3, 15. McNish 283,1, 16. Heidfeld 283,1, 17. De la Rosa 282,9, 18. Massa 282,3, 19. Trulli 281,9, 20. Sato 280,5, 21. Webber 280,0, 22. Yoong 276,8

Geschwindigkeiten auf der Ziellinie (Sonntag): 1. M. Schumacher 280,5, 2. Montoya 280,3, 3. Villeneuve 280,2, 4. Frentzen 280,0, 5. Coulthard 279,7, 6. R. Schumacher 279,3, 7. Panis 278,8, 8. McNish 278,4, 9. Salo 278,0, 10. Button 277,2, 11. Räikkönen 276,9, 12. Massa 276,9, 13. Irvine 276,2, 14. Heidfeld 275,8, 15. Bernoldi 275,5, 16. Trulli 274,7, 17. Sato 274,4, 18. Fisichella 273,9, 19. De la Rosa 272,5

Höchstgeschwindigkeiten (Samstag): 1. Panis 316,0, 2. Barrichello 315,1, 3. Trulli 314,2, 4. Coulthard 313,9, 5. Button 313,4, 6. R. Schumacher 313,4, 7. M. Schumacher 313,0, 8. Montoya 313,0, 9. Räikkönen 312,7, 10. Villeneuve 312,4, 11. Frentzen 311,9, 12. Bernoldi 311,8, 13. Fisichella 311,2, 14. Massa 310,8, 15. McNish 310,8, 16. Salo 309,8, 17. Irvine 309,6, 18. Heidfeld 308,7, 19. De la Rosa 307,8, 20. Sato 305,7, 21. Webber 305,3, 22. Yoong 302,6

Höchstgeschwindigkeiten (Sonntag): 1. Räikkönen 324,1, 2. Coulthard 319,8, 3. Panis 317,6, 4. Frentzen 316,6, 5. Villeneuve 315,9, 6. McNish 313,9, 7. Salo 313,2, 8. Heidfeld 312,7, 9. M. Schumacher 312,5, 10. Massa 311,4, 11. De la Rosa 310,1, 12. Bernoldi 309,6, 13. Button 308,7, 14. Irvine 308,1, 15. Montoya 308,0, 16. R. Schumacher 308,0, 17. Trulli 307,3, 18. Fisichella 307,2, 19. Sato 306,0

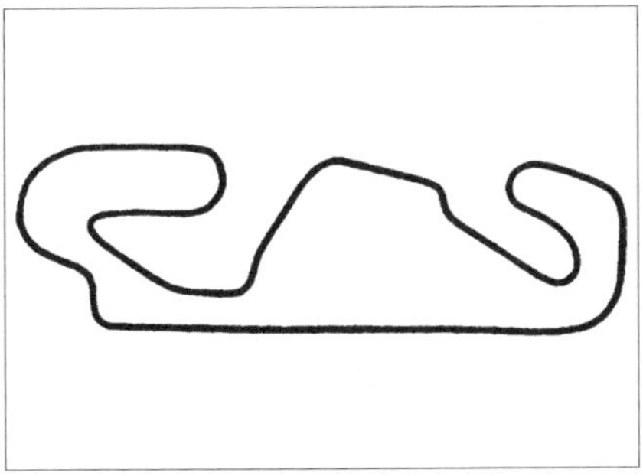

Wetter am Renntag: Bewölkt, mild, trocken, 20 Grad Lufttemperatur, 22 Grad Asphalttemperatur, 98.000 Zuschauer am Renntag

Distanz: 65 Runden à 4,730 km = 307,327 km

Sieger 2001: M. Schumacher (Ferrari), 1.31:03,305 = 202,507 km/h, 2. Montoya -40,738, 3. Villeneuve -49,626

Poleposition 2001: M. Schumacher (Ferrari), 1:18,201 = 217,747 km/h

Schnellste Runde 2001: M. Schumacher (Ferrari), 1:21,151 = 202,507 km/h

Boxenstopps:

Salo:	4. Runde: Reifenschaden links hinten, total 33,4 sec., Platz 16-18
Trulli:	23. Runde: Tanken und Reifenwechsel in 8,4 sec., total 30,8 sec., Platz 6-11
Villeneuve:	23. Runde: Tanken und Reifenwechsel in total 31,9 sec., Platz 12-13
McNish:	23. Runde: Tanken und Reifenwechsel in total 32,9 sec., Platz 13-14
Button:	24. Runde: Tanken und Reifenwechsel in 30,2 sec., Platz 4-8
R. Schumacher:	24. Runde: Tanken und Reifenwechsel in 8,2 sec., total 30,4 sec., Platz 2-7
Panis:	24. Runde: Tanken und Reifenwechsel in total 31,1 sec., Platz 9-11
Bernoldi:	24. Runde: Tanken und Reifenwechsel in 9,4 sec., total 32,0 sec., Platz 10-12
Salo:	24. Runde: Tanken und Reifenwechsel in total 31,3 sec., Platz 15
Montoya:	25. Runde: Tanken und Reifenwechsel in 10,4 sec., total 32,5 sec., Platz 2-5
Irvine:	26. Runde: Tanken und Reifenwechsel in 8,4 sec., total 30,7 sec., Platz 10-14
M. Schumacher:	26. Runde: Tanken und Reifenwechsel in 9,4 sec., total 32,4 sec., Platz 1
Frentzen:	26. Runde: Tanken und Reifenwechsel in 9,4 sec., total 31,7 sec., Platz 6-10
Massa:	26. Runde: Tanken und Reifenwechsel in 8,6 sec., total 31,0 sec., Platz 5-8
Heidfeld:	27. Runde: Tanken und Reifenwechsel in 8,0 sec., total 30,4 sec., Platz 3-7
Coulthard:	29. Runde: Tanken und Reifenwechsel in 9,0 sec., total 31,0 sec., Platz 2-4
R. Schumacher:	29. Runde: bei Ausritt Vorderflügel beschädigt, Tanken und Reifenwechsel in 28,3 sec., total 50,5 sec., Platz 11-15
Bernoldi:	38. Runde: Hydraulikleck, Motorprobleme, Tanken und Reifenwechsel in 41,8 sec., total 1:11,3 min., Platz 11-15
R. Schumacher:	40. Runde: Schnauze gewechselt in 10,8 sec., total 33,4 sec., Platz 12-13
Heidfeld:	42. Runde: Tanken und Reifenwechsel in 8,0 sec., total 30,6 sec., Platz 5-10
Button:	42. Runde: Tanken und Reifenwechsel in 9,0 sec., total 31,4 sec., Platz 7-9
Trulli:	43. Runde: Tanken und Reifenwechsel in total 30,8 sec., Platz 4-6
Panis:	43. Runde: Tanken und Reifenwechsel in 9,6 sec., total 33,7 sec., Platz 7
Massa:	44. Runde: Tanken und Reifenwechsel in total 30,8 sec., Platz 4-8
Frentzen:	44. Runde: Tanken und Reifenwechsel in total 32,1 sec., Platz 5-9
McNish:	44. Runde: Tanken und Reifenwechsel in 9,2 sec., total 32,9 sec., Platz 10
Montoya:	45. Runde: Tanken und Reifenwechsel in total 37,0 sec. durch Missverständnis in der Box ein Mechaniker niedergestoßen, aber zum Glück unverletzt, Platz 2-3
Villeneuve:	45. Runde: Tanken und Reifenwechsel in total 31,2 sec., Platz 6-9
Salo:	45. Runde: Tanken und Reifenwechsel in total 31,7 sec., Platz 11-12
Coulthard:	46. Runde: Tanken und Reifenwechsel in 7,8 sec., total 29,4 sec., Platz 2-3
M. Schumacher:	47. Runde: Tanken und Reifenwechsel in 8,2 sec., total 31,3 sec., Platz 1

Ausfälle:

Barrichello:	am Vorstart: Getriebeprobleme, konnte 1. Gang nicht einlegen
De la Rosa:	3. Runde: Dreher, Platz 19
Räikkönen:	5. Runde: Heckflügel auf der Geraden gebrochen, Platz 4
Fisichella:	5. Runde: Druckverlust in der Hydraulik, Platz 11
Sato:	11. Runde: wegen Untersteuerns aus schneller Kurve geraten, Platz 11
Bernoldi:	41. Runde: Motorschaden, Platz 15
Irvine:	41. Runde: Hydraulik, Platz 14
Panis:	43. Runde: gebrochener Auspuff beim Herausbeschleunigen aus der Box, Platz 7
Button:	62. Runde: Hydraulikproblem, Lenkung plötzlich sehr schwergängig, Platz 8
Trulli:	63. Runde: Motorproblem, zu großer Geschwindigkeitsverlust, Platz 8
R. Schumacher:	64. Runde: Motorschaden nach Zielflagge, Platz 10

Button, Trulli, R. Schumacher alle gewertet

Webber und Yoong (beide Minardi) wegen Heckflügelbruchs von Webber im Warm-Up vom Team zurückgezogen.

Irvine (Jaguar), 15. im Qualifying, auf den letzten Startplatz zurückversetzt, weil „Fingerprint" seines Benzins nicht dem vor Saisonbeginn eingeschickten, von der FIA homologierten Treibstoff entsprach.

Stand nach der 1. Runde:
1. M. Schumacher, 2. R. Schumacher, 3. Montoya, 4. Räikkönen, 5. Button, 6. Coulthard, 7. Trulli, 8. Heidfeld, 9. Massa, 10. Frentzen

Führung im Rennen:
1.-65. Runde: M. Schumacher

Ergebnis:

1. Michael Schumacher (Deutschland), Ferrari	1.30:29,981 = 203,753 km/h	
2. Juan Pablo Montoya (Kolumbien), Williams BMW	1.31:05,610 = 202,425 km/h	35,630 zurück
3. David Coulthard (Schottland), McLaren Mercedes	1.31:12,604 = 202,166 km/h	42,623 zurück
4. Nick Heidfeld (Deutschland), Sauber Petronas	1.31:36,677 = 201,281 km/h	66,697 zurück
5. Felipe Massa (Brasilien), Sauber Petronas	1.31:48,954 = 200,832 km/h	78,973 zurück
6. HH Frentzen (Deutschland), Arrows Cosworth	1.31:50,410 = 200,779 km/h	80,430 zurück
7. Jacques Villeneuve (Kanada), BAR Honda	1.30:34,386 = 200,454 km/h	1 Runde zurück
8. Allan McNish (Schottland), Toyota	1.31:01,105 = 199,474 km/h	1 Runde zurück
9. Mika Salo (Finnland), Toyota	1.31:43,597 = 197,934 km/h	1 Runde zurück
10. Jarno Trulli (Italien), Renault	1.29:32,299 = 199,601 km/h	2 Runden zurück
11. Ralf Schumacher (Deutschland), Williams BMW	1.30:18,052 = 197,916 km/h	2 Runden zurück
12. Jenson Button (Großbritannien), Renault	1.25:22,928 = 199,346 km/h	5 Runden zurück

Button und Trulli bei Rennschluss nicht mehr im Rennen, aber alle gewertet

Schnellste Runde im Qualifying: M. Schumacher (Ferrari): 1:16,364 = 222,985 km/h
Schnellste Runde im Rennen: M. Schumacher (Ferrari): 1:20,355 = 211,909 km/h

Schnellste Runde jedes Fahrers im Rennen: M. Schumacher 1:20,355 (49.), Montoya 1:21,740 (47.), Coulthard 1:21,931 (45.), Trulli 1:22,155 (25.), Massa 1:22,186 (28.), Frentzen 1:22,320 (43.), Salo 1:22,521 (47.), Button 1:22,607 (26.), R. Schumacher 1:22,697 (37.), Villeneuve 1:22,827 (47.), Heidfeld 1:22,860 (29.), Panis 1:22,872 (26.), McNish 1:23,160 (46.), Bernoldi 1:23,507 (26.), Räikkönen 1:23,521 (3.), Irvine 1:24,187 (28.), Sato 1:24,198 (10.), Fisichella 1:24,493 (3.), De la Rosa 1:25,944 (2.)

WM-Stand: 1. M. Schumacher 44, 2. Montoya 23, 3. R. Schumacher 20, 4. Coulthard 9, 5. Button 8, 6. Barrichello 6, 7. Heidfeld 5, 8. Räikkönen 4, 9. Irvine 3, 10. Massa 3, 11. Webber 2, 12. Salo 2, 13. Frentzen 1

Konstrukteur-WM: 1. Ferrari 50, 2. Williams-BMW 43, 3. McLaren-Mercedes 13, 4. Renault 8, 5. Sauber-Petronas 8, 6. Jaguar-Cosworth 3, 7. Minardi-Asiatech 2, 8. Toyota 2, 9. Arrows-Cosworth 1

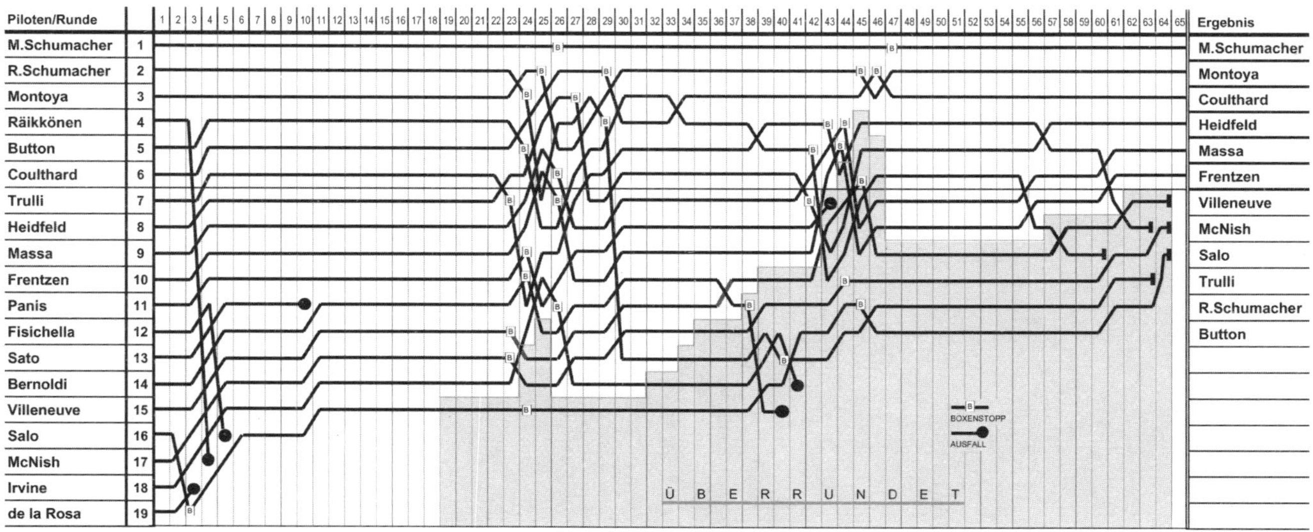
Piloten/Runde
M.Schumacher 1
R.Schumacher 2
Montoya 3
Räikkönen 4
Button 5
Coulthard 6
Trulli 7
Heidfeld 8
Massa 9
Frentzen 10
Panis 11
Fisichella 12
Sato 13
Bernoldi 14
Villeneuve 15
Salo 16
McNish 17
Irvine 18
de la Rosa 19
1 2 3 4 5 6 7 8 9 10 11 12 13 14 15 16 17 18 19 20 21 22 23 24 25 26 27 28 29 30 31 32 33 34 35 36 37 38 39 40 41 42 43 44 45 46 47 48 49 50 51 52 53 54 55 56 57 58 59 60 61 62 63 64 65
B
BOXENSTOPP
AUSFALL
Ü B E R R U N D E T
Ergebnis
M.Schumacher
Montoya
Coulthard
Heidfeld
Massa
Frentzen
Villeneuve
McNish
Salo
Trulli
R.Schumacher
Button

Lauf 6 – Großer Preis von Österreich – Spielberg, 12. Mai 2002

1. Training (Freitag)		2. Training (Samstag)		3. Training (Qualifying)		4. Training (Warm-Up)	
1. Barrichello	1:10,549	1. Barrichello	1:08,433	1. Barrichello	1:08,082	1. Barrichello	1:10,876
2. M. Schumacher	1:10,579	2. M. Schumacher	1:09,146	2. R. Schumacher	1:08,364	2. M. Schumacher	1:10,895
3. Montoya	1:10,613	3. Montoya	1:09,216	3. M. Schumacher	1:08,704	3. Massa	1:11,512
4. Räikkönen	1:10,657	4. Räikkönen	1:09,288	4. Montoya	1:09,118	4. Frentzen	1:11,752
5. McNish	1:11,140	5. McNish	1:09,426	5. Heidfeld	1:09,129	5. Heidfeld	1:11,797
6. Bernoldi	1:11,244	6. Bernoldi	1:09,526	6. Räikkönen	1:09,154	6. Bernoldi	1:11,958
7. De la Rosa	1:11,336	7. De la Rosa	1:09,592	7. Massa	1:09,228	7. Coulthard	1:12,123
8. Panis	1:11,382	8. Panis	1:09,752	8. Coulthard	1:09,335	8. Villeneuve	1:12,157
9. Coulthard	1:11,416	9. Coulthard	1:09,780	9. Panis	1:09,561	9. Räikkönen	1:12,369
10. Sato	1:11,537	10. Sato	1:09,873	10. Salo	1:09,661	10. Irvine	1:12,452
11. Irvine	1:11,608	11. Irvine	1:09,972	11. Frentzen	1:09,671	11. Panis	1:12,595
12. R. Schumacher	1:11,652	12. R. Schumacher	1:10,004	12. Bernoldi	1:09,723	12. Fisichella	1:12,907
13. Frentzen	1:11,743	13. Frentzen	1:10,044	13. Button	1:09,780	13. Button	1:13,007
14. Button	1:11,770	14. Button	1:10,090	14. McNish	1:09,818	14. R. Schumacher	1:13,325
15. Massa	1:12,013	15. Massa	1:10,143	15. Fisichella	1:09,901	15. Sato	1:13,362
16. Heidfeld	1:12,023	16. Heidfeld	1:10,229	16. Trulli	1:09,980	16. De la Rosa	1:13,390
17. Trulli	1:12,155	17. Trulli	1:10,470	17. Villeneuve	1:10,051	17. Trulli	1:13,485
18. Fisichella	1:12,193	18. Fisichella	1:11,016	18. Sato	1:10,058	18. Montoya	1:13,568
19. Salo	1:12,375	19. Salo	1:11,057	19. De la Rosa	1:10,533	19. Webber	1:13,684
20. Yoong	1:12,564	20. Yoong	1:11,308	20. Irvine	1:10,741	20. Salo	1:13,720
21. Villeneuve	1:12,574	21. Villeneuve	1:11,991	21. Webber	1:11,388	21. McNish	1:13,728
22. Webber	1:13,219	22. Webber	1:12,334	22. Yoong	1:12,336	22. Yoong	1:15,221

Startaufstellung:

Rubens Barrichello
Ferrari F2002 V10
1:08,082

Ralf Schumacher
Williams FW24-BMW V10
1:08,364

Michael Schumacher
Ferrari F2002 V10
1:08,704

Juan Pablo Montoya
Williams FW24-BMW V10
1:09,118

Nick Heidfeld
Sauber C21-Petronas V10
1:09,129

Kimi Räikkönen
McLaren MP4/17 Mercedes V10
1:09,154

Felipe Massa
Sauber C21-Petronas V10
1:09,228

David Coulthard
McLaren MP4/17 Mercedes V10
1:09,335

Olivier Panis
BAR 004-Honda V10
1:09,561

Mika Salo
Toyota TF102 V10
1:09,661

Heinz Harald Frentzen
Arrows A23-Cosworth V10
1:09,671

Enrique Bernoldi
Arrows A23-Cosworth V10
1:09,723

Jenson Button
Renault R202 V10
1:09,780

Allan McNish
Toyota TF102 V10
1:09,818

Giancarlo Fisichella
Jordan EJ12-Honda V10
1:09,901

Jarno Trulli
Renault R202 V10
1:09,980

Jacques Villeneuve
BAR 004-Honda V10
1:10,051

Takuma Sato
Jordan EJ12-Honda V10
1:10,058

Pedro De la Rosa
Jaguar R3-Cosworth V10
1:10,533

Eddie Irvine
Jaguar R3-Cosworth V10
1:10,741

Mark Webber
Minardi PS 02-Asiatech V10
1:11,388

Alexander Yoong
Minardi PS 02-Asiatech V10
1:12,336

Geschwindigkeiten auf der Ziellinie (Samstag): 1. R. Schumacher 281,1, 2. Barrichello 280,9, 3. Montoya 280,9, 4. Frentzen 278,9, 5. Bernoldi 278,7, 6. M. Schumacher 277,7, 7. Salo 276,9, 8. McNish 276,6, 9. Massa 276,2, 10. Coulthard 275,5, 11. Heidfeld 275,3, 12. De la Rosa 275,2, 13. Räikkönen 274,9, 14. Button 274,9, 15. Panis 274,1, 16. Sato 274,0, 17. Trulli 273,1, 18. Irvine 272,9, 19. Fisichella 272,5, 20. Villeneuve 271,9, 21. Yoong 270,8, 22. Webber 270,6

Geschwindigkeiten auf der Ziellinie (Sonntag): 1. R. Schumacher 280,3, 2. M. Schumacher 279,9, 3. Barrichello 279,6, 4. Montoya 278,9, 5. McNish 276,3, 6. Frentzen 275,8, 7. Coulthard 275,4, 8. Villeneuve 274,5, 9. Button 274,5, 10. Salo 273,5, 11. Irvine 271,6, 12. Trulli 271,3, 13. Fisichella 270,7, 14. Webber 270,0, 15. Heidfeld 269,1, 16. Bernoldi 268,3, 17. Massa 268,3, 18. Yoong 268,2, 19. Räikkönen 267,5, 20. Panis 267,3, 21. Sato 264,7

Höchstgeschwindigkeiten (Samstag): 1. Barrichello 309,2, 2. R. Schumacher 307,6, 3. M. Schumacher 307,5, 4. Bernoldi 307,2, 5. Heidfeld 307,0, 6. Montoya 306,5, 7. Massa 306,1, 8. Sato 305,1, 9. McNish 304,9, 10. Frentzen 303,9, 11. Salo 303,7, 12. Villeneuve 303,6 13. Panis 303,2, 14. Button 303,2, 15. De la Rosa 302,7, 16. Irvine 302,6, 17. Fisichella 302,1, 18. Trulli 302,0, 19. Räikkönen 301,0, 20. Yoong 300,6, 21. Coulthard 300,4, 22. Webber 300,0

Höchstgeschwindigkeiten (Sonntag): 1. M. Schumacher 310,8, 2. Barrichello 308,6, 3. R. Schumacher 307,9, 4. Montoya 306,7, 5. Frentzen 305,3, 6. Villeneuve 305,0, 7. Button 304,8, 8. Coulthard 303,7, 9. McNish 303,0, 10. Trulli 301,9, 11. Webber 300,5, 12. Salo 300,0, 13. Irvine 299,7, 14. Heidfeld 298,7, 15. Fisichella 298,6, 16. Yoong 297,8, 17. Massa 296,3, 18. Räikkönen 295,2, 19. Sato 293,0, 20. Panis 292,9, 21. Bernoldi 287,8, 22. De la Rosa 51,0

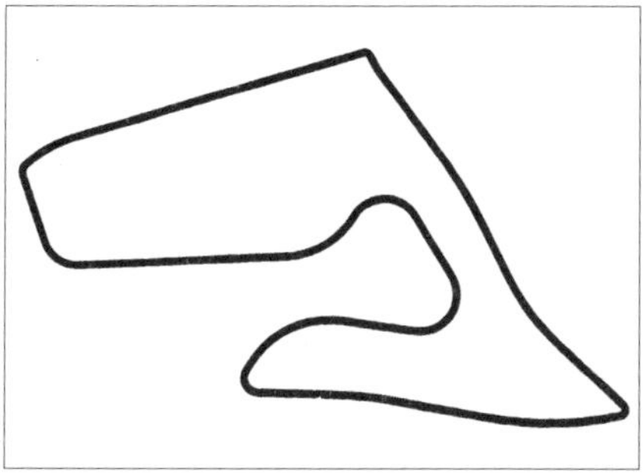

Wetter am Renntag: Sonnig, 21 Grad Lufttemperatur, 28 Grad Asphalttemperatur, Freitag 34.000 Zuschauer, Samstag 60.000 Zuschauer, 81.000 Zuschauer am Renntag

Distanz: 71 Runden à 4,326 km = 307,146 km

Sieger 2001: Coulthard (McLaren/Mercedes), 1.27:45,927 = 209,977 km/h, 2. M. Schumacher -2,191, 3. Barrichello -2,528

Poleposition 2001: M. Schumacher (Ferrari), 1:09,562 = 223,881 km/h

Schnellste Runde 2001: Coulthard (McLaren/Mercedes), 1:10,843 = 234,170 km/h

Boxenstopps:

Villeneuve:	23. Runde: „Drive Thorugh"-Penalty, weil er in der 1. Runde eine „vermeidbare Kollision" mit Frentzen hatte, verlor total 29,4 sec., Platz 7-12
Barrichello:	24. Runde: Tanken und Reifenwechsel gleich am Beginn der Safety-Car-Phase nach Motorschaden und Dreher von Panis, verlor total 31,9 sec., Platz 1
M. Schumacher:	24. Runde: Tanken und Reifenwechsel, musste sich hinter Barrichello anstellen, daher total 32,2 sec., Platz 2-3
Sato:	24. Runde: Tanken und Reifenwechsel, total 32,2 sec., Platz 14-16
Coulthard:	28. Runde: Tanken und Reifenwechsel, total 28,6 sec., Platz 3-10
Fisichella:	28. Runde: Tanken und Reifenwechsel in total 30,6 sec., Platz 7-12
Yoong:	28. Runde: Tanken und Reifenwechsel in total 36,0 sec., Platz 18
Trulli:	29. Runde: Tanken und Reifenwechsel in total 30,5 sec., Platz 6-11
Villeneuve:	29. Runde: Tanken und Reifenwechsel in total 22,2 sec., Platz 9-10
Irvine:	29. Runde: Tanken und Reifenwechsel in total 29,2 sec., Platz 11-12
Webber:	29. Runde: Tanken und Reifenwechsel in total 35,7 sec., Platz 13-15
Button:	30. Runde: Tanken und Reifenwechsel in total 29,7 sec., Platz 4-12
Salo:	32. Runde: Tanken und Reifenwechsel in total 31 sec., Platz 3-12
Irvine:	32. Runde: Probleme mit der Hydraulik, Stopp dauerte 27,2 sec., Platz 10-11
Frentzen:	32. Runde: Tanken und Reifenwechsel in total 33,3 sec., Platz 13-15
McNish:	33. Runde: Tanken und Reifenwechsel in total 46,9 sec., Platz 2-12
Webber:	45. Runde: „Drive Through"-Penalty, weil er schnelleren Autos beim Überrunden nicht Platz gemacht hatte (Irrtum von der Box), verlor total 18,7 sec., Platz 13-15
R. Schumacher:	47. Runde: Tanken und Reifenwechsel in total 29,0 sec., Platz 3-5
Montoya:	51. Runde: Tanken, aber kein Reifenwechsel (harte Reifen) in total 27,1 sec., Platz 3-4
Villeneuve:	53. Runde: Tanken und Reifenwechsel in total 28,6 sec., Platz 3-8
Barrichello:	61. Runde: Tanken und Reifenwechsel in total 26,7 sec., Platz 1-2
M. Schumacher:	62. Runde: Tanken und Reifenwechsel in total 26,4 sec., Platz 1-2

Ausfälle:

De la Rosa:	1. Runde: defektes elektronisches Gaspedal in der 2. Kurve, Platz 19
Bernoldi:	3. Runde: Radaufhängung, Frontpartie beschädigt, Platz 11-21
Räikkönen:	6. Runde: Motorschaden, Platz 7
Massa:	8. Runde: Radaufhängung links hinten gebrochen, rechtes Vorderrad in der Luft, Unterboden schliff auf dem Asphalt, Platz 9-19
Panis:	23. Runde: Motorschaden auf der Zielgeraden, auf seinem eigenen Öl gedreht, Platz 13
Sato:	27. Runde: von Heidfeld in der 2. Kurve seitlich gerammt, schwerer Anprall in Kniehöhe, Fahrer verletzt, von Prof. Watkins noch im Cockpit sediert, Platz 16
Heidfeld:	28. Runde: durch heftiges Bremsmanöver von Yoong irritiert, für die 2. Kurve zu scharf gebremst, Fahrer verletzt, rückwärts durch die Wiese, vehementer Anprall gegen Sato, Platz 5
Irvine:	39. Runde: Hydraulik, Platz 10-12
Yoong:	43. Runde: Motorschaden, der erste für Minardi 2002, Feuer, Platz 14
Trulli:	45. Runde: kein Benzindruck, Platz 8
Villeneuve	71. Runde: verlor Hydraulikdruck, Motorschaden, Platz 8

Stand nach 1 Runde:
1. Barrichello, 2. M. Schumacher, 3. Heidfeld, 4. R. Schumacher. 5. Montoya, 6. Coulthard, 7. Räikkönen, 8. Salo, 9. Button, 10. Massa

Führung im Rennen:

1.-61. Runde: Barrichello
62. Runde: M. Schumacher
63.-70. Runde: Barrichello
71. Runde: M. Schumacher

Ergebnis:

1. Michael Schumacher (Deutschland), Ferrari	1.33:51,562 = 196,344 km/h	
2. Rubens Barrichello (Brasilien), Ferrari	1.33:51,744 = 196,344 km/h	0,182 zurück
3. Juan Pablo Montoya (Kolumbien), Williams BMW	1.34:09,292 = 195,729 km/h	17,730 zurück
4. Ralf Schumacher (Deutschland), Williams BMW	1.34:10,010 = 195,705 km/h	18,448 zurück
5. Giancarlo Fisichella (Italien), Jordan Honda	1.34:41,527 = 194,620 km/h	49,965 zurück
6. David Coulthard (Schottland), McLaren Mercedes	1.34:42,234 = 194,596 km/h	50,672 zurück
7. Jenson Button (Großbritannien), Renault	1.34:42,791 = 194,575 km/h	51,229 zurück
8. Mika Salo (Finnland), Toyota	1.34:00,987 = 194,558 km/h	69,425 zurück
9. Allan McNish (Schottland), Toyota	1.35:01,281 = 194,077 km/h	69,718 zurück
10. Jacques Villeneuve (Kanada), BAR Honda	1.33:32,258 = 194,063 km/h	Motorschaden
11. HH Frentzen (Deutschland), Arrows Cosworth	1.34:03,320 = 194,063 km/h	2 Runden zurück
12. Mark Webber (Australien), Minardi Asiatech	1.34:24,495 = 194,063 km/h	2 Runden zurück

Villeneuve bei Rennende wegen Motorschadens ausgefallen, aber noch gewertet.

Schnellste Runde im Qualifying: Coulthard (McLaren/Mercedes): 1:08,082 = 228,748 km/h
Schnellste Runde im Rennen: M. Schumacher (Ferrari): 1:09,298 = 224,733 km/h

Schnellste Runde jedes Fahrers im Rennen: M. Schumacher 1:09,298 (68.), Barrichello 1:09,320 (57.), Montoya 1:09,853 (70.), R. Schumacher 1:09,862 (66.), Villeneuve 1:10,823 (52.), Frentzen 1:11,201 (67.), Button 1:11,209 (68.), Coulthard 1:11,223 (69.), Fisichella 1:11,284 (66.), McNish 1:11,456 (67.), Webber 1:11,819 (67.), Heidfeld 1:12,180 (20.), Panis 1:12,594 (22.), Irvine 1:12,602 (22.), Trulli 1:12,626 (40.), Sato 1:13,119 (20.), Räikkönen 1:14,028 (5.), Massa 1:14,052 (6.), Yoong 1:14,441 (22.), Bernoldi 1:21,212 (2.)

WM-Stand: 1. M. Schumacher 54, 2. Montoya 27, 3. R. Schumacher 23, 4. Barrichello 12, 5. Coulthard 10, 6. Button 8, 7. Heidfeld 5, 8. Räikkönen 4, 9. Irvine 3, 10. Massa 3, 11. Webber 2, 12. Fisichella 2, 13. Salo 2, 14. Frentzen 1

Konstrukteur-WM: 1. Ferrari 66, 2. Williams-BMW 50, 3. McLaren-Mercedes 14, 4. Renault 8, 5. Sauber-Petronas 8, 6. Jaguar-Cosworth 3, 7. Minardi-Asiatech 2, 8. Jordan-Honda 2, 9. Toyota 2, 10. Arrows-Cosworth 1

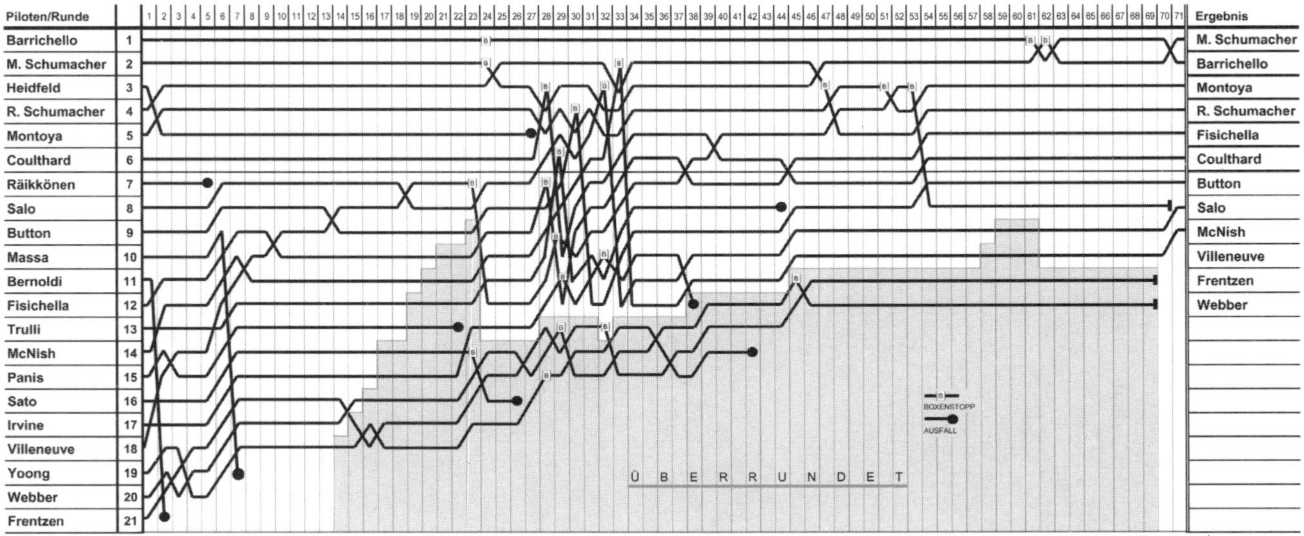
Piloten/Runde
Barrichello 1
M. Schumacher 2
Heidfeld 3
R. Schumacher 4
Montoya 5
Coulthard 6
Räikkönen 7
Salo 8
Button 9
Massa 10
Bernoldi 11
Fisichella 12
Trulli 13
McNish 14
Panis 15
Sato 16
Irvine 17
Villeneuve 18
Yoong 19
Webber 20
Frentzen 21
Ergebnis
M. Schumacher
Barrichello
Montoya
R. Schumacher
Fisichella
Coulthard
Button
Salo
McNish
Villeneuve
Frentzen
Webber
BOXENSTOPP
AUSFALL
Ü B E R R U N D E T

Lauf 7 – Großer Preis von Monaco – Monte Carlo, 26. Mai 2002

1. Training (Freitag)		2. Training (Samstag)		3. Training (Qualifying)		4. Training (Warm-Up)	
1. Trulli	1:18,915	1. Trulli	1:17,429	1. Montoya	1:16,676	1. Frentzen	1:20,875
2. McNish	1:19,361	2. Coulthard	1:17,506	2. Coulthard	1:17,068	2. M. Schumacher	1:20,972
3. Coulthard	1:19,597	3. Montoya	1:17,665	3. M. Schumacher	1:17,118	3. Coulthard	1:21,547
4. Fisichella	1:19,680	4. R. Schumacher	1:17,713	4. R. Schumacher	1:17,274	4. Trulli	1:21,952
5. Salo	1:19,815	5. Barrichello	1:18,309	5. Barrichello	1:17,357	5. Räikkönen	1:22,052
6. R. Schumacher	1:19,937	6. M. Schumacher	1:18,471	6. Trulli	1:17,552	6. Barrichello	1:22,076
7. Barrichello	1:19,945	7. Button	1:18,693	7. Räikkönen	1:17,660	7. R. Schumacher	1:22,196
8. Webber	1:20,028	8. Fisichella	1:18,895	8. Button	1:18,132	8. Panis	1:22,388
9. Montoya	1:20,264	9. Frentzen	1:19,133	9. Salo	1:18,234	9. Fisichella	1:22,390
10. Button	1:20,375	10. Massa	1:19,146	10. McNish	1:18,292	10. Salo	1:22,842
11. M. Schumacher	1:20,404	11. Heidfeld	1:19,185	11. Fisichella	1:18,342	11. Button	1:23,227
12. Panis	1:20,887	12. Panis	1:19,384	12. Frentzen	1:18,607	12. McNish	1:23,345
13. Frentzen	1:21,005	13. Salo	1:19,430	13. Massa	1:19,006	13. Webber	1:23,374
14. Villeneuve	1:21,086	14. Bernoldi	1:19,627	14. Villeneuve	1:19,252	14. Villeneuve	1:23,400
15. Heidfeld	1:21,638	15. Räikkönen	1:19,988	15. Bernoldi	1:19,412	15. Bernoldi	1:23,642
16. Massa	1:21,683	16. De la Rosa	1:20,306	16. Sato	1:19,461	16. Massa	1:23,868
17. Sato	1:21,868	17. McNish	1:20,374	17. Heidfeld	1:19,500	17. Heidfeld	1:23,929
18. De la Rosa	1:21,876	18. Villeneuve	1:20,577	18. Panis	1:19,569	18. De la Rosa	1:24,071
19. Räikkönen	1:22,904	19. Sato	1:20,853	19. Webber	1:19,674	19. Sato	1:24,169
20. Irvine	1:22,917	20. Webber	1:20,983	20. De la Rosa	1:19,796	20. Montoya	1:24,309
21. Bernoldi	1:23,150	21. Yoong	1:21,603	21. Irvine	1:20,139	21. Irvine	1:24,972
22. Yoong	1:26,518	22. Irvine	1:21,739	22. Yoong	1:21,599	22. Yoong	1:25,366

Startaufstellung:

Juan Pablo Montoya
Williams FW24-BMW V10
1:16,676

David Coulthard
McLaren MP4/17 Mercedes V10
1:17,068

Michael Schumacher
Ferrari F2002 V10
1:17,118

Ralf Schumacher
Williams FW24-BMW V10
1:17,274

Rubens Barrichello
Ferrari F2002 V10
1:17,357

Jarno Trulli
Renault R202 V10
1:17,552

Kimi Räikkönen
McLaren MP4/17 Mercedes V10
1:17,660

Jenson Button
Renault R202 V10
1:18,132

Mika Salo
Toyota TF102 V10
1:18,234

Allan McNish
Toyota TF102 V10
1:18,292

Giancarlo Fisichella
Jordan EJ12-Honda V10
1:18,342

Heinz Harald Frentzen
Arrows A23-Cosworth
V101:18,607

Felipe Massa
Sauber C21-Petronas V10
1:19,006

Jacques Villeneuve
BAR 004-Honda V10
1:19,252

Enrique Bernoldi
Arrows A23-Cosworth V10
1:19,412

Takuma Sato
Jordan EJ12-Honda V10
1:19,461

Nick Heidfeld
Sauber C21-Petronas V10
1:19,500

Olivier Panis
BAR 004-Honda V10
1:19,569

Mark Webber
Minardi PS 02-Asiatech V10
1:19,674

Pedro De la Rosa
Jaguar R3-Cosworth V10
1:19,796

Eddie Irvine
Jaguar R3-Cosworth V10
1:20,139

Alexander Yoong
Minardi PS 02-Asiatech V10
1:21,599

Geschwindigkeiten auf der Ziellinie (Samstag): 1. Montoya 269,8, 2. M. Schumacher 269,1, 3. R. Schumacher 267,9, 4. Barrichello 267,9, 5. Salo 265,9, 6. McNish 265,6, 7. Irvine 264,8, 8. Heidfeld 264,8, 9. De la Rosa 2693,8, 10. Bernoldi 263,6, 11. Button 263,4, 12. Sato 263,4, 13. Frentzen 263,3, 14. Panis 263,2, 15. Coulthard 263,1, 16. Massa 263,0, 17. Trulli 262,3, 18. Villeneuve 262,1, 19. Webber 261,6, 20. Fisichella 261,4, 21. Räikkönen 260,1, 22. Yoong 260,0

Geschwindigkeiten auf der Ziellinie (Sonntag): 1. Barrichello 268,9, 2. M. Schumacher 267,5, 3. Salo 266,6, 4. R. Schumacher 266,4, 5. Bernoldi 265,6, 6. Frentzen 265,0, 7. Montoya 265,0, 8. De la Rosa 264,3, 9. Irvine 263,8, 10. McNish 262,9, 11. Fisichella 262,1, 12. Trulli 261,5, 13. Heidfeld 261,5, 14. Button 260,6, 15. Panis 260,4, 16. Coulthard 260,4, 17. Webber 259,4 18. Räikkönen 258,8, 19. Massa 258,4, 20. Yoong 258,3, 21. Villeneuve 258,1, 22. Sato 256,7,

Höchstgeschwindigkeiten (Samstag): 1. Montoya 295,4, 2. Barrichello 295,3, 3. M. Schumacher 294,2, 4. Salo 293,1, 5. McNish 293,1, 6. R. Schumacher 292,7, 7. Button 292,7, 8. Heidfeld 292,6, 9. Irvine 292,5, 10. De la Rosa 292,2, 11. Trulli 292,1, 12. Villeneuve 291,2, 13. Massa 290,7, 14. Bernoldi 290,0, 15. Coulthard 289,8, 16. Sato 289,5, 17. Frentzen 288,6, 18. Räikkönen 288,3, 19. Fisichella 288,0, 20. Webber 287,7, 21. Yoong 286,9, 22. Panis 286,0

Höchstgeschwindigkeiten (Sonntag): 1. M. Schumacher 295,4, 2. Barrichello 294,9, 3. De la Rosa 294,4, 4. R. Schumacher 293,7, 5. Montoya 293,3, 6. Salo 293,3, 7. Irvine 292,6, 8. Heidfeld 291,9, 9. Bernoldi 291,4, 10. Trulli 291,1, 11. Frentzen 291,1, 12. McNish 290,6, 13. Coulthard 290,5, 14. Button 288,9, 15. Fisichella 288,4, 16. Räikkönen 288,2, 17. Webber 287,0, 18. Massa 286,5, 19. Yoong 286,0, 20. Villeneuve 285,7, 21. Sato 285,1, 22. Panis 278,3

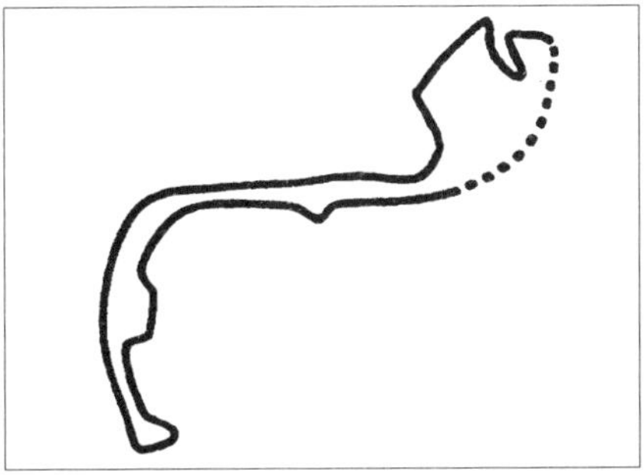

Wetter am Renntag: Sonnig, 22 Grad Lufttemperatur, 33 Grad Asphalttemperatur, 150.000 Zuschauer am Renntag

Distanz: 78 Runden à 3,370 km = 262,860 km

Sieger 2001: M. Schumacher (Ferrari) 1.47:22,561 = 146,882 km/h, 2. Barrichello -4,431, 3. Irvine -30,698

Poleposition 2001: Coulthard (McLaren/Mercedes), 1:17,430 = 156,683 km/h

Schnellste Runde 2001: Coulthard (McLaren/Mercedes), 1:19,424 = 152,613 km/h

Boxenstopps:

Villeneuve:	verlor Kupplung am Start, startete mit einer Runde Verspätung
Button:	6. Runde: „Drive Through"-Penalty wegen Frühstarts, als er Gas wegnahm, funktionierte Startkontrolle nicht mehr, daher von allen überholt, verlor 18,4 sec., Platz 17-21
Salo:	21. Runde: Reifenschaden links hinten, Vibrationen, verlor 10,7 sec, total 31,2 sec., Platz 9-19
Yoong:	26. Runde: Tanken und Reifenwechsel in total 32,5 sec., Platz 19
Massa:	28. Runde: Tanken und Reifenwechsel in 12,0 sec., total 34,6 sec., Platz 11-18
Webber:	29. Runde: Tanken und Reifenwechsel in total 36,4 sec., Platz 12-17
Massa:	32. Runde: in St. Devote zu spät gebremst, Kollision mit Bernoldi, daher 10-sec.-Stopp-and-Go-Strafe, verlor 31,3 sec., Platz 18
Button:	37. Runde: Tanken und Reifenwechsel in 7,9 sec., total 28,4 sec., Platz 14-17
Räikkönen:	40. Runde: Tanken und Reifenwechsel, Hinterradaufhängung nach Auffahrunfall von Barrichello überprüft, verlor 3:16 min. in der Box, Platz 6-19
Barrichello:	40. Runde: Tanken und Reifenwechsel, neue Frontpartie nach Auffahrunfall gegen Räikkönen, verlor total 27,5, sec.
Bernoldi:	41. Runde: Tanken und Reifenwechsel, beschädigtes Heck musste von den Mechanikern hochgehoben werden, um Reifen wechseln zu können, verlor total 47,2 sec.
Barrichello:	42. Runde: 10-sec.-Stopp-and-Go-Strafe wegen Kollision mit Räikkönen, verlor total 31,5 sec., Platz 12
Irvine:	42. Runde: Tanken und Reifenwechsel in total 28,6 sec., Platz 12-15
Trulli:	43. Runde: Tanken und Reifenwechsel in total 27,9 sec., Platz 5-7
M. Schumacher:	44. Runde: wegen Verkehrs vorverlegter Boxenstopp zum Tanken und Reifenwechsel in 8,5 sec., total 28,8 sec., Platz 3-4
Heidfeld:	44. Runde: Tanken und Reifenwechsel in total 28,0 sec., Platz 8-14
Barrichello:	44. Runde: „Drive Through"-Penalty wegen Geschwindigkeitsüberschreitung beim Boxenstopp in der 42. Runde, verlor 18,3 sec., Platz 11-12
Frentzen:	46. Runde: Tankanlage nicht betriebsbereit, verlor 28,7 sec., Platz 5-7
Frentzen:	47. Runde: Tanken und Reifenwechsel in total 28,7 sec., Platz 6
De la Rosa:	48. Runde: Tanken und Reifenwechsel in total 28,0 sec., Platz 9-13
R. Schumacher:	50. Runde: Tanken und Reifenwechsel in 7,7 sec., total 28,2 sec., Platz 3
Coulthard:	51. Runde: Tanken und Reifenwechsel in 6,9 sec., total 27,4 sec., Platz 1
Fisichella:	52. Runde: Tanken und Reifenwechsel in total 30,5 sec., Platz 4-5
Salo:	60. Runde: Tanken und Reifenwechsel in total 27,9 sec., Platz 7-8
Bernoldi:	62. Runde: „Drive Through"-Penalty, weil er die Schikane abgekürzt hatte, verlor 18,9 sec., Platz 13
Webber:	63. Runde: defekter Vorderreifen, verlor total 43,7 sec., Platz 9-12
R. Schumacher:	65. Runde: linker Hinterreifen kaputt, Reifenwechsel in 6,1 sec., total 26,4 sec., Platz 3

Ausfälle:

McNish:	16. Runde: Unfall in St. Devote, touchierte innen die Leitplanke, dann außen frontal gegen die Mauer, Platz 9
Sato:	23. Runde: Unfall im Tunnel, bekam Stallorder-Befehl, Fisichella überholen lassen, geriet neben der Ideallinie auf die schmutzige Spur, links gegen die Leitplanke, dann breitseits gegen die Schikane, Platz 9
Yoong:	30. Runde: bei Auffahrt zum Casino gegen die Leitplanken, Aufhängung beschädigt, in der Box aufgegeben, Platz 19
Räikkönen:	42. Runde: von Barrichello ins Heck gerammt, Platz 19
Villeneuve:	45. Runde: Motor/Kraftübertragung, Platz 18
Montoya:	47. Runde: Motor/Feuer in der Airbox wegen Kurzschlusses im Kabelbaum, Platz 2
Button:	52. Runde: Kollision mit Panis in St. Devote, Platz 11
Panis:	52. Runde: Kollision mit Button als er bremste und in die Schikane einlenkte, Platz 10
Massa:	64. Runde: Bremsdefekt in St. Devote, frontal gegen die Mauer, schlug mit der Nase gegen das Lenkrad, Platz 14
Salo:	70. Runde: Bremsversagen, Platz 8

Stand nach 1 Runde:
1. Coulthard, 2. Montoya, 3. M. Schumacher, 4. R. Schumacher, 5. Trulli, 6. Räikkönen, 7. Barrichello, 8. Salo, 9. McNish, 10. Frentzen

Führung im Rennen:

1.-78. Runde: David Coulthard

Ergebnis:

1. David Coulthard (Schottland), McLaren Mercedes	1.45:39,055 = 149,280 km/h	
2. Michael Schumacher (Deutschland), Ferrari	1.45:40,104 = 149,255 km/h	1,050 zurück
3. Ralf Schumacher (Deutschland), Williams BMW	1.46:56,504 = 147,478 km/h	1:17,450 zurück
4. Jarno Trulli (Italien), Renault	1.45:45,825 = 147,209 km/h	1 Runde zurück
5. Giancarlo Fisichella (Italien), Jordan Honda	1.45:46,388 = 147,196 km/h	1 Runde zurück
6. HH Frentzen (Deutschland), Arrows Cosworth	1.45:56,542 = 146,961 km/h	1 Runde zurück
7. Rubens Barrichello (Brasilien), Ferrari	1.45:56,951 = 146,951 km/h	1 Runde zurück
8. Nick Heidfeld (Deutschland), Sauber Petronas	1.45:50,112 = 145,199 km/h	2 Runden zurück
9. Eddie Irvine (Irland), Jaguar Cosworth	1.46.02,669 = 144,912 km/h	2 Runden zurück
10. Pedro De la Rosa (Spanien), Jaguar Cosworth	1.46:03,431 = 144,895 km/h	2 Runden zurück
11. Mark Webber (Australien), Minardi Asiatech	1.46:26,895 = 144,363 km/h	2 Runden zurück
12. Enrique Bernoldi (Brasilien), Arrows Asiatech	1.46:57,619 = 143,671 km/h	2 Runden zurück

Schnellste Runde im Qualifying: David Coulthard (McLaren/Mercedes): 1:16,676 = 158,224 km/h
Schnellste Runde im Rennen: David Coulthard (McLaren/Mercedes): 1:18,323 = 155,492 km/h

Schnellste Runde jedes Fahrers im Rennen: Barrichello 1:18,023 (68.), M. Schumacher 1:18,652 (51.), Fisichella 1:19,120 (70.), Coulthard 1:19,360 (74.), Salo 1:19,479 (62.), R. Schumacher 1:19,489 (61.), Frentzen 1:19,601 (76.), Webber 1:19,968 (69.), Bernoldi 1:20,117 (73.), Montoya 1:20,346 (36.), Räikkönen 1:20,426 (39.), Trulli 1:20,445 (46.), Button 1:20,720 (41.), Heidfeld 1:20,927 (64.), De la Rosa 1:20,953 (62.), Massa 1:21,057 (55.), Irvine 1:21,059 (63.), Panis 1:21,916 (32.), Villeneuve 1:22,037 (34.), Sato 1:22,148 (18.), McNish 1:22,250 (15.), Yoong 1:22,784 (25.)

WM-Stand: 1. M. Schumacher 60, 2. R. Schumacher 27, 3. Montoya 27, 4. Coulthard 20, 5. Barrichello 12, 6. Button 8, 7. Heidfeld 5, 8. Räikkönen 4, 9. Fisichella 4, 10. Irvine 3, 11. Trulli 3, 12. Massa 3, 13. Webber 2, 14. Salo 2, 15. Frentzen 2

Konstrukteur-WM: 1. Ferrari 72, 2. Williams-BMW 54, 3. McLaren-Mercedes 24, 4. Renault 11, 5. Sauber-Petronas 8, 6. Jordan-Honda 4, 7. Jaguar-Cosworth 3, 8. Minardi-Asiatech 2, 9. Toyota 2, 10. Arrows-Cosworth 2

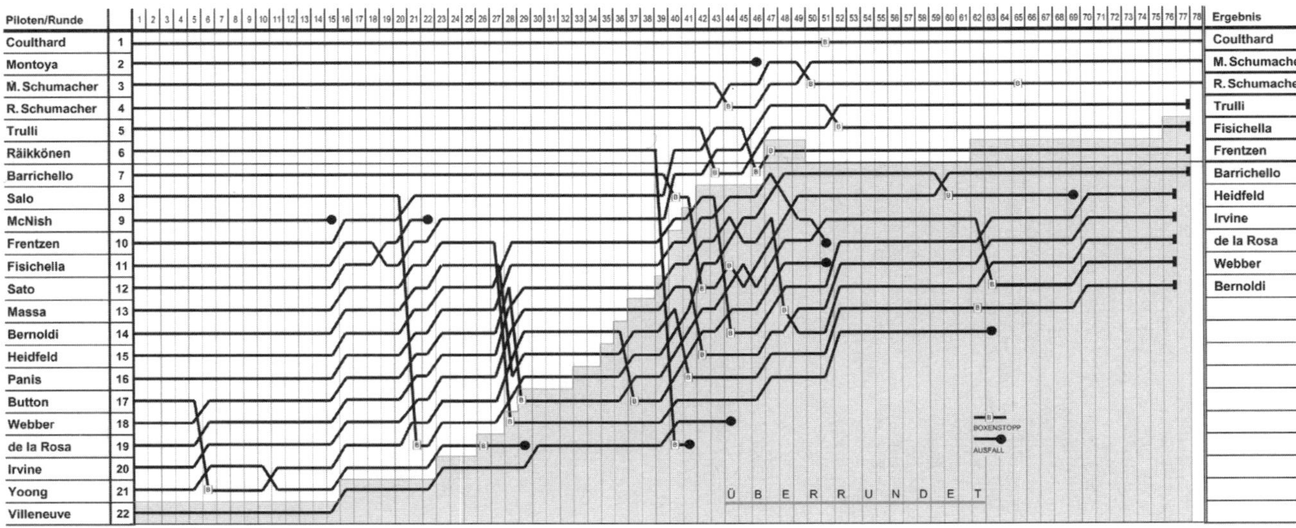

Piloten/Runde
Coulthard 1
Montoya 2
M. Schumacher 3
R. Schumacher 4
Trulli 5
Räikkönen 6
Barrichello 7
Salo 8
McNish 9
Frentzen 10
Fisichella 11
Sato 12
Massa 13
Bernoldi 14
Heidfeld 15
Panis 16
Button 17
Webber 18
de la Rosa 19
Irvine 20
Yoong 21
Villeneuve 22
1 2 3 4 5 6 7 8 9 10 11 12 13 14 15 16 17 18 19 20 21 22 23 24 25 26 27 28 29 30 31 32 33 34 35 36 37 38 39 40 41 42 43 44 45 46 47 48 49 50 51 52 53 54 55 56 57 58 59 60 61 62 63 64 65 66 67 68 69 70 71 72 73 74 75 76 77 78
BOXENSTOPP
AUSFALL
Ü B E R R U N D E T
Ergebnis
Coulthard
M. Schumacher
R. Schumacher
Trulli
Fisichella
Frentzen
Barrichello
Heidfeld
Irvine
de la Rosa
Webber
Bernoldi

Lauf 8 – Großer Preis von Kanada – Montreal, 9. Juni 2002

1. Training (Freitag)		2. Training (Samstag)		3. Training (Qualifying)		4. Training (Warm-Up)	
1. Coulthard	1:15,407	1. M. Schumacher	1:13,395	1. Montoya	1:12,836	1. M. Schumacher	1:16,780
2. Montoya	1:15,543	2. Montoya	1:13,646	2. M. Schumacher	1:13,018	2. Barrichello	1:16,837
3. M. Schumacher	1:15,788	3. Barrichello	1:14,243	3. Barrichello	1:13,280	3. R. Schumacher	1:17,487
4. Räikkönen	1:15,946	4. Räikkönen	1:14,354	4. R. Schumacher	1:13,301	4. Coulthard	1:17,941
5. R. Schumacher	1:16,018	5. R. Schumacher	1:14,399	5. Räikkönen	1:13,898	5. Bernoldi	1:18,013
6. Salo	1:16,259	6. Coulthard	1:14,720	6. Fisichella	1:14,132	6. Trulli	1:18,028
7. Panis	1:16,333	7. Massa	1:14,777	7. Heidfeld	1:14,139	7. De la Rosa	1:18,151
8. Barrichello	1:16,440	8. Heidfeld	1:14,791	8. Coulthard	1:14,385	8. Panis	1:18,206
9. Villeneuve	1:16,448	9. Villeneuve	1:14,843	9. Villeneuve	1:14,564	9. Montoya	1:18,304
10. Frentzen	1:16,793	10. Fisichella	1:14,973	10. Trulli	1:14,688	10. Massa	1:18,478
11. De la Rosa	1:16,801	11. Frentzen	1:15,018	11. Panis	1:14,713	11. Irvine	1:18,483
12. Fisichella	1:16,989	12. Panis	1:15,057	12. Massa	1:14,823	12. Frentzen	1:18,494
13. Bernoldi	1:17,018	13. De la Rosa	1:15,208	13. Button	1:14,854	13. Fisichella	1:18,597
14. Heidfeld	1:17,250	14. Bernoldi	1:15,326	14. Irvine	1:14,882	14. Räikkönen	1:18,657
15. Button	1:17,473	15. Trulli	1:15,344	15. Sato	1:14,940	15. Heidfeld	1:18,666
16. Massa	1:17,489	16. Button	1:15,426	16. De la Rosa	1:15,089	16. Salo	1:18,746
17. Irvine	1:17,765	17. Salo	1:15,584	17. Bernoldi	1:15,102	17. McNish	1:18,816
18. Webber	1:18,034	18. Sato	1:15,791	18. Salo	1:15,111	18. Button	1:18,959
19. Sato	1:18,143	19. McNish	1:15,918	19. Frentzen	1:15,115	19. Villeneuve	1:19,341
20. McNish	1:18,311	20. Webber	1:16,143	20. McNish	1:15,321	20. Sato	1:19,430
21. Trulli	1:18,465	21. Irvine	1:16,267	21. Webber	1:15,508	21. Webber	1:19,696
22. Yoong	1:19,050	22. Yoong	1:17,005	22. Yoong	1:17,347	22. Yoong	1:20,222

Startaufstellung:

Juan Pablo Montoya
Williams FW24-BMW V10
1:12,836

Michael Schumacher
Ferrari F2002 V10
1:13,018

Rubens Barrichello
Ferrari F2002 V10
1:13,280

Ralf Schumacher
Williams FW24-BMW V10
1:13,301

Kimi Räikkönen
McLaren MP4/17 Mercedes V10
1:13,898

Giancarlo Fisichella
Jordan EJ12-Honda V10
1:14,132

Nick Heidfeld
Sauber C21-Petronas V10
1:14,139

David Coulthard
McLaren MP4/17 Mercedes V10
1:14,385

Jacques Villeneuve
BAR 004-Honda V10
1:14,564

Jarno Trulli
Renault R202 V10
1:14,688

Olivier Panis
BAR 004-Honda V10
1:14,713

Felipe Massa
Sauber C21-Petronas V10
1:14,823

Jenson Button
Renault R202 V10
1:14,854

Eddie Irvine
Jaguar R3-Cosworth V10
1:14,882

Takuma Sato
Jordan EJ12-Honda V10
1:14,940

Pedro De la Rosa
Jaguar R3-Cosworth V10
1:15,089

Enrique Bernoldi
Arrows A23-Cosworth V10
1:15,102

Mika Salo
Toyota TF102 V10
1:15,111

Heinz Harald Frentzen
Arrows A23-Cosworth V10
1:15,115

Allan McNish
Toyota TF102 V10
1:15,321

Mark Webber
Minardi PS 02-Asiatech V10
1:15,508

Alexander Yoong
Minardi PS 02-Asiatech V10
1:17,347

Geschwindigkeiten auf der Ziellinie (Samstag): 1. M. Schumacher 301,4, 2. Montoya 300,5, 3. Barrichello 299,1, 4. R. Schumacher 298,9, 5. Coulthard 296,6, 6. Fisichella 295,3, 7. Räikkönen 295,2, 8. Sato 293,8, 9. McNish 293,5, 10. Panis 293,2, 11. Salo 293,0, 12. Button 293,0, 13. Villeneuve 292,9, 14. Trulli 292,7, 15. Massa 292,7, 16. Irvine 292,1, 17. Heidfeld 291,9, 18. De la Rosa 291,4, 19. Frentzen 290,9, 20. Bernoldi 290,6, 21. Webber 287,6, 22. Yoong 287,6

Geschwindigkeiten auf der Ziellinie (Sonntag): 1. R. Schumacher 301,8, 2. Salo 300,9, 3. McNish 300,4, 4. M. Schumacher 300,3, 5. Barrichello 300,1, 6. Coulthard 299,9, 7. Räikkönen 298,5, 8. Montoya 298,1, 9. Sato 298,0, 10. Bernoldi 297,7, 11. Trulli 297,1, 12. Frentzen 295,3, 13. Fisichella 295,8, 14. Heidfeld 295,3, 15. Button 293,7, 16. Massa 292,9, 17. Panis 292,0, 18. Yoong 290,5, 19. De la Rosa 290,1, 20. Webber 289,5, 21. Irvine 288,8, 22. Villeneuve 284,5

Höchstgeschwindigkeiten (Samstag): 1. M. Schumacher 334,3, 2. Barrichello 329,5, 3. Montoya 328,6, 4. R. Schumacher 325,1, 5. Fisichella 323,8, 6. Coulthard 322,9, 7. Massa 322,9, 8. Sato 322,4, 9. Räikkönen 322,1, 10. Button 321,2, 11. Trulli 321,1, 12. Villeneuve 321,1, 13. Panis 320,8, 14. Heidfeld 319,7, 15. Salo 319,0, 16. McNish 318,9, 17. Frentzen 318,3, 18. Irvine 317,0, 19. Bernoldi 316,5, 20. Webber 316,4, 21. De la Rosa 316,2, 22. Yoong 315,8

Höchstgeschwindigkeiten (Sonntag): 1. Sato 337,5, 2. M. Schumacher 337,2, 3. Barrichello 337,0, 4. R. Schumacher 336,7, 5. McNish 335,8, 6. Salo 335,6, 7. Frentzen 334,8, 8. Bernoldi 334,2, 9. Coulthard 334,2, 10. Montoya 334,0, 11. Räikkönen 333,0, 12. Fisichella 332,3, 13. Heidfeld 332,2, 14. Trulli 331,4, 15. Button 331,3, 16. Massa 328,8, 17. Panis 328,1, 18. Yoong 326,1, 19. De la Rosa 323,1, 20. Webber 322,7, 21. Villeneuve 319,7, 22. Irvine 318,5

Wetter am Renntag: Leicht bewölkt, heiß, trocken , 25 Grad Lufttemperatur, 35 Grad Asphalttemperatur, Freitag 101.000, Samstag 108.000, 117.000 Zuschauer am Renntag

Distanz: 70 Runden à 4,361 km = 305,270 km

Sieger 2001: R. Schumacher (Williams-BMW), 1.34:31,522 = 193,629 km/h, 2. M. Schumacher -20,235, 3. Hakkinen -40,972

Poleposition 2001: M. Schumacher (Ferrari), 1:15,782 = 210,018 km/h

Schnellste Runde 2001: R. Schumacher (Williams-BMW), 1:17,205 = 206,147 km/h

Boxenstopps:

De la Rosa:	1. Runde: 1. Stopp, nach 330 km/h-Kollision mit McNish vor Schikane gegen die Mauer, Felgen gewechselt, verlor total 1:40,4 min. Platz 16-22
Montoya:	14. Runde: 1. Stopp, Tanken und Reifenwechsel während Safety Car Phase, führte schon 8,8 sec. vor Barrichello, Standzeit 11,0 sec., Platz 2-5
Sato:	14. Runde: 1. Stopp, Tanken und Reifenwechsel in 7,8 sec., total 28,8 sec., Platz 12-19
Bernoldi:	14. Runde: 1. Stopp, Tanken und Reifenwechsel in 10,8 sec., total 32,3 sec., Platz 13
Bernoldi:	15. Runde: 2. Stopp, gebrochene Radaufhängung rechts hinten, Reparatur total in 1:23,3 min., Platz 19
Salo:	25. Runde: 1. Stopp, Tanken und Reifenwechsel in 9,9 sec., total 30,7 sec., aber nicht genug Sprit aufgenommen, Platz 10-19
Barrichello:	26. Runde: 1. Stopp, Tanken und Reifenwechsel in 10,6 sec., total 31,9 sec., gleichzeitig Steine und Schmutz aus den Kühlern entfernt, Platz 1-6
Salo:	26. Runde: 2. Stopp, wieder Probleme mit der Tankanlage, außerdem Geschwindigkeitsüberschreitung in der Boxengasse, verlor total 40,7 sec., Platz 15-18
Frentzen:	30. Runde: 1. Stopp, Tanken und Reifenwechsel in 20,2 sec., total 43,3 sec., Probleme mit dem Einfüllstutzen
Salo:	31. Runde: 3. Stopp, „Drive Through"-Strafe, verlor total 18,3 sec., Platz 19
Button:	36. Runde: 1. Stopp, Tanken und Reifenwechsel in 10,5 sec., total 31,6 sec., Platz 10-16
Heidfeld:	37. Runde: 1. Stopp, Tanken und Reifenwechsel in 12,0 sec., total 32,6 sec., Platz 7-15
Yoong:	37. Runde: 1. Stopp, Tanken und Reifenwechsel in total 32,6 sec., Platz 19
M. Schumacher:	38. Runde: 1. Stopp, Tanken und Reifenwechsel bei 23,9 sec., Standzeit 11,4 sec., verlor total 35,3 sec., Platz 1-2
Webber:	39. Runde: 1. Stopp, Tanken und Reifenwechsel in total 35,7 sec., Platz 13-16
Massa:	40. Runde: 1. Stopp, Tanken und Reifenwechsel in 11,0 sec., total 31,1 sec., Platz 13
Irvine:	40. Runde: 1. Stopp, Tanken und Reifenwechsel in total 44,5 sec., Platz 15
Panis:	41. Runde: 1. Stopp, Tanken und Reifenwechsel in 11,8 sec., toal 32,7 sec.
McNish:	41. Runde: 1. Stopp, Tanken und Reifenwechsel in total 2:04,8 min.
R. Schumacher:	42. Runde: 1. Stopp, Tanken und Reifenwechsel in 20,6 sec., total 41,7 sec., weil Tankanlage nicht funktionierte, Platz 4-7
Trulli:	42. Runde: 1. Stopp, Tanken und Reifenwechsel in total 30,6 sec.
R. Schumacher:	44. Runde: 2. Stopp, Sprit aus Montoyas Tankanlage, Standzeit 9,8 sec., total 30,4 sec., Platz 7-10
Heidfeld:	44. Runde: 2. Stopp, „Drive Through"-Strafe wegen Geschwindigkeitsüberschreitung in der Box, verlor 17,7 sec.
Yoong:	44. Runde: 2. Stopp, „Drive Through"-Strafe wegen Geschwindigkeitsüberschreitung in der Box, verlor total 33,3 sec.
Räikkönen:	44. Runde: 1. Stopp, Tanken und Reifenwechsel in total 28,6 sec., Problem mit der Tankanlage, nicht genug Sprit aufgenommen, muss Benzin sparend fahren, Platz 3
Fisichella:	45. Runde: 1. Stopp, Tanken und Reifenwechsel in 11,3 sec., total 32,8 sec., Platz 6
Sato:	46. Runde: 2. Stopp, Tanken und Reifenwechsel in 11,0 sec., total 32,3 sec., Platz 8-13
Massa:	48. Runde: 2. Stopp, „Drive Through"-Strafe wegen Geschwindigkeitsübertretung in der Box, verlor total 18,4 sec., Platz 8-11
Coulthard:	49. Runde: 1. Stopp, Tanken und Reifenwechsel in 9,2 sec., total 30,1 sec., Platz 1-4
Frentzen:	49. Runde: 2. Stopp, Tanken und Reifenwechsel in 9,2 sec., total 31,3 sec., Platz 16
Montoya:	51. Runde: 2. Stopp, Tanken und Reifenwechsel in 8,2 sec., total 29,1 sec., Platz 1-3
Heidfeld:	51. Runde: 3. Stopp, Stopp-and-Go-Strafe in der Box wegen Geschwindigkeitsübertretung in der Boxengasse, verlor total 33,0 sec.
Barrichello:	54. Runde: 2. Stopp, Tanken und Reifenwechsel in 5,8 sec., total 28,6 sec., Platz 4

Ausfälle:

Villeneuve:	9. Runde: Kraftübertragung, Heck blockiert, Auto an gefährlicher Stelle geparkt, daher Safety Car, Platz 13
Bernoldi:	17. Runde: Vibrationen am Heck, Probleme an der Hinterradaufhängung, Platz 20
De la Rosa:	30. Runde: Getriebeschaden nach Kollision mit McNish, Platz 20
Salo:	42. Runde: Bremsdefekt, Platz 18
Irvine:	42. Runde: Kraftübertragung, Motor überhitzt, Platz 14
McNish:	46. Runde: Dreher, Auto stand quer zur Fahrtrichtung, Platz 17
Montoya:	57. Runde: Motorschaden, Platz 2
Button:	65. Runde: Elektrik, Platz 10, trotz Ausfalls gewertet

Stand nach 1 Runde: 1. Barrichello, 2. Montoya, 3. M. Schumacher, 4. Räikkönen, 5. R. Schumacher, 6. Coulthard, 7. Heidfeld, 8. Fisichella, 9. Trulli, 10. Button

Führung im Rennen:

1.-25. Runde: Barrichello
26.-37. Runde: M. Schumacher
38.-50. Runde: Montoya
51.-70. Runde: M. Schumacher

Ergebnis:

1. Michael Schumacher (Deutschland), Ferrari	1.33:36,111 = 195,682 km/h	
2. David Coulthard (Schottland), McLaren Mercedes	1.33:37,243 = 195,642 km/h	1,132 zurück
3. Rubens Barrichello (Brasilien), Ferrari	1.33:43,193 = 195,435 km/h	7,082 zurück
4. Kimi Räikkönen (Finnland), McLaren Mercedes	1.34:13,674 = 194,381 km/h	37,563 zurück
5. Giancarlo Fisichella (Italien), Jordan Honda	1.34:18,923 = 194,201 km/h	42,812 zurück
6. Jarno Trulli (Italien), Renault	1.34:25,059 = 193,991 km/h	48,947 zurück
7. Ralf Schumacher (Deutschland), Williams BMW	1.34:27,629 = 193,903 km/h	51,518 zurück
8. Olivier Panis (Frankreich), BAR Honda	1.33:44,772 = 192,589 km/h	1 Runde zurück
9. Felipe Massa (Brasilien), Sauber Petronas	1.33:45,069 = 192,579 km/h	1 Runde zurück
10. Takuma Sato (Japan), Jordan Honda	1.33:52,772 = 192,316 km/h	1 Runde zurück
11. Mark Webber (Australien), Minardi Asiatech	1.34:08,239 = 191,789 km/h	1 Runde zurück
12. Nick Heidfeld (Deutschland), Sauber Petronas	1.34:15,549 = 191,541 km/h	1 Runde zurück
13. H.H. Frentzen (Deutschland), Arrows Cosworth	1.34:53,892 = 190,251 km/h	1 Runde zurück
14. Alexander Yoong (Malaysia), Minardi Asiatech	1.34:09,625 = 188,963 km/h	2 Runden zurück
15. Jenson Button (Großbritannien), Renault	1.28:36,324 = 191,951 km/h	5 Runden zurück

Jenson Button bei Rennschluss ausgefallen, aber gewertet.

Schnellste Runde im Qualifying: Juan Pablo Montoya (Williams-BMW): 1:12,836 = 215,547 km/h
Schnellste Runde im Rennen: Juan Pablo Montoya (Williams-BMW): 1:15,960 = 206,682 km/h

Schnellste Runde jedes Fahrers im Rennen: Montoya 1:15,960 (50.), M. Schumacher 1:15,971 (37.), Barrichello 1:16,100 (21.), Coulthard 1:16,369 (69.), R. Schumacher 1:16,446 (57.), Räikkönen 1:15,553 (70.), Fisichella 1:16,658 (44.), Massa 1:17,017 (38.), Trulli 1:17,128 (68.), Panis 1:17,202 (38.), Heidfeld 1:17,265 (68.), Sato 1:17,336 (67.), Salo 1:17,539 (28.), Button 1:17,747 (33.), Webber 1:17,807 (67.), Irvine 1:17,813 (38.), Frentzen 1:17,892 (32.), McNish 1:18,263 (38.), Yoong 1:18,466 (32.), De la Rosa 1:18,964 (28.), Bernoldi 1:19,125 (13.), Villeneuve 1:20,084 (5.)

WM-Stand: 1. M. Schumacher 70, 2. R. Schumacher 27, 3. Montoya 27, 4. Coulthard 26, 5. Barrichello 16, 6. Button 8, 7. Räikkönen 7, 8. Fisichella 6, 9. Heidfeld 5, 10. Trulli 4, 11. Irvine 3, 12. Massa 3, 13. Webber 2, 14. Salo 2, 15. Frentzen 2

Konstrukteur-WM: 1. Ferrari 86, 2. Williams-BMW 54, 3. McLaren-Mercedes 33, 4. Renault 12, 5. Sauber-Petronas 8, 6. Jordan-Honda 6, 7. Jaguar-Cosworth 3, 8. Minardi-Asiatech 2, 9. Toyota 2, 10. Arrows-Cosworth 2

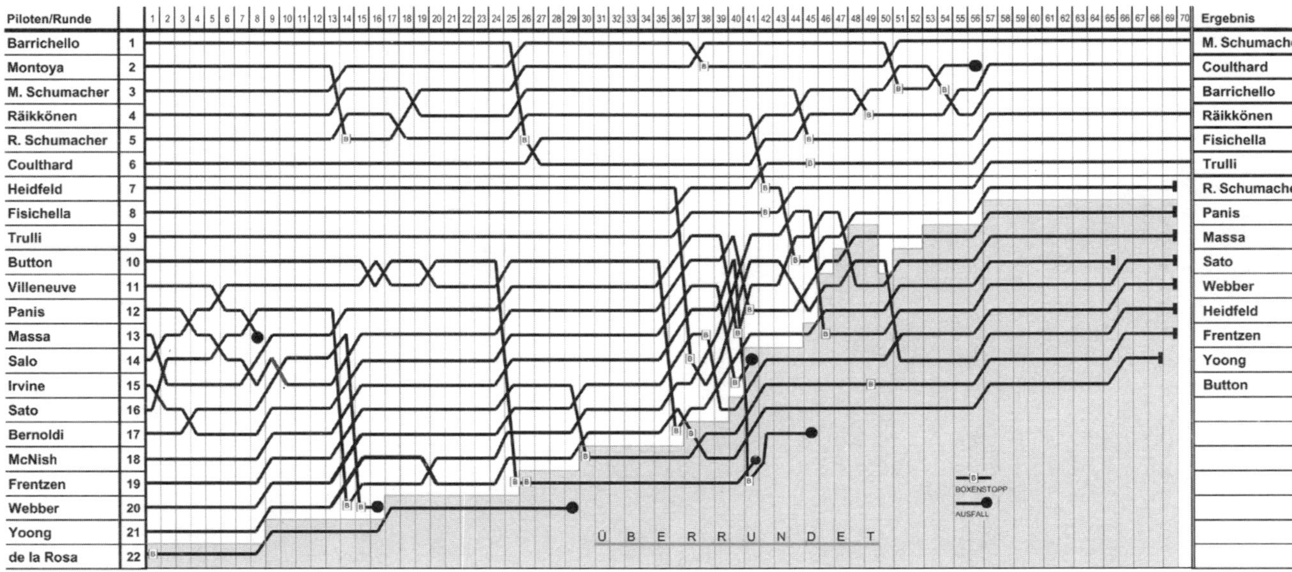
Piloten/Runde
Barrichello 1
Montoya 2
M. Schumacher 3
Räikkönen 4
R. Schumacher 5
Coulthard 6
Heidfeld 7
Fisichella 8
Trulli 9
Button 10
Villeneuve 11
Panis 12
Massa 13
Salo 14
Irvine 15
Sato 16
Bernoldi 17
McNish 18
Frentzen 19
Webber 20
Yoong 21
de la Rosa 22
1 2 3 4 5 6 7 8 9 10 11 12 13 14 15 16 17 18 19 20 21 22 23 24 25 26 27 28 29 30 31 32 33 34 35 36 37 38 39 40 41 42 43 44 45 46 47 48 49 50 51 52 53 54 55 56 57 58 59 60 61 62 63 64 65 66 67 68 69 70
Ergebnis
M. Schumacher
Coulthard
Barrichello
Räikkönen
Fisichella
Trulli
R. Schumacher
Panis
Massa
Sato
Webber
Heidfeld
Frentzen
Yoong
Button
Ü B E R R U N D E T
B BOXENSTOPP
AUSFALL

Lauf 9 – Großer Preis von Europa – Nürburgring, 23. Juni 2002

1. Training (Freitag)		2. Training (Samstag)		3. Training (Qualifying)		4. Training (Warm-Up)	
1. Coulthard	1:31,886	1. M. Schumacher	1:30,658	1. Montoya	1:29,906	1. Barrichello	1:32,671
2. M. Schumacher	1:32,041	2. Räikkönen	1:31,176	2. R. Schumacher	1:29,915	2. M. Schumacher	1:32,987
3. Räikkönen	1:32,298	3. Barrichello	1:31,332	3. M. Schumacher	1:30,035	3. Coulthard	1:34,143
4. Barrichello	1:32,969	4. Heidfeld	1:31,422	4. Barrichello	1:30,387	4. Räikkönen	1:34,324
5. Montoya	1:33,122	5. R. Schumacher	1:31,685	5. Coulthard	1:30,550	5. Frentzen	1:34,461
6. R. Schumacher	1:33,179	6. Salo	1:31,803	6. Räikkönen	1:30,591	6. Sato	1:34,804
7. Trulli	1:33,526	7. Coulthard	1:31,811	7. Trulli	1:30,927	7. Fisichella	1:34,914
8. Button	1:33,708	8. Montoya	1:31,833	8. Button	1:31,136	8. Villeneuve	1:34,969
9. Salo	1:33,715	9. Trulli	1:32,412	9. Heidfeld	1:31,211	9. Panis	1:35,145
10. Panis	1:33,921	10. Button	1:32,698	10. Salo	1:31,389	10. Massa	1:35,460
11. Heidfeld	1:33,963	11. Massa	1:32,715	11. Massa	1:31,733	11. Bernoldi	1:35,545
12. Sato	1:34,136	12. McNish	1:32,863	12. Panis	1:31,906	12. Heidfeld	1:35,550
13. Frentzen	1:34,315	13. Sato	1:33,017	13. McNish	1:31,941	13. Webber	1:35,614
14. De la Rosa	1:34,322	14. Webber	1:33,146	14. Sato	1:31,999	14. R. Schumacher	1:35,615
15. Villeneuve	1:34,522	15. Irvine	1:33,157	15. Frentzen	1:32,144	15. De la Rosa	1:35,656
16. Massa	1:34,680	16. Fisichella	1:33,167	16. De la Rosa	1:32,281	16. Button	1:35,749
17. Fisichella	1:34,755	17. Panis	1:33,202	17. Irvine	1:32,510	17. Montoya	1:35,978
18. McNish	1:34,941	18. Frentzen	1:33,668	18. Fisichella	1:32,591	18. Salo	1:36,146
19. Bernoldi	1:35,260	19. Villeneuve	1:33,681	19. Villeneuve	1:32,968	19. McNish	1:36,200
20. Webber	1:35,372	20. Bernoldi	1:33,877	20. Webber	1:32,996	20. Trulli	1:37,370
21. Irvine	1:35,579	21. Yoong	1:35,016	21. Bernoldi	1:33,360	21. Irvine	1:37,598
22. Yoong	1:37,503	22. De la Rosa	1:35,736	22. Yoong	1:34,251	22. Yoong	1:38,060

Startaufstellung:

Juan Pablo Montoya Williams FW24-BMW V10 1:29,906	Michael Schumacher Ferrari F2002 V10 1:30,035	Ralf Schumacher Williams FW24-BMW V10 1:29,915	Rubens Barrichello Ferrari F2002 V10 1:30,387
David Coulthard McLaren MP4/17 Mercedes V10 1:30,550	Jarno Trulli Renault R202 V10 1:30,927	Kimi Räikkönen McLaren MP4/17 Mercedes V10 1:30,591	Jenson Button Renault R202 V10 1:31,136
Nick Heidfeld Sauber C21-Petronas V10 1:31,211	Felipe Massa Sauber C21-Petronas V10 1:31,733	Mika Salo Toyota TF102 V10 1:31,389	Olivier Panis BAR 004-Honda V10 1:31,906
Allan McNish Toyota TF102 V10 1:31,941	Heinz Harald Frentzen Arrows A23-Cosworth V10 1:32,144	Takuma Sato Jordan EJ12-Honda V10 1:31,999	Pedro De la Rosa Jaguar R3-Cosworth V10 1:32,281
Eddie Irvine Jaguar R3-Cosworth V10 1:32,510	Jacques Villeneuve BAR 004-Honda V10 1:32,968	Giancarlo Fisichella Jordan EJ12-Honda V10 1:32,591	Mark Webber Minardi PS 02-Asiatech V10 1:32,996
Enrique Bernoldi Arrows A23-Cosworth V10 1:33,360		Alexander Yoong Minardi PS 02-Asiatech V10 1:34,251	

Geschwindigkeiten auf der Ziellinie (Samstag): 1. R. Schumacher 256,5, 2. Montoya 256,4, 3. Barrichello 256,0, 4. M. Schumacher 255,7, 5. McNish 253,1, 6. Salo 252,9, 7. Sato 252,0, 8. Räikkönen 251,6, 9. Coulthard 251,6, 10. Heidfeld 251,5, 11 De la Rosa 251,1, 12. Massa 250,6, 13. Trulli 250,4, 14. Button 250,2, 15. Irvine 249,8, 16. Fisichella 249,6, 17. Yoong 249,6, 18. Bernoldi 249,3, 19. Panis 249,0, 20. Webber 247,7, 21. Villeneuve 247,7, 22. Frentzen 247,3

Geschwindigkeiten auf der Ziellinie (Sonntag): 1. Barrichello 254,7, 2. M. Schumacher 254,2, 3. McNish 253,8, 4. R. Schumacher 253,5, 5. Button 251,9, 6. Salo 251,2, 7. Räikkönen 250,8, 8. Montoya 250,8, 9. Bernoldi 250,7, 10. Coulthard 250,1, 11. Frentzen 250,0, 12. Trulli 249,9, 13. Sato 248,5, 14. Heidfeld 248,2, 15. Panis 247,8, 16. De la Rosa 247,7, 17. Massa 247,3, 18. Yoong 246,0, 19. Villeneuve 245,6, 20. Webber 245,2, 21. Fisichella 244,8, 22. Irvine 244,1

Höchstgeschwindigkeiten (Samstag): 1. Barrichello 310,1, 2. R. Schumacher 309,3, 3. M. Schumacher 308,9, 4. Montoya 307,8, 5. McNish 307,7, 6. Massa 307,6, 7. Salo 307,3, 8. Heidfeld 306,8, 9. De la Rosa 306,4, 10. Button 305,8, 11 Sato. 305,2, 12. Frentzen 305,0, 13. Panis 305,0, 14. Coulthard 304,6, 15. Irvine 304,3, 16. Villeneuve 304,3, 17. Bernoldi 303,2, 18. Trulli 303,1, 19. Fisichella 303,0, 20. Yoong 302,7, 21. Webber 302,4, 22. Räikkönen 301,5

Höchstgeschwindigkeiten (Sonntag): 1. Bernoldi 310,7, 2. Frentzen 310,2, 3. McNish 310,1, 4. R. Schumacher 309,9, 5. Salo 309,8, 6. M. Schumacher 308,9, 7. Montoya 308,5, 8. Button 308,4, 9. Heidfeld 307,6, 10. Räikkönen 307,0, 11. Barrichello 306,9, 12. Coulthard 306,1, 13. Trulli 305,5, 14. Massa 305,5, 15. Sato 304,3, 16. Villeneuve 303,7, 17. Panis 303,7, 18. Irvine 303,2, 19. Yoong 303,2, 20. De la Rosa 303,1, 21. Webber 301,9, 22. Fisichella 301,6

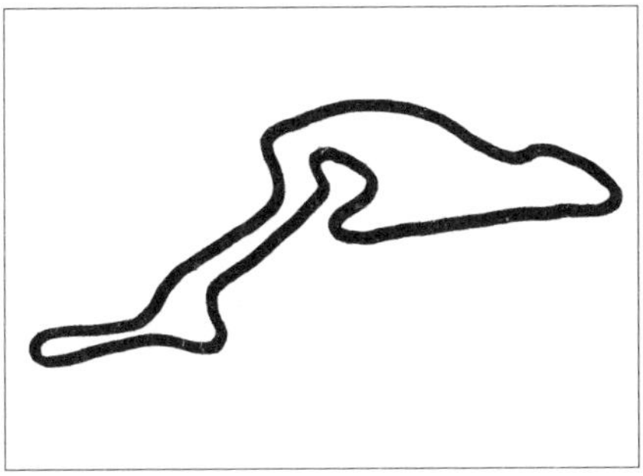

Wetter am Renntag: Leicht bewölkt, mild, trocken, 23-25 Grad Lufttemperatur, 29-39 Grad Asphalttemperatur, 150.000 Zuschauer am Renntag

Distanz: 60 Runden à 5,146 km = 308,743 km

Sieger 2001: M. Schumacher (Ferrari) 1.29:42,724 = 204,143 km/h, 2. Montoya -4,217, 3. Coulthard -24,993

Poleposition 2001: M. Schumacher (Ferrari), 1:14,960 = 218,805 km/h

Schnellste Runde 2001: Montoya (Williams-BMW), 1:18,354 = 209,326 km/h

Boxenstopps:

Fisichella:	1. Runde: 1. Stopp, Frontpartie ausgetauscht nach Kollision mit Stallkollege Sato in der 1. Kurve, verlor 35,9 sec., Platz 21
Sato:	1. Runde: 1. Stopp, Kollision mit Fisichella in der 1. Kurve, Seitenkasten, Heckflügel und Reifen beschädigt, verlor 35,9 sec., Platz 22
Yoong:	7. Runde: „Drive Through"-Strafe wegen Frühstarts, weil er wegen der Sonne nicht die Startlichter sehen konnte, verlor 1:23 min., Platz 22
Webber:	19. Runde: 1. Stopp, Tanken und Reifenwechsel in 10,3 sec., total 34,4 sec., Platz 19-20
Villeneuve:	20. Runde: 1. Stopp, Tanken und Reifenwechsel in 9,8 sec., total 35,3 sec., Platz 13-15-18
Trulli:	21. Runde: 1. Stopp, Tanken und Reifenwechsel in 9,2 sec., total 33,7 sec., Platz 8-11
McNish:	21. Runde: 1. Stopp, Tanken und Reifenwechsel in total 38,6 sec., Probleme mit dem linkem Vorderrad, Platz 12-16
Button:	22. Runde: 1. Stopp, Tanken und Reifenwechsel in 8,9 sec., total 33,0 sec., Platz 6-10
Fisichella:	22. Runde: 2. Stopp, Tanken und Reifenwechsel in total 33,1 sec., Platz 21
Frentzen:	22. Runde: 1. Stopp, Tanken und Reifenwechsel in total 48,5 sec., 13-18
Bernoldi:	23. Runde: 1. Stopp, Tanken und Reifenwechsel in total 34,5 sec., Platz 12-15
M. Schumacher:	24. Runde: 1. Stopp, Tanken und Reifenwechsel in 10,6 sec., total 32,6 sec., Platz 2
Salo:	23. Runde: 1. Stopp, vorverlegter Stopp weil Reifenprobleme und Handlingprobleme mit vollgetanktem Auto, daher Strategie auf 2 Stopps geändert, Tanken und Reifenwechsel in total 41,5 sec., Platz 17-19
Barrichello:	25. Runde: 1. Stopp, Tanken und Reifenwechsel in 8,6 sec., total 32,8 sec., Platz 1
Panis:	29. Runde: 1. Stopp, Tanken und Reifenwechsel in total 38,3 sec., Platz 7-10
R. Schumacher:	30. Runde: 1. Stopp, vorgezogener Stopp zum Tanken und Reifenwechsel in 11,5 sec., total 35,7 sec., Platz 3-6
Heidfeld:	30. Runde: 1. Stopp, Tanken und Reifenwechsel in 11,4 sec., total 35,7 sec., Platz 6-8
Massa:	31. Runde: 1. Stopp, Tanken und Reifenwechsel in 12,2 sec., total 36,4 sec., Platz 4-7
Yoong:	31. Runde: 2. Stopp, Tanken und Reifenwechsel (Dreher in der Boxenstraße) in total 52,8 sec., Probleme mit dem Einfüllstutzen, Platz 18
Irvine:	32. Runde: 1. Stopp, Tanken und Reifenwechsel (Dreher in der Boxenstraße) in total 48,9 sec., Platz 13-17
De la Rosa:	33. Runde: 1. Stopp, Tanken und Reifenwechsel in 11,6 sec., total 36,5 sec., Platz 9-14
Räikkönen:	35. Runde: 1. Stopp, Tanken und Reifenwechsel in 11,2 sec., total 36,5 sec., Platz 3
Sato:	36. Runde: 2. Stopp, Tanken und Reifenwechsel in 10,5 sec., total 35,6 sec., auch Frontflügelverstellung verändert, Platz 18-19
McNish:	39. Runde: 2. Stopp, Tanken und Reifenwechsel in 9,0 sec., total 34,0 sec., Platz 10-14
Salo:	41. Runde: 2. Stopp, Tanken und Reifenwechsel in total 33,0 sec., Platz 15
Trulli:	42. Runde: 2. Stopp, Tanken und Reifenwechsel in total 32,0 sec., Platz 6-8
Webber:	41. Runde: 2. Stopp, Tanken und Reifenwechsel in total 45,0 sec., Platz 16
M. Schumacher:	42. Runde: 2. Stopp, Tanken und Reifenwechsel in 7,8 sec., total 31,6 sec., Platz 2
Bernoldi:	42. Runde: 2. Stopp, Tanken und Reifenwechsel in total 33,3 sec., Platz 10-13
Button:	44. Runde: 2. Stopp, Tanken und Reifenwechsel in total 31,9 sec., Platz 4-5
Barrichello:	45. Runde: 2. Stopp, Tanken und Reifenwechsel in 7,6 sec., total 31,5 sec., Platz 1
Villeneuve:	44. Runde: 2. Stopp, Tanken und Reifenwechsel in 7,6 sec., total 32,4 sec., Platz 10-12
Frentzen:	44. Runde: 2. Stopp, Tanken und Reifenwechsel in total 34,5 sec., Platz 11-14

Ausfälle:

Fisichella:	26. Runde: Folgeschäden nach Kollision mit Sato in der ersten Kurve, Platz 22
Coulthard:	27. Runde: schuldlose Kollision mit Montoya, Platz 5
Montoya:	27. Runde: Dreher wegen Reifen-Handlingsproblemen mit unfahrbarem Auto in der 1. Kurve, Kollision mit Coulthard, Platz 4
Irvine:	41. Runde: Hydraulik-Druckverlust, Platz 17
Yoong:	48. Runde: gebrochene Hydraulikpumpe, Platz 18
Salo:	51. Runde: Getriebeschaden, Platz 15

Stand nach 1 Runde: 1. Barrichello, 2. R. Schumacher, 3. M. Schumacher, 4. Montoya, 5. Coulthard, 6. Räikkönen, 7. Button, 8. Trulli, 9. Massa, 10. Heidfeld

Führung im Rennen:

1.-60. Runde: Barrichello

Ergebnis:

1. Rubens Barrichello (Brasilien), Ferrari	1.35:07,426 = 194.741 km/h	
2. Michael Schumacher (Deutschland), Ferrari	1.35:07,720 = 194,731 km/h	0,294 zurück
3. Kimi Räikkönen (Finnland), McLaren Mercedes	1.35:53,861 = 193,170 km/h	46,435 zurück
4. Ralf Schumacher (Deutschland), Williams BMW	1.36:14,389 = 192,483 km/h	66,963 zurück
5. Jenson Button (Großbritannien), Renault	1.36:24,370 = 192,151 km/h	76,943, zurück
6. Felipe Massa (Brasilien), Sauber Petronas	1.35:18,260 = 191,133 km/h	1 Runde zurück
7. Nick Heidfeld (Deutschland), Sauber Petronas	1.35:19,191 = 191,102 km/h	1 Runde zurück
8. Jarno Trulli (Italien), Renault	1.35:19,925 = 191,077 km/h	1 Runde zurück
9. Olivier Panis (Frankreich), BAR Honda	1.35:42,253 = 190,334 km/h	1 Runde zurück
10. Enrique Bernoldi (Brasilien), Arrows Asiatech	1.35:18,477 = 189,141 km/h	1 Runde zurück
11. Pedro De la Rosa (Spanien), Jaguar Cosworth	1.36:19,040 = 189,122 km/h	1 Runde zurück
12. Jacques Villeneuve (Kanada), BAR Honda	1.36:19,748 = 189,099 km/h	1 Runde zurück
13. HH Frentzen (Deutschland), Arrows Cosworth	1.36:20,879 = 189,062 km/h	1 Runde zurück
14. Allan McNish (Schottland), Toyota	1.36:30,640 = 188,744 km/h	1 Runde zurück
15. Mark Webber (Australien), Minardi Asiatech	1.35:50,903 = 186,826 km/h	2 Runden zurück
16. Takuma Sato (Japan), Jordan Honda	1.36:31,886 = 185,504 km/h	2 Runden zurück

Schnellste Runde im Qualifying: Montoya (Williams-BMW): 1:29,906 = 206,055 km/h
Schnellste Runde im Rennen: M. Schumacher (Ferrari): 1:32,226 = 200,872 km/h

Schnellste Runde jedes Fahrers im Rennen: M. Schumacher 1:32,226 (26.) Barrichello 1:32,785 (44.), Räikkönen 1:33,159 (59.), Button 1:33,676 (47.), R. Schumacher 1:33,856 (49.), Heidfeld 1:34,224 (56.), Trulli 1:34,246 (57.), Frentzen 1:34,503 (47.), Coulthard 1:34,583 (21.), Panis 1:34,609 (58.), Montoya 1:34,635 (21.), Massa 1:34,683 (57.), Villeneuve 1:34,809 (56.), Sato 1:35,029 (57.), Salo 1:35,267 (39.), Bernoldi 1:35,391 (48.), McNish 1:35,503 (58.), De la Rosa 1:35,644 (52.), Webber 1:35,880 (37.), Irvine 1:36,662 (19.), Yoong 1:36,932 (21.), Fisichella 1:37,011 (3.)

WM-Stand: 1. M. Schumacher 76, 2. R. Schumacher 30, 3. Montoya 27, 4. Barrichello 26, 5. Coulthard 26, 6. Räikkönen 11, 7. Button 10, 8. Fisichella 6, 9. Heidfeld 5, 10. Trulli 4, 11. Massa 4, 12. Irvine 3, 13. Webber 2, 14. Salo 2, 15. Frentzen 2

Konstrukteur-WM: 1. Ferrari 102, 2. Williams-BMW 57, 3. McLaren-Mercedes 37, 4. Renault 14, 5. Sauber-Petronas 9, 6. Jordan-Honda 6, 7. Jaguar-Cosworth3, 8. Minardi-Asiatech 2, 9. Toyota 2, 10. Arrows-Cosworth 2

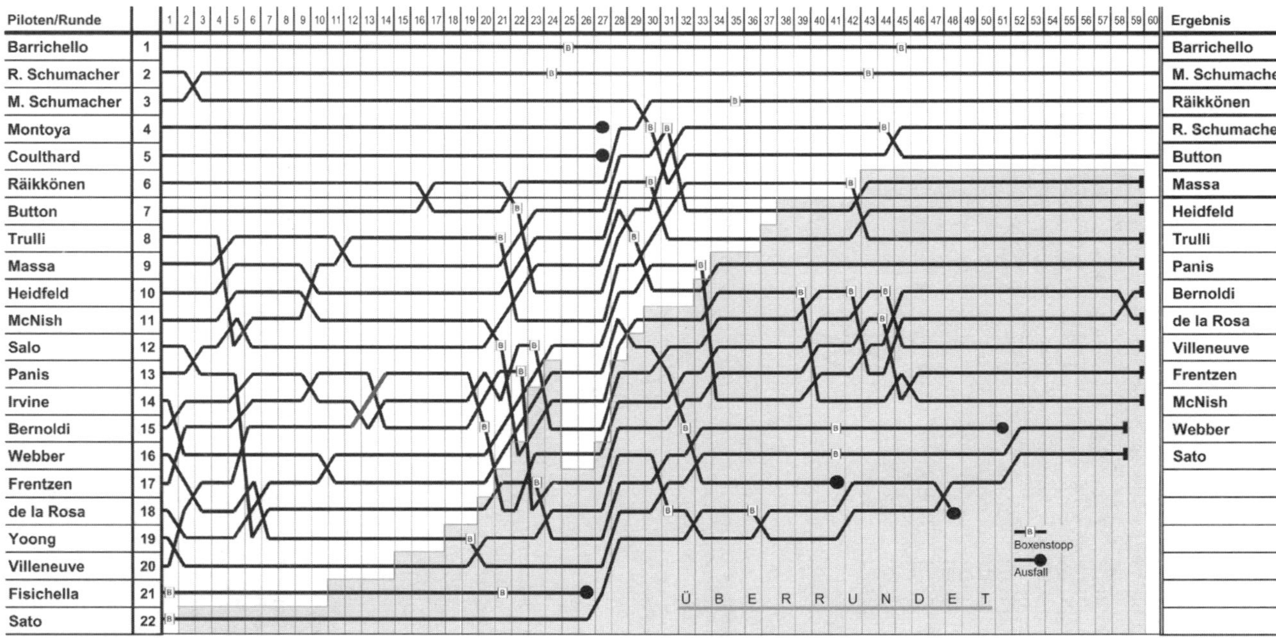
Piloten/Runde
Barrichello 1
R. Schumacher 2
M. Schumacher 3
Montoya 4
Coulthard 5
Räikkönen 6
Button 7
Trulli 8
Massa 9
Heidfeld 10
McNish 11
Salo 12
Panis 13
Irvine 14
Bernoldi 15
Webber 16
Frentzen 17
de la Rosa 18
Yoong 19
Villeneuve 20
Fisichella 21
Sato 22
Ergebnis
Barrichello
M. Schumacher
Räikkönen
R. Schumacher
Button
Massa
Heidfeld
Trulli
Panis
Bernoldi
de la Rosa
Villeneuve
Frentzen
McNish
Webber
Sato
Boxenstopp
Ausfall
Ü B E R R U N D E T

Lauf 10 – Großer Preis von England – Silverstone, 7. Juli 2002

1. Training (Freitag)		2. Training (Samstag)		3. Training (Qualifying)		4. Training (Warm-Up)	
1. Barrichello	1:31,457	1. Barrichello	1:20,230	1. Montoya	1:18,998	1. Barrichello	1:22,371
2. M. Schumacher	1:31,881	2. M. Schumacher	1:20,428	2. Barrichello	1:19,032	2. M. Schumacher	1:22,815
3. Fisichella	1:33,434	3. R. Schumacher	1:20,708	3. M. Schumacher	1:19,042	3. Räikkönen	1:24,214
4. Montoya	1:33,842	4. Montoya	1:21,076	4. R. Schumacher	1:19,329	4. Sato	1:24,224
5. Sato	1:33,901	5. Coulthard	1:21,326	5. Räikkönen	1:20,133	5. Montoya	1:24,439
6. Villeneuve	1:34,373	6. Räikkönen	1:21,768	6. Coulthard	1:20,315	6. Heidfeld	1:24,723
7. Räikkönen	1:34,473	7. Heidfeld	1:21,769	7. Trulli	1:20,516	7. Villeneuve	1:24,741
8. Massa	1:34,676	8. Button	1:21,998	8. Salo	1:20,995	8. Massa	1:24,862
9. Button	1:34,744	9. Frentzen	1:22,174	9. Villeneuve	1:21,130	9. Coulthard	1:24,903
10. Heidfeld	1:34,752	10. Villeneuve	1:22,284	10. Heidfeld	1:21,187	10. Trulli	1:25,074
11. R. Schumacher	1:34,766	11. Trulli	1:22,466	11. Massa	1:21,191	11. Frentzen	1:25,160
12. Coulthard	1:35,170	12. Massa	1:22,472	12. Button	1:21,247	12. Fisichella	1:25,204
13. De la Rosa	1:35,324	13. Irvine	1:22,527	13. Panis	1:21,274	13. Salo	1:25,243
14. Panis	1:35,534	14. De la Rosa	1:22,543	14. Sato	1:21,337	14. McNish	1:25,461
15. Irvine	1:35,682	15. Bernoldi	1:22,628	15. McNish	1:21,382	15. R. Schumacher	1:25,707
16. Trulli	1:36,244	16. Fisichella	1:22,680	16. Frentzen	1:21,416	16. De la Rosa	1:25,799
17. Webber	1:37,835	17. Sato	1:22,812	17. Fisichella	1:21,636	17. Button	1:25,959
18. Yoong	1:37,997	18. McNish	1:22,845	18. Bernoldi	1:21,780	18. Panis	1:26,099
19. McNish	1:38,477	19. Salo	1:23,184	19. Irvine	1:21,851	19. Webber	1:26,617
		20. Panis	1:23,244	20. Webber	1:22,281	20. Bernoldi	1:26,786
		21. Webber	1:23,679	21. De la Rosa	1:23,422	21. Irvine	1:26,888
		22. Yoong	1:25,527	22. Yoong	1:24,785		

Startaufstellung:

Juan Pablo Montoya
Williams FW24-BMW V10
1:18,998

Rubens Barrichello
Ferrari F2002 V10
1:19,032

Michael Schumacher
Ferrari F2002 V10
1:19,042

Ralf Schumacher
Williams FW24-BMW V10
1:19,329

Kimi Räikkönen
McLaren MP4/17 Mercedes V10
1:20,133

David Coulthard
McLaren MP4/17 Mercedes V10
1:20,315

Jarno Trulli
Renault R202 V10
1:20,516

Mika Salo
Toyota TF102 V10
1:20,995

Jacques Villeneuve
BAR 004-Honda V10
1:21,130

Nick Heidfeld
Sauber C21-Petronas V10
1:21,187

Felipe Massa
Sauber C21-Petronas V10
1:21,191

Jenson Button
Renault R202 V10
1:21,247

Olivier Panis
BAR 004-Honda V10
1:21,274

Takuma Sato
Jordan EJ12-Honda V10
1:21,337

Allan McNish
Toyota TF102 V10
1:21,382

Heinz Harald Frentzen
Arrows A23-Cosworth V10
1:21,416

Giancarlo Fisichella
Jordan EJ12-Honda V10
1:21,636

Enrique Bernoldi
Arrows A23-Cosworth V10
1:21,780

Eddie Irvine
Jaguar R3-Cosworth V10
1:21,851

Mark Webber
Minardi PS 02-Asiatech V10
1:22,281

Pedro De la Rosa
Jaguar R3-Cosworth V10
1:23,422

Geschwindigkeiten auf der Ziellinie (Samstag): 1. M. Schumacher 299,0, 2. R. Schumacher 287,1, 3. Barrichello 297,1, 4. Montoya 296,8, 5. Räikkönen 293,7, 6. Heidfeld 293,7, 7. Massa 293,7, 8. Button 292,6, 9. Irvine 292,6, 10. Trulli 292,5, 11. McNish 292,2, 12. Salo 292,2, 13. Coulthard 291,8, 14. Fisichella 291,8, 15. Sato 291,6, 16. Bernoldi 289,8, 17. De la Rosa 289,5, 18. Panis 289,3, 19. Frentzen 289,3, 20. Villeneuve 289,3, 21. Webber 287,6, 22. Yoong 286,0

Geschwindigkeiten auf der Ziellinie (Sonntag): 1. Barrichello 298,0, 2. Räikkönen 295,3, 3. M. Schumacher 294,6, 4. Montoya 293,2, 5. R. Schumacher 291,7, 6. Heidfeld 291,4, 7. Coulthard 289,8, 8. Button 289,7, 9. Massa 289,6, 10. Salo 289,4, 11. Trulli 289,2, 12. Fisichella 289,0, 13. De la Rosa 288,0, 14. Bernoldi 288,0, 15. Sato 288,0, 16. Frentzen 287,5, 17. Panis 287,4, 18. Irvine 286,7, 19. Villeneuve 286,3, 20. Webber 284,8

Höchstgeschwindigkeiten (Samstag): 1. Barrichello 311,1, 2. M. Schumacher 310,4, 3. R. Schumacher 308,9, 4. Heidfeld 308,6, 5. Montoya 308,4, 6. Trulli 306,8, 7. Massa 306,0, 8. Irvine 305,5, 9. McNish 305,2, 10. Salo 305,1, 11. Bernoldi 305,0, 12. Räikkönen 303,9, 13. Sato 303,9, 14. Button 303,7, 15. Fisichella 303,7, 16. Yoong 303,3, 17. Webber 303,2, 18. Panis 303,2, 19. Frentzen 303,1, 20. Coulthard 301,9, 21. Villeneuve 300,0, 22. De la Rosa 296,5

Höchstgeschwindigkeiten (Sonntag): 1. Barrichello 307,1, 2. M. Schumacher 306,0, 3. Fisichella 304,4, 4. Panis 304,4, 5. Frentzen 303,8, 6. Bernoldi 303,7, 7. R. Schumacher 303,7, 8. Coulthard 303,7, 9. Montoya 302,7, 10. Massa 302,6, 11. Salo 302,5, 12. De la Rosa 302,5, 13. Trulli 302,4, 14. Heidfeld 301,5, 15. Button 301,2, 16. Räikkönen 300,9, 17. Irvine 300,6, 18. Sato 299,0, 19. Webber 298,5, 20. Villeneuve 296,9

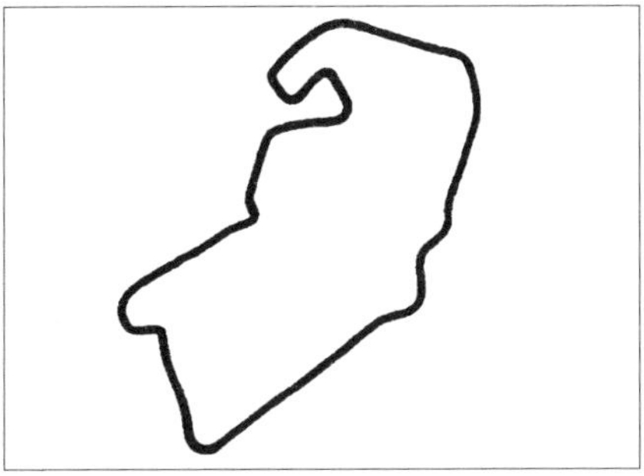

Wetter am Renntag: Bedeckt, zeitweise Regenschauer, 17 Grad Lufttemperatur, 17 Grad Asphalttemperatur, 60.000 Zuschauer am Renntag

Distanz: 60 Runden à 5,141 km = 308,356 km

Sieger 2001: Hakkinen (McLaren/Mercedes), 1.25:33,770 = 216,184 km/h, 2. M. Schumacher -33,646, 3. Barrichello -59,280

Poleposition 2001: M. Schumacher (Ferrari), 1:20,447 = 230,060 km/h

Schnellste Runde 2001: Hakkinen (McLaren/Mercedes), 1:23,405 = 221,900 km/h

Boxenstopps:

Frentzen:	12. Runde: 1. Stopp, Wechsel auf Intermediates in total 36,9 sec., Platz 13-17
Massa:	12. Runde: 1. Stopp, Wechsel auf Intermediates in total 33,8 sec., Platz 19
Montoya:	13. Runde: 1. Stopp, Wechsel auf Intermediates in total 9,6 sec., Platz 1
M. Schumacher:	13. Runde: 1. Stopp, Wechsel auf Intermediates in total 35,3 sec., Platz 2
Räikkönen:	13. Runde: 1. Stopp, Wechsel auf Regenreifen in total 1:02,5 min. weil Box nicht rechtzeitig informiert war, Platz 3-8
R. Schumacher:	13. Runde: 1. Stopp, Reifenwechsel in 23,2 sec., total 54,4 sec., weil in Box Unklarheiten über den Reifentyp, Platz 4-7
Trulli:	13. Runde: 1. Stopp, Wechsel auf Regenreifen in total 32,6 sec., Platz 6-4
Button:	13. Runde: 1. Stopp, Wechsel auf Regenreifen in total 48,2 sec., weil Box durch Trulli blockiert, Platz 7-6
Barrichello:	13. Runde: 1. Stopp, Wechsel auf Intermediates in total 35,5 sec., Platz 8-5
Villeneuve:	13. Runde: 1. Stopp, Reifenwechsel in total 34,6 sec., Platz 9-10
Salo:	13. Runde: 1. Stopp, Reifenwechsel in total 34,9 sec., Platz 11
Bernoldi:	13. Runde: 1. Stopp, Wechsel auf Intermediates in total 35,1 sec., Platz 10
Irvine:	13. Runde: 1. Stopp, Wechsel auf Regenreifen in total 36,3 sec., Platz 12-13
Panis:	13. Runde: 1. Stopp, Wechsel auf Intermediates in total 38,5 sec., Platz 13
Heidfeld:	13. Runde: 1. Stopp, Wechsel auf Intermediates in total 34,0 sec., Platz 13-15
Fisichella:	13. Runde: 1. Stopp, Wechsel auf Intermediates in total 33,2 sec., Platz 15-18
De la Rosa:	14. Runde: 1. Stopp, Wechsel auf Regenreifen in 11,5 sec., total 37,0 sec., Platz 14-18
Sato:	14. Runde: 1. Stopp, nach Dreher Wechsel auf Intermediates in total 33,3 sec., Platz 18-19
Coulthard:	15. Runde: 1. Stopp, Wechsel auf Regenreifen in 6,5 sec., total 31,2 sec., Platz 3-11
Coulthard:	23. Runde: 2. Stopp, Wechsel auf Trockenreifen in total 53,4 sec., Probleme rechts vorne, Platz 11-15
Räikkönen:	24. Runde: 2. Stopp, Wechsel auf Trockenreifen in 10,4 sec., total 36,4 sec., Platz 4-8
Trulli:	25. Runde: 2. Stopp, Wechsel auf Trockenreifen in total 34,7 sec., Platz 7-12
Button:	25. Runde: 2. Stopp, Wechsel auf Trockenreifen in total 48,8 sec., weil durch Trullis Boxenstopp aufgehalten, Platz 8-14
Bernoldi:	26. Runde: 2. Stopp, Wechsel auf Trockenreifen in total 33,1 sec., Platz 6-11
Bernoldi:	27. Runde: 3. Stopp, Wechsel auf Intermediates in total 31,4 sec., Platz 11-12
Button:	27. Runde: 3. Stopp, Wechsel auf Intermediates in total 35,0, Platz 14-15
Räikkönen:	28. Runde: 3. Stopp, Reifenwechsel in 7,8 sec., total 34,1 sec., Platz 10
Trulli:	28. Runde: 3. Stopp, Wechsel auf Intermediates in total 32,2 sec., Platz 13-14
Coulthard:	28. Runde: 3. Stopp, Reifenwechsel in total 31,1 sec., Platz 16
Massa:	30. Runde: 2. Stopp, Wechsel auf Intermediates in total 33,2 sec., Platz 7-9
De la Rosa:	30. Runde: 2. Stopp, Reifenwechsel in 32,2 sec., Platz 13-14
R. Schumacher:	31. Runde: 2. Stopp, misslungener Tankstopp mit 29,0 sec., total 54,2 sec., Platz 4-8
M. Schumacher:	33. Runde: 2. Stopp, Wechsel auf Intermediates in total 33,4 sec., Platz 1
Barrichello:	33. Runde: 2. Stopp, Wechsel auf Intermediates in 7,6 sec., total 32,5 sec., Platz 2
R. Schumacher:	35. Runde: 3. Stopp, wieder Tankstopp in total 33,3 sec., Platz 9-10
Button:	36. Runde: 4. Stopp, total 32,9 sec., Platz 12
Coulthard:	36. Runde: 4. Stopp, Boxenstopp unerwartet, Reifen nicht vorbereitet, verlor 25,8 sec., total 51,2 sec., Platz 13-14
Räikkönen:	37. Runde: 4. Stopp in 9,3 sec., total 35,3 sec., Platz 9-10
Sato:	37. Runde: 2. Stopp, Wechsel auf Trockenreifen in total 34,5 sec., Platz 11
De la Rosa:	37. Runde: 2. Stopp, Wechsel auf Trockenreifen in total 34,5 sec., Platz 13-14
Heidfeld:	38. Runde: 2. Stopp, Wechsel auf Intermediates in 7,4 sec., total 32,8 sec., Platz 5-8

Villeneuve:	39. Runde: 2. Stopp, Wechsel auf Trockenreifen in total 35,3 sec., Platz 4-5
Fisichella:	39. Runde: 2. Stopp, Wechsel auf Trockenreifen in total 32,6 sec., Platz 6-7
Barrichello:	40. Runde: 3. Stopp in total 31,4 sec., Platz 2-3
Montoya:	40. Runde: 2. Stopp in 9,2 sec., total 34,0 sec., Platz 3
Panis:	40. Runde: 2. Stopp, Wechsel auf Trockenreifen in total 33,2 sec.. Platz 4-5
Massa:	40. Runde: 3. Stopp, Wechsel auf Trockenreifen in total 31,4 sec., Platz 7-9
M. Schumacher:	43. Runde: 3. Stopp in total 31,9 sec., Platz 1

Ausfälle:

McNish:	Start: Elektronikprobleme, dadurch Kupplungsschaden, Motor abgestorben
Webber:	10. Runde: Dreher durch Kupplungsschaden, Platz 17
Salo:	16. Runde: Getriebeschaden, Platz 12
Frentzen:	21. Runde: Motorschaden, Platz 7
Irvine:	24. Runde: Unfall ausgangs Stowe Corner, kein Grip, Platz 15
Bernoldi:	29. Runde: Schaden an der Antriebswelle, Platz 12
Trulli:	30. Runde: Elektronikprobleme, Traktion verschlechtert, Getriebe schaltet selbstständig in niedrige Gänge, Platz 14
Räikkönen:	45. Runde: Motorschaden, Platz 10
Sato:	51. Runde: Motorschaden, Platz 10
Button	55. Runde: Linkes Vorderrad gelockert, in der Box aufgegeben, Platz 11

Stand nach 1 Runde: 1. Montoya, 2. M. Schumacher, 3. R. Schumacher, 4. Räikkönen, 5. Coulthard, 6. Trulli, 7. Button, 8. Salo, 9. Villeneuve, 10. Heidfeld

Führung im Rennen:

1.-15. Runde: Montoya
16.-60. Runde: M. Schumacher

Ergebnis:

1. Michael Schumacher (Deutschland), Ferrari	1.31:45,015 = 201.649 km/h	
2. Rubens Barrichello (Brasilien), Ferrari	1.31:59,593 = 201,116 km/h	14,578 zurück
3. Juan Pablo Montoya (Kolumbien), Williams BMW	1.32:16,676 = 200,496 km/h	31,661 zurück
4. Jacques Villeneuve (Kanada), BAR Honda	1.31:56,013 = 197,891 km/h	1 Runde zurück
5. Olivier Panis (Frankreich), BAR Honda	1.32:01,850 = 197,682 km/h	1 Runde zurück
6. Nick Heidfeld (Deutschland), Sauber Petronas	1.32:03,803 = 197,612 km/h	1 Runde zurück
7. Giancarlo Fisichella (Italien), Jordan Honda	1.32:04,779 = 197,577 km/h	1 Runde zurück
8. Ralf Schumacher (Deutschland), Williams BMW	1.32:10,019 = 197,390 km/h	1 Runde zurück
9. Felipe Massa (Brasilien), Sauber Petronas	1.32:22,679 = 196,939 km/h	1 Runde zurück
10. David Coulthard (Schottland), McLaren Mercedes	1.32:37,952 = 193,068 km/h	2 Runden zurück
11. Pedro De la Rosa (Spanien), Jaguar Cosworth	1.32:53,737 = 192,521 km/h	2 Runden zurück
12. Jenson Button (Großbritannien), Renault	1.27:08,287 = 191,082 km/h	Ausfall

Button bei Rennschluss nicht mehr im Rennen, aber gewertet.

Schnellste Runde im Qualifying: Montoya (Williams-BMW): 1:18,998 = 234,279 km/h
Schnellste Runde im Rennen: Barrichello (Ferrari): 1:23,083 = 222,760 km/h

Schnellste Runde jedes Fahrers im Rennen: Barrichello 1:23,083 (58.), M. Schumacher 1:23,826 (52.), R. Schumacher 1:24,586 (5.), Villeneuve 1:24,949 (56.), Heidfeld 1:24,996 (57.), Massa 1:25,058 (57.), Panis 1:25,063 (58.), Fisichella 1:25,104 (58.), Räikkönen 1:25,409 (5.), Montoya 1:25,469 (50.), Coulthard 1:25,492 (56.), De la Rosa 1:25,540 (57.), Sato 1:25,804 (46.), Button 1:26,074 (5.), Trulli 1:26,519 (5.), Salo 1:26,723 (4.), Bernoldi 1:27,328 (5.), Irvine 1:27,781 (5.), Frentzen 1:28,111 (6.), Webber 1:28,321 (7.)

WM-Stand: 1. M. Schumacher 86, 2. Barrichello 32, 3. Montoya 31, 4. R. Schumacher 30, 5. Coulthard 26, 6. Räikkönen 11, 7. Button 10, 8. Heidfeld 6, 9. Fisichella 6, 10. Trulli 4, 11. Massa 4, 12. Villeneuve 3, 13. Irvine 3, 14. Panis 2, 15. Webber 2, 16. Salo 2, 17. Heinz Harald Frentzen 2

Konstrukteur-WM: 1. Ferrari 118, 2. Williams-BMW 61, 3. McLaren-Mercedes 37, 4. Renault 14, 5. Sauber-Petronas 10, 6. Jordan-Honda 6, 7. BAR-Honda 5, 8. Jaguar-Cosworth 3, 9. Minardi-Asiatech 2, 10. Toyota 2, 11. Arrows-Cosworth 2

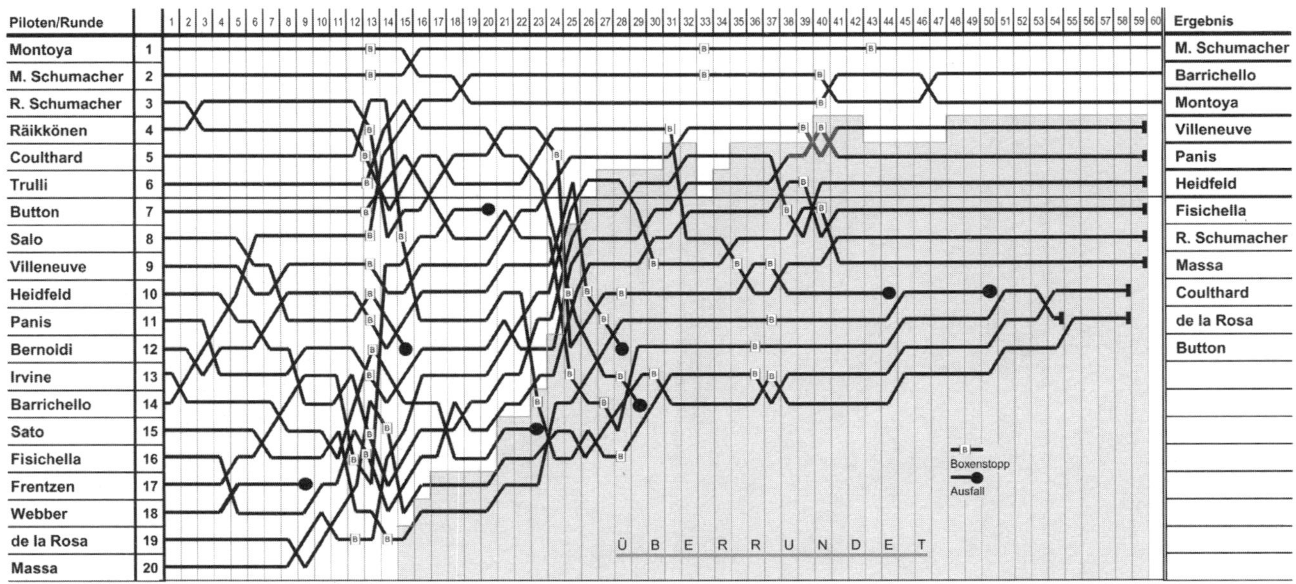

Piloten/Runde
Montoya 1
M. Schumacher 2
R. Schumacher 3
Räikkönen 4
Coulthard 5
Trulli 6
Button 7
Salo 8
Villeneuve 9
Heidfeld 10
Panis 11
Bernoldi 12
Irvine 13
Barrichello 14
Sato 15
Fisichella 16
Frentzen 17
Webber 18
de la Rosa 19
Massa 20
1 2 3 4 5 6 7 8 9 10 11 12 13 14 15 16 17 18 19 20 21 22 23 24 25 26 27 28 29 30 31 32 33 34 35 36 37 38 39 40 41 42 43 44 45 46 47 48 49 50 51 52 53 54 55 56 57 58 59 60
Ergebnis
M. Schumacher
Barrichello
Montoya
Villeneuve
Panis
Heidfeld
Fisichella
R. Schumacher
Massa
Coulthard
de la Rosa
Button
Boxenstopp
Ausfall
Ü B E R R U N D E T

Lauf 11 – Großer Preis von Frankreich – Magny-Cours, 21. Juli 2002

1. Training (Freitag)		2. Training (Samstag)		3. Training (Qualifying)		4. Training (Warm-Up)	
1. Coulthard	1:14,025	1. M. Schumacher	1:12,974	1. Montoya	1:11,985	1. M. Schumacher	1:14,174
2. Räikkönen	1:14,097	2. Räikkönen	1:12,995	2. M. Schumacher	1:12,008	2. Barrichello	1:14,888
3. M. Schumacher	1:14,240	3. Coulthard	1:13,249	3. Barrichello	1:12,197	3. Trulli	1:15,455
4. Barrichello	1:14,750	4. Barrichello	1:13,503	4. Räikkönen	1:12,244	4. Massa	1:15,519
5. R. Schumacher	1:14,970	5. Button	1:13,553	5. R. Schumacher	1:12,424	5. Heidfeld	1:15,534
6. Irvine	1:14,983	6. Montoya	1:13,633	6. Coulthard	1:12,498	6. Button	1:15,673
7. Salo	1:15,161	7. R. Schumacher	1:13,728	7. Button	1:12,761	7. Räikkönen	1:15,714
8. De la Rosa	1:15,179	8. Irvine	1:14,018	8. Trulli	1:13,030	8. Irvine	1:15,804
9. Button	1:15,218	9. Heidfeld	1:14,108	9. Irvine	1:13,188	9. Coulthard	1:15,817
10. Montoya	1:15,271	10. Trulli	1:14,161	10. Heidfeld	1:13,370	10. Panis	1:16,058
11. McNish	1:15,411	11. Massa	1:14,211	11. Panis	1:13,457	11. Sato	1:16,068
12. Fisichella	1:15,422	12. De la Rosa	1:14,211	12. Massa	1:13,501	12. R. Schumacher	1:16,184
13. Massa	1:16,030	13. Sato	1:14,503	13. Villeneuve	1:13,506	13. De la Rosa	1:16,612
14. Panis	1:16,163	14. Panis	1:14,557	14. Sato	1:13,542	14. Montoya	1:16,755
15. Sato	1:16,167	15. Fisichella	1:14,949	15. De la Rosa	1:13,656	15. Villeneuve	1:16,821
16. Heidfeld	1:16,209	16. Villeneuve	1:15,036	16. Salo	1:13,837	16. Salo	1:16,889
17. Villeneuve	1:16,457	17. Salo	1:15,516	17. McNish	1:13,949	17. McNish	1:17,056
18. Webber	1:16,496	18. McNish	1:15,650	18. Webber	1:14,800	18. Webber	1:17,873
19. Trulli	1:16,763	19. Webber	1:15,797	19. Yoong	1:16,798	19. Yoong	1:19,045
20. Yoong	1:19,015	20. Yoong	1:17,207	20. Frentzen	1:18,497		
				21. Bernoldi	1:19,843		

Startaufstellung:

Juan Pablo Montoya
Williams FW24-BMW V10
1:11,985

Michael Schumacher
Ferrari F2002 V10
1:12,008

Rubens Barrichello
Ferrari F2002 V10
1:12,197

Kimi Räikkönen
McLaren MP4/17 Mercedes V10
1:12,244

Ralf Schumacher
Williams FW24-BMW V10
1:12,424

David Coulthard
McLaren MP4/17 Mercedes V10
1:12,498

Jenson Button
Renault R202 V10
1:12,761

Jarno Trulli
Renault R202 V10
1:13,030

Eddie Irvine
Jaguar R3-Cosworth V10
1:13,188

Nick Heidfeld
Sauber C21-Petronas V10
1:13,370

Olivier Panis
BAR 004-Honda V10
1:13,457

Felipe Massa
Sauber C21-Petronas V10
1:13,501

Jacques Villeneuve
BAR 004-Honda V10
1:13,506

Takuma Sato
Jordan EJ12-Honda V10
1:13,542

Pedro De la Rosa
Jaguar R3-Cosworth V10
1:13,656

Mika Salo
Toyota TF102 V10
1:13,837

Allan McNish
Toyota TF102 V10
1:13,949

Mark Webber
Minardi PS 02-Asiatech V10
1:14,800

Alexander Yoong
Minardi PS 02-Asiatech V10
1:16,798

Nicht qualifziert: Heinz Harald Frentzen: 1:18,497
Enrique Bernoldi 1:19,843
Giancarlo Fisichella: Unfall im freien Training

Es wurden keine Geschwindigkeiten auf der Ziellinie gemessen.

Höchstgeschwindigkeiten (Samstag): 1. M. Schumacher 306,0, 2. Montoya 304,6, 3. Barrichello 304,6, 4. R. Schumacher 304,2, 5. Heidfeld 302,0, 6. McNish 302,0, 7. Sato 301,6, 8. Salo 301,6, 9. Button 300,7, 10. Frentzen 300,6, 11. Massa 300,2, 12. Coulthard 299,4, 13. Trulli 299,3, 14. Villeneuve 299,1, 15. Räikkönen 298,6, 16. Irvine 297,1, 17. Panis 297,0, 18. De la Rosa 296,3, 19. Bernoldi 295,7, 20. Webber 295,7, 21. Yoong 293,1

Höchstgeschwindigkeiten (Sonntag): 1. M. Schumacher 312,5, 2. Panis 308,5, 3. Massa 308,5, 4. R. Schumacher 308,4, 5. Räikkönen 308,6, 6. Salo 308,2, 7. Montoya 308,2, 8. Button 306,3 9. Villeneuve 306,2, 10. Heidfeld 305,6, 11. Coulthard 304,6, 12. Sato 304,4, 13. Trulli 304,3, 14. McNish 303,3, 15. De la Rosa 303,0, 16. Irvine 302,5, 17. Webber 298,7, 18. Yoong 298,6

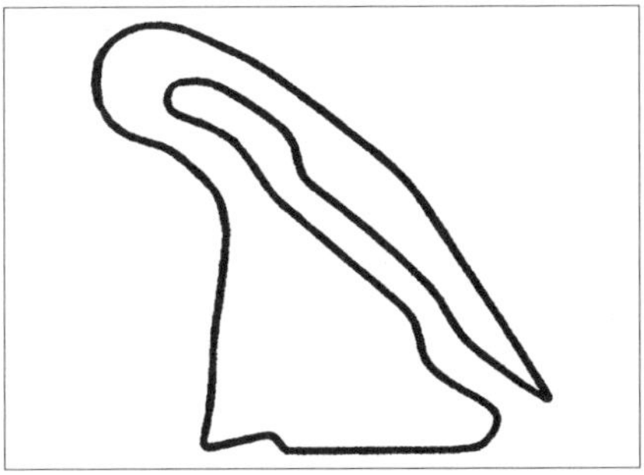

Wetter am Renntag: Bewölkt, heiß, trocken, starker Wind, 23 Grad Lufttemperatur, 28 Grad Asphalttemperatur, 105.000 Zuschauer am Renntag

Distanz: 72 Runden à 4,251 km = 305,886 km

Sieger 2001: M. Schumacher (Ferrari), 1.33:35,636 = 196,093 km/h, 2. R. Schumacher -10,399, 3. Barrichello -16,381

Poleposition 2001: R. Schumacher (Williams-BMW), 1:12,989 = 209,670 km/h

Schnellste Runde 2001: Coulthard (McLaren/Mercedes), 1:16,088 = 201,130 km/h

Boxenstopps:

Panis:	1. Runde: 1. Stopp, Kollision mit Sato in der ersten Kuve, beide Autos im Kiesbett, auch De la Rosa um eine Kollision zu vermeiden. Panis holte in der Box eine neue Frontpartie, verlor 1:40 min.
Massa:	7. Runde: 1. Stopp, „Drive Through"-Strafe wegen eklatanten Frühstarts (etwa 1 Sekunde), verlor 14,3 sec., Platz 7-15
Massa:	10. Runde: 2. Stopp, „Drive Through"-Strafe, weil er bei der Boxenausfahrt die Sperrline überschritten hatte, verlor 14,4 sec., Platz 15-16
Button:	20. Runde: 1. Stopp, Tanken und Reifenwechsel in 9,6 sec., total 26,5 sec., Platz 6-9
Villeneuve:	20. Runde: 1. Stopp, Tanken und Reifenwechsel in 7,2 sec., total 24,5 sec., Platz 12-16
Yoong:	20. Runde: 1. Stopp, Tanken und Reifenwechsel, total 25,9 sec., Platz 17
Trulli:	21. Runde: 1. Stopp, Tanken und Reifenwechsel in 8,4 sec., total 25,6 sec., Platz 6-8
Irvine:	21. Runde: 1. Stopp, Tanken und Reifenwechsel, total 26,0 sec., Platz 7-11
Panis:	20. Runde: 2. Stopp, Tanken und Reifenwechsel in 9,6 sec., total 26,6 sec., Platz 18
R. Schumacher:	22. Runde: 1. Stopp, Tanken und Reifenwechsel, total 24,3 sec., Platz 4-5
Montoya:	24. Runde: 1. Stopp, Tanken und Reifenwechsel in 8,4 sec., total 25,4 sec., Platz 1-4
McNish:	24. Runde: 1. Stopp, Tanken und Reifenwechsel, total 31,5 sec., Platz 10-14
Webber:	24. Runde: 1. Stopp, Tanken und Reifenwechsel, total 25,8 sec., Platz 12-13
De la Rosa:	24. Runde: 1. Stopp, Tanken und Reifenwechsel nach Beinahe Kollision mit Sato, total 26,5 sec., Platz 13-15
Salo:	25. Runde: 1. Stopp, Tanken und Reifenwechsel in 9,2 sec., total 25,7 sec., Platz 9,12
M. Schumacher:	26. Runde: 1. Stopp, Tanken und Reifenwechsel in 8,4 sec., total 25,2 sec., Platz 1-2
Räikkönen	27. Runde: 1. Stopp, Tanken und Reifenwechsel in 8,5 sec., total 25,1 sec., Platz 1-5
Massa	27. Runde: 3. Stopp, Tanken und Reifenwechsel in 8,9 sec., total 25,6 sec., Platz 10-14
Coulthard:	28. Runde: 1. Stopp, Tanken und Reifenwechsel in 11,2 sec., total 26,7 sec., Platz 1-5
Heidfeld:	28. Runde: 1. Stopp, Tanken und Reifenwechsel in 8,2 sec., total 25,0 sec., Platz 6-9
M. Schumacher:	35. Runde: 2. Stopp, „Drive Through"-Strafe, weil er nach dem Boxenstopp in der 26. Runde die Sperrlinie bei der Boxenausfahrt überfahren hatte, verlor 14,4 sec., Platz 1-3
De la Rosa:	39. Runde: 2. Stopp, Tanken und Reifenwechsel in 8,3 sec., total 26,51 sec., Platz 14
Montoya:	43. Runde: 2. Stopp, Tanken und Reifenwechsel in 11,6 sec., total 29,1 sec., Platz 1-6
Irvine:	43. Runde: 2. Stopp, Tanken und Reifenwechsel in 5,8 sec., total 24,4 sec., Platz 8
R. Schumacher:	44. Runde: 2. Stopp, Tanken und Reifenwechsel in 9,6 sec., total 26,6 sec., Platz 4-5
Button:	44. Runde: 2. Stopp, Tanken und Reifenwechsel, total 28,1 sec., Platz 5-7
Salo:	44. Runde: 2. Stopp, Tanken und Reifenwechsel in 10,8 sec., total 26,5 sec., Platz 10-13
Yoong:	43. Runde: 2. Stopp, Tanken und Reifenwechsel in 9,5 sec., total 27,2 sec., Platz 15
McNish:	45. Runde: 2. Stopp, Tanken und Reifenwechsel, total 26,6 sec., Platz 12-14
Trulli:	46. Runde: 2. Stopp, Tanken und Reifenwechsel in 9,1 sec., total 26,2 sec., Platz 6-7
M. Schumacher:	48. Runde: 3. Stopp, Tanken und Reifenwechsel in 8,8 sec., total 25,5 sec., Platz 2-3
Webber:	47. Runde: 2. Stopp, Tanken und Reifenwechsel, total 25,6 sec., Platz 11
R. Schumacher:	48. Runde: 3. Stopp, „Drive Through"-Strafe, weil er beim Boxenstopp in der 44. Runde die Sperrlinie überfahren hatte, verlor 14,3 sec., Platz 5
Räikkönen:	49. Runde: 2. Stopp, Tanken und Reifenwechsel in 8,7 sec., total 24,8 sec., Platz 1-2
Heidfeld:	49. Runde: 2. Stopp, Tanken und Reifenwechsel, total 27,0 sec., Platz 9
Coulthard:	54. Runde: 2. Stopp, Tanken und Reifenwechsel in 7,7 sec., total 24,0 sec., Platz 1-3
De la Rosa:	56. Runde: 3. Stopp, Tanken und Reifenwechsel in 9,8 sec., total 26,9 sec., Platz 9-10
Coulthard:	59. Runde: 3. Stopp, „Drive Through"-Strafe, weil er beim Boxenstopp in der 54. Runde die Sperrlinie überfahren hatte, verlor 14,1 sec., Platz 3
Button:	59. Runde: 3. Stopp, Tanken und Reifenwechsel in 4,8 sec., total 24,8 sec., Platz 6

Ausfälle:

Barrichello:	0. Runde: am Vorstart, zum Beginn der Aufwärmrunde, Motor nicht angesprungen – defekter Sensor der Elektronik. Auto noch aufgebockt auf der Startaufstellung, später in die Box geschoben
Sato:	24. Runde: beinahe mit de la Rosa kollidiert, Unfall, von der Strecke abgekommen, Platz 14
Panis:	30. Runde: in der Box aufgegeben, Folgeschäden nach der Kollision mit Sato in der ersten Kurve, Platz 12
Villeneuve:	36. Runde: Motorschaden, Platz 10
Salo:	49. Runde: Motorschaden, Feuer, Platz 12
Massa:	49. Runde: Getriebeschaden, Ausfall nach Boxenstopp, Platz 10
Trulli:	50. Runde: Motorschaden, Platz 7
Irvine:	53. Runde: Heckflügel weggebrochen, als er die Haarnadel anbremste, gefährlicher Unfall, Dreher ins Kiesbett, Platz 7
McNish:	66. Runde: Motorschaden, Platz 9

Stand nach 1 Runde: 1. Montoya, 2. M. Schumacher, 3. Räikkönen, 4. R. Schumacher, 5. Coulthard, 6. Button, 7. Massa, 8. Trulli, 9. Irvine, 10. Heidfeld

Führung im Rennen:

1.-23. Runde: Montoya
24.-25. Runde: M. Schumacher
26. Runde: Räikkönen
27.-28. Runde: Coulthard
29.-35. Runde: M. Schumacher
36.-42. Runde: Montoya
43.-49. Runde: Räikkönen
50.-54. Runde: Coulthard
55.-67. Runde: Räikkönen
68.-72. Runde: M. Schumacher

Ergebnis:

1. Michael Schumacher (Deutschland), Ferrari	1.32:09,837 = 199.135 km/h	
2. Kimi Räikkönen (Finnland), McLaren Mercedes	1.32:10,941 = 199,096 km/h	1,105 zurück
3. David Coulthard (Schottland), McLaren Mercedes	1.32:41,812 = 197,991 km/h	31,976 zurück
4. Juan Pablo Montoya (Kolumbien), Williams BMW	1.32:50,512 = 197,681 km/h	40,676 zurück
5. Ralf Schumacher (Deutschland), Williams BMW	1.32:51,609 = 197,642 km/h	41,773 zurück
6. Jenson Button (Großbritannien), Renault	1.32:21,991 = 195,937 km/h	1 Runde zurück
7. Nick Heidfeld (Deutschland), Sauber Petronas	1.33:07,050 = 194,357 km/h	1 Runde zurück
8. Mark Webber (Australien), Minardi Asiatech	1.33:29,831 = 193,568 km/h	1 Runde zurück
9. Pedro De la Rosa (Spanien), Jaguar Cosworth	1.32:27,870 = 192,971 km/h	2 Runden zurück
10. Alexander Yoong (Malaysia), Minardi Asiatech	1.32:23,782 = 187,593 km/h	4 Runden zurück
11. Allan McNish (Schottland), Toyota	1.25:36,853 = 193,516 km/h	Ausfall

McNish bei Rennschluss ausgefallen, aber gewertet

Schnellste Runde im Qualifying: Montoya (Williams-BMW): 1:11,985 = 212,594 km/h
Schnellste Runde im Rennen: Coulthard (McLaren/Mercedes): 1:15,045 = 203,926 km/h

Schnellste Runde jedes Fahrers im Rennen: Coulthard 1:15,045 (62.), M. Schumacher 1:15,311 (25.), Räikkönen 1:15,406 (54.), R. Schumacher 1:15,584 (24.), Montoya 1:15,697 (26.), Button 1:15,957 (22.), Panis 1:16,278 (4.), Trulli 1:16,300 (20.), Irvine 1:16,456 (20.), De la Rosa 1:16,515 (58.), Villeneuve 1:16,667 (23.), Heidfeld 1:16,847 (22.), Massa 1:17,029 (46.), Webber 1:17,087 (26.), Salo 1:17,295 (28.), McNish 1:17,304 (47.), Sato 1:17,565 (6.), Yoong 1:18,998 (37.)

WM-Stand: 1. M. Schumacher 96, 2. Montoya 34, 3. Barrichello 32, 4. R. Schumacher 32, 5. Coulthard 30, 6. Räikkönen 7, 7. Button 11, 8. Heidfeld 6, 9. Fisichella 6, 10. Trulli 4, 11. Massa 4, 12. Villeneuve 3, 13. Irvine 3, 14. Panis 2, 15. Webber 2, 16. Salo 2, 17. Frentzen 2

Konstrukteur-WM: 1. Ferrari 128, 2. Williams-BMW 66, 3. McLaren-Mercedes 47, 4. Renault 15, 5. Sauber-Petronas 10, 6. Jordan-Honda 6, 7. BAR-Honda 5, 8. Jaguar-Cosworth 3, 9. Minardi-Asiatech 2, 10. Toyota 2, 11. Arrows-Cosworth 2

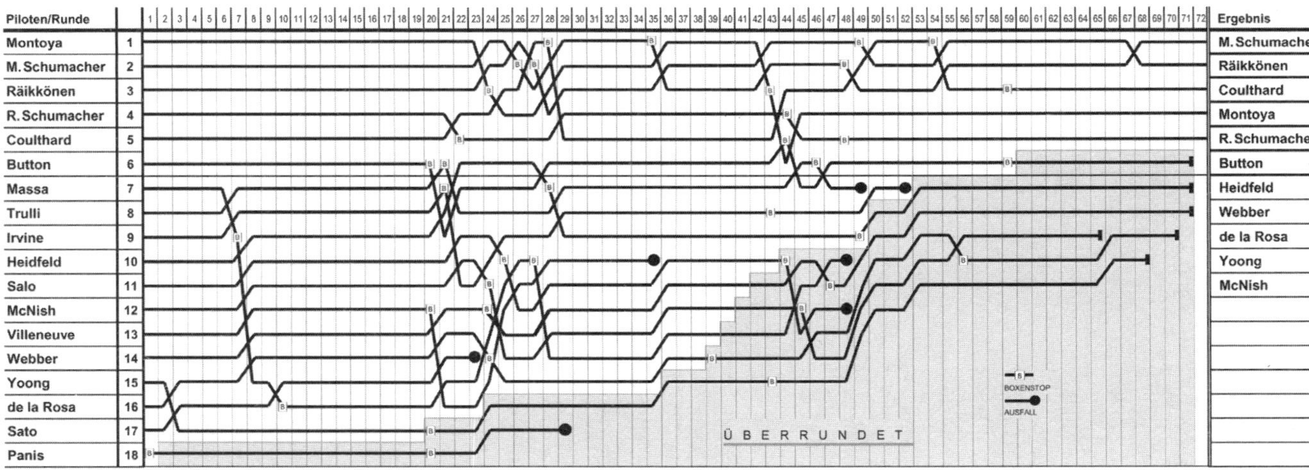
Piloten/Runde
Montoya 1
M.Schumacher 2
Räikkönen 3
R.Schumacher 4
Coulthard 5
Button 6
Massa 7
Trulli 8
Irvine 9
Heidfeld 10
Salo 11
McNish 12
Villeneuve 13
Webber 14
Yoong 15
de la Rosa 16
Sato 17
Panis 18
1 2 3 4 5 6 7 8 9 10 11 12 13 14 15 16 17 18 19 20 21 22 23 24 25 26 27 28 29 30 31 32 33 34 35 36 37 38 39 40 41 42 43 44 45 46 47 48 49 50 51 52 53 54 55 56 57 58 59 60 61 62 63 64 65 66 67 68 69 70 71 72
Ergebnis
M. Schumacher
Räikkönen
Coulthard
Montoya
R. Schumacher
Button
Heidfeld
Webber
de la Rosa
Yoong
McNish
B
BOXENSTOP
AUSFALL
Ü B E R R U N D E T

Lauf 12 – Großer Preis von Deutschland – Hockenheim, 28. Juli 2002

1. Training (Freitag)		2. Training (Samstag)		3. Training (Qualifying)		4. Training (Warm-Up)	
1. M. Schumacher	1:16,086	1. M. Schumacher	1:14,487	1. M. Schumacher	1:14,389	1. M. Schumacher	1:16,726
2. Barrichello	1:16,248	2. R. Schumacher	1:15,154	2. R. Schumacher	1:14,570	2. Barrichello	1:17,240
3. Räikkönen	1:16,344	3. Barrichello	1:15,459	3. Barrichello	1:14,693	3. Fisichella	1:17,290
4. Coulthard	1:16,440	4. Montoya	1:15,472	4. Montoya	1:15,108	4. Panis	1:17,326
5. R. Schumacher	1:16,934	5. Heidfeld	1:15,862	5. Räikkönen	1:15,639	5. Sato	1:17,544
6. Irvine	1:17,136	6. Massa	1:15,997	6. Fisichella	1:15,690	6. Heidfeld	1:17,711
7. Montoya	1:17,187	7. Fisichella	1:16,093	7. Panis	1:15,851	7. Coulthard	1:17,880
8. Massa	1:17,361	8. Salo	1:16,195	8. Trulli	1:15,885	8. R. Schumacher	1:17,893
9. McNish	1:17,422	9. Coulthard	1:16,206	9. Coulthard	1:15,909	9. Räikkönen	1:17,963
10. Frentzen	1:17,471	10. McNish	1:16,399	10. Heidfeld	1:15,990	10. Montoya	1:17,972
11. Bernoldi	1:17,481	11. Trulli	1:16,403	11. Villeneuve	1:16,070	11. Massa	1:18,033
12. Panis	1:17,482	12. Räikkönen	1:16,482	12. Sato	1:16,072	12. Bernoldi	1:18,226
13. Heidfeld	1:17,573	13. Sato	1:16,494	13. Button	1:16,278	13. Trulli	1:18,295
14. Sato	1:17,684	14. Panis	1:16,694	14. Massa	1:16,351	14. Irvine	1:18,348
15. De la Rosa	1:17,732	15. Irvine	1:16,876	15. Frentzen	1:16,505	15. De la Rosa	1:18,420
16. Fisichella	1:17,805	16. Villeneuve	1:16,938	16. Irvine	1:16,533	16. Salo	1:18,653
17. Villeneuve	1:17,954	17. Frentzen	1:17,163	17. McNish	1:16,594	17. Villeneuve	1:18,765
18. Salo	1:18,023	18. De la Rosa	1:17,218	18. Bernoldi	1:16,645	18. Button	1:18,791
19. Button	1:18,211	19. Bernoldi	1:17,258	19. Salo	1:16,685	19. McNish	1:19,318
20. Trulli	1:18,658	20. Button	1:17,455	20. De la Rosa	1:17,077	20. Frentzen	1:19,910
21. Webber	1:19,594	21. Webber	1:18,291	21. Webber	1:17,996	21. Webber	1:20,158
22. Yoong	1:20,164	22. Yoong	1:20,314	22. Yoong	1:19,775		

Startaufstellung:

Michael Schumacher
Ferrari F2002 V10
1:14,389

Rubens Barrichello
Ferrari F2002 V10
1:14,693

Ralf Schumacher
Williams FW24-BMW V10
1:14,570

Juan Pablo Montoya
Williams FW24-BMW V10
1:15,108

Kimi Räikkönen
McLaren MP4/17 Mercedes V10
1:15,639

Olivier Panis
BAR 004-Honda V10
1:15,851

Giancarlo Fisichella
Jordan EJ12-Honda V10
1:15,690

Jarno Trulli
Renault R202 V10
1:15,885

David Coulthard
McLaren MP4/17 Mercedes V10
1:15,909

Jacques Villeneuve
BAR 004-Honda V10
1:16,070

Nick Heidfeld
Sauber C21-Petronas V10
1:15,990

Takuma Sato
Jordan EJ12-Honda V10
1:16,072

Jenson Button
Renault R202 V10
1:16,278

Heinz Harald Frentzen
Arrows A23-Cosworth V10
1:16,505

Felipe Massa
Sauber C21-Petronas V10
1:16,351

Eddie Irvine
Jaguar R3-Cosworth V10
1:16,533

Allan McNish
Toyota TF102 V10
1:16,594

Mika Salo
Toyota TF102 V10
1:16,685

Enrique Bernoldi
Arrows A23-Cosworth V10
1:16,645

Pedro De la Rosa
Jaguar R3-Cosworth V10
1:17,077

Mark Webber
Minardi PS 02-Asiatech V10
1:17,996

Nicht qualifziert: Alexander Yoong: 1:19,775

Geschwindigkeiten auf der Ziellinie (Samstag): 1. Montoya 278,9, 2. M. Schumacher 278,4, 3. Barrichello 278,2, 4. R. Schumacher 278,0, 5. Fisichella 276,4, 6. Coulthard 274,9, 7. Sato 273,4, 8. Panis 273,2, 9. De la Rosa 273,0, 10. Villeneuve 272,8, 11. Räikkönen 272,0, 12. Bernoldi 272,0, 13. Button 272,0, 14. McNish 272,0, 15. Heidfeld 271,8, 16. Salo 271,8, 17. Trulli 271,7, 18. Massa 271,5, 19. Irvine 271,1, 20. Frentzen 271,0, 21. Webber 268,0, 22. Yoong 264,1

Geschwindigkeiten auf der Ziellinie (Sonntag): 1. M. Schumacher 275,4, 2. R. Schumacher 274,6, 3. Montoya 274,6, 4. Barrichello 273,5, 5. Bernoldi 272,5, 6. Coulthard 271,8, 7. Fisichella 271,6, 8. Salo 271,4, 9. McNish 271,2, 10. Sato 270,3, 11. Räikkönen 269,8, 12. Panis 269,3, 13. Irvine 268,9, 14. Massa 268,7, 15. Villeneuve 268,7, 16. Trulli 268,0, 17. Heidfeld 267,3, 18. Frentzen 266,6, 19. Button 266,2, 20. Webber 265,4

Höchstgeschwindigkeiten (Samstag): 1. M. Schumacher 326,2, 2. Fisichella 324,0, 3. Sato 323,7, 4. Barrichello 322,3, 5. Montoya 322,3, 6. Panis 321,9, 7. R. Schumacher 321,3, 8. Villeneuve 319,8, 9. Heidfeld 315,5, 10. Coulthard 315,3, 11. Massa 315,2, 12. Salo 314,2, 13. Trulli 314,1, 14. Bernoldi 313,8, 15. Button 313,4, 16. Webber 313,3, 17. Irvine 313,2, 18. De la Rosa 313,0, 19. Räikkönen 312,1, 20. McNish 311,4, 21. Frentzen 309,8, 22. Yoong 307,1

Höchstgeschwindigkeiten (Sonntag): 1. Fisichella 326,8, 2. Bernoldi 325,7, 3. Villeneuve 323,6, 4. Panis 323,0, 5. Sato 322,1, 6. Montoya 320,7, 7. Heidfeld 320,0, 8. Salo 320,0, 9. M. Schumacher 319,8, 10. R. Schumacher 319,5, 11. McNish 319,1, 12. Barrichello 319,1, 13. Massa 318,2, 14. Irvine 317,4, 15. Coulthard 316,7, 16. Trulli 316,5, 17. Button 315,4, 18. Räikkönen 313,6, 19. Webber 310,5, 20. Frentzen 310,0, 21. De la Rosa 221,9

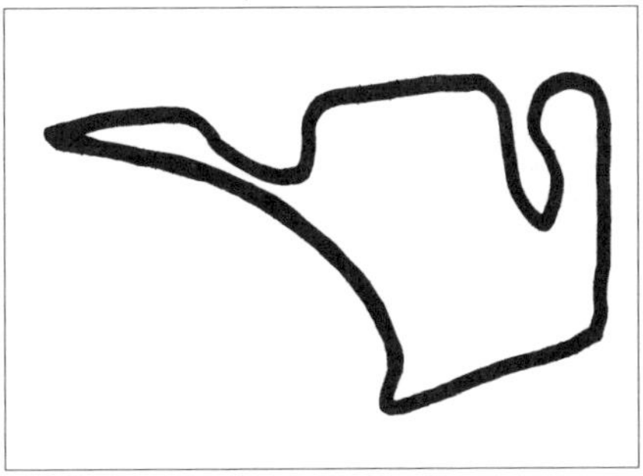

Wetter am Renntag: Sonnig, heiß, 29-34 Grad Lufttemperatur, 38-47 Grad Asphalttemperatur, 92.000 Zuschauer am Samstag, 130.000 Zuschauer am Renntag

Distanz: 67 Runden à 4,574 km = 306,458 km

Sieger 2001: R. Schumacher (Williams-BMW), 1.18:17,873 = 235,351 km/h, 2. Barrichello -46,117, 3. Villeneuve -62,806

Poleposition 2001: Montoya (Williams-BMW), 1:38,117 = 250,415 km/h

Schnellste Runde 2001: Montoya (Williams-BMW), 1:41,808 = 241,336 km/h

Boxenstopps:

Frentzen:	am Start Auto nicht in Gang gebracht, in Box geschoben, mit zwei Runden Rückstand aus der Box gestartet, Platz 21
Trulli:	16. Runde: Tanken und Reifenwechsel, total 29,2 sec., Platz 9-19
Massa:	20. Runde: Tanken und Reifenwechsel, total 30,5 sec., Platz 8-17
Salo:	21. Runde: Tanken und Reifenwechsel in 9,2 sec., total 30,5 sec., Platz 8-17
Heidfeld:	22. Runde: Tanken und Reifenwechsel in 8,4 sec., total 29,2 sec., Platz 9-15
McNish:	23. Runde: Tanken und Reifenwechsel in 9,6 sec., total 31,4 sec., Platz 12
Villeneuve:	24. Runde: Tanken und Reifenwechsel, total 30,6 sec., Platz 10-13
Bernoldi:	24. Runde: Tanken und Reifenwechsel, total 33,3 sec., Platz 11-16
Panis:	25. Runde: Tanken und Reifenwechsel, total 31,3 sec., Platz 7-9
Irvine:	25. Runde: Tanken und Reifenwechsel, Traktionskontrolle ausgeschaltet, total 35,5 sec., Platz 11-16
Barrichello:	26. Runde: Tanken und Reifenwechsel in 8,6 sec., total 29,7 sec., Platz 3-4
Räikkönen:	26. Runde: Tanken und Reifenwechsel in 9,2 sec., total 30,5 sec., Platz 5-7
Sato:	26. Runde: Tanken und Reifenwechsel, total 29,0 sec., Platz 8-11
M. Schumacher:	27. Runde: Tanken und Reifenwechsel in 8,4 sec., total 29,0 sec., Platz 1-3
Fisichella:	28. Runde: Tanken und Reifenwechsel in 32 sec., total 52,9 sec., wegen Problemen mit dem rechten Vorderrad und weil Motor wegen Kupplungsproblemen abstarb, Platz 6-13
R. Schumacher:	29. Runde: von Villeneuve in der Boxengasse aufgehalten, Tanken und Reifenwechsel in 8,0 sec., total 31,1 sec., Platz 1-3
Coulthard:	29. Runde: Tanken und Reifenwechsel in 7,8 sec., total 28,6 sec., Platz 5-6
Montoya:	30. Runde: Tanken und Reifenwechsel in 7,7 sec., total 28,8 sec., Platz 1-4
Trulli:	33. Runde: „Drive Through"-Strafe wegen Missachtens der blauen Flagge, verlor total 18,6 sec., Platz 11-13
Räikkönen:	37. Runde: Reifenwechsel nach Reifenplatzer links hinten, verliert Reifen komplett, auch Verkleidung, Unterboden und Bremshutzen beschädigt, Stopp dauerte 19 sec., total 45,6 sec., Platz 5-12-14
Massa:	42. Runde: 2, Stopp, Tanken und Reifenwechsel in 9,4 sec., total 30,4 sec., Platz 7-10
Salo:	43. Runde: 2, Stopp, Tanken und Reifenwechsel in 9,0 sec., total 29,9 sec., Platz 9-11
Heidfeld:	44. Runde: 2, Stopp, Tanken und Reifenwechsel, total 30,1 sec., Platz 6-7
Sato:	44. Runde: 2, Stopp, Tanken und Reifenwechsel, in 10,0 sec., total 32,2 sec., Platz 7-9
Barrichello:	46. Runde: 2, Stopp, Tanken und Reifenwechsel, total 42,4 sec., weil Tankklappe nicht öffnete, Platz 3-4
Fisichella:	46. Runde: 2, Stopp, Tanken und Reifenwechsel, total 32,6 sec., Platz 6-10
Bernoldi:	46. Runde: 2, Stopp, Tanken und Reifenwechsel, total 35,7 sec., Platz 10-13
M. Schumacher:	47. Runde: 2, Stopp, Tanken und Reifenwechsel, total 29,6 sec., Platz 1-2
R. Schumacher:	48. Runde: 2, Stopp, Tanken und Reifenwechsel in 7,8 sec., total 29,9 sec., beinahe den Signalmann mit der Stopp-Tafel mitgenommen, Platz 1-3
Irvine:	48. Runde: 2, Stopp, Tanken und Reifenwechsel, total 28,9 sec., Platz 11-13
Montoya:	49. Runde: 2, Stopp, Tanken und Reifenwechsel in 7,4 sec., total 28,5 sec., Platz 2-3
Coulthard:	49. Runde: 2. Stopp, Tanken und Reifenwechsel in 8,6 sec., total 29,2 sec., Platz 5
R. Schumacher:	69. Runde: 3. Stopp, Auffüllen des pneumatischen Systems mit Druckluft, total 27,9 sec., Platz 2-3

Ausfälle:

De la Rosa:	0. Runde: kein Antrieb im 7. Gang, Platz 20
Frentzen:	18. Runde: Schaltprobleme wegen Hydraulik-Lecks, Platz 20
Webber:	23. Runde: verlor Hydraulik-Druck, in der Box aufgegeben, Platz 19
McNish:	23. Runde: Motor/Hydraulikproblem unmittelbar nach Boxenstopp, Auto beschleunigte nicht mehr richtig, Platz 12
Button:	24. Runde: Probleme mit dem Differential, Leistungsverlust, daher Traktionskontrolle ausgeschaltet, Motor auf der Geraden ausgesetzt, Platz 17
Villeneuve:	27. Runde: Getriebeschaden, nach Boxenstopp nicht mehr auf die Strecke zurückgekehrt, Platz 16
Trulli:	36. Runde: von der Strecke geraten beim Angriff auf Fisichella in der Bremsphase, Platz 13
Panis:	39. Runde: Dreher wegen Motorproblems, in der ersten Kurve von der Strecke abgekommen, Platz 6
Bernoldi:	48. Runde: Motorschaden, Platz 12
Irvine:	57. Runde: Bremsdefekt, nach drittem Ausritt in der Box aufgegeben, Platz 12
Räikkönen:	59. Runde: Unfall mit beschädigtem Auto in der letzten Kurve, Platz 11
Fisichella:	59. Runde: Motorschaden, Platz 10

Stand nach 1 Runde: 1. M. Schumacher, 2. R. Schumacher, 3. Barrichello, 4. Räikkönen, 5. Barrichello, 6. Fisichella, 7. Panis, 8. Trulli, 9. Coulthard, 10. Heidfeld

Führung im Rennen:

1.-26. Runde: M. Schumacher
27.-29. Runde: R. Schumacher
30. Runde: Montoya
31.-47. Runde: M. Schumacher
48. Runde: R. Schumacher
49.-67. Runde: M. Schumacher

Ergebnis:

1. Michael Schumacher (Deutschland), Ferrari	1.27:52,078 = 209.262 km/h	
2. Juan Pablo Montoya (Kolumbien), Williams BMW	1.28:02,581 = 208,846 km/h	3,963 zurück
3. Ralf Schumacher (Deutschland), Williams BMW	1.28:06,544 = 208,689 km/h	8,729 zurück
4. Rubens Barrichello (Brasilien), Ferrari	1.28:15,273 = 208,345 km/h	1 Runde zurück
5. David Coulthard (Schottland), McLaren Mercedes	1.27:52,771 = 206,112 km/h	1 Runde zurück
6. Nick Heidfeld (Deutschland), Sauber Petronas	1.28:27,055 = 204,780 km/h	1 Runde zurück
7. Felipe Massa (Brasilien), Sauber Petronas	1.28:35,532 = 204,454 km/h	1 Runde zurück
8. Takuma Sato (Japan), Jordan Honda	1.28:52,526 = 203,802 km/h	1 Runde zurück
9. Mika Salo (Finnland), Toyota	1.28:57,479 = 203,613 km/h	1 Runde zurück

Schnellste Runde im Qualifying: M. Schumacher (Ferrari), 1:14,389 = 221,355 km/h
Schnellste Runde im Rennen: M. Schumacher (Ferrari), 1:16,462 = 215,354 km/h

Schnellste Runde jedes Fahrers im Rennen: M. Schumacher 1:16,462 (44.), R. Schumacher 1:16,513 (47.), Montoya 1:16,693 (33.), Barrichello 1:16,845 (45.), Coulthard 1:17,530 (43.), Räikkönen 1:17,895 (24.), Fisichella 1:18,053 (44.), Heidfeld 1:18,062 (46.), Trulli 1:18,280 (35.), Panis 1:18,405 (27.), Sato 1:18,448 (43.), Salo 1:18,497 (45.), Massa 1:18,562 (44.), Irvine 1:18,859 (16.), Bernoldi 1:19,084 (43.), Villeneuve 1:19,400 (22.), Webber 1:19,485 (22.), McNish 1:19,587 (17.), Button 1:19,695 (23.), Frentzen 1:19,995 (16.)

WM-Stand: 1. M. Schumacher 106, 2. Montoya 40, 3. R. Schumacher 36, 4. Barrichello 35, 5. Coulthard 32, 6. Räikkönen 17, 7. Button 11, 8. Heidfeld 7, 9. Fisichella 6, 10. Trulli 4, 11. Massa 4, 12. Villeneuve 3, 13. Irvine 3, 14. Panis 2, 15. Webber 2, 16. Salo 2, 17. Frentzen 2

Konstrukteur-WM: 1. Ferrari 141, 2. Williams-BMW 76, 3. McLaren-Mercedes 49, 4. Renault 15, 5. Sauber-Petronas 11, 6. Jordan-Honda 6, 7. BAR-Honda 5, 8. Jaguar-Cosworth 3, 9. Minardi-Asiatech 2, 10. Toyota 2, 11. Arrows-Cosworth 2

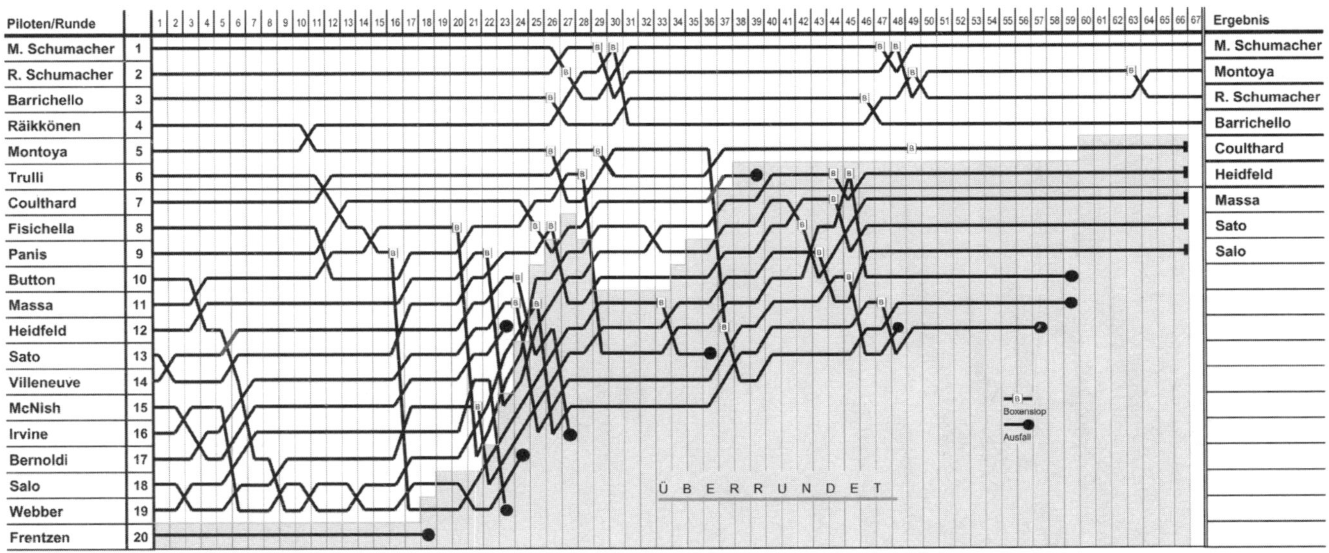

Piloten/Runde
M. Schumacher 1
R. Schumacher 2
Barrichello 3
Räikkönen 4
Montoya 5
Trulli 6
Coulthard 7
Fisichella 8
Panis 9
Button 10
Massa 11
Heidfeld 12
Sato 13
Villeneuve 14
McNish 15
Irvine 16
Bernoldi 17
Salo 18
Webber 19
Frentzen 20
Ergebnis
M. Schumacher
Montoya
R. Schumacher
Barrichello
Coulthard
Heidfeld
Massa
Sato
Salo
ÜBERRUNDET
Boxenstop
Ausfall

Lauf 13 – Großer Preis von Ungarn – Budapest, 18. August 2002

1. Training (Freitag)		2. Training (Samstag)		3. Training (Qualifying)		4. Training (Warm-Up)	
1. M. Schumacher	1:16,346	1. M. Schumacher	1:14,308	1. Barrichello	1:13,333	1. M. Schumacher	1:16,864
2. Barrichello	1:16,952	2. Barrichello	1:14,469	2. M. Schumacher	1:13,392	2. Barrichello	1:17,000
3. R. Schumacher	1:17,228	3. Räikkönen	1:15,746	3. R. Schumacher	1:13,746	3. Räikkönen	1:17,659
4. Räikkönen	1:17,298	4. Montoya	1:15,912	4. Montoya	1:14,706	4. Fisichella	1:17,972
5. Fisichella	1:17,399	5. Massa	1:15,944	5. Fisichella	1:14,880	5. Sato	1:18,132
6. Sato	1:17,598	6. Panis	1:16,140	6. Trulli	1:14,980	6. R. Schumacher	1:18,170
7. Coulthard	1:17,704	7. Fisichella	1:16,201	7. Massa	1:15,047	7. Heidfeld	1:18,182
8. Massa	1:17,704	8. R. Schumacher	1:16,236	8. Heidfeld	1:15,129	8. Coulthard	1:18,234
9. De la Rosa	1:18,036	9. Heidfeld	1:16,300	9. Button	1:15,214	9. Massa	1:18,246
10. Button	1:18,250	10. Trulli	1:16,311	10. Coulthard	1:15,223	10. Button	1:18,284
11. Trulli	1:18,360	11. Coulthard	1:16,348	11. Räikkönen	1:15,243	11. Panis	1:18,320
12. Villeneuve	1:18,388	12. Salo	1:16,515	12. Panis	1:15,556	12. Irvine	1:18,500
13. Irvine	1:18,718	13. De la Rosa	1:16,631	13. Villeneuve	1:15,583	13. De la Rosa	1:18,503
14. Panis	1:18,846	14. McNish	1:16,710	14. Sato	1:15,804	14. Villeneuve	1:19,008
15. Salo	1:18,890	15. Villeneuve	1:16,710	15. De la Rosa	1:15,867	15. Trulli	1:19,138
16. Montoya	1:18,961	16. Button	1:16,790	16. Irvine	1:16,419	16. Montoya	1:19,152
17. Heidfeld	1:19,051	17. Sato	1:16,844	17. Salo	1:16,473	17. Salo	1:19,313
18. McNish	1:19,171	18. Irvine	1:17,478	18. McNish	1:16,626	18. McNish	1:19,650
19. Davidson	1:19,490	19. Webber	1:18,320	19. Webber	1:17,428	19. Webber	1:20,648
20. Webber	1:19,526	20. Davidson	1:18,483	20. Davidson	1:17,959	20. Davidson	1:20,793

Startaufstellung:

Rubens Barrichello
Ferrari F2002 V10
1:13,333

Michael Schumacher
Ferrari F2002 V10
1:13,392

Ralf Schumacher
Williams FW24-BMW V10
1:13,746

Juan Pablo Montoya
Williams FW24-BMW V10
1:14,706

Giancarlo Fisichella
Jordan EJ12-Honda V10
1:14,880

Jarno Trulli
Renault R202 V10
1:14,980

Felipe Massa
Sauber C21-Petronas V10
1:15,047

Nick Heidfeld
Sauber C21-Petronas V10
1:15,129

Jenson Button
Renault R202 V10
1:15,214

David Coulthard
McLaren MP4/17 Mercedes V10
1:15,223

Kimi Räikkönen
McLaren MP4/17 Mercedes V10
1:15,243

Olivier Panis
BAR 004-Honda V10
1:15,556

Jacques Villeneuve
BAR 004-Honda V10
1:15,583

Takuma Sato
Jordan EJ12-Honda V10
1:15,804

Pedro De la Rosa
Jaguar R3-Cosworth V10
1:15,867

Eddie Irvine
Jaguar R3-Cosworth V10
1:16,419

Mika Salo
Toyota TF102 V10
1:16,473

Allan McNish
Toyota TF102 V10
1:16,626

Mark Webber
Minardi PS 02-Asiatech V10
1:17,428

Anthony Davidson
Minardi PS 02-Asiatech V10
1:17,959

Geschwindigkeiten auf der Ziellinie (Samstag): 1. Montoya 259,4, 2. R. Schumacher 259,1, 3. Barrichello 258,3, 4. M. Schumacher 256,8, 5. Räikkönen 255,2, 6. Trulli 254,7, 7. Coulthard 254,4, 8. Button 254,3, 9. De la Rosa 253,8, 10. Irvine 253,6, 11. McNish 253,2, 12. Salo 253,0, 13. Fisichella 251,9, 14. Heidfeld 251,6, 15. Panis 251,4, 16. Sato 251,1, 17. Massa 250,7, 18. Villeneuve 250,4, 19. Webber 246,4, 20. Davidson 244,1

Geschwindigkeiten auf der Ziellinie (Sonntag): 1. M. Schumacher 254,8, 2. R. Schumacher 252,3, 3. Barrichello 252,2, 4. Coulthard 252,2, 5. Montoya 251,8, 6. Räikkönen 251,7, 7. McNish 251,7, 8. De la Rosa 251,6, 9. Irvine 250,2, 10. Salo 249,8, 11. Panis 249,2, 12. Trulli 248,5, 13. Sato 248,4, 14. Button 248,3, 15. Fisichella 247,9, 16. Massa 247,0, 17. Villeneuve 246,0, 18. Heidfeld 245,9, 19. Webber 244,8, 20. Davidson 243,9

Höchstgeschwindigkeiten (Samstag): 1. Barrichello 302,7, 2. Räikkönen 302,4, 3. R. Schumacher 301,5, 4. Montoya 301,5, 5. Irvine 300,2, 6. M. Schumacher 299,6, 7. Coulthard 299,4, 8. Villeneuve 299,0, 9. McNish 298,6, 10. Trulli 297,8, 11. Salo 297,7, 12. Button 297,4, 13. Fisichella 297,0, 14. Sato 296,4, 15. De la Rosa 296,2, 16. Panis 296,1, 17. Massa 295,3, 18. Heidfeld 293,8, 19. Webber 292,6, 20. Davidson 291,1

Höchstgeschwindigkeiten (Sonntag): 1. Montoya 303,2, 2. M. Schumacher 302,9, 3. Räikkönen 301,4, 4. Barrichello 301,0, 5. Coulthard 301,0 6. McNish 300,0, 7. R. Schumacher 300,7, 8. De la Rosa 300,3, 9. Irvine 298,9, 10. Villeneuve 298,5, 11. Panis 297,8, 12. Salo 297,6, 13. Fisichella 297,1, 14. Massa 296,7, 15. Sato 296,0, 16. Heidfeld 295,0, 17. Webber 294,6, 18. Trulli 294,6, 19. Button 294,0, 20. Davidson 293,1

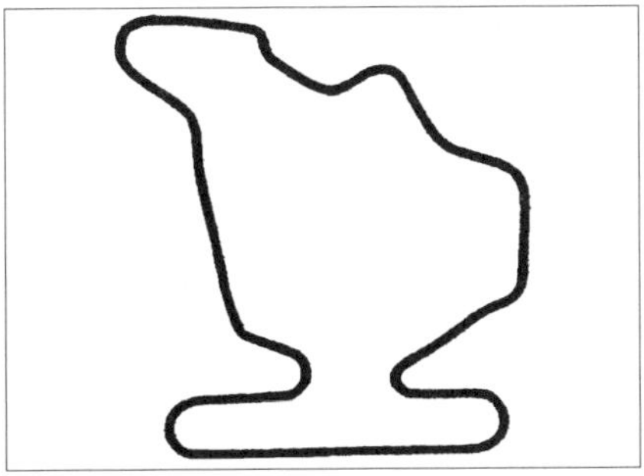

Wetter am Renntag: heiß und sonnig, 30-33 Grad Lufttemperatur, 37-46 Grad Asphalttemperatur, 70.000 Zuschauer am Renntag, an allen drei Tagen 170.000

Distanz: 77 Runden à 3,975 km = 306,069 km

Sieger 2001: M. Schumacher (Ferrari), 1.41:49,675 = 180,348 km/h, 2. Barrichello -3,363, 3. Coulthard -3,940

Poleposition 2001: M. Schumacher (Ferrari), 1:14,059 = 193,224 km/h

Schnellste Runde 2001: Hakkinen (McLaren/Mercedes), 1:16,723 = 186,515 km/h

Boxenstopps:

Montoya:	22. Runde: Früher Boxenstopp nach Ausrutscher unter Druck von Räikkönen, verlor Teile der Verkleidung, Tanken und Reifenwechsel in 9,2 sec., total 31,9 sec., Platz 18
Davidson:	24. Runde: 1. Stopp, Tanken und Reifenwechsel in 9,6 sec., total 33,3 sec., Platz 18
McNish:	26. Runde: 1. Stopp, Tanken und Reifenwechsel in 9,2 sec., total 31,5 sec., Platz 14-16
Webber:	26. Runde: 1. Stopp, Tanken und Reifenwechsel in 15,2 sec., total 37,2 sec., Platz 15-17
De la Rosa:	27. Runde: 1. Stopp, Tanken und Reifenwechsel in 10,2 sec., total 31,9 sec., Platz 13-15
Salo:	28. Runde: 1. Stopp, Tanken und Reifenwechsel in 8,6 sec., total 30,7 sec., Platz 12-14
Fisichella:	29. Runde: 1. Stopp, Tanken und Reifenwechsel in 8,3 sec., total 30,2 sec., Platz 4-10
Sato:	30. Runde: 1. Stopp, Tanken und Reifenwechsel in 7,6 sec., total 30,5 sec., Platz 11
M. Schumacher:	31. Runde: 1. Stopp, Tanken und Reifenwechsel in 8,4 sec., total 30,5 sec.,Platz 2-3
Massa:	31. Runde: 1. Stopp, Tanken und Reifenwechsel in total 29,7 sec., Platz 4-8
Trulli:	31. Runde: 1. Stopp, Tanken und Reifenwechsel in 8,2 sec., total 30,3 sec., Platz 7-9
Barrichello:	32. Runde: 1. Stopp, Tanken und Reifenwechsel in 9,0 sec., total 30,9 sec., Platz 1-2
Heidfeld:	32. Runde: 1. Stopp, Tanken und Reifenwechsel in total 29,9 sec., Platz 7-9
R. Schumacher:	33. Runde: 1. Stopp, Tanken und Reifenwechsel in 7,6 sec., total 29,7 sec., Platz 1-3
Panis:	33. Runde: 1. Stopp, Tanken und Reifenwechsel in 7,6 sec., total 29,7 sec., Platz 1-3
Coulthard:	34. Runde: 1. Stopp, Tanken und Reifenwechsel in 8,0 sec., total 29,6 sec., Platz 5-7
Räikkönen:	35. Runde: 1. Stopp, Tanken und Reifenwechsel in 9,1 sec., total 31,1 sec., Platz 4-6
Sato:	49. Runde: 2. Stopp, Tanken und Reifenwechsel in 11,6 sec., total 33,6 sec., Platz 10-12
Webber:	49. Runde: 2. Stopp, Tanken und Reifenwechsel in total 43,1 sec., Platz 16
McNish:	50. Runde: 2. Stopp, Tanken und Reifenwechsel in total 35,6 sec., Platz 15
Fisichella:	51. Runde: 2. Stopp, Tanken und Reifenwechsel in 8,5 sec., total 30,3 sec., Platz 4-6-9
Salo:	51. Runde: 2. Stopp, Tanken und Reifenwechsel in 9,4 sec., total 30,6 sec., behindert De la Rosa in der Boxenstraße und erhält später 25 Strafsekunden, Platz 13
De la Rosa:	51. Runde: 2. Stopp, Tanken und Reifenwechsel in 8,6 sec., total 30,5 sec., beim Hinausfahren von Salo behindert, Platz 14
Massa:	53. Runde: 2. Stopp, Probleme mit dem Tankschlauch, Tanken und Reifenwechsel in 8,4 sec., total 30,3 sec., Platz 6-9
R. Schumacher:	54. Runde: 2. Stopp, Tanken und Reifenwechsel in 8,2 sec., total 30,1 sec., Platz 3
Davidson:	54. Runde: seine 52. Runde: 2. Stopp, Tanken und Reifenwechsel in 5,4 sec., total 32,9 sec., Platz 17
Trulli:	54. Runde: 2. Stopp, Tanken und Reifenwechsel in total 28,9 sec., Platz 6-8
Heidfeld:	54. Runde: 2. Stopp, Tanken und Reifenwechsel in 8,0 sec., total 29,8 sec., Platz 7-10
M. Schumacher:	55. Runde: 2. Stopp, Tanken und Reifenwechsel in 7,6 sec., total 29,2 sec., Platz 2
Barrichello:	56. Runde: 2. Stopp, Tanken und Reifenwechsel in 7,6 sec., total 29,3 sec., Platz 1
Montoya:	56. Runde: (seine 55. Runde): 2. Stopp, Tanken und Reifenwechsel in 8,0 sec., total 30,0 sec., Platz 9-11
Panis:	56. Runde: (seine 55. Runde): 2. Stopp, Tanken und Reifenwechsel in total 31,4 sec., Platz 11-12
Coulthard:	58. Runde: 2. Stopp, Tanken und Reifenwechsel in 8,2 sec., total 29,6 sec., Platz 5
Räikkönen:	61. Runde: 2. Stopp, Tanken und Reifenwechsel in 7,8 sec., total 29,3 sec., Platz 4

Ausfälle:

Villeneuve:	21. Runde: Kraftübertragung, Platz 12
Irvine:	24. Runde: Elektrikdefekt im Motor-Steuergerät, Platz 11
Button:	31. Runde: Dreher wegen Fahrfehlers und Übersteuerns wegen abgenützter Reifen – war mit gebrauchten Reifen gestartet, Platz 5
Davidson:	58. Runde: Dreher, ermüdet und unkonzentriert, Platz 17

Stand nach 1 Runde: 1. Barrichello, 2. M. Schumacher, 3. R. Schumacher, 4. Fisichella, 5. Massa, 6. Button, 7. Montoya, 8. Räikkönen, 9. Trulli, 10. Heidfeld

Führung im Rennen:

1.-32. Runde: Barrichello
33. Runde: R. Schumacher
34.-77. Runde: Barrichello

Ergebnis:

1. Rubens Barrichello (Brasilien), Ferrari	1.41:49,001 = 180.364 km/h	
2. Michael Schumacher (Deutschland), Ferrari	1.41:49,435 = 180,351 km/h	0,434 zurück
3. Ralf Schumacher (Deutschland), Williams BMW	1.42:02,357 = 179,971 km/h	13,355 zurück
4. Kimi Räikkönen (Finnland), McLaren Mercedes	1.42:18,480 = 179,498 km/h	29,479 zurück
5. David Coulthard (Schottland), McLaren Mercedes	1.42:26,801 = 179,255 km/h	37,800 zurück
6. Giancarlo Fisichella (Italien), Jordan Honda	1.42:57,805 = 178,355 km/h	68,804 zurück
7. Felipe Massa (Brasilien), Sauber Petronas	1.43:02,613 = 178,217 km/h	73,612 zurück
8. Jarno Trulli (Italien), Renault	1.41:57,189 = 177,783 km/h	1 Runde zurück
9. Nick Heidfeld (Deutschland), Sauber Petronas	1.41:58,160 = 177,755 km/h	1 Runde zurück
10. Takuma Sato (Japan), Jordan Honda	1.42:09,568 = 177,424 km/h	1 Runde zurück
11. Juan Pablo Montoya (Kolumbien), Williams BMW	1.42:10,653 = 177,393 km/h	1 Runde zurück
12. Olivier Panis (Frankreich), BAR Honda	1.42:52,712 = 176,184 km/h	1 Runde zurück
13. Pedro De la Rosa (Spanien), Jaguar Cosworth	1.42:32,766 = 174,430 km/h	2 Runden zurück
14. Allan McNish (Schottland), Toyota	1.42:33,737 = 174,402 km/h	2 Runden zurück
15. Mika Salo (Finnland), Toyota	1.42:57,333 = 173,736 km/h	2 Runden zurück
16. Mark Webber (Australien), Minardi Asiatech	1.43:01,162 = 173,628 km/h	2 Runden zurück

Salo, ursprünglich 13., durch 25 Strafsekunden wegen Behinderung von De la Rosa in der Boxenstraße auf Platz 15 zurückgereiht.

Schnellste Runde im Qualifying: Barrichello (Ferrari), 1:13,333 = 195,137 km/h
Schnellste Runde im Rennen: M. Schumacher (Ferrari), 1:16,207 = 187,778 km/h

Schnellste Runde jedes Fahrers im Rennen: M. Schumacher 1:16,207 (72.), Barrichello 1:16,891 (31.), Räikkönen 1:16,926 (54.), Coulthard 1:27,290 (33.), R. Schumacher 1:17,783 (30.), Panis 1:18,126 (28.), Montoya 1:18,163 (51.), Heidfeld 1:18,185 (35.), Sato 1:18,247 (46.), Trulli 1:18,438 (51.), Massa 1:18,458 (52.), Fisichella 1:18,578 (49.), Irvine 1:18,889 (19.), Davidson 1:19,347 (54.), Salo 1:19,408 (30.), Button 1:19,455 (23.), Webber 1:19,567 (30.), De la Rosa 1:19,646 (48.), Villeneuve 1:19,861 (19.), McNish 1:19,937 (28.)

WM-Stand: 1. M. Schumacher 112, 2. Barrichello 45, 3. R. Schumacher 40, 4. Pablo Montoya 40, 5. Coulthard 34, 6. Räikkönen 20, 7. Button 11, 8. Heidfeld 7, 9. Fisichella 7, 10. Trulli 4, 11. Massa 4, 12. Villeneuve 3, 13. Irvine 3, 14. Panis 2, 15. Webber 2, 16. Salo 2, 17. Frentzen 2

Konstrukteur-WM: 1. Ferrari 157, 2. Williams-BMW 80, 3. McLaren-Mercedes 54, 4. Renault 15, 5. Sauber-Petronas 11, 6. Jordan-Honda 7, 7. BAR-Honda 5, 8. Jaguar-Cosworth 3, 9. Minardi-Asiatech 2, 10. Toyota 2, 11. Arrows-Cosworth 2

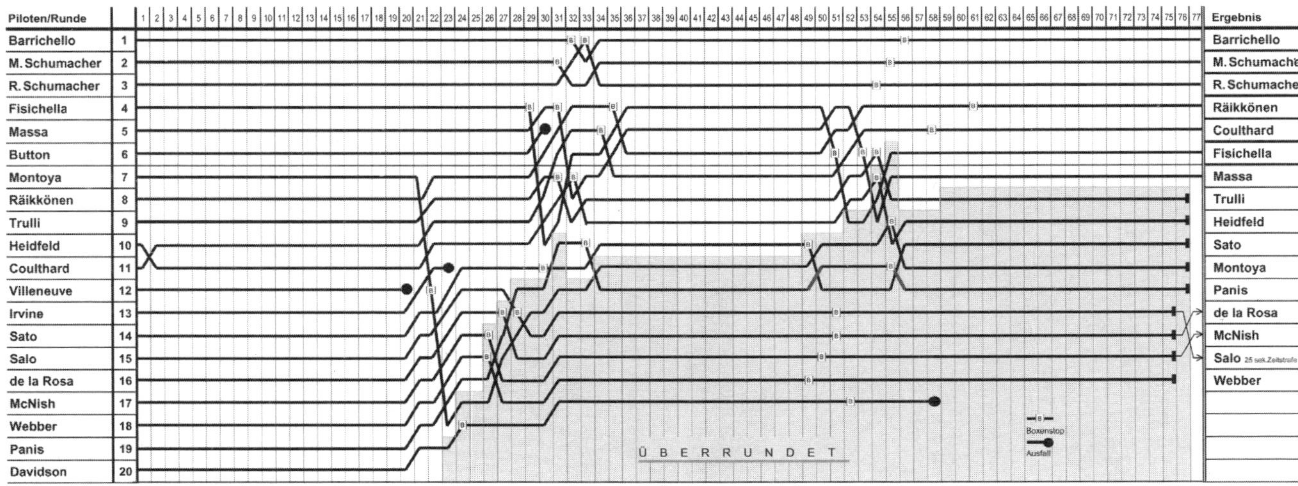
Piloten/Runde
Barrichello 1
M. Schumacher 2
R. Schumacher 3
Fisichella 4
Massa 5
Button 6
Montoya 7
Räikkönen 8
Trulli 9
Heidfeld 10
Coulthard 11
Villeneuve 12
Irvine 13
Sato 14
Salo 15
de la Rosa 16
McNish 17
Webber 18
Panis 19
Davidson 20
Ergebnis
Barrichello
M. Schumacher
R. Schumacher
Räikkönen
Coulthard
Fisichella
Massa
Trulli
Heidfeld
Sato
Montoya
Panis
de la Rosa
McNish
Salo 25 sek. Zeitstrafe
Webber
Ü B E R R U N D E T
Boxenstop
Ausfall

Lauf 14 – Großer Preis von Belgien – Spa Francorchamps, 1. September 2002

1. Training (Freitag)		2. Training (Samstag)		3. Training (Qualifying)		4. Training (Warm-Up)	
1. Räikkönen	1:47,196	1. Räikkönen	1:44,870	1. M. Schumacher	1:43,726	1. M. Schumacher	1:48,044
2. Coulthard	1:47,356	2. M. Schumacher	1:44,951	2. Räikkönen	1:44,150	2. Räikkönen	1:49,033
3. M. Schumacher	1:47,403	3. Coulthard	1:45,407	3. Barrichello	1:44,335	3. Coulthard	1:49,104
4. Barrichello	1:48,321	4. Barrichello	1:45,451	4. R. Schumacher	1:44,348	4. De la Rosa	1:49,107
5. R. Schumacher	1:48,435	5. Montoya	1:45,620	5. Montoya	1:44,634	5. Barrichello	1:49,403
6. Button	1:48,778	6. R. Schumacher	1:45,696	6. Coulthard	1:44,759	6. Trulli	1:49,463
7. De la Rosa	1:48,902	7. Salo	1:46,324	7. Trulli	1:45,386	7. Panis	1:49,806
8. Montoya	1:48,969	8. Panis	1:46,628	8. Irvine	1:45,865	8. R. Schumacher	1:50,086
9. Irvine	1:49,222	9. De la Rosa	1:46,759	9. Salo	1:45,880	9. Villeneuve	1:50,151
10. Salo	1:49,260	10. Button	1:46,820	10. Button	1:45,972	10. Heidfeld	1:50,155
11. McNish	1:49,560	11. Fisichella	1:46,866	11. De la Rosa	1:46,056	11. Montoya	1:50,364
12. Trulli	1:49,603	12. Irvine	1:46,873	12. Villeneuve	1:46,403	12. Salo	1:50,466
13. Villeneuve	1:49,897	13. Villeneuve	1:47,087	13. McNish	1:46,485	13. Button	1:50,610
14. Fisichella	1:50,144	14. Massa	1:47,092	14. Fisichella	1:46,508	14. McNish	1:50,757
15. Sato	1:50,357	15. Trulli	1:47,292	15. Panis	1:46,553	15. Massa	1:50,896
16. Panis	1:50,392	16. Sato	1:47,376	16. Sato	1:46,875	16. Fisichella	1:50,941
17. Massa	1:51,068	17. Heidfeld	1:47,387	17. Massa	1:46,896	17. Irvine	1:51,500
18. Davidson	1:51,270	18. McNish	1:47,670	18. Heidfeld	1:47,272	18. Davidson	1:52,292
19. Heidfeld	1:51,355	19. Webber	1:48,735	19. Webber	1:47,562	19. Webber	1:52,653
20. Webber	1:52,343	20. Davidson	1:49,386	20. Davidson	1:48,170	20. Sato	2:07,290

Startaufstellung:

Michael Schumacher
Ferrari F2002 V10
1:43,726

Kimi Räikkönen
McLaren MP4/17 Mercedes V10
1:44,150

Rubens Barrichello
Ferrari F2002 V10
1:44,335

Ralf Schumacher
Williams FW24-BMW V10
1:44,348

Juan Pablo Montoya
Williams FW24-BMW V10
1:44,634

David Coulthard
McLaren MP4/17 Mercedes V10
1:44,759

Jarno Trulli
Renault R202 V10
1:45,386

Eddie Irvine
Jaguar R3-Cosworth V10
1:45,865

Mika Salo
Toyota TF102 V10
1:45,880

Jenson Button
Renault R202 V10
1:45,972

Pedro De la Rosa
Jaguar R3-Cosworth V10
1:46,056

Jacques Villeneuve
BAR 004-Honda V10
1:46,403

Allan McNish
Toyota TF102 V10
1:46,485

Giancarlo Fisichella
Jordan EJ12-Honda V10
1:46,508

Olivier Panis
BAR 004-Honda V10
1:46,553

Takuma Sato
Jordan EJ12-Honda V10
1:46,875

Felipe Massa
Sauber C21-Petronas V10
1:46,896

Nick Heidfeld
Sauber C21-Petronas V10
1:47,272

Mark Webber
Minardi PS 02-Asiatech V10
1:47,562

Anthony Davidson1:48,170
Minardi PS 02-Asiatech V10
1:48,170

Geschwindigkeiten auf der Ziellinie (Samstag): 1. M. Schumacher 280,5, 2. Barrichello 280,5, 3. Montoya 280,0, 4. Räikkönen 279,6, 5. R. Schumacher 279,4, 6. Coulthard 278,4, 7. Irvine 277,2, 8. Salo 275,9, 9. Button 275,6, 10. McNish 275,3, 11. Panis 274,8, 12. De la Rosa 274,8, 13. Villeneuve 274,4, 14. Fisichella 274,4, 15. Trulli 274,1, 16. Massa 273,9, 17. Sato 273,6, 18. Heidfeld 272,7, 19. Webber 272,0, 20. Davidson 269,6

Geschwindigkeiten auf der Ziellinie (Sonntag): 1. M. Schumacher 279,5, 2. Sato 278,7, 3. Montoya 278,4, 4. R. Schumacher 278,2, 5. Barrichello 277,7, 6. Coulthard 277,0, 7. Irvine 276,1, 8. Villeneuve 276,0, 9. Räikkönen 276,0, 10. De la Rosa 275,9, 11. Massa 275,3, 12. McNish 275,2, 13. Salo 274,8, 14. Fisichella 274,3, 15. Heidfeld 274,2, 16. Panis 272,1, 17. Trulli 271,9, 18. Button 270,9, 19. Webber 267,8, 20. Davidson 267,6

Höchstgeschwindigkeiten (Samstag): 1. Barrichello 332,3, 2. M. Schumacher 332,0, 3. Villeneuve 328,5, 4. Coulthard 328,2, 5. Montoya 327,5, 6. Räikkönen 327,4, 7. Button 327,0, 8. McNish 327,0, 9. R. Schumacher 326,6, 10. Panis 326,4, 11. Salo 325,3, 12. Webber 324,3, 13. Sato 323,6, 14. Irvine 322,3, 15. Fisichella 322,0, 16. Massa 321,8, 17. Trulli 321,5, 18. Heidfeld 321,5, 19. De la Rosa 320,5, 20. Davidson 319,9

Höchstgeschwindigkeiten (Sonntag): 1. Heidfeld 335,5, 2. Massa 334,9, 3. Coulthard 333,7, 4. Villeneuve 332,5, 5. McNish 332,4, 6. Salo 331,6, 7. R. Schumacher 330,8, 8. Räikkönen 330,4, 9. Sato 330,3, 10. Panis 330,0, 11. Barrichello 328,9, 12. Montoya 328,7, 13. M. Schumacher 328,2, 14. De la Rosa 327,6, 15. Fisichella 327,1, 16. Irvine 326,6, 17. Trulli 323,4, 18. Button 323,3, 19. Webber 319,8, 20. Davidson 319,7

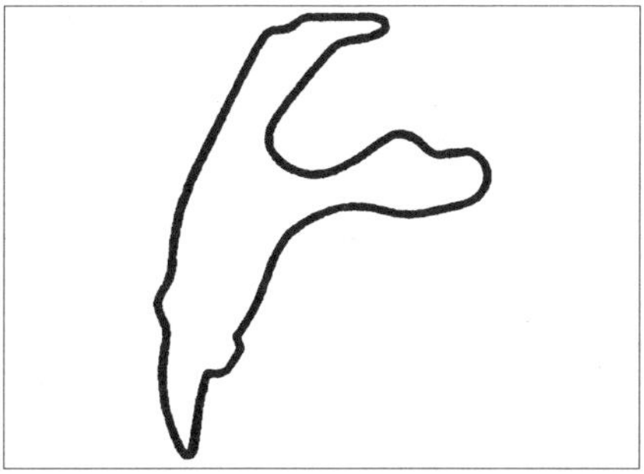

Wetter am Renntag: Bewölkt, trocken 15 Grad Lufttemperatur, 17-18 Grad Asphalttemperatur, kühler als an den Trainingstagen, 61.000 am Freitag, 72.000 am Samstag, 91.000 Zuschauer am Sonntag

Distanz: 44 Runden à 6,968 km = 306,355 km

Sieger 2001: M. Schumacher (Ferrari), 1.08:05,002 = 221,050 km/h, 2. Coulthard -10,098, 3. Fisichella -27,742

Poleposition 2001: Montoya (Williams-BMW), 1:52,072 = 223,828 km/h

Schnellste Runde 2001: M. Schumacher (Ferrari), 1:49,758 = 228,546 km/h

Boxenstopps:

Massa:	14. Runde: Tanken und Reifenwechsel in total 30,8 sec., Platz 13-17
Sato:	14. Runde: Tanken und Reifenwechsel in 17 sec., total 39,0 sec., wegen Problemen mit dem Verschluss rechts hinten, Platz 16-18
Irvine:	15. Runde: Tanken und Reifenwechsel in total 33,3 sec., Platz 8-11
Villeneuve:	15. Runde: Tanken und Reifenwechsel in total 31,7 sec., Platz 11-14
McNish:	15. Runde: Tanken und Reifenwechsel in total 30,3 sec., Platz 12-15
Davidson:	15. Runde: Tanken und Reifenwechsel in total 35,3 sec., Platz 16-18
M. Schumacher:	16. Runde: Tanken und Reifenwechsel in 8,6 sec., total 30,3 sec., Platz 1-2
Salo:	16. Runde: 1. Stopp, Tanken und Reifenwechsel in total 29,7 sec., Platz 8-12
De la Rosa:	16. Runde: Tanken und Reifenwechsel in total 32,3 sec., Platz 9-13
Barrichello:	17. Runde: Tanken und Reifenwechsel in 11,2 sec., total 31,9 sec., Platz 1-5
Trulli:	17. Runde: Tanken und Reifenwechsel in 9,0 sec., total 28,9 sec., Platz 6-7
R. Schumacher:	17. Runde: Tanken und Reifenwechsel in 8,6 sec., total 30,3 sec., danach ein Dreher, Platz 6-8
Heidfeld:	17. Runde: Tanken und Reifenwechsel in total 30,3 sec., Platz 10-16
Montoya:	18. Runde: Tanken und Reifenwechsel in 7,8 sec., total 30,0 sec., Platz 3-4
Räikkönen:	18. Runde: Tanken und Reifenwechsel in 9,6 sec., total 30,9 sec., Platz 4-5
Panis:	18. Runde: Tanken und Reifenwechsel in total 30,6 sec., Platz 9-16
Coulthard:	19. Runde: Tanken und Reifenwechsel in 8,7 sec., total 30,0 sec., Platz 3-4
Fisichella:	21. Runde: als einziger Fahrer mit 1-Stopp-Startegie, Tanken und Reifenwechsel in 12,2 sec., total 34,1 sec., Platz 6-15
Sato:	27. Runde: 2. Stopp, Tanken und Reifenwechsel in total 31,6 sec., Platz 17
Massa:	28. Runde: 2. Stopp, Tanken und Reifenwechsel in total 30,2 sec., Platz13-16
Trulli:	29. Runde: 2. Stopp, Tanken und Reifenwechsel in 9,0 sec., total 30,2 sec., Platz 6-9
M. Schumacher:	30. Runde: 2. Stopp, Tanken und Reifenwechsel in 8,8 sec., total 30,8 sec., behält Platz 1
McNish:	30. Runde: (seine 29. Runde): 2. Stopp, Tanken und Reifenwechsel in total 30,0 sec., Platz 12-15
Heidfeld:	30. Runde: (seine 29. Runde): 2. Stopp, Tanken und Reifenwechsel in total 30,0 sec., Platz 13-16
Irvine:	30. Runde: 2. Stopp, Tanken und Reifenwechsel in total 30,0 sec., Platz 8-10
Salo:	30. Runde: 2. Stopp, Tanken und Reifenwechsel in total 29,2 sec., Platz 9-11
Barrichello:	31. Runde: 2. Stopp, Tanken und Reifenwechsel in 9,1 sec., total 30,3 sec., Platz 2
R. Schumacher:	31. Runde: 2. Stopp, Tanken und Reifenwechsel in 10,0 sec., total 34,4 sec., Platz 6-9
De la Rosa:	32. Runde: 2. Stopp, Tanken und Reifenwechsel in 9,0 sec., total 30,0 sec., Platz 7-11
Panis:	32. Runde: 2. Stopp, Tanken und Reifenwechsel in 7,2 sec., total 28,7 sec., Platz 13-16
Montoya:	33. Runde: 2. Stopp, Tanken und Reifenwechsel in total 29,0 sec., Platz 5
Villeneuve:	33. Runde: 2. Stopp, Tanken und Reifenwechsel in 7,6 sec., total 29,4 sec., Platz 8-12
Räikkönen:	32. Runde: 2. Stopp, Tanken und Reifenwechsel in 8,2 sec., total 29,9 sec., Platz 4-5
Coulthard:	35. Runde: 2. Stopp, Tanken und Reifenwechsel in 6,2 sec., total 27,4 sec., Platz 3-4

Ausfälle:

Webber:	5. Runde: Getriebeschaden, ein Gang nach dem anderen abgemeldet, Platz 19
Button:	11. Runde: Motorschaden, Platz 9
Davidson:	18. Runde: in Pouhon-Kurve rausgeflogen, Platz 18
Trulli:	36. Runde: Motorschaden, Platz 6
Räikkönen:	36. Runde: Motorschaden, kurz vorm 2. Boxenstopp angekündigt, Platz 4
Massa:	38. Runde: Motorschaden als er an den Boxen vorbeikam, Platz 9
De la Rosa:	38. Runde: Radaufhängung rechts hinten gebrochen, Platz 8
Fisichella:	39. Runde: kapitaler Motorschaden, Feuer, beinahe auf eigenem Öl ausgerutscht, Platz 8
Panis:	40. Runde: Motorschaden, Platz 11, gewertet

Stand nach 1 Runde: 1. M. Schumacher, 2. Barrichello, 3. Räikkönen, 4. Montoya, 5. Coulthard, 6. R. Schumacher, 7. Trulli, 8. Irvine, 9. Button, 10. Salo

Führung im Rennen:

1.-16. Runde: M. Schumacher
17. Runde: Barrichello
18.-44. Runde: M. Schumacher

Ergebnis:

1. Michael Schumacher (Deutschland), Ferrari	1.21:20,634 = 225,970 km/h	
2. Rubens Barrichello (Brasilien), Ferrari	1.21:22,611 = 225,878 km/h	1,977 zurück
3. Juan Pablo Montoya (Kolumbien), Williams BMW	1.21:39,079 = 225,119 km/h	18,445 zurück
4. David Coulthard (Schottland), McLaren Mercedes	1.21:39,992 = 225,077 km/h	19,357 zurück
5. Ralf Schumacher (Deutschland), Williams BMW	1.22:17,074 = 223,386 km/h	56,440 zurück
6. Eddie Irvine (Irland), Jaguar Cosworth	1.22:38,004 = 222,443 km/h	74,809 zurück
7. Mika Salo (Finnland), Toyota	1.22:38,443 = 222,424 km/h	77,300 zurück
8. Jacques Villeneuve (Kanada), BAR Honda	1.22:40,489 = 222,332 km/h	79,855 zurück
9. Allan McNish (Schottland), Toyota	1.21:23,091 = 220,723 km/h	1 Runde zurück
10. Nick Heidfeld (Deutschland), Sauber Petronas	1.21:23,830 = 220,689 km/h	1 Runde zurück
11. Takuma Sato (Japan), Jordan Honda	1.21:31,573 = 220,340 km/h	1 Runde zurück
12. Olivier Panis (Frankreich), BAR Honda	1.13:54,306 = 220,450 km/h	Ausfall

Olivier Panis bei Rennschluss nicht mehr im Rennen, aber gewertet

Schnellste Runde im Qualifying: M. Schumacher (Ferrari), 1:43,726 = 241,664 km/h
Schnellste Runde im Rennen: M. Schumacher (Ferrari), 1:47,176 = 233,884 km/h

Schnellste Runde jedes Fahrers im Rennen: M. Schumacher 1:47,176 (15.), Barrichello 1:48,196 (16.), Montoya 1:49,293 (44.), Coulthard 1:49,398 (43.), R. Schumacher 1:49,681 (15.), Räikkönen 1:49,764 (31.), Villeneuve 1:49,787 (43.), De la Rosa 1:50,221 (14.), Trulli 1:50,235 (15.), Panis 1:50,275 (34.), Massa 1:50,595 (30.), Irvine 1:50,829 (13.), Salo 1:50,832 (18.), Sato 1:50,886 (26.), Fisichella 1:50,969 (17.), Heidfeld 1:51,013 (19.), Button 1:51,223 (6.), McNish 1:51,479 (17.), Davidson 1:51,878 (12.), Webber 1:52,469 (3.)

WM-Stand: 1. M. Schumacher 122, 2. Barrichello 51, 3. Montoya 44, 4. R. Schumacher 42, 5. Coulthard 37, 6. Räikkönen 20, 7. Button 11, 8. Heidfeld 7, 9. Fisichella 7, 10. Irvine 4, 11. Trulli 4, 12. Massa 4, 13. Villeneuve 3, 14. Panis 2, 15. Webber 2, 16. Salo 2, 17. Frentzen 2,

Konstrukteur-WM: 1. Ferrari 173, 2. Williams-BMW 86, 3. McLaren-Mercedes 57, 4. Renault 15, 5. Sauber-Petronas 11, 6. Jordan-Honda 7, 7. BAR-Honda 5, 8. Jaguar-Cosworth 4, 9. Minardi-Asiatech 2, 10. Toyota 2, 11. Arrows-Cosworth 2

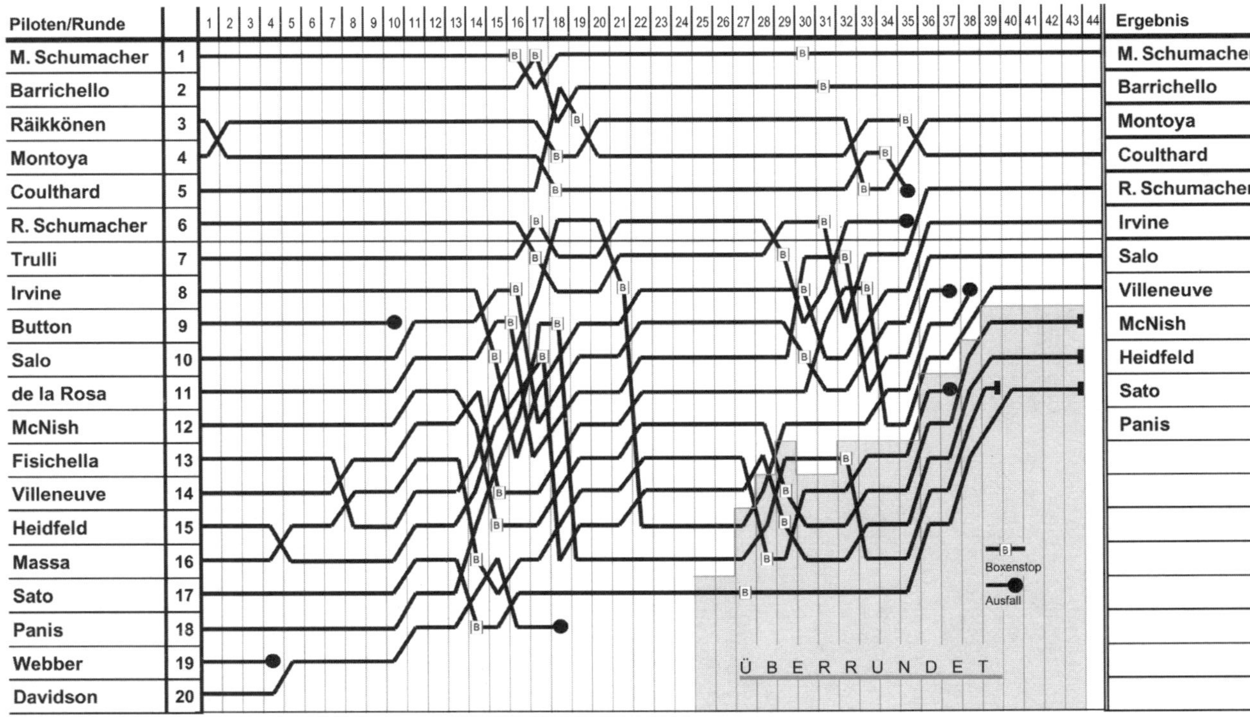

Piloten/Runde
M. Schumacher 1
Barrichello 2
Räikkönen 3
Montoya 4
Coulthard 5
R. Schumacher 6
Trulli 7
Irvine 8
Button 9
Salo 10
de la Rosa 11
McNish 12
Fisichella 13
Villeneuve 14
Heidfeld 15
Massa 16
Sato 17
Panis 18
Webber 19
Davidson 20
1 2 3 4 5 6 7 8 9 10 11 12 13 14 15 16 17 18 19 20 21 22 23 24 25 26 27 28 29 30 31 32 33 34 35 36 37 38 39 40 41 42 43 44
Ergebnis
M. Schumacher
Barrichello
Montoya
Coulthard
R. Schumacher
Irvine
Salo
Villeneuve
McNish
Heidfeld
Sato
Panis
Boxenstop
Ausfall
ÜBERRUNDET

Lauf 15 – Großer Preis von Italien – Monza, 15. September 2002

1. Training (Freitag)		2. Training (Samstag)		3. Training (Qualifying)		4. Training (Warm-Up)	
1. M. Schumacher	1:22,433	1. Montoya	1:21,319	1. Montoya	1:20,264	1. R. Schumacher	1:24,480
2. Barrichello	1:22,658	2. M. Schumacher	1:21,328	2. M. Schumacher	1:20,521	2. Barrichello	1:24,636
3. Räikkönen	1:23,016	3. Barrichello	1:21,754	3. R. Schumacher	1:20,542	3. Montoya	1:24,738
4. Irvine	1:23,460	4. R. Schumacher	1:21,764	4. Barrichello	1:20,706	4. M. Schumacher	1:25,137
5. Montoya	1:23,584	5. Räikkönen	1:22,200	5. Irvine	1:21,606	5. Räikkönen	1:25,350
6. Salo	1:23,925	6. Coulthard	1:22,522	6. Räikkönen	1:21,712	6. Panis	1:25,394
7. R. Schumacher	1:24,115	7. De la Rosa	1:22,642	7. Coulthard	1:21,803	7. Massa	1:25,428
8. De la Rosa	1:24,183	8. Irvine	1:22,697	8. De la Rosa	1:21,960	8. Coulthard	1:25,547
9. Trulli	1:24,358	9. McNish	1:22,967	9. Villeneuve	1:22,126	9. Salo	1:25,751
10. Button	1:24,396	10. Villeneuve	1:23,142	10. Salo	1:22,318	10. Heidfeld	1:25,785
11. Fisichella	1:24,629	11. Massa	1:23,206	11. Trulli	1:22,383	11. Irvine	1:25,899
12. Villeneuve	1:24,833	12. Heidfeld	1:23,235	12. Fisichella	1:22,515	12. McNish	1:26,081
13. Massa	1:24,929	13. Fisichella	1:23,375	13. McNish	1:22,521	13. Sato	1:26,201
14. Sato	1:24,990	14. Salo	1:23,442	14. Massa	1:22,565	14. Villeneuve	1:26,464
15. Panis	1:25,027	15. Sato	1:23,453	15. Heidfeld	1:22,601	15. Fisichella	1:26,556
16. Coulthard	1:25,044	16. Panis	1:23,501	16. Panis	1:22,645	16. Trulli	1:26,705
17. Heidfeld	1:25,541	17. Trulli	1:23,712	17. Button	1:22,714	17. Button	1:27,198
18. McNish	1:25,546	18. Button	1:24,204	18. Sato	1:23,166	18. Webber	1:27,596
19. Webber	1:26,162	19. Yoong	1:24,744	19. Webber	1:23,794	19. Yoong	1:28,408
20. Yoong	1:26,365	20. Webber	1:25,169	20. Yoong	1:25,111	20. De la Rosa	1:30,192

Startaufstellung:

Juan Pablo Montoya
Williams FW24-BMW V10
1:20,264

Michael Schumacher
Ferrari F2002 V10
1:20,521

Ralf Schumacher
Williams FW24-BMW V10
1:20,542

Rubens Barrichello
Ferrari F2002 V10
1:20,706

Eddie Irvine
Jaguar R3-Cosworth V10
1:21,606

Kimi Räikkönen
McLaren MP4/17 Mercedes V10
1:21,712

David Coulthard
McLaren MP4/17 Mercedes V10
1:21,803

Pedro De la Rosa
Jaguar R3-Cosworth V10
1:21,960

Jacques Villeneuve
BAR 004-Honda V10
1:22,126

Mika Salo
Toyota TF102 V10
1:22,318

Jarno Trulli
Renault R202 V10
1:22,383

Giancarlo Fisichella
Jordan EJ12-Honda V10
1:22,515

Allan McNish
Toyota TF102 V10
1:22,521

Felipe Massa
Sauber C21-Petronas V10
1:22,565

Nick Heidfeld
Sauber C21-Petronas V10
1:22,601

Olivier Panis
BAR 004-Honda V10
1:22,645

Jenson Button
Renault R202 V10
1:22,714

Takuma Sato
Jordan EJ12-Honda V10
1:23,166

Mark Webber
Minardi PS 02-Asiatech V10
1:23,794

Alexander Yoong
Minardi PS 02-Asiatech V10
1:25,111

Räikkönen wurde die schnellste Runde gestrichen, nachdem er im Qualifying eine Kollision mit Takuma Sato verschuldet hatte, Irvine rückte von sechs auf fünf, Räikkönen von fünf auf sechs.

Geschwindigkeiten auf der Ziellinie (Samstag): 1. Montoya 331,1, 2. M. Schumacher 330,2, 3. R. Schumacher 329,3, 4. Barrichello 329,0, 5. Räikkönen 327,2, 6. Villeneuve 326,6, 7. Panis 326,5, 8. Fisichella 326,3, 9. Trulli 326,1, 10. Coulthard 325,7, 11. Heidfeld 325,6, 12. Sato 325,0, 13. Salo 324,7, 14. McNish 324,5, 15. Massa 324,3, 16. Button 323,6, 17. Irvine 323,1, 18. De la Rosa 322,0, 19. Webber 317,1, 20. Yoong 315,4

Geschwindigkeiten auf der Ziellinie (Sonntag): 1. Barrichello 328,3, 2. Montoya 327,0, 3. M. Schumacher 324,3, 4. Fisichella 323,4, 5. Coulthard 323,1, 6. Panis 321,7, 7. McNish 320,0, 8. Räikkönen 319,8, 9. Salo 319,5, 10. Sato 318,1, 11. Irvine 318,1, 12. Heidfeld 317,6, 13. Trulli 317,3, 14. Button 316,9, 15. R. Schumacher 316,9, 16. De la Rosa 316,6, 17. Massa 314,4, 18. Villeneuve 314,2, 19. Webber 311,0, 20. Yoong 309,2

Höchstgeschwindigkeiten (Samstag): 1. Fisichella 360,3, 2. Trulli 360,2, 3. M. Schumacher 358,8, 4. Barrichello 357,3, 5. Villeneuve 357,2, 6. Heidfeld 357,1, 7. Massa 356,2, 8. Coulthard 356,2, 9. Button 356,0, 10. Sato 355,9, 11. Panis 355,0, 12. Räikkönen 354,2, 13. R. Schumacher 352,9, 14. Salo 352,8, 15. Montoya 352,7, 16. McNish 352,0, 17. Webber 348,9, 18. Irvine 346,5, 19. Yoong 343,9, 20. De la Rosa 343,2

Höchstgeschwindigkeiten (Sonntag): 1. Coulthard 363,0, 2. Fisichella 362,2, 3. McNish 361,5, 4. M. Schumacher 359,0, 5. Barrichello 357,0, 6. Salo 356,2, 7. Panis 355,1, 8. Montoya 354,6, 9. Heidfeld 354,2, 10. Sato 354,2, 11. Räikkönen 354,2, 12. Trulli 352,7 13. Button 352,5, 14. De la Rosa 351,3, 15. Massa 351,3, 16. Irvine 350,8, 17. Yoong 349,5, 18. Villeneuve 347,4, 19. R. Schumacher 346, 20. Webber 345,6

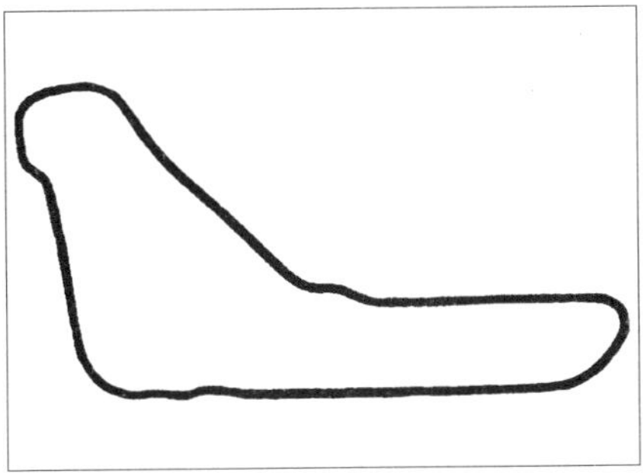

Wetter am Renntag: Sonnig und heiß, 24-26 Grad Lufttemperatur, 34-35 Grad Asphalttemperatur, 120.000 Zuschauer an allen drei Tagen (2001 noch 152.000)

Distanz: 53 Runden à 5,793 km = 306,719 km

Sieger 2001: Montoya (Williams-BMW), 1.16:58,493 = 239,103 km/h, 2. Barrichello -5,175, 3. R. Schumacher -17,335

Poleposition 2001: Montoya (Williams-BMW), 1:22,216 = 253,659 km/h

Schnellste Runde 2001: R. Schumacher (Williams -BMW), 1:25,073 = 245,140 km/h

Boxenstopps:

Coulthard:	1. Runde: neue Frontpartie nach Kollision mit Teamkollege Räikkönen, der einem anderen Auto in der 1. Schikane ausweichen musste, verlor 18,4 sec., total 36,8 sec., Platz 15
McNish:	12. Runde: Probleme mit der Vorderradaufhängung seit der Einführungsrunde, besonders beim Anbremsen der Ascari-Schikane, total 44,9 sec., Platz 6-19
Heidfeld:	18. Runde: Tanken und Reifenwechsel in 8,0 sec., total 25,9 sec., Platz 8-13
Barrichello:	19. Runde: Tanken und Reifenwechsel in 8,3 sec., total 27,3 sec., Platz 1-2
Panis:	19. Runde: Tanken und Reifenwechsel in 9,8 sec., total 27,9 sec., Platz 6-11
Trulli:	22. Runde: Tanken und Reifenwechsel in 7,4 sec., total 27,6 sec., Platz 7-13
Button:	24. Runde: Tanken und Reifenwechsel in 9,6 sec., total 27,7 sec., Platz 7-12
M. Schumacher:	28. Runde: Tanken und Reifenwechsel in 10,8 sec., total 29,1 sec., Platz 1-3
Irvine:	28. Runde: Tanken und Reifenwechsel in 12,0 sec., total 30,1 sec., Platz 5-6
Yoong:	28. Runde: Tanken und Reifenwechsel, konnte 1. Gang nicht einlegen, glaubte an Getriebeschaden und stieg aus, nach 7 Minuten aber wieder weitergefahren, total 7:02 min., Platz 14-15
Montoya:	30. Runde: Tanken und Reifenwechsel in total 29,4 sec., Platz 2-3
Salo:	30. Runde: Tanken und Reifenwechsel in 10,0 sec., total 27,9 sec., Platz 4-12
Salo:	33. Runde: „Drive Through"-Strafe, weil er beim vorhergegangenen Boxenstopp die Sperrlinie überfahren hatte, verlor 15,6 sec., Platz 12
Villeneuve:	34. Runde: Tanken und Reifenwechsel in 9,6 sec., total 27,9 sec., Platz 5-10
Sato:	35. Runde: Tanken und Reifenwechsel in 8,4 sec., total 26,9 sec., Platz 12
Barrichello:	37. Runde: 2. Stopp, Tanken und Reifenwechsel in 8,4 sec., total 26,4 sec., Platz 1
Heidfeld:	36. Runde: 2. Stopp, Tanken und Reifenwechsel in total 26,0 sec., Platz 6-10
Fisichella:	37. Runde: Tanken und Reifenwechsel in 8,0 sec., total 26,1 sec., Platz 5-7
Coulthard:	37. Runde: 2. Stopp, Tanken und Reifenwechsel in total 25,9 sec., Platz 6-9
Panis:	41. Runde: 2. Stopp, Tanken und Reifenwechsel in total 24,9 sec., Platz 3-6

Ausfälle :

R. Schumacher:	5. Runde: Motorschaden, nachdem die FIA wegen Abkürzens der ersten Schikane den Platztausch mit Montoya befohlen hatte, Platz 2
McNish:	14. Runde: Probleme mit der Vorderradaufhängung, eine Runde nach Boxenstopp aufgegeben, Platz 19
De la Rosa:	16. Runde: Kollision mit Massa, der ihn mehrmals blockiert hatte vor der Ascari-Schikane, verlor Vorderflügel, Platz 12
Massa:	17. Runde: Aufgabe nach Kollision mit De la Rosa, rechte Hinterradaufhängung und rechter Hinterreifen beschädigt, FIA gab ihm die Schuld an der Karambolage, deshalb beim folgenden GP (Indianapolis) um 10 Startplätze rückversetzt, Platz 12
Webber:	21. Runde: Motor/Elektronik, Platz 12
Räikkönen:	30. Runde: Motorschaden, Platz 4
Montoya:	34. Runde: Chassisprobleme, Platz 3

Stand nach 1 Runde: 1. R. Schumacher, 2. Montoya, 3. Barrichello, 4. M. Schumacher, 5. Räikkönen, 6. Irvine, 7. McNish, 8. Salo, 9. Panis, 10. Villeneuve

Führung im Rennen:

1.-3. Runde: R. Schumacher
4. Runde: Montoya
5.-19. Runde: Barrichello
20.-28. Runde: M. Schumacher
29.-53. Runde: Barrichello

Ergebnis:

1. Rubens Barrichello (Brasilien), Ferrari	1.16:19,982 = 241,090 km/h	
2. Michael Schumacher (Deutschland), Ferrari	1.16:20,237 = 241,076 km/h	0,255 zurück
3. Eddie Irvine (Irland), Jaguar Cosworth	1.17:12,561 = 238,353 km/h	52,579 zurück
4. Jarno Trulli (Italien), Renault	1.17:18,201 = 238,063 km/h	58,219 zurück
5. Jenson Button (Großbritannien), Renault	1.17:27,752 = 237,574 km/h	67,770 zurück
6. Olivier Panis (Frankreich), BAR Honda	1.17:28,473 = 237,537 km/h	68,491 zurück
7. David Coulthard (Schottland), McLaren Mercedes	1.17:29,030 = 237,509 km/h	69,047 zurück
8. Giancarlo Fisichella (Italien), Jordan Honda	1.17:30,874 = 237,415 km/h	70,891 zurück
9. Jacques Villeneuve (Kanada), BAR Honda	1.17:41,051 = 236,896 km/h	81,068 zurück
10. Nick Heidfeld (Deutschland), Sauber Petronas	1.17:42,028 = 236,847 km/h	82,046 zurück
11. Mika Salo (Finnland), Toyota	1.16:24,340 = 236,311 km/h	1 Runde zurück
12. Takuma Sato (Japan), Jordan Honda	1.16:46,230 = 235,188 km/h	1 Runde zurück
13. Alexander Yoong (Malaysia), Minardi Asiatech	1.16:58,476 = 211,987 km/h	6 Runden zurück

Schnellste Runde im Qualifying: Montoya (Williams-BMW), 1:20,264 = 259,827 km/h
Schnellste Runde im Rennen: Barrichello (Ferrari), 1:23,657 = 249,289 km/h

Schnellste Runde jedes Fahrers im Rennen: Barrichello 1:23,657 (15.), M. Schumacher 1:24,242 (25.), Coulthard 1:24,962 (52.), Montoya 1:25,094 (25.), Fisichella 1:25,215 (53.), Räikkönen 1:25,219 (29.), Panis 1:25,335 (15.), Trulli 1:25,368 (48.), Sato 1:25,392 (52.), Irvine 1:25,579 (48.), R. Schumacher 1:25,717 (3.), Button 1:25,849 (49.), Heidfeld 1:25,867 (44.), Villeneuve 1:25,883 (46.), Salo 1:25,971 (45.), Webber 1:27,104 (19.), McNish 1:27,230 (6.), Yoong 1:27,401 (42.), De la Rosa 1:27,600 (15.), Massa 1:27,770 (12.)

WM-Stand: 1. M. Schumacher 128, 2. Barrichello 61, 3. Montoya 44, 4. R. Schumacher 42, 5. Coulthard 37, 6. Räikkönen 20, 7. Button 13, 8. Irvine 8, 9. Trulli 7, 10. Heidfeld 7, 11. Fisichella 7, 12. Massa 4, 13. Villeneuve 3, 14. Panis 3, 15. Webber 2, 16. Salo 2, 17. Frentzen 2

Konstrukteur-WM: 1. Ferrari 189, 2. Williams-BMW 86, 3. McLaren-Mercedes 57, 4. Renault 20, 5. Sauber-Petronas 11, 6. Jaguar-Cosworth 8, 7. Jordan-Honda 7, 8. BAR-Honda 6, 9. Minardi-Asiatech 2, 10. Toyota 2, 11. Arrows-Cosworth 2

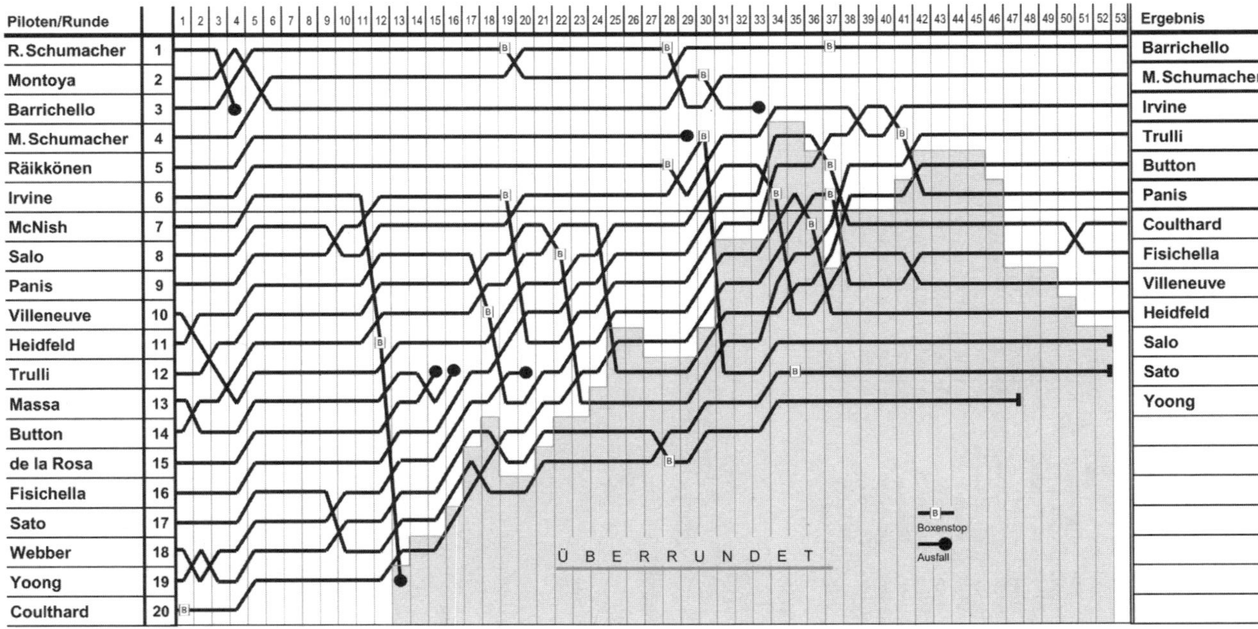
Piloten/Runde
R. Schumacher 1
Montoya 2
Barrichello 3
M. Schumacher 4
Räikkönen 5
Irvine 6
McNish 7
Salo 8
Panis 9
Villeneuve 10
Heidfeld 11
Trulli 12
Massa 13
Button 14
de la Rosa 15
Fisichella 16
Sato 17
Webber 18
Yoong 19
Coulthard 20
1 2 3 4 5 6 7 8 9 10 11 12 13 14 15 16 17 18 19 20 21 22 23 24 25 26 27 28 29 30 31 32 33 34 35 36 37 38 39 40 41 42 43 44 45 46 47 48 49 50 51 52 53
Ü B E R R U N D E T
B Boxenstop
Ausfall
Ergebnis
Barrichello
M. Schumacher
Irvine
Trulli
Button
Panis
Coulthard
Fisichella
Villeneuve
Heidfeld
Salo
Sato
Yoong

Lauf 16 – Großer Preis von USA – Indianapolis, 29. September 2002

1. Training (Freitag)		2. Training (Samstag)		3. Training (Qualifying)		4. Training (Warm-Up)	
1. M. Schumacher	1:13,548	1. M. Schumacher	1:11,158	1. M. Schumacher	1:10,790	1. M. Schumacher	1:13,183
2. Irvine	1:14,123	2. Barrichello	1:11,394	2. Barrichello	1:11,058	2. Barrichello	1:13,321
3. Coulthard	1:14,919	3. Irvine	1:11,688	3. Coulthard	1:11,413	3. Panis	1:13,471
4. Räikkönen	1:14,986	4. R. Schumacher	1:11,849	4. Montoya	1:11,414	4. Sato	1:13,718
5. Villeneuve	1:15,035	5. Coulthard	1:11,909	5. R. Schumacher	1:11,587	5. Räikkönen	1:13,765
6. Frentzen	1:15,136	6. Heidfeld	1:11,910	6. Räikkönen	1:11,633	6. Salo	1:13,867
7. Fisichella	1:15,209	7. Montoya	1:11,992	7. Villeneuve	1:11,738	7. Irvine	1:13,898
8. Trulli	1:15,256	8. Räikkönen	1:12,162	8. Trulli	1:11,888	8. Coulthard	1:13,930
9. Heidfeld	1:15,260	9. Fisichella	1:12,220	9. Fisichella	1:11,902	9. Button	1:14,074
10. R. Schumacher	1:15,291	10. Frentzen	1:12,589	10. Heidfeld	1:11,953	10. Fisichella	1:14,154
11. De la Rosa	1:15,304	11. Salo	1:12,656	11. Frentzen	1:12,083	11. Montoya	1:14,223
12. Salo	1:15,421	12. De la Rosa	1:12,679	12. Panis	1:12,161	12. Frentzen	1:14,236
13. Button	1:15,548	13. Villeneuve	1:12,726	13. Irvine	1:12,282	13. Trulli	1:14,254
14. McNish	1:15,589	14. Panis	1:12,746	14. Button	1:12,401	14. Villeneuve	1:14,377
15. Webber	1:15,629	15. Trulli	1:12,756	15. Sato	1:12,647	15. Heidfeld	1:14,603
16. Montoya	1:15,632	16. Sato	1:12,826	16. McNish	1:12,723	16. R. Schumacher	1:14,650
17. Sato	1:15,659	17. Button	1:12,878	17. De la Rosa	1:12,739	17. De la Rosa	1:14,844
18. Panis	1:15,941	18. McNish	1:13,204	18. Webber	1:13,128	18. McNish	1:15,220
19. Yoong	1:16,138	19. Webber	1:13,547	19. Salo	1:13,213	19. Webber	1:15,257
		20. Yoong	1:13,562	20. Yoong	1:13,809	20. Yoong	1:15,522

Michael Schumacher
Ferrari F2002 V10
1:10,790

Rubens Barrichello
Ferrari F2002 V10
1:11,058

David Coulthard
McLaren MP4/17 Mercedes V10
1:11,413

Juan Pablo Montoya
Williams FW24-BMW V10
1:11,414

Ralf Schumacher
Williams FW24-BMW V10
1:11,587

Kimi Räikkönen
McLaren MP4/17 Mercedes V10
1:11,633

Jacques Villeneuve
BAR 004-Honda V10
1:11,738

Jarno Trulli
Renault R202 V10
1:11,888

Giancarlo Fisichella
Jordan EJ12-Honda V10
1:11,902

Nick Heidfeld
Sauber C21-Petronas V10
1:11,953

Heinz Harald Frentzen
Sauber C21-Petronas V10
1:12,083

Olivier Panis
BAR 004-Honda V10
1:12,161

Eddie Irvine
Jaguar R3-Cosworth V10
1:12,282

Jenson Button
Renault R202 V10
1:12,401

Takuma Sato
Jordan EJ12-Honda V10
1:12,647

Allan McNish
Toyota TF102 V10
1:12,723

Pedro De la Rosa
Jaguar R3-Cosworth V10
1:12,739

Mark Webber
Minardi PS 02-Asiatech V10
1:13,128

Mika Salo
Toyota TF102 V10
1:13,213

Alexander Yoong
Minardi PS 02-Asiatech V10
1:13,809

Geschwindigkeiten auf der Ziellinie (Samstag): 1. M. Schumacher 340,3, 2. Barrichello 339,0, 3. Villeneuve 334,8, 4. Fisichella 333,5, 5. Frentzen 333,3, 6. Button 332,1, 7. Panis 331,5, 8. Heidfeld 331,5, 9. Sato 331,1, 10. Webber 330,0, 11. R. Schumacher 329,7, 12. Montoya 329,5, 13. Räikkönen 329,2, 14. Coulthard 329,1, 15. Irvine 328,2, 16. Yoong 327,9, 17. De la Rosa 327,6, 18. McNish 326,9, 19. Salo 326,5

Geschwindigkeiten auf der Ziellinie (Sonntag): 1. R. Schumacher 345,8, 2. Barrichello 345,7, 3. M. Schumacher 344,3, 4. Irvine 343,0, 5. Panis 342,6, 6. Coulthard 342,3, 7. Salo 341,4, 8. De la Rosa 340,1, 9. Button 339,5, 10. Villeneuve 339,5, 11. Sato 338,8, 12. Montoya 338,7, 13. Trulli 336,0, 14. Heidfeld 335,9, 15. Frentzen 335,1, 16. Yoong 334,3, 17. McNish 334,3, 18. Webber 333,7, 19. Fisichella 333,7, 20. Räikkönen 329,6

Höchstgeschwindigkeiten (Samstag): 1. Barrichello 343,7, 2. Villeneuve 341,9, 3. M. Schumacher 341,1, 4. Fisichella 339,5, 5. Frentzen 338,6, 6. Panis 337,7, 7. Sato 337,6, 8. Button 337,5, 9. Montoya 337,2, 10. R. Schumacher 336,6, 11. Heidfeld 336,5, 12. Webber 335,2, 13. Yoong 334,9, 14. Coulthard 334,9, 15. McNish 334,0, 16. Räikkönen 333,7, 17. Salo 332,9,18. Irvine 332,9, 19. De la Rosa 330,6

Höchstgeschwindigkeiten (Sonntag): 1. Sato 350,1, 2. Button 348,0, 3. Panis 347,4, 4. R. Schumacher 347,3, 5. Barrichello 347,2, 6. Villeneuve 347,0, 7. Irvine 349,9, 8. Heidfeld 346,9, 9. De la Rosa 346,1, 10. Montoya 346,0, 11. Frentzen 345,8, 12. Salo 345,2, 13. M. Schumacher 345,0, 14. Fisichella 343,8, 15. McNish 343,1, 16. Coulthard 340,9, 17. Yoong 340,8, 18. Trulli 340,8, 19. Räikkönen 339,4, 20. Webber 338,6

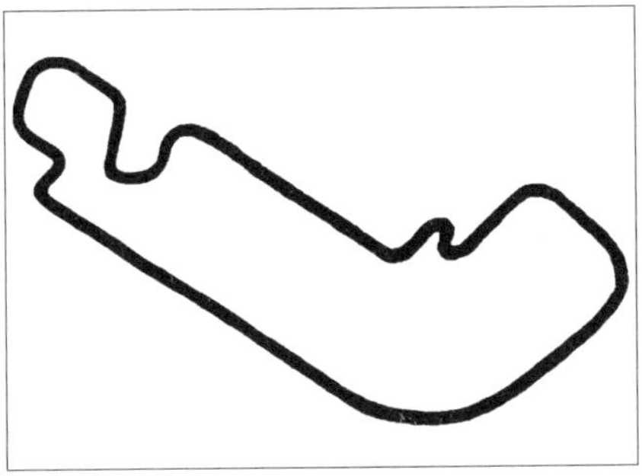

Wetter am Renntag: Heiß und sonnig, 28 Grad Lufttemperatur, 33-39 Grad Asphalttemperatur, 135.000 Zuschauer am Sonntag

Distanz: 73 Runden à 4,192 km = 306,016 km

Sieger 2001: Hakkinen (McLaren), 1.32:42,840 = 198,038 km/h, 2. M. Schumacher -11,046 3. Coulthard -12,043

Poleposition 2001: M. Schumacher (Ferrari), 1:11,708 = 210,454 km/h

Schnellste Runde 2001: Montoya (Williams-BMW), 1:14,448 = 202,707 km/h

Boxenstopps:

R. Schumacher:	2. Runde: Kollision mit Stallkollegen Montoya in der ersten Kurve, verlor Heckflügel, Reparatur dauerte total 1:31,1 min., Platz 4-20
Panis:	21. Runde: Tanken und Reifenwechsel in total 28,9 sec., Platz 14-19
Villeneuve:	25. Runde: Tanken und Reifenwechsel in 9,4 sec., total 29,8 sec., Platz 5-11
Sato:	26. Runde: Tanken und Reifenwechsel in 8,2 sec., total 28,4 sec., Platz 11-14
Salo:	26. Runde: Tanken und Reifenwechsel in total 29,8 sec., Platz 13-18
M. Schumacher:	27. Runde: Tanken (66 Liter) und Reifenwechsel in 8,0 sec., total 28,6 sec., Platz 1-2
Barrichello:	28. Runde: Tanken (66 Liter) und Reifenwechsel in 8,0 sec., total 28,2 sec., Platz 1-2
Heidfeld:	28. Runde: Tanken und Reifenwechsel in total 28,5 sec., Platz 7-11
Trulli:	29. Runde: Tanken (116 Liter) und Reifenwechsel in 12,2 sec., total 32,1 sec., Platz 4-8
Button:	30. Runde: Tanken und Reifenwechsel in total 28,3 sec., Platz 7-13
Frentzen:	30. Runde: Tanken und Reifenwechsel in total 28,3 sec., Platz 10-15
Montoya:	32. Runde: Tanken (105 Liter) und Reifenwechsel in 11,2 sec., total 31,7 sec., Platz 4-6
Fisichella:	37. Runde: Tanken (109 Liter) und Reifenwechsel in 11,6 sec., total 31,9 sec., Platz 5-9
Yoong:	40. Runde: Tanken und Reifenwechsel, total 31,4 sec., Platz 16-17
Coulthard:	42. Runde: Tanken (97 Liter) und Reifenwechsel in 10,8 sec., total 30,9 sec., Platz 3-4
McNish:	41. Runde: (seine 41. Runde): Tanken und Reifenwechsel in total 45,1 sec., Platz 12-16
Räikkönen:	43. Runde: Tanken und Reifenwechsel in 12,9 sec., total 32,8 sec., Platz 3-4
Irvine:	43. Runde: Tanken (95 Liter) und Reifenwechsel in 10,4 sec., total 30,2 sec., Platz 10-14
R. Schumacher:	43. Runde: 2. Stopp, Tanken und Reifenwechsel in 10,2 sec., total 30,8 sec., Platz 18
M. Schumacher:	49. Runde: 2. Stopp, Tanken (64 Liter) und Reifenwechsel in 7,8 sec., total 28,2 sec., Platz 1-2
Heidfeld:	49. Runde: (seine 48. Runde): 2. Stopp, Tanken und Reifenwechsel in total 27,9 sec., Platz 8-11
Barrichello:	50. Runde: 2. Stopp, Tanken und Reifenwechsel in 7,6 sec., total 27,7 sec., Platz 1-2
Frentzen:	50. Runde: (seine 49. Runde): 2. Stopp, Tanken und Reifenwechsel in total 27,8 sec., Platz 12-15
Panis:	50. Runde: (seine 49. Runde): 2. Stopp, Tanken und Reifenwechsel in total 28,9 sec., Platz 14-15
Sato:	50. Runde: (seine 49. Runde): 2. Stopp, Tanken und Reifenwechsel in total 29,2 sec., Platz 9-12
Villeneuve:	51. Runde: 2. Stopp, Tanken und Reifenwechsel in total 28,5 sec., Platz 5-6
Salo:	51. Runde: 2. Stopp, Tanken und Reifenwechsel in total 32,6 sec., Platz 13-14

Ausfälle:

De la Rosa:	28. Runde: Kraftübertragung, Feuer im Heck. Fahrer musste auf Befehl des Streckenpostens über die Barriere springen, stürzte in einen kleinen Bach und verletzte sich am Bein, Platz 16
Webber:	39. Runde: Powersteering-Defekt, Platz 14
Yoong:	47. Runde: Motorschaden, Platz 17
Räikkönen:	51. Runde: Motorschaden, gebrochene Zündkerze, daher Fehlzündungen, Motor lief ab der 13. Runde nur auf neun Zylindern, Platz 6

Stand nach 1 Runde: 1. M. Schumacher, 2. Barrichello, 3. Coulthard, 4. R. Schumacher, 5. Montoya, 6. Trulli, 7. Räikkönen, 8. Villeneuve, 9. Heidfeld, 10. Fisichella

Führung im Rennen:

1.-26. Runde: M. Schumacher
27.-28. Runde: Barrichello
29.-48. Runde: M. Schumacher
29.-50. Runde: Barrichello
51.-72. Runde: M. Schumacher
73. Runde: Barrichello

Ergebnis:

1. Rubens Barrichello (Brasilien), Ferrari	1.31:07,934 = 201.475 km/h	
2. Michael Schumacher (Deutschland), Ferrari	1.31:07,945 = 201,475 km/h	0,011 zurück
3. David Coulthard (Schottland), McLaren Mercedes	1.31:15,733 = 201,189 km/h	7,799 zurück
4. Juan Pablo Montoya (Kolumbien), Williams BMW	1.31:17,845 = 201,111 km/h	9,911 zurück
5. Jarno Trulli (Italien), Renault	1.32:04,781 = 199,402 km/h	56,847 zurück
6. Jacques Villeneuve (Kanada), BAR Honda	1.32:06,146 = 199,353 km/h	58,211 zurück
7. Giancarlo Fisichella (Italien), Jordan Honda	1.31:19,142 = 198,309 km/h	1 Runde zurück
8. Jenson Button (Großbritannien), Renault	1.31:32,738 = 197,818 km/h	1 Runde zurück
9. Nick Heidfeld (Deutschland), Sauber Petronas	1.31:40,702 = 197,532 km/h	1 Runde zurück
10. Eddie Irvine (Irland), Jaguar Cosworth	1.31:55,952 = 196,986 km/h	1 Runde zurück
11. Takuma Sato (Japan), Jordan Honda	1.31:57,930 = 196,915 km/h	1 Runde zurück
12. Olivier Panis (Frankreich), BAR Honda	1.32:14,119 = 196,339 km/h	1 Runde zurück
13. H. H. Frentzen (Deutschland), Sauber Petronas	1.31:10,965 = 195,847 km/h	2 Runden zurück
14. Mika Salo (Finnland), Toyota	1.31:13,510 = 195,756 km/h	2 Runden zurück
15. Allan McNish (Schottland), Toyota	1.31:27,967 = 195,240 km/h	2 Runden zurück
16. Ralf Schumacher (Deutschland), Williams BMW	1.31:44,835 = 194,642 km/h	2 Runden zurück

Schnellste Runde im Qualifying: M. Schumacher (Ferrari), 1:10,790 = 213,183 km/h
Schnellste Runde im Rennen: Montoya (Williams-BMW), 1:12,738 = 203,473 km/h

Schnellste Runde jedes Fahrers im Rennen: Barrichello 1:12,738 (27.), M. Schumacher 1:12,754 (26.), Montoya 1:12,798 (72.), R. Schumacher 1:13,260 (71.), Coulthard 1:13,481 (41.), Räikkönen 1:13,819 (42.), Villeneuve 1:13,848 (48.), Fisichella 1:14,025 (34.), Trulli 1:14,026 (27.), Irvine 1:14,190 (41.), Panis 1:14,263 (47.), Button 1:14,265 (71.), Sato 1:14,556 (47.), Heidfeld 1:14,557 (27.), Salo 1:14,672 (54.), Frentzen 1:14,796 (64.), McNish 1:14,882 (40.), Yoong 1:15,347 (38.), Webber 1:15,367 (29.), De la Rosa 1:15,498 (25.),

WM-Stand: 1. M. Schumacher 134, 2. Barrichello 71, 3. Montoya 47, 4. R. Schumacher 42, 5. Coulthard 41, 6. Räikkönen 20, 7. Button 13, 8. Trulli 9, 9. Irvine 8, 10. Heidfeld 7, 11. Fisichella 7, 12. Villeneuve 4, 13. Massa 4, 14. Panis 3, 15. Webber 2, 16. Salo 2, 17. Frentzen 2

Konstrukteur-WM: 1. Ferrari 205, 2. Williams-BMW 89, 3. McLaren-Mercedes 61, 4. Renault 22, 5. Sauber-Petronas 11, 6. Jaguar-Cosworth 8, 7. Jordan-Honda 7, 8. BAR-Honda 7, 9. Minardi-Asiatech 2, 10. Toyota 2, 11. Arrows-Cosworth 2

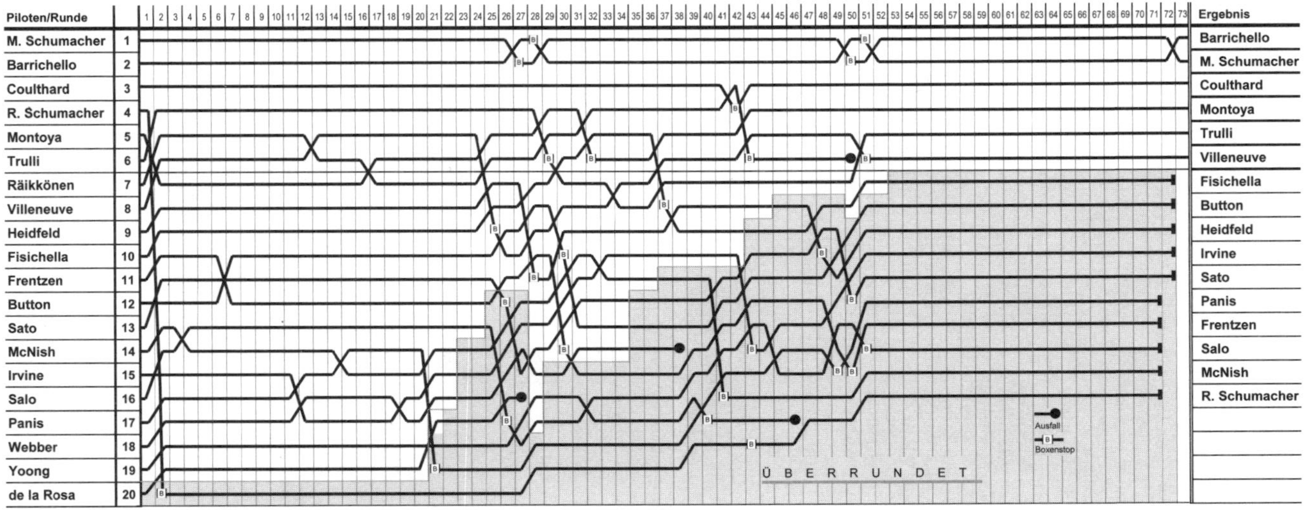

Piloten/Runde
M. Schumacher 1
Barrichello 2
Coulthard 3
R. Schumacher 4
Montoya 5
Trulli 6
Räikkönen 7
Villeneuve 8
Heidfeld 9
Fisichella 10
Frentzen 11
Button 12
Sato 13
McNish 14
Irvine 15
Salo 16
Panis 17
Webber 18
Yoong 19
de la Rosa 20
Ergebnis
Barrichello
M. Schumacher
Coulthard
Montoya
Trulli
Villeneuve
Fisichella
Button
Heidfeld
Irvine
Sato
Panis
Frentzen
Salo
McNish
R. Schumacher
Ü B E R R U N D E T
Ausfall
Boxenstop

Lauf 17 – Großer Preis von Japan – Suzuka, 13. Oktober 2002

1. Training (Freitag)		2. Training (Samstag)		3. Training (Qualifying)		4. Training (Warm-Up)	
1. Räikkönen	1:34,232	1. M. Schumacher	1:32,978	1. M. Schumacher	1:31,317	1. M. Schumacher	1:36,249
2. Coulthard	1:34,730	2. R. Schumacher	1:33,233	2. Barrichello	1:31,749	2. Barrichello	1:36,650
3. Barrichello	1:35,402	3. Räikkönen	1:33,290	3. Coulthard	1:32,088	3. Räikkönen	1:36,652
4. Montoya	1:35,742	4. Montoya	1:33,525	4. Räikkönen	1:32,197	4. Coulthard	1:36,930
5. R. Schumacher	1:35,995	5. Coulthard	1:33,636	5. R. Schumacher	1:32,444	5. R. Schumacher	1:37,167
6. M. Schumacher	1:36,109	6. Barrichello	1:33,688	6. Montoya	1:32,507	6. Trulli	1:37,281
7. Irvine	1:36,190	7. Irvine	1:34,544	7. Sato	1:33,090	7. Massa	1:37,533
8. De la Rosa	1:36,490	8. Sato	1:34,657	8. Fisichella	1:33,276	8. Fisichella	1:37,601
9. Trulli	1:36,529	9. Button	1:34,723	9. Villeneuve	1:33,349	9. Salo	1:37,612
10. Fisichella	1:36,744	10. Massa	1:34,743	10. Button	1:33,429	10. Villeneuve	1:37,628
11. Salo	1:36,893	11. Fisichella	1:34,879	11. Trulli	1:33,547	11. Heidfeld	1:37,685
12. Button	1:37,014	12. Heidfeld	1:34,933	12. Heidfeld	1:33,553	12. Sato	1:37,709
13. Sato	1:37,196	13. Villeneuve	1:35,107	13. Salo	1:33,742	13. McNish	1:37,734
14. McNish	1:37,384	14. Trulli	1:35,330	14. Irvine	1:33,915	14. Button	1:37,775
15. Massa	1:37,492	15. Panis	1:35,538	15. Massa	1:33,979	15. Montoya	1:38,226
16. Heidfeld	1:37,781	16. De la Rosa	1:35,567	16. Panis	1:34,192	16. Irvine	1:38,284
17. Panis	1:37,927	17. Salo	1:36,265	17. De la Rosa	1:34,227	17. Panis	1:38,344
18. Webber	1:37,997	18. Webber	1:36,585	18. McNish	1:35,191	18. De la Rosa	1:38,358
19. Villeneuve	1:38,138	19. McNish	1:36,640	19. Webber	1:35,958	19. Webber	1:39,208
20. Yoong	1:39,142	20. Yoong	1:37,972	20. Yoong	1:36,267	20. Yoong	1:41,132

Startaufstellung:

Michael Schumacher
Ferrari F2002 V10
1:31,317

Rubens Barrichello
Ferrari F2002 V10
1:31,749

David Coulthard
McLaren MP4/17 Mercedes V10
1:32,088

Kimi Räikkönen
McLaren MP4/17 Mercedes V10
1:32,197

Ralf Schumacher
Williams FW24-BMW V10
1:32,444

Juan Pablo Montoya
Williams FW24-BMW V10
1:32,507

Takuma Sato
Jordan EJ12-Honda V10
1:33,090

Giancarlo Fisichella
Jordan EJ12-Honda V10
1:33,276

Jacques Villeneuve
BAR 004-Honda V10
1:33,349

Jenson Button
Renault R202 V10
1:33,429

Jarno Trulli
Renault R202 V10
1:33,547

Nick Heidfeld
Sauber C21-Petronas V10
1:33,553

Mika Salo
Toyota TF102 V10
1:33,742

Eddie Irvine
Jaguar R3-Cosworth V10
1:33,915

Felipe Massa
Sauber C21-Petronas V10
1:33,979

Olivier Panis
BAR 004-Honda V10
1:34,192

Pedro De la Rosa
Jaguar R3-Cosworth V10
1:34,227

Allan McNish
Toyota TF102 V10
1:35,191

Mark Webber
Minardi PS 02-Asiatech V10
1:35,958

Alexander Yoong
Minardi PS 02-Asiatech V10
1:36,267

Geschwindigkeiten auf der Ziellinie (Samstag): 1. M. Schumacher 289,6, 2. Montoya 289,1, 3. R. Schumacher 289,0, 4. Coulthard 288,2, 5. Barrichello 288,2, 6. Räikkönen 287,5, 7. Sato 287,3, 8. Villeneuve 286,2, 9. Panis 286,2, 10. Fisichella 286,0, 11. Irvine 285,5, 12. Trulli 285,1, 13. De la Rosa 285,0, 14. Button 284,5, 15. Salo 283,8, 16. McNish 283,6, 17. Heidfeld 281,7, 18. Massa 281,3, 19. Yoong 279,5, 20. Webber 278,9

Geschwindigkeiten auf der Ziellinie (Sonntag): 1. R. Schumacher 287,6, 2. Barrichello 287,4, 3. Villeneuve 286,8, 4. Montoya 286,0, 5. Räikkönen 285,9, 6. De la Rosa 285,5, 7. Salo 284,9, 8. Sato 284,7, 9. Irvine 284,5, 10. Button 283,5, 11. Fisichella 283,5, 12. M. Schumacher 283,4, 13. Trulli 283,2, 14. Panis 282,6, 15. Coulthard 281,9, 16. Heidfeld 281,3, 17. Yoong 277,7, 18. Massa 277,7, 19. Webber 277,7

Höchstgeschwindigkeiten (Samstag): 1. Panis 314,0, 2. M. Schumacher 313,8, 3. Barrichello 313,6, 4. Villeneuve 312,9, 5. Montoya 312,3, 6. Räikkönen 312,3, 7. R. Schumacher 311,5, 8. Coulthard 311,4, 9. Sato 309,8, 10. Fisichella 309,6, 11. Trulli 309,4, 12. Button 308,9, 13. De la Rosa 308,4, 14. Salo 308,3, 15. Irvine 307,3, 16. McNish 306,1, 17. Heidfeld 306,0, 18. Massa 302,8, 19. Webber 302,1, 20. Yoong 301,8

Höchstgeschwindigkeiten (Sonntag): 1. Villeneuve 318,7, 2. Barrichello 315,3, 3. Montoya 313,6, 4. M. Schumacher 313,5, 5. Button 312,9, 6. Salo 312,9, 7. R. Schumacher 312,8, 8. Räikkönen 312,5, 9. Fisichella 311,6, 10. Irvine 311,4, 11. De la Rosa 311,4, 12. Sato 311,2, 13. Panis 311,1, 14. Trulli 310,7, 15. Coulthard 309,4, 16. Heidfeld 307,9, 17. Massa 306,7, 18. Yoong 306,2, 19. Webber 305,6

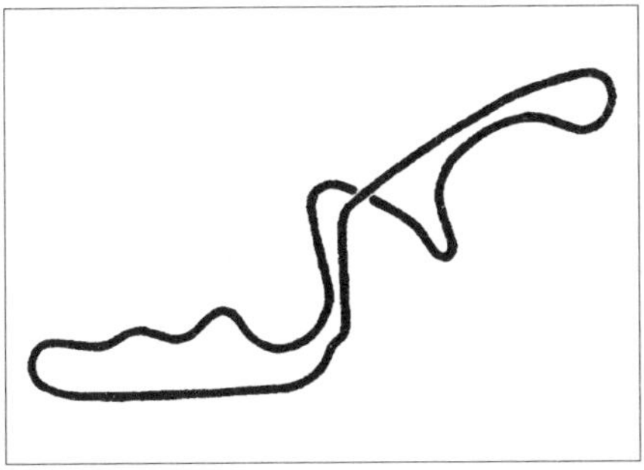

Wetter am Renntag: Heiß und wolkenlos, windig, 28 Grad Lufttemperatur, 32 Grad Asphalttemperatur, 120.000 Zuschauer

Distanz: 53 Runden à 5,821 km = 308,317 km

Sieger 2001: M. Schumacher (Ferrari), 1.27:33,298 = 212,664 km/h, 2. Montoya -3,154, 3. Coulthard -23,262

Poleposition 2001: M. Schumacher (Ferrari), 1:32,484 = 228,065 km/h

Schnellste Runde 2001: R. Schumacher (Williams-BMW), 1:36,944 = 217,573 km/h

Boxenstopps:

Panis:	6. Runde: Spannungsabfall, Standzeit 56,8 sec., Platz 16-18
Panis:	7. Runde: Stromversorgung, verlor total 6:23 min., Platz 18
Trulli:	15. Runde: Tanken und Reifenwechsel (66 Liter für 14 Runden), total 28,6 sec., Platz 7-14
Button:	16. Runde: Tanken und Reifenwechsel in 7,6 sec., (61 Liter für 13 Runden), total 29,2 sec., Platz 7-14
Salo:	18. Runde: Tanken und Reifenwechsel in 8,4 sec., (71 Liter für 15 Runden), total 29,9 sec., Platz 9-14
Heidfeld:	19. Runde: Tanken und Reifenwechsel in 9,4 sec., total 30,7 sec., Platz 7-12
Villeneuve:	19. Runde: Tanken und Reifenwechsel in 7,8 sec., total 29,6 sec., Platz 9-14
M. Schumacher:	20. Runde: Tanken und Reifenwechsel in 9,4 sec., (83 Lier für 18 Runden), total 30,7 sec., Platz 1-2
Fisichella:	20. Runde: Tanken und Reifenwechsel in 9,6 sec., total 30,8 sec., Platz 7-13
Barrichello:	21. Runde: Tanken und Reifenwechsel in 9,8 sec., (88 Liter für 18 Runden), total 30,5 sec., Platz 1-4
Sato:	21. Runde: Tanken und Reifenwechsel in 7,6 sec., (61 Liter für 13 Runden), total 28,9 sec., Platz 6-9
De la Rosa:	21. Runde: Tanken und Reifenwechsel in total 29,8 sec., Platz 9-14
Räikkönen:	22. Runde: Tanken und Reifenwechsel in 9,9 sec., total 30,8 sec., Platz 3-5
Irvine:	22. Runde: Tanken und Reifenwechsel in 8,4 sec., total 29,1 sec., Platz 7-13
Webber:	22. Runde: Tanken und Reifenwechsel in total 30,5 sec., Platz 15
R. Schumacher:	24. Runde: Tanken und Reifenwechsel in 8,6 sec., total 29,7 sec., Platz 2-4
Montoya:	32. Runde: Tanken und Reifenwechsel in 7,8 sec., total 29,1 sec., Platz 3-5
Button:	32. Runde: 2. Stopp, Tanken und Reifenwechsel in 9,8 sec., total 32,4 sec., Platz 7-10
Salo:	34. Runde: 2. Stopp, Tanken und Reifenwechsel in 8,6 sec., total 30,2 sec., Platz 8-12
Heidfeld:	35. Runde: 2. Stopp, Tanken und Reifenwechsel in 9,4 sec., total 31,1 sec., Platz 7-9
Fisichella:	35. Runde: 2. Stopp, Tanken und Reifenwechsel in 9,0 sec., total 29,8 sec., Platz 8-11
Sato:	36. Runde: 2. Stopp, Tanken und Reifenwechsel in 8,6 sec., total 31,2 sec., Platz 6
Barrichello:	37. Runde: 2. Stopp, Tanken und Reifenwechsel in 8,1 sec., total 29,5 sec., Out-Lap in 2:00,5 min., Platz 2-3
M. Schumacher:	38. Runde: 2. Stopp, Tanken und Reifenwechsel in 8,0 sec., total 29,5 sec., Out-Lap in 1:59,1 min., Platz 1
De la Rosa:	37. Runde (seine 38. Runde): 2. Stopp, Tanken und Reifenwechsel in total 28,6 sec., Platz 10-11
Irvine:	38. Runde: 2. Stopp, Tanken und Reifenwechsel in total 28,5 sec., Platz 8-10
R. Schumacher:	39. Runde: 2. Stopp, Tanken und Reifenwechsel in 6,9 sec., total 27,9 sec., Out-Lap in 1:57,6 min., Platz 2-5
Montoya:	40. Runde: 2. Stopp, Tanken und Reifenwechsel in 7,6 sec., total 28,3 sec., Out-Lap in 1:57,8 min., Platz 4-5
Webber:	40. Runde (seine 39. Runde): 2. Stopp, Tanken und Reifenwechsel in total 29,0 sec., Platz 11
Räikkönen:	41. Runde: 2. Stopp, Tanken und Reifenwechsel in 7,3 sec., total 28,2 sec., Out-Lap in 1:57,9 min., Platz 3-4

Ausfälle:

Massa:	4. Runde: Unfall, Platz 14
Coulthard	8. Runde: Elektronik, in der Box aufgegeben, Platz 17
Panis:	9. Runde: defekte Stromversorgung, nach zwei Boxenstopps aufgegeben, Platz 17
Yoong:	15. Runde: Dreher, hatte Servolenkung ausgebaut, Platz 16
Villeneuve:	28. Runde: Motor, Platz 12
Trulli:	33. Runde: Motor, Platz 6
Fisichella:	38. Runde: Motor, Platz 10
De la Rosa:	39. Runde: Kraftübertragung, Platz 11
R. Schumacher:	49 Runde: Motor, Platz 3

Vor dem Start: Fisichella wechselt wegen Motorschadens auf der Fahrt zum Startplatz ins Ersatzauto.

Stand nach 1 Runde: 1. M. Schumacher, 2. Barrichello, 3. Coulthard, 4. R. Schumacher, 5. Räikkönen, 6. Montoya, 7. Sato, 8. Fisichella, 9. Villeneuve, 10. Button

Führung im Rennen:

1.-20. Runde: M. Schumacher
21. Runde: Barrichello
22.-53. Runde: R. Schumacher
24.-36. Runde: M. Schumacher

Ergebnis:

1. Michael Schumacher (Deutschland), Ferrari	1.26:59,698 = 212.644 km/h	
2. Rubens Barrichello (Brasilien), Ferrari	1.27:00,205 = 212,624 km/h	0,506 zurück
3. Kimi Räikkönen (Finnland), McLaren Mercedes	1.27:22,990 = 211,700 km/h	23,292 zurück
4. Juan Pablo Montoya (Kolumbien), Williams BMW	1.27:35,973 = 211,177 km/h	36,275 zurück
5. Takuma Sato (Japan), Jordan Honda	1.28:22,392 = 209,328 km/h	82,694 zurück
6. Jenson Button (Großbritannien), Renault	1.27:00,657 = 208,591 km/h	1 Runde zurück
7. Nick Heidfeld (Deutschland), Sauber Petronas	1.27:02,825 = 205,505 km/h	1 Runde zurück
8. Mika Salo (Finnland), Toyota	1.27:13,722 = 208,070 km/h	1 Runde zurück
9. Eddie Irvine (Irland), Jaguar Cosworth	1.27:33,269 = 207,296 km/h	1 Runde zurück
10. Mark Webber (Australien), Minardi Asiatech	1.27:21,578 = 203,761 km/h	2 Runden zurück
11. Ralf Schumacher (Deutschland), Williams BMW	1.19:00,991 = 212,015 km/h	Ausfall

R. Schumacher bei Rennschluss nicht mehr im Rennen, aber gewertet.

Schnellste Runde im Qualifying: M. Schumacher (Ferrari), 1:31,317 = 229,481 km/h
Schnellste Runde im Rennen: M. Schumacher (Ferrari), 1:36,125 = 218,003 km/h

Schnellste Runde jedes Fahrers im Rennen: M. Schumacher 1:36,125 (15.), Barrichello 1:36,345 (23.), R. Schumacher 1:36,590 (26.), Montoya 1:36,757 (26.), Räikkönen 1:36,848 (46.), Salo 1:37,761 (20.), Sato 1:37,840 (35.), Trulli 1:38,000 (30.), Button 1:38,046 (31.), Villeneuve 1:38,058 (24.), Fisichella 1:38,217 (23.), Coulthard 1:38,251 (6.), Heidfeld 1:38,534 (21.), Irvine 1:38,647 (40.), De la Rosa 1:38,636 (35.), Massa 1:39,954 (3.), Webber 1:40,232 (51.), Yoong 1:40,937 (6.), Panis 1:42,082 (4.)

WM-Stand: 1. M. Schumacher 144, 2. Barrichello 77, 3. Montoya 50, 4. R. Schumacher 42, 5. Coulthard 41, 6. Räikkönen 24, 7. Button 14, 8. Trulli 9, 9. Irvine 8, 10. Heidfeld 7, 11. Fisichella 7, 12. Villeneuve 4, 13. Massa 4, 14. Panis 3, 15. Sato 2, 16. Webber 2, 17. Salo 2, 18. Frentzen 2

Konstrukteur-WM: 1. Ferrari 221, 2. Williams-BMW 92, 3. McLaren-Mercedes 65, 4. Renault 23, 5. Sauber-Petronas 11, 6. Jordan-Honda 9, 7. Jaguar-Cosworth 8, 8. BAR-Honda 7, 9. Minardi-Asiatech 2, 10. Toyota 2, 11. Arrows-Cosworth 2,

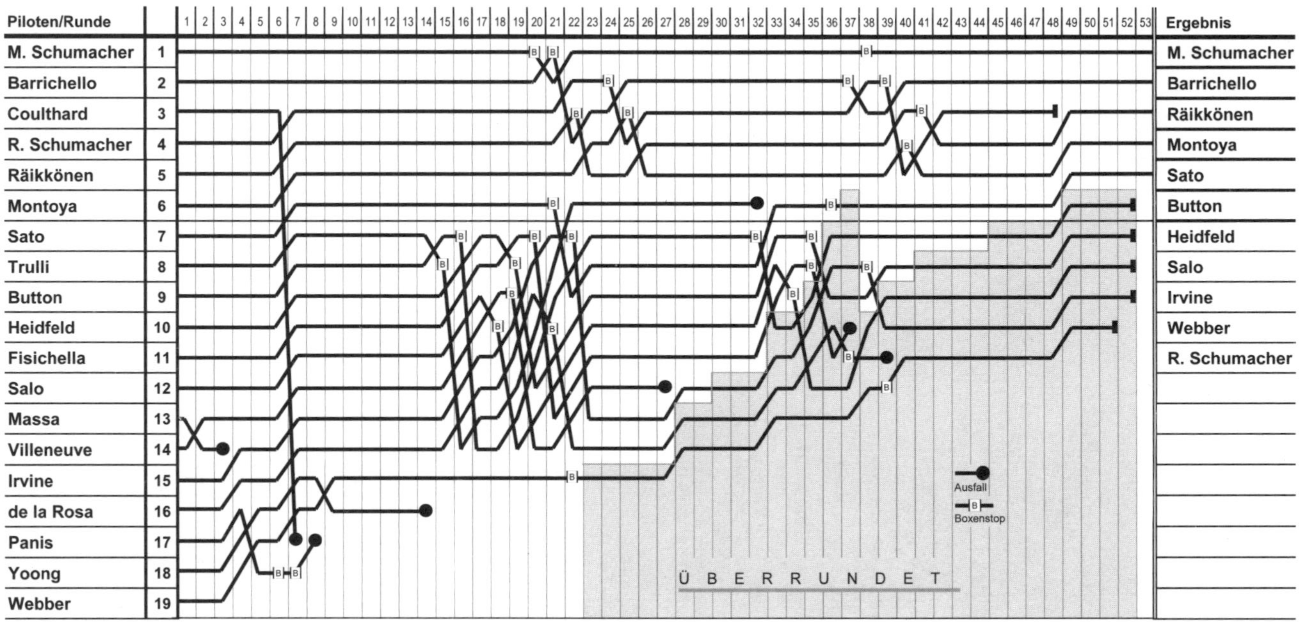
Piloten/Runde
M. Schumacher 1
Barrichello 2
Coulthard 3
R. Schumacher 4
Räikkönen 5
Montoya 6
Sato 7
Trulli 8
Button 9
Heidfeld 10
Fisichella 11
Salo 12
Massa 13
Villeneuve 14
Irvine 15
de la Rosa 16
Panis 17
Yoong 18
Webber 19
Ergebnis
M. Schumacher
Barrichello
Räikkönen
Montoya
Sato
Button
Heidfeld
Salo
Irvine
Webber
R. Schumacher
Ausfall
Boxenstop
Ü B E R R U N D E T

GRAND-PRIX-SIEGER 1950–2002

64 Große Preise	Michael Schumacher (Deutschland)
51 Große Preise	Alain Prost (Frankreich)
41 Große Preise	Ayrton Senna (Brasilien)
31 Große Preise	Nigel Mansell (England)
27 Große Preise	Jackie Stewart (Schottland)
25 Große Preise	Jim Clark (Schottland)
	Niki Lauda (Österreich)
24 Große Preise	Juan Manuel Fangio (Argentinien)
23 Große Preise	Nelson Piquet (Brasilien)
22 Große Preise	Damon Hill (England)
20 Große Preise	Mika Hakkinen (Finnland)
16 Große Preise	Stirling Moss (England)
14 Große Preise	Jack Brabham (Australien)
	Graham Hill (England)
	Emerson Fittipaldi (Brasilien)
13 Große Preise	Alberto Ascari (Italien)
12 Große Preise	Mario Andretti (USA)
	Alan Jones (Australien)
	David Coulthard (Schottland)
	Carlos Reutemann (Argentinien)
11 Große Preise	Jacques Villeneuve (Kanada)
10 Große Preise	James Hunt (England)
	Ronnie Peterson (Schweden)
	Jody Scheckter (Südafrika)
	Gerhard Berger (Österreich)
8 Große Preise	Denis Hulme (Neuseeland)
	Jacky Ickx (Belgien)
7 Große Preise	Rene Arnoux (Frankreich)
6 Große Preise	Tony Brooks (England)
	John Surtees (England)
	Jochen Rindt (Österreich)
	Gilles Villeneuve (Kanada)
	Jacques Laffitte (Frankreich)
	Riccardo Patrese (Italien)
5 Große Preise	Dr. Giuseppe Nino Farina (Italien)
	Clay Regazzoni (Schweiz)
	John Watson (Irland)
	Keke Rosberg (Finnland)
	Michele Alboreto (Italien)
	Rubens Barrichello (Brasilien)
4 Große Preise	Bruce McLaren (Neuseeland)
	Dan Gurney (USA)
	Eddie Irvine (Irland)
	Ralf Schumacher (Deutschland)
3 Große Preise	Mike Hawthorn (England)
	Peter Collins (England)
	Phil Hill (USA)
	Didier Pironi (Frankreich)
	Thierry Boutsen (Belgien)
	Johnny Herbert (England)
	Heinz Harald Frentzen (Deutschland)
2 Große Preise	Froilan Gonzalez (Argentinien)
	Maurice Trintignant (Frankreich)
	Wolfgang Graf Berghe von Trips (Deutschland)
	Pedro Rodriguez (Mexiko)
	Jo Siffert (Schweiz)
	Peter Revson (USA)
	Patrick Depailler (Frankreich)
	Jean-Pierre Jabouille (Frankreich)
	Patrick Tambay (Frankreich)
	Elio de Angelis (Italien)
1 Großer Preis	Giancarlo Baghetti (Italien)
	Lorenzo Bandini (Italien)
	Jean-Pierre Beltoise (Frankreich)
	Vittorio Brambilla (Italien)
	Joakim Bonnier (Schweden)
	Francois Cevert (Frankreich)
	Luigi Fagioli (Italien)
	Peter Gethin (England)
	Richie Ginther (USA)
	Innes Ireland (Schottland)
	Jochen Mass (Deutschland)
	Luigi Musso (Italien)
	Alessandro Nannini (Italien)
	Gunnar Nilsson (Schweden)
	Carlos Pace (Brasilien)
	Ludovico Scarfiotti (Italien)
	Piero Taruffi (Italien)
	Jean Alesi (Frankreich)
	Olivier Panis (Frankreich)
	Juan Pablo Montoya (Kolumbien)

SIEGERMARKEN DER WM-LÄUFE 1950–2002

(exklusive Indianapolis, das 1950-1960 zur Fahrer-WM zählte)

Ferrari	159	Renault	15	Jordan	3
McLaren	135	Alfa Romeo	10	Honda	2
Williams	108	Mercedes	9	Eagle	1
Lotus	79	Maserati	9	Hesketh	1
Brabham	35	Matra	9	Penske	1
Benetton	27	Vanwall	9	Porsche	1
Tyrrell	23	Ligier	9	Shadow	1
BRM	17	March	3	Stewart	1
Cooper	16	Wolf	3		